21世纪高等院校财政学专业教材新系

税务会计

（第五版）

艾华　马丽佳／主编

TAX ACCOUNTING

东北财经大学出版社
Dongbei University of Finance & Economics Press
大连

图书在版编目（CIP）数据

税务会计 / 艾华，马丽佳主编．—5版．—大连：东北财经大学出版社，2021.12

（21世纪高等院校财政学专业教材新系）

ISBN 978-7-5654-4349-7

Ⅰ．税…　Ⅱ．①艾…②马…　Ⅲ．税务会计-高等学校-教材　Ⅳ．F810.42

中国版本图书馆CIP数据核字（2021）第189550号

东北财经大学出版社出版

（大连市黑石礁尖山街217号　邮政编码　116025）

网　址：http://www.dufep.cn

读者信箱：dufep@dufe.edu.cn

大连图腾彩色印刷有限公司印刷　东北财经大学出版社发行

幅面尺寸：185mm×260mm　字数：548千字　印张：23

2021年12月第5版　2021年12月第1次印刷

责任编辑：孙晓梅　责任校对：肖　梅

封面设计：冀贵收　版式设计：原　皓

定价：62.00元

教学支持　售后服务　联系电话：（0411）84710309

第五版前言

税务会计是市场经济的产物，随着我国市场经济体制的建立和完善，各种性质的企业都将成为自主经营、独立核算、自负盈亏、照章纳税的独立的经济实体。作为纳税义务人的企业，既要依法履行纳税义务，又要充分享受纳税人的合法权益。在生产经营过程中，企业不但要通过财务会计来核算自己生产经营的会计成果，也要按照国家税收法规的规定，通过税务会计的核算，依法缴纳税款和维护自身的合法权益。

税收是政府财政收入的主要来源，作为组织财政收入的一种主要手段，其分配的对象是国民收入。创造和取得国民收入的单位和个人是税收的纳税人，税收分配是否合理，直接体现着政府与纳税人的利益分配关系。税务会计的正确核算，就是这种分配关系依法得以实现的保证。因此，广大纳税人，尤其是企业财务人员和税务工作者，都必须掌握税务会计核算的基本知识。

本书以我国现行最新的税收法规和企业会计准则为依据，比较完整、系统地介绍了各税种的具体规定和涉税会计处理方法，对企业出口货物退税以及减免返还税款也作了详细介绍。为了便于学习和理解，各税种都给出了广泛的核算实例。在章节安排上，货物、劳务税种和准许计入费用的税种核算在前，企业所得税和个人所得税核算在后，具有与财务会计核算和企业所得税清算的一致性。在各章内容的编写上，法律规定在先，核算方法和实务处理在后，体现了法规的准确性、核算技能的新颖性、核算方法的程序性和实用性。

本次修订以习近平新时代中国特色社会主义思想为指导，认真落实党中央、国务院决策部署，立足新发展阶段、贯彻新发展理念、构建新发展格局，围绕“六稳”“六保”，加快转变政府职能。根据国家税务总局深化“放管服”改革，健全惠企服务机制，优化国库退税审核程序，逐步实现智能化、自动化处理，精简享受税费优惠政策的办理流程和手续，持续扩大“自行判别、自行申报、事后监管”，促进要素资源高效配置，切实维护公平竞争，建设成为国际一流营商环境等规定，我们根据增值税税率调整、企业会计收入新准则对大量例题做了修订，替换了整合后的增值税、消费税及城市维护建设税等附加税费申报表，重新编写了个人所得税的内容，并在每章后增加了即测即评（包括单选题、多选题和判断题），增进读者对税收法规的认识和遵从，使读者对税收征管改革和政府服务更加满意，推进政府治理体系和治理能力现代化建设，推动经济社会持续健康发展。

我国税收制度和法规仍在不断变化和完善，书中引用的法规若与以后颁发的税收法规不一致，应以新的法律规定为依据。

本书配有电子课件，详情请登录东北财经大学出版社网站（www.dufep.cn）查询。

本书由中南财经政法大学艾华教授、吉林财经大学马丽佳副教授担任主编，各章分工如下：第一至五章由艾华教授编写，第六至八章由张延辉博士编写，第九章由孙静副教授编写，第十章由马丽佳副教授编写。本次修订由艾华、马丽佳完成，最后由艾华教授总纂定稿。由于我们水平所限，书中难免存在不足和缺陷，敬请广大读者不吝赐教。

编　者

2021年11月

目　录

第一章　税务会计概论 / 1

学习目标 / 1

思政小课堂 / 1

第一节　税务会计核算的意义 / 1

第二节　税务会计的演变和特点 / 6

第三节　税务会计核算的基本原则和作用 / 9

第四节　税务会计核算管理基础 / 10

第五节　税收法律责任 / 14

即测即评 / 16

第二章　增值税的核算 / 17

学习目标 / 17

思政小课堂 / 17

第一节　增值税核算的基本规定 / 17

第二节　增值税专用发票的使用和管理 / 23

第三节　增值税核算的会计科目与报表 / 28

第四节　增值税销项税额的核算 / 57

第五节　增值税进项税额的核算 / 89

第六节　增值税应纳税额的核算 / 102

第七节　进口货物增值税与出口货物退（免）增值税的核算 / 108

第八节　先征后返还增值税的核算 / 122

即测即评 / 123

第三章　消费税的核算 / 124

学习目标 / 124

思政小课堂 / 124
第一节　消费税核算的基本规定 / 124
第二节　消费税核算的会计科目与报表 / 133
第三节　应纳消费税的核算 / 148
第四节　出口货物退（免）消费税与减免、返还消费税的核算 / 160
即测即评 / 163

第四章　资源税、城市维护建设税、教育费附加的核算 / 164

学习目标 / 164
思政小课堂 / 164
第一节　资源税的核算 / 164
第二节　城市维护建设税的核算 / 178
第三节　教育费附加和地方教育附加的核算 / 181
即测即评 / 182

第五章　土地增值税的核算 / 183

学习目标 / 183
思政小课堂 / 183
第一节　土地增值税核算的基本规定 / 183
第二节　土地增值税核算的会计科目与报表 / 190
第三节　应纳土地增值税的核算 / 199
即测即评 / 203

第六章　印花税、房产税、城镇土地使用税、车船税的核算 / 204

学习目标 / 204
思政小课堂 / 204
第一节　印花税的核算 / 204
第二节　房产税的核算 / 210
第三节　城镇土地使用税的核算 / 214
第四节　车船税的核算 / 217
即测即评 / 220

第七章　车辆购置税、契税、耕地占用税的核算 / 221

学习目标 / 221
思政小课堂 / 221

第一节　车辆购置税的核算 / 222
第二节　契税的核算 / 226
第三节　耕地占用税的核算 / 229
即测即评 / 232

第八章　关税的核算 / 233

学习目标 / 233
思政小课堂 / 233
第一节　关税核算的基本规定 / 233
第二节　进口货物应纳关税的核算 / 240
第三节　出口货物应纳关税的核算 / 243
即测即评 / 244

第九章　企业所得税的核算 / 245

学习目标 / 245
思政小课堂 / 245
第一节　企业所得税核算的基本规定 / 245
第二节　企业所得税核算的会计科目与报表 / 254
第三节　企业所得税核算 / 282
第四节　特殊事项的税务处理 / 292
即测即评 / 314

第十章　个人所得税的核算 / 315

学习目标 / 315
思政小课堂 / 315
第一节　个人所得税核算的基本规定 / 315
第二节　个人所得税应纳税额的计算 / 320
第三节　个人所得税核算及申报管理 / 331
即测即评 / 358

第一章

税务会计概论

学习目标

熟悉税务会计的概念和税务会计核算的意义；了解税务会计的演变和特点、税务会计核算的原则和作用；掌握税务会计核算的管理基础和法律责任。

思政小课堂

习近平总书记在党的十九大报告中指出："中国特色社会主义进入新时代，我国社会主要矛盾已经转化为人民日益增长的美好生活需要和不平衡不充分的发展之间的矛盾。"随着社会主要矛盾变化，人民对于更高层次、更广范围的美好生活需要，虽然涵盖了物质和精神两个层面，但重点拓展且成为重心的更多是精神层面——对于民主、法治、公平、正义、安全、环境方面的要求日益增长。其中，当然包括人民对于税收公平正义的追求，也当然要通过人民税收公平意识、税收民主意识和税收权利意识的不断增强而体现出来。

认识到税收不仅事关人民的物质文化需要，而且牵动人民的美好生活需要，从满足人民美好生活需要的高度定位税收，将税收公平正义作为税收政策的一个重要目标而同破解发展不平衡不充分的问题紧密对接，便会极大地提升税收发展和税收工作的站位。

资料来源　高培勇. 新时代中国税收的主题和使命 [J]. 红旗文稿，2020（11）.

第一节　税务会计核算的意义

一、税务会计的概念

中华人民共和国成立以来，我国在很长一段时间内施行的是财务会计制度和税收法规的一体化，财务会计核算代替了税务会计核算。随着社会生产力的提高和社会经济的发展变化，以为国家服务为主的税收法规与以为企业服务为主的财务制度之间的差异越来越大。1994年5月，财政部颁发了《企业所得税会计处理的暂行规定》，从此我国步入了税务会计核算的起步阶段。随着市场经济体制的不断完善，税务会计核算将与财务会计核算处于同等重要的地位。

税务会计是指纳税人以税收法规为依据，以货币为基本计量单位，运用会计核算原理和方法，对国家税收资金的产生和计算，以及缴入国库的全过程进行核算、反映和监督的一种专业会计。

税务会计是近代兴起的一门边缘学科，是融税收法规与会计核算为一体的专业会计。“税务会计”概念包含以下几层意思：

（一）明确了税务会计核算的依据

税务会计核算的依据是国家各种税收法律法规。税务会计是执行国家税法、组织税收收入的会计，是国家管理税收的重要工具。纳税人发生了纳税义务，就必须按照国家税收法律法规的规定，及时进行税款的核算并缴纳入库。

（二）明确了税务会计的计量单位

税务会计以货币为基本计量单位。从历史上看，可以将税收的征收实体分为劳役税、实物税及货币税。

劳役税是以提供自身的劳动代替税款缴纳的一种税。这是在商品经济极不发达的情况下，国家征收最原始的税收的一种形式，主要为奴隶社会和封建社会前期所采用。

实物税是以各种实物充当税款的一种税。这是在商品经济不发达的时期，国家所采用的一种征税形式。如我国古代征收的“布帛之征”和“粟米之征”等，就是实物税。在商品经济比较发达的国家，除了国家要掌握的某些特定的实物外，一般不再征收实物税。

货币税是以货币形式缴纳税款的一种税。这是商品经济发展的必然产物，目前已成为世界各国征收税款的主要形式。这种缴税方式不仅方便纳税人纳税，也便于国家进行收支管理。

（三）明确了税务会计核算的对象

税务会计核算的对象是国家税收资金。税收资金的形成、计算和缴纳过程存在于纳税人的整个生产过程中，但是，税务会计并不核算纳税人的全部资金运动，而是只核算纳税人有关税款的形成、计算、申报缴纳及有关的财务活动。具体来说，税务会计核算的对象涉及纳税人的经营收入、成本和费用、经营成果、税款计算、税收减免以及税款缴纳的全过程。

1.经营收入。经营收入是指纳税人在生产经营过程中，销售商品或提供劳务所取得的收入。一般情况下，纳税人的经营收入越多，其缴纳的税款就越多；相反，纳税人的经营收入越少，其缴纳的税款就越少。经营收入不但是计算增值税、消费税等的重要计税依据，也是计算应纳税所得额的最重要的因素之一。

2.成本和费用。成本是指企业为生产产品、提供劳务而发生的各种耗费。费用是指企业为销售商品、提供劳务等日常活动所发生的经济利益的流出，与一定的会计期间相联系。纳税人在生产经营过程中所发生的各种耗费是对象化了的费用，与一定种类和数量的产品或商品相联系，而不论其发生在哪一个会计期间。费用包括直接费用、间接费用和期间费用三大类。直接费用是指能够直接计入生产产品或销售商品中的直接材料、直接人工和购进商品的进价费用；间接费用是指不能直接计入生产产品或销售商品中的费用，是要通过一定的核算方法进行分配后计入产品成本中的一种费用；期间费用是指在生产经营的本期内发生，不计入产品或商品的成本中，而是直接转入本期损益的一种费用。成本和费用是决定商品（劳务）价格的最低界限，是补偿生产经营活动中各种耗费的尺度，也是考核纳税人经济效益最重要的指标之一。在纳税人的收入及其他因素一定的情况下，成本和费用的高低与纳税人的会计所得（会计利润）呈反方向变化，而会计所得又是应税所得的基础，因此，成本和费用是税务会计核算和监督的重要内容。

3.经营成果。经营成果是纳税人在一个会计期间的利润总额，包括营业利润、投资收益和营业外收支净额三个部分。营业利润是纳税人在一个会计期间的营业收入总额扣除营业成本、期间费用、税金和附加等后的余额，是经营成果的主要部分；投资收益是纳税人在经营期间对外投资而取得的收益总额扣除投资损失后的净额；营业外收支净额是指纳税人在经营期间取得的与生产经营无直接关系的营业外收入减去营业外支出后的余额。按照我国税收法规和财务制度的规定，纳税人计算的会计利润并不等于其应纳税所得额，两者的差异主要是因为财务制度的规定与税收法规的规定在计算内容口径上的不一致所带来的永久性差异，以及两者在计算时间口径上的不一致所形成的暂时性差异。为了使税款能真实、准确地计算和入库，在计算企业所得税应纳税所得额时，必须按照税收法律法规的规定，对企业实现的会计利润进行必要的调整。正确核算纳税人的经营成果是税务会计核算的重要基础。

4.税款的减免。税款的减免是指按照国家税收法规的规定，对纳税人应缴纳的税款给予少征或者免征的优惠规定。减免税是国家为了实施一定的政治、经济政策，给予纳税人的鼓励或者照顾措施，是税收法规严肃性和灵活性的具体表现。国家在税收法规中规定减免税项目，其目的有二：一是对遭受风、水、雷、电等自然灾害的纳税人给予政策性照顾；二是激励纳税人将这部分减免税资金用于扩大再生产和经营规模，为国家创造更多的税收资金。税务会计必须对税款的减免加强核算和监督，以实现国家减免税之目的。

（四）明确了税务会计核算的任务

税务会计核算的主要任务是对纳税人应纳税款的核算和监督，而这种核算和监督活动主要是由纳税人内部的财务人员和有关领导具体实施和管理的。税款的缴纳涉及纳税人的切身利益，这就使得在税务会计核算过程中难免具有人为因素。要完成税务会计核算和监督的任务，除纳税人的内部监管外，还必须实施外部管理，即税务机关依照国家税收法规对纳税人的经营核算行为进行监督管理，使纳税人对税款的核算行为更符合税收法规的要求，使税务会计核算的任务得以顺利实现。

（五）表明了税务会计核算的目的

税务会计核算的目的是保证国家的税款得以正确计算并及时、足额入库。所谓正确计算，是指按照税收法律法规的规定，准确合理地计算应纳税款，做到依法办事，依率计征，既不多算，也不少计。所谓及时，是指按照税法规定的缴款期限，不拖欠、不挤占，及时解缴入库。税款的正确计算，及时、足额入库，不论是对纳税人还是对税务机关都非常必要。对于纳税人而言，这是自己应当履行的义务；对于税务机关而言，这是税收工作的首要环节。

要达到税务会计核算的目的，一方面需要纳税人增强纳税观念，自觉遵守税收法规的规定，认真履行纳税义务；另一方面需要税务机关加强征收管理和监督，提高业务水平，严格执行税收法规的规定。税务会计是纳税人及时、足额缴纳税款的有效手段，无论是企业内部的财务人员还是税务机关的工作人员，都应熟练掌握。

二、建立和加强税务会计核算的意义

（一）建立和加强税务会计核算，有利于反映国家和纳税人的利益分配关系

税收是国家凭借政治权力，依照税收法律法规的标准，强制性地参与社会总产品和国民收入再分配所形成的分配关系。税收作为财政收入的一种手段，其分配的对象是国民收入。国民收入是税收的基本源泉，创造和取得国民收入的单位和个人是税收的纳税人。这种分配是依照法律规定的标准进行的，体现了国民经济中的重大比例关系，主要体现在国家的总积累与总消费的关系上。在税法执行过程中，要按规定的标准进行分配，就需要通过会计如实地记账、算账、报账、反映和监督。税务会计就是适应和体现国家与纳税人的这种利益分配关系，伴随着税收分配活动的每一个环节，反映和监督这种利益分配依法正常实现。所以，税务会计核算的建立和加强，有利于反映税收分配关系。按照税法的规定，纳税人在纳税义务发生后，必须向国家申报并缴纳税款。这种行为，对纳税人来说是资金所有权的转移，对税务部门来说是国家财政资金的形成。就会计业务而言，这是一种债权债务关系，税收的征收管理从这里开始，同时，这也是税收资金运动的起点。税务会计作为全面、系统地反映税收资金运动的专门手段，应该伴随着税收征收管理活动，核算应包括税收资金运动的全过程。

（二）建立和加强税务会计核算，有利于现代企业制度的建立

在市场经济条件下，企业是市场经济的主体。国家依法征税，体现了国家与纳税人对国民收入进行分配的比例。企业为了取得合法经营的最佳成果，不但要通过财务会计来核算其生产经营的会计成果，还要按照国家的税收法规的规定，通过税务会计的核算，正确履行纳税义务，依法维护自身的合法权益，选择投资方向，优化经营项目，取得最佳投资效果。

在市场经济条件下，政府不再直接干预企业的生产经营行为，而是通过制定一系列宏观调控政策，运用经济手段、法律手段和必要的行政手段来间接地干预企业的经营行为，使其按市场规则进行经营活动。政府的这种间接干预是以承认市场规则和企业间自由竞争为前提的，是对市场运行出现偏差的一种纠正。企业作为市场经济的竞争主体，生产经营什么，政府不再直接过问。企业只要在生产过程中照章纳税，不违反法律的规定，国家就会充分保护其合法权益。

同时，税务会计核算为企业实行自核自缴和自行计算、申报纳税，形成自我管理机制，创造了有利条件，提供了一套系统的纳税核算方法，能够更好地为纳税人计算和缴纳各种税款服务。

（三）建立和加强税务会计核算，有利于我国新税制的实施和完善

我国传统的税收制度是与高度集中的计划经济体制配套运行的。在计划经济体制下，企业生产什么、生产多少，完全按照国家下达的计划指标来执行，很自然地形成了一套有计划的统收统支的收入分配模式，企业创造的利润全部上交国家，然后，国家再按计划、有步骤地下拨。在这种情况下，国家财务会计制度的规定与国家税收制度的规定完全一致。纳税人按会计制度的规定计算的结果，实际上就是按税收制度规定计算的结果，两者没有任何差别。在这种情况下，企业的生产经营活动和财务会计的核算完全是按照国家税收制度的规定在运行，企业缺乏自主权。

1994年，我国税制全面改革，还统一了企业所得税和个人所得税制度，充实和完善了其他税收制度。增值税和企业所得税两大税种几乎涉及所有企业，成为调节经济和组织收入的主要税种。改革后的增值税扩大了课税范围，增强了调节功能，将价内税改为价外税，并采取凭专用发票注明税款抵扣的办法，在会计处理上增加了较为复杂的核算内容，在购销业务中要对进项税额和销项税额进行专户核算。进项税额和销项税额除了一般规定外，在具体操作上还有不少特殊规定。

除了较复杂的增值税核算外，现行企业所得税的实施标志着我国税收制度的规定和财务会计制度的规定开始独立开来，应税所得和会计所得成为两个独立的经济范畴。应税所得与会计所得由于计算口径和方法不同，存在两种差异——永久性差异和暂时性差异，企业应当根据具体情况，选择采用应付税款法或纳税影响会计法进行所得税核算。2006年的会计制度改革进一步明确了所得税会计处理方法实行资产负债表债务法。这些都要求将企业财务会计中有关税务核算的部分分离出来，成为独立的税务会计，只有这样才能准确地将应缴纳的税款及时、足额地缴入国库。

我国在1994年的税制改革中，不但确定了所得税和增值税的税务处理，而且在其他各税种的会计核算上也采用了国外的一些通行做法。

（四）建立和加强税务会计核算，有利于我国税收征管改革

1994年的税制改革标志着我国已经建立了新的税制体系，然而，我国税收征管水平及征管手段相对滞后。借鉴其他国家在税收征管上的经验，我国税收征管应深化改革，建立纳税人自行申报、税务稽查、微机监控为一体的与国际先进水平相适应的税收征管新格局。同时，借助现代科技手段，运用量化数控理论，把税收征管纳入严密的税务会计核算中，用会计核算的科学方法严格进行税收征收管理。在税收征管手段上，运用信息技术管理税收，提高电算化和网络化水平。

税务会计核算的建立和加强，适应了新的税收征管模式的要求，给税务征管人员、稽查人员以及税务代理人员提供了翔实的征税计算方法和查账验证方法。税务会计核算的建立，实现了财务会计、税务会计和财政总预算会计的接轨，为税收征收管理电算化创造了条件，有利于合理配置税务部门的人力、物力和财力，以便以最小的投入取得最大的税收收入。

（五）建立和加强税务会计核算，有利于纳税人增强纳税观念，提高经济效益

税收分配是社会总产品的分配，主要来源于国民收入。在纳税人的收入和成本费用一定的情况下，税收的增加必然引起净利润的减少。相反，税收的减少会带来净利润的增加。按照我国宪法的规定，每个公民都负有纳税义务。取得经营收入的单位和个人按照税法的规定向国家缴纳税款，是履行宪法义务的具体表现。但也有少数纳税人纳税观念淡薄，想方设法隐瞒收入、扩大费用，以达到少缴税款的目的。

要使纳税人增强纳税观念，就必须使其不断学习国家税收法规和经济政策的规定。通过税务会计的核算和监督，可以促使纳税人经常学习、掌握和运用国家的税收政策，必然会强化纳税人的纳税观念。同时，税收在国民收入中占有较大的比重，就增值税、消费税而言，其平均税负占纳税人生产经营收入的5%。如果纳税人在生产经营过程中，不充分考虑税收这个因素，很可能在按规定纳税以后，其收入难以保本。另外，现行企业所得税税率为25%，占纳税人生产经营成果的1/4。可见，税收在纳税人生产经营的支出项目中

占有较大比重，纳税人要提高经济效益，正确核算经营成果，其决策者就必须考虑税收因素。

第二节 税务会计的演变和特点

一、税务会计的产生和发展

（一）税务会计的产生

税收是一个经济范畴，也是一个历史范畴，它是人类社会和生产力发展到一定时期的必然产物。物质资料的生产是人类社会存在和发展的基础，人们为了发展生产，就必须关心生产的耗费和生产的成果。在原始社会，由于生产力水平低下，全体社会成员齐心协力从事生产活动，以获取维持生活需要的物质资料。这时的生产比较简单，劳动成果除满足基本生活消费外，基本上没有剩余。因而，人们对生产的耗费和生产的成果的关心是通过头脑记忆的。由于生产力的发展，人们对生产的耗费和生产的成果逐渐采取了一些简单的方式进行记载。例如，我国古代的"结绳记事""甲骨书契"等，就有会计的雏形。会计的产生为税务会计的产生奠定了基础，是税务会计产生的一个前提条件。随着社会生产力的发展、生产工具的更新，人们开始使用石器和铁器，征服自然和改造自然的能力有了很大提高，获得的物质产品除满足人们的基本生活需要外，还有了剩余，一部分人开始将剩余产品占为私有。同时，社会分工出现了，各个生产部门也产生了，需要吸收更多的劳动力，而各部落之间的战争为生产部门的扩大提供了条件，战俘变成了奴隶，奴隶与奴隶主两大阶级产生了。阶级矛盾日益尖锐，到了不可调和的时候，国家就产生了。国家是经济上占统治地位的阶级进行暴力统治的工具，由暴力机构和一些常设公职人员所组成。为了维持国家机构正常运转的庞大支出和不从事物质资料生产的常设公职人员的生活消费，统治阶级凭借国家的政治权力，强制课征一部分剩余产品。于是，以国家为主体的税收分配形式出现了。税收分配形式的出现，使税务会计的产生由可能转化为现实。据有关历史资料考证，在公元前18世纪，巴比伦王国征收各种赋税时，就要有应纳税通知和支付凭据，纳税人的赋税与会计记录相融合，产生了最早的税务会计。因此，税务会计是社会发展的必然结果，是税收和会计共同作用的产物。

在我国的奴隶社会，为了计算和记录国家赋税实物或货币的收入和支出情况，有了"官厅会计"。我国西周时，在总揽财政大权的天官冢宰之下，设置"司会"为计官之长，主管朝廷财政经济收支的全面核算。由于当时税制简单，不可能对纳税人的会计核算提出具体的要求，而且当时的纳税人也不具备正式会计核算的条件。在会计方面，当时仅限于对征收结果从国家的角度进行较为健全、完整的核算和监督，但核算和监督的内容基本上属于税务会计核算的范畴。

在中国会计发展史上，官厅会计早于民间会计，它包含现在政府会计、税务会计的某些因素。其他国家和我国的历史证明，税务会计是在税收和财务会计产生和发展的基础上逐步产生和发展起来的。

（二）税务会计的发展

随着社会生产力的进一步发展，各国的税收制度日趋成熟，税收收入在国家财政收入中占有绝对的比重。作为主要纳税人的企业，依法纳税已经成为其进行生产经营决策的一个重要因素。在人们对生产的耗费和生产的成果及分配的关心程度日益提高的情况下，客观上要求企业在会计凭证、会计账簿和会计报表中提供反映收入的形成和物化劳动转移的价值，以及其他转移价值中所包括的已纳税金情况的信息。只有这样，才能正确预测和真实反映自身的经营成果。在税务会计的产生和发展过程中，所得税的出现和不断完善表现出极大的推动力，因为所得税的形成和计税依据直接涉及纳税人产、供、销的全过程。目前，许多国家都有专门规范所得税会计的文告，如英国的《递延所得税》、澳大利亚的《公司所得税会计》、美国财务会计准则96号公告中表述的所得税会计的处理原则等。另外，美国还有不少涉及所得税会计处理的有效文告，如美国会计原则委员会（APB，即美国财务会计准则委员会FASB的前身）意见书第2号、第3号、第4号、第10号、第23号和第28号。由于各国会计核算方法和税收制度有所不同，所得税会计的处理方法也有差异，为了协调这一会计处理程序，1979年7月，国际会计准则委员会公布了《国际会计准则第12号——所得税会计》，在一定程度上统一了所得税会计处理标准，为其走向国际化起到推动作用，并得到各国会计界的广泛认可。

（三）税务会计的现状

当前在国际范围内，税务会计受到普遍重视，已经发展为重要的专业会计分支，它与财务会计、管理会计是会计学科的三大组成部分。在我国，税务会计起步时间不长，原因是中华人民共和国成立以后，在相当长的一段时间内，我国奉行高度集中的计划经济体制，国家作为所有者和管理者的身份合二为一。与此相适应，企业实行财务会计与税务会计合二为一的会计管理模式。在当时的情况下，一致的会计管理模式既有利于国家对企业实施综合、全面的管理，也有利于计算上缴国家的财政收入，为监督企业上缴利润提供了制度保证。同时，这也便于统一会计制度的制定和施行。

随着我国社会主义市场经济体制的建立，财务会计与税务会计合二为一的管理模式所固有的局限性越来越突出。从国家角度来看，我国是以公有制为主体的社会主义国家，国家既是政治权力的主体，又是国家资产的所有者，因而具有双重身份。过去财务会计与税务会计合二为一的做法模糊了税收和利润的不同内涵、性质和作用，影响了政府双重身份作用的发挥，不利于在政企分开的前提下，科学地界定政府的职能和权限。从企业角度来看，财务会计与税务会计合二为一的管理模式束缚了企业的经营自主权，使企业的理财行为和会计核算难以适应市场经济的客观要求。传统的财务制度和会计制度中的某些规定过细、过死，在很大程度上是因为其中包含了税法的基本要求。为了适应我国社会主义市场经济发展的需要，1994年我国颁布了税务会计的有关规定，并不断地进行修订和完善，与国际接轨的趋势越来越明显。

二、税务会计的特点

（一）法规性

税务会计核算主要以国家的税收法规为准绳，这是它区别于其他专业会计的主要标志。在应纳税额的计算过程中，也可能依据某些财务制度的规定进行计算，但必定是在财务会计制度与税法规定不矛盾的前提下进行的。财务会计制度的规定与税法的规定不一致时，必须以税收法规为标准。如企业所得税应纳税所得额的计算，就必须按照税法的规定，对纳税人核算的会计利润进行必要的调整。

（二）专业性

税务会计运用特有的专门方法对与纳税有关的经济业务进行核算和监督，包括税款的计算、税款的记录、账务处理、纳税申报，以及办理补、退税款等。如每个纳税人按照当地主管税务机关规定的纳税期限填写并申报的纳税申报表，就具有很强的专业性。纳税人在生产经营过程中不涉及税收的经营业务不作为核算的内容。

（三）统一性

税务会计是融各类会计和税法为一体的专业会计，税法的统一性决定了税务会计的统一性。就纳税主体而言，只要是同一税种，不论是国有企业、私营企业、股份制企业还是纳税个人，其缴纳税款的规定都是相同的，不分经济性质，也不分隶属关系。就纳税人的生产经营地点而言，无论是城镇还是乡村，只要属于我国税收征收管辖权限的范围，除国家某些特殊优惠政策外，其规定就是相同的。

（四）广泛性

按照我国宪法的规定，中华人民共和国每个公民都负有纳税的义务，不分行业，不分单位和个人，也不分城镇或乡村，所有的法人和自然人，只要有生产经营收入，都可能成为纳税义务人。在生产经营过程中，不论是财务会计制度健全的企业单位，还是财务会计制度不健全的个体工商户，均要按照税法的规定缴纳税款。从某种意义上讲，税务会计的核算范围比财务会计更广泛。

三、税务会计与财务会计的关系

税务会计作为一项实务性工作并不是独立存在的，而是企业会计的一个特殊领域，要以财务会计的核算为基础。税务会计的核算并不要求企业在财务会计的凭证、账簿、报表之外再单独设置一套会计凭证、账簿和报表（纳税申报表除外），也不要求专门设置税务会计核算机构。在平时生产经营的核算过程中，财务会计核算和税务会计核算是融为一体的，它们之间存在相互影响、相互制约、相互促进的关系。

（一）税务会计与财务会计的相同点

1.核算的主体相同。作为从事生产经营的单位和个人，为了核定一定期间的生产经营成果，就必须建立健全财务会计核算制度。同时，取得生产经营收入的单位和个人也是缴纳税款的纳税人，为了正确计算和缴纳税款，又必须加强税务会计核算。因此，从事生产经营的单位和个人既是财务会计核算的主体，又是税务会计核算的主体。

2.核算的基本原理和方法相同。财务会计核算和税务会计核算都统一于会计核算的原理和核算方法之中。两者都必须设置账户、编制凭证，运用借、贷复式记账方法来登记账簿，据以反映每一笔经济业务的真实性和正确性。

3.核算的基本前提相同。无论是财务会计还是税务会计，其核算工作都必须具备会计主体、持续经营、会计分期和货币计量四个基本前提，这样才能记录和反映每个纳税人本身的各项经济业务，核算以货币表现的一定期间的收入、费用、利润以及应缴纳的税款。如果没有这些基本前提，会计工作就无法进行。

（二）税务会计与财务会计的差异

1.核算的范围不同。税务会计只核算纳税人所进行的生产经营活动中与税收有关的内容，如计税依据的确定，应纳税额的计算，在一定期间应补、退税款的清算，与纳税无关的内容不予核算。税务会计核算主要是充分反映纳税人的纳税情况，以利于纳税人自行申报纳税和税务部门的检查。

财务会计核算的范围是纳税人所进行的生产经营活动中能够用货币表现的各个方面，包括纳税人的资产、负债、所有者权益、收入、费用、利润，最后编制财务报表。财务会计核算要充分反映纳税人的财务状况和经营成果，以满足宏观调控部门、投资者、债权人、企业经营决策者对会计信息的需要。

2.核算的主要依据不同。税务会计核算的主要依据是税收法规，财务会计核算的主要依据是财务会计制度。税收法规不同于财务会计制度，主要表现为以下两点：

一是法规级次不同。税收法规主要是全国人民代表大会及其常务委员会制定或者是全国人民代表大会及其常务委员会授权国务院制定。财政部和国家税务总局虽能对税收法规作具体解释或者制定一些规章制度，但不得与税收法规相抵触。财务会计制度主要是由财政部制定，其法规级次明显低于税收法规。因此，财务会计制度与税收法规不一致时，应按照税收法规的规定计算缴纳税款。

二是收益实现的时间和费用的扣减情况不同。税收法规采用的是收付实现制与权责发生制相结合，因为计算应纳税额要考虑纳税人立即支付货币资金的能力，管理上的方便性和征收当期收入的必要性是与财务会计所依据的持续经营假设相矛盾的。财务会计只遵循企业会计准则，采用权责发生制，依照财务会计制度处理各种经济业务和计算经营成果。

3.核算的目的不同。税务会计核算的目的是依法正确计算纳税人的应纳税额，确保国家财政资金得以实现。税务会计的正确核算不但有利于税务机关对税收的征收管理，也有利于纳税人正确履行纳税义务，充分享受纳税人应有的权利。财务会计核算的目的主要是计算一定期间的经营成果，为有关部门、投资者、债权人、企业经营决策者提供会计信息。

第三节 税务会计核算的基本原则和作用

一、税务会计核算的基本原则

税务会计是一门具有法律效力的专业会计，其核算的内容直接关系到国家与纳税人的经济利益。若税务会计核算不准确，不但国家应收的税款将遭受损失，纳税人也难以充分享受税法所赋予的应有权益。税务会计的核算应遵循以下原则：

（一）法规性原则

法规性原则是指税务会计核算必须依法办事、依率计征，严格按照税收法规的规定对纳税人生产经营活动中所涉及的税收事项进行核算。税收收入是生产经营者从事生产经营活动所创造的国民收入的组成部分，对于纳税人而言，只有依法正确核算，才能正确履行纳税义务，保证国家收入顺利实现。如果不按照税收法规办事，就可能多缴或少缴税款，这将损害国家或纳税人的利益。同时，税收法规是国家法律的一部分，是处理国家和纳税人分配关系的法律保证。税务会计的核算失去了法规性，也就失去了其特殊性。

（二）及时性原则

及时性原则是指税务会计核算要按照税收法规的规定及时处理各项税收事宜，具体包括三个方面：一是各种税款的纳税义务一旦发生，就必须及时进行账务处理，以免遗漏；二是在当地主管税务机关规定的纳税期限内，及时办理和申报有关的纳税手续，不拖延，不少报；三是将应缴纳的税款及时缴入国家金库，以利于国家统一安排使用。

（三）准确性原则

准确性原则是指税务会计核算应做到正确无误，充分反映真实情况。在核算过程中做到账证相符、账账相符、账表相符和账实相符。

二、税务会计核算的作用

税务会计是按照国家税收法规，反映和监督税收资金的专业会计，其作用表现在以下三个方面：

（一）贯彻执行国家税收政策，保证国家的财政收入

税务会计以国家税收法规为核算依据，依法核算是税务会计的首要特点。实际上，税务会计核算过程就是国家税收法规的贯彻和执行过程。纳税人做到依法核算，就能真实、正确地反映其应缴纳的税款，从而保证国家税收收入的实现。

（二）维护纳税人的合法权益，提高全民纳税意识

依法纳税是纳税人应尽的义务，但纳税人也享有相应的合法权利，在法律关系上，权利与义务是对等的。纳税人通过税务会计核算享受的合法权利主要表现为：一是享受国家制定的税收优惠政策，无论是法定减免还是特殊性减免，政策一定要用足；二是依法纳税、按期纳税，没有法规依据的税款不缴，未到期的税款不缴。纳税人要维护自身的合法权利，就必须提高纳税意识，学习国家的税收政策和税收法律规定，加强税务会计核算。

（三）加强经营管理，提高纳税人的经济效益

税收收入是国民收入的组成部分，涉及纳税人生产经营的各个环节，每一项生产经营活动都包含税收的因素。纳税人只有加强经营管理，努力扩大收入，降低成本、费用，并依法纳税后，才能提高其自身的经济效益。纳税人通过税务会计核算，能够充分认识税收的基本特征，将依法纳税的因素置于生产经营的决策之中。

第四节　税务会计核算管理基础

税务会计核算主要是应纳税额的计算和账务处理，以及应纳税额的申报和缴纳，这些内容在以后各章分别叙述。除此之外，税务会计核算管理的基础工作如下：

一、税务登记

（一）开业登记

自2015年9月29日起，实行“三证合一”登记制度改革[①]。所谓“三证合一”登记制度，是指企业分别由工商行政管理部门[②]核发营业执照、质量技术监督部门核发组织机构

① 2017年5月，国务院办公厅发布《关于加快推进“多证合一”改革的指导意见》。
② 2018年3月，根据中共中央印发的《深化党和国家机构改革方案》，组建国家市场监督管理总局。

代码证、税务部门核发税务登记证，改为一次申请、由工商行政管理部门核发一个加载法人和其他组织统一社会信用代码的营业执照的登记制度。“三证合一”推行后，新办企业及换发证照的企业将取得载有18位“统一社会信用代码”的营业执照。全部18位数为统一社会信用代码，第3至17位数为税务登记证号码，第9至17位数为组织机构代码。

根据国家税务总局印发的《关于落实“三证合一”登记制度改革的通知》的规定，新设立企业、农民专业合作社领取加载法人和其他组织统一社会信用代码的“三证合一”营业执照后，无须再次进行税务登记。企业办理涉税事宜时，在税务机关完成补充信息采集后，可凭加载统一社会信用代码的营业执照代替税务登记证使用。

企业进行工商登记，取得“三证合一、一照一码”证照后，30日内未去税务机关报到，不属于逾期登记。

自2016年10月1日起，“五证合一”制度正式实施，五证是指营业执照、组织机构代码证、税务登记证、统计登记证和社保登记证，由工商行政管理部门统一受理登记申请，核发加载统一社会信用代码的营业执照。实施“五证合一、一照一码”是政府简政放权、推进商事制度改革、降低创业准入制度成本的重要举措，也是优化社会保险服务的重要内容。

（二）变更登记

变更税务登记是指纳税人税务登记内容发生重要变化，向税务机关申报办理的税务登记。实行“五证合一、一照一码”登记模式后的企业到工商登记“一个窗口”统一受理申请后，其申请材料和登记信息在部门间共享，各部门数据互换、档案互认。对于工商登记已采集信息，税务机关不再重复采集；其他必要涉税基础信息可在企业办理有关涉税事宜时，及时采集，陆续补齐。发生变化的，由企业直接向税务机关申报变更，税务机关及时更新税务系统中的企业信息。

（三）注销登记

纳税人发生解散、破产、撤销以及其他情形，依法终止纳税义务的，应当在向市场监督管理机关或者其他机关办理注销登记前，持有关证件向原税务登记机关申报办理注销税务登记；按照规定不需要在市场监督管理机关或者其他机关办理注销登记的，应当自有关机关批准或者宣告终止之日起15日内，持有关证件向原税务登记机关申报办理注销税务登记；纳税人因住所、经营地点变动，涉及改变税务登记机关的，应当在向市场监督管理机关或者其他机关申请办理变更、注销登记前，或者住所、经营地点变动前，持有关证件和资料，向原税务登记机关申报办理注销税务登记；纳税人被市场监督管理机关吊销营业执照或者被其他机关予以撤销登记的，应当自营业执照被吊销或者被撤销登记之日起15日内，向原税务登记机关申报办理注销税务登记；境外企业在中国境内承包建筑、安装、装配、勘探工程和提供劳务的，应当在项目完工、离开中国前15日内，持有关证件和资料，向原税务登记机关申报办理注销税务登记。

（四）停业、复业登记

实行定期定额征收方式的纳税人，在营业执照核准的经营期限内需要停业的，应当向税务机关提出停业登记，说明停业的理由、时间、停业前的纳税情况和发票的领、用、存情况，并如实填写申请停业登记表。税务机关经过审核（必要时可实地审查），应当责成申请停业的纳税人结清税款并收回相关证件、发票领购簿和发票，办理停业登记。纳税人停业期间发生纳税义务，应当及时向主管税务机关申报，依法补缴应纳税款。

二、账簿、凭证和发票的管理

（一）设置账簿的期限和范围

《中华人民共和国税收征收管理法》（以下简称《税收征收管理法》）及其实施细则规定，从事生产经营的纳税人应当自领取营业执照或者发生纳税义务之日起15日内设置账簿。

扣缴义务人应当自税收法律、行政法规规定的扣缴义务发生之日起10日内，按照所代扣、代收的税种，分别设置代扣代缴、代收代缴税款账簿。

账簿、记账凭证、报表、完税凭证、发票、出口凭证以及其他有关涉税资料的保管期限，除法律、行政法规另有规定外，应当保存10年。

（二）财务会计制度及处理办法

从事生产经营的纳税人应当自领取税务登记证件之日起15日内，将财务会计制度或财务会计处理办法报税务机关备案。财务会计制度的规定与税法的规定不一致的，应按照税法的规定计算纳税。

（三）发票的印制和领购

普通发票由省、自治区、直辖市税务机关指定的企业印制，增值税专用发票由国家税务总局指定的企业统一印制。发票套印的全国统一发票监制章的式样和发票版面印刷的要求，由国家税务总局规定。

（四）违反发票管理的处罚规定

1.未按规定印制发票和生产发票防伪专用品的、未按照规定领购发票的、未按照规定开具发票的、未按照规定取得发票的、未按照规定保管发票的、未按照规定接受税务机关检查的，由税务机关责令限期改正，没收非法所得，可以并处10 000元以下的罚款。如违反两种以上行为，可以分别处罚。

2.对非法携带、邮寄、运输或者存放空白发票的，由税务机关收缴发票，没收非法所得，可以并处10 000元以下的罚款。

3.私自印制、伪造变更、倒买倒卖发票，私自制作发票监制章、发票防伪专用品的，由税务机关依法予以查封、扣押或者销毁，没收非法所得和作案工具，可以并处10 000元以上30 000元以下的罚款；构成犯罪的，依法追究刑事责任。

4.违反发票管理法规，导致其他单位或个人未缴、少缴或骗取税款的，由税务机关没收非法所得，可以并处未缴、少缴或者骗取税款1倍以下的罚款。

三、纳税申报

纳税申报是指纳税人按照税法的规定，定期就计算缴纳税款的有关事项向税务机关提出书面报告，这是税务管理的一项重要内容。

（一）办理纳税申报的对象

负有纳税义务的单位和个人，应在发生纳税义务之后，按税务机关规定的申报期限，如实向税务机关办理纳税申报。临时取得应税收入或发生应税行为的纳税人，在发生纳税义务之后，应立即向经营地税务机关办理纳税申报并缴纳税款。

扣缴义务人应该按照规定履行代扣代缴、代收代缴税款的申报手续。

纳税人享受减税、免税待遇的，在减税、免税期间应当按照规定办理纳税申报。

（二）纳税申报的时间和期限

纳税人纳税申报的时间和扣缴义务人申报、结报、代扣代缴、代收代缴税款的时间，由县（市）税务机关按照税法规定和纳税人、扣缴义务人的具体情况确定。税务机关规定的申报期限的最后一天，如遇国家法定公休假日，可以顺延。

纳税人到税务机关办理纳税申报有困难的，经税务机关批准，可以邮寄申报。邮寄申报以寄出地的邮戳日期为实际申报日期。

四、税款的征收

税款的征收是税务机关按照税收法律法规的规定，将纳税人应当缴纳的税款组织征收入库的一系列活动的总称。

（一）延期纳税

纳税人因有特殊困难，不能按期缴纳税款的，经省、自治区、直辖市税务局批准，可以延期缴纳税款，但最长不得超过3个月。经税务机关批准延期缴纳税款的，在批准的期限内不加收滞纳金。

（二）滞纳金

纳税人、扣缴义务人未按照税法、行政法规的规定或者税务机关依照法律法规规定确定的期限缴纳税款，税务机关除责令限期缴纳税款外，从滞纳税款之日起，按日加收滞纳税款5‱的滞纳金。

（三）税款退还

纳税人超过应纳税额多缴纳的税款，税务机关发现后应立即退还；纳税人自结算缴纳税款之日起3年内发现的，可向税务机关要求退还多缴的税款并加算银行同期存款利息，税务机关及时查实后应当立即退还；涉及从国库中退库的，依照法律、行政法规有关国库管理的规定退还。

（四）税款的补缴和追征

税款补缴和追征的具体规定如下：一是因税务机关的责任，致使纳税人、扣缴义务人未缴或者少缴税款的，税务机关在3年内可以要求纳税人、扣缴义务人补缴税款，但不得加收滞纳金。二是因纳税人、扣缴义务人计算错误等失误，未缴或少缴税款的，税务机关在3年内可以追征税款、滞纳金；如纳税人或者扣缴义务人因计算错误等失误，未缴或者少缴、未扣或者少扣、未收或者少收税款，累计数额在10万元以上的，追征期可以延长到5年。三是纳税人、扣缴义务人和其他当事人因偷税未缴或少缴税款、滞纳金，以及骗取税款的，税务机关可以无限期追征。

（五）税收保全措施

税务机关有根据认为从事生产经营的纳税人有逃避纳税义务行为的，可以在规定的纳税期限之前，责令限期缴纳税款；在限期内发现纳税人有明显的转移、隐匿其应纳税的商品、货物以及其他财产迹象的，税务机关应责令其提供纳税担保。如果纳税人不能提供纳税担保，经县以上税务局（分局）局长批准，税务机关可以采取下列税收保全措施：

1. 书面通知纳税人开户银行或者其他金融机构冻结纳税人的金额相当于应纳税款的存款。

2.扣押、查封纳税人的价值相当于应纳税款的商品、货物或者其他财产。

纳税人在税务机关采取税收保全措施后，按照税务机关规定的期限缴纳税款的，税务机关应当自收到税款或者银行转回完税凭证之日起1日内解除税收保全措施；限期期满仍未缴纳税款的，经县以上税务局（分局）局长批准，税务机关可以书面通知纳税人开户银行或者其他金融机构从其存款中扣缴税款，或者拍卖所扣押的商品、货物或其他财产，以拍卖所得抵缴税款。

税务机关采取税收保全措施不当，或者纳税人在纳税期限内已缴纳税款，税务机关未立即解除税收保全措施，使纳税人的合法利益遭受损失的，税务机关应当承担赔偿责任。

（六）税收强制执行措施

从事生产经营的纳税人、扣缴义务人未按规定的期限缴纳或者解缴税款，纳税担保人未按规定的期限缴纳所担保的税款，由税务机关责令限期缴纳，逾期仍未缴纳的，经县以上税务局（分局）局长批准，税务机关可以采取下列强制执行措施：

1.书面通知其开户银行或其他金融机构从其存款中扣缴税款。

2.扣押、查封、拍卖其价值相当于应纳税款的商品、货物或其他财产，以拍卖所得抵缴税款。

税务机关采取强制执行措施时，对前款所列纳税人、扣缴义务人、纳税担保人未缴纳的滞纳金同时强制执行。

第五节　税收法律责任

一、纳税人、扣缴义务人违反税收管理规定的法律责任

违反税收管理规定的法律责任是指纳税人和扣缴义务人违反了《税收征收管理法》的规定而应承担的处罚。

1.纳税人有下列行为之一的，由税务机关责令限期改正，可处2 000元以下的罚款；情节严重的，处2 000元以上10 000元以下的罚款：

（1）未按照规定的期限申报办理税务登记、变更或注销登记的。

（2）未按照规定设置、保管账簿或者保管记账凭证和其他核算资料的。

（3）未按照规定将财务会计制度或者财务会计处理办法报送税务机关备查的。

（4）未按照规定将其全部银行账号向税务机关报告的。

（5）未按照规定安装、使用税控装置，或者损毁或擅自改动税控装置的。

2.纳税人不办理税务登记的，由税务机关责令限期改正；逾期不改正的，由市场监督管理机关吊销其营业执照。

3.纳税人未按照规定使用税务登记证件，或者转借、涂改、损毁、买卖、伪造税务登记证件的，处2 000元以上10 000元以下的罚款；情节严重的，处10 000元以上50 000元以下的罚款。

4.扣缴义务人未按照规定设置、保管代扣代缴、代收代缴税款账簿或者保管代扣代缴、代收代缴税款记账凭证及有关资料的，由税务机关责令限期改正，可处2 000元以下的罚款；情节严重的，处2 000元以上5 000元以下的罚款。

5.纳税人未按照规定的期限办理纳税申报和报送纳税资料的，或者扣缴义务人未按照规定的期限向税务机关报送代扣代缴、代收代缴税款报表的，由税务机关责令改正，可以处2 000元以下的罚款；情节严重的，可处2 000元以上10 000元以下的罚款。

二、偷税、欠税、抗税、骗取出口退税的法律责任

（一）偷税行为的法律责任

偷税是指纳税人采取伪造、变更、隐匿、擅自销毁账簿、记账凭证，在账簿上多列支出或者不列、少列收入，或者进行虚假的纳税申报等手段，不缴或者少缴应纳税款的行为。对纳税人偷税的，偷税数额占应纳税额不到10%且偷税数额不满1万元的，由税务机关追缴其所偷税款、滞纳金，并处以不缴或者少缴税款50%以上5倍以下的罚款。

2009年2月28日，第十一届全国人民代表大会常务委员会第七次会议通过的《中华人民共和国刑法修正案（七）》规定：纳税人采取欺骗、隐瞒手段进行虚假纳税申报或者不申报，逃避缴纳税款数额较大并且占应纳税额10%以上的，处3年以下有期徒刑或者拘役，并处罚金；数额巨大并且占应纳税额30%以上的，处3年以上7年以下有期徒刑，并处罚金。

（二）进行虚假申报或不进行申报行为的法律责任

《税收征收管理法》规定：纳税人、扣缴义务人编造虚假计税依据的，由税务机关责令限期改正，并处5万元以下的罚款。纳税人不进行纳税申报，不缴或者少缴应纳税款的，由税务机关追缴其不缴或者少缴的税款、滞纳金，并处不缴或者少缴税款50%以上5倍以下的罚款。

（三）欠税行为的法律责任

欠税是指纳税人在税法或者主管税务机关规定的纳税期限内未缴纳税款的行为。纳税人欠缴应纳税款，采取转移或者隐匿财产等手段，致使税务机关无法追缴欠缴的税款，由税务机关追缴其欠缴的税款、滞纳金，并处欠缴税款50%以上5倍以下的罚款；构成犯罪的，依法追究刑事责任。

纳税人逃避追缴欠税数额在1万元以上的，除税务机关追缴其欠缴的税款外，还要移送司法机关处理。数额在1万元以上10万元以下的，处3年以下有期徒刑或者拘役，并处或者单处欠缴税款1倍以上5倍以下的罚金；数额在10万元以上的，处3年以上7年以下有期徒刑，并处欠缴税款1倍以上5倍以下的罚金。

（四）抗税行为的法律责任

抗税是指以暴力、威胁方法拒不缴纳税款的行为。抗税罪只能由具备刑事责任能力、负有纳税或扣缴义务的自然人构成，单位不能构成抗税罪。即便抗税罪是以单位行为的形式做出的，也不以单位犯罪论，而只以自然人共同犯罪处理。

构成抗税罪的，除由税务机关追缴其拒缴的税款、滞纳金外，由司法机关追究其刑事责任，处3年以下有期徒刑或者拘役，并处拒缴税款1倍以上5倍以下的罚金；情节严重的，处3年以上7年以下有期徒刑，并处拒缴税款1倍以上5倍以下的罚金；情节轻微、未构成犯罪的，由税务机关追缴其拒缴税款、滞纳金，并处拒缴税款1倍以上5倍以下的罚款。

（五）骗税行为的法律责任

骗税是指采取虚报出口或者其他欺骗手段，骗取国家出口退税款的行为。骗取的国家出口退税款不满1万元的，由税务机关追缴其骗取的退税款，并处骗取税款1倍以上5倍以下的罚款。

骗取出口退税款在1万元以上的，除税务机关追缴其骗取的退税款外，由司法机关追究其刑事责任。犯骗取出口退税罪的，处5年以下有期徒刑或者拘役，并处骗取税款1倍以上5倍以下的罚金；骗取国家出口退税款数额巨大或者有其他严重情节的，处5年以上10年以下有期徒刑，并处骗取税款1倍以上5倍以下的罚金；数额特别巨大或者有其他特别严重情节的，处10年以上有期徒刑或者无期徒刑，并处骗取税款1倍以上5倍以下的罚金或者没收财产。

单位犯骗取出口退税罪的，对单位判处罚金，并对直接负责的主管人员和其他直接责任人员依照自然人犯骗取出口退税罪处罚。

对骗取国家出口退税款的，税务机关可以在规定期限内停止为其办理出口退税。

即测即评

第一章单选题　　第一章多选题　　第一章判断题

第二章

增值税的核算

学习目标

熟悉增值税核算的基本规定、增值税专用发票的使用和管理；掌握增值税核算会计科目的使用与报表的填列方法；掌握增值税销项税额的核算、进项税额的核算、应纳税额的核算；掌握增值税出口货物退（免）税的核算、先征后返还的核算。

思政小课堂

目前有160多个国家和地区实行增值税，但普遍性不代表优越性。从马克思主义政治经济学原理来看，增值税最大的缺陷是抵扣机制只承认"死劳动"，而不承认"活劳动"，即内生于人脑、外生于自然、循环于企业内部的生产要素，无法成为增值税进项并享有抵扣权利。因此，增值税不适合知识经济和循环经济，严格来讲也不适合农业经济。从美欧税收实践来看，增值税确实可以有效增加政府的财政汲取能力，但对IT业等新兴产业的抑制作用，不仅影响了中长期经济增长，也没有真正改善政府财务状况。

新时代要有新思想新作为。随着信息化、大数据的深入推进，"活劳动"的比重将越来越高，所以不宜再抱住昨天的理论不放。当代中国的税收制度设计不可邯郸学步、亦步亦趋，更不能抱残守缺、僵化思想，而应当按照习近平总书记"先给后取，培植财源"的财政观，加强制度创新，以期深入推进供给侧结构性改革。

资料来源　罗涛. 习近平新时代中国特色社会主义经济思想指导下的增值税改进对策研究［EB/OL］.（2020-06-13）［2021-08-30］. https：//www.gmw.cn/xueshu/2020-07/10/content_33983563.htm.

第一节　增值税核算的基本规定

增值税是以商品生产、商品流通、劳务、服务中各环节的增值额为课税对象所征收的一种间接税，它属于流转税的范畴。1993年12月13日，国务院颁布的《中华人民共和国增值税暂行条例》[①]确立了我国增值税征收管理的基本框架。2008年11月5日，国务院第34次常务会议修订通过《中华人民共和国增值税暂行条例》（以下简称《增值税暂行条

① 2019年11月27日，财政部、国家税务总局起草了《中华人民共和国增值税法（征求意见稿）》，向社会公开征求意见。

例》），自2009年1月1日起施行。2011年，经国务院批准，财政部、国家税务总局联合下发营业税改征增值税（以下简称“营改增”）试点方案。截至2013年8月1日，“营改增”范围已推广到全国。2016年5月1日起将建筑业、房地产业、金融业、生活服务业等全部纳入“营改增”范围，实行了全面彻底的营业税改征增值税。

一、增值税的征税范围

按照《增值税暂行条例》和“营改增”的规定，凡在中华人民共和国境内销售货物或者提供应税劳务和应税服务以及进口货物，均为增值税的征税范围。

（一）征税范围的一般规定

1.销售或者进口货物。货物是指有形动产，包括电力、热力、气体在内。销售货物是指有偿转让货物的所有权。

2.提供应税劳务。应税劳务是指纳税人提供的加工、修理修配劳务。加工是指受托加工货物，即委托方提供原料及主要材料，受托方按照委托方的要求制造货物并收取加工费的业务。经加工形成的货物，其所有权属于委托方。以委托方的名义由受托方垫付资金购买材料而加工的货物，不属于加工业务。

修理修配是指受托方将损伤或丧失功能的货物进行修复，使其恢复原状和功能的业务。

企业、单位和个人凡在我国境内提供上述劳务，不论是从委托方以货币形式收取加工费，还是从委托方获得货物或其他经济利益，均属于增值税的应税行为。但企业、单位和个体经营者聘用的员工为本单位或雇主提供的加工、修理修配劳务，不属于征税的范围。

3.销售服务。销售服务是指提供交通运输服务、邮政服务、电信服务、建筑服务、金融服务、现代服务、生活服务。

交通运输服务，包括陆路运输服务、水路运输服务、航空运输服务和管道运输服务。

邮政服务，包括邮政普遍服务、邮政特殊服务和其他邮政服务。邮政普遍服务，是指函件、包裹等邮件寄递，以及邮票发行、报刊发行和邮政汇兑等业务活动。邮政特殊服务，是指义务兵平常信函、机要通信、盲人读物和革命烈士遗物的寄递等业务活动。其他邮政服务，是指邮册等邮品销售、邮政代理等业务活动。

电信服务，包括基础电信服务和增值电信服务。基础电信服务，是指利用固网、移动网、卫星、互联网，提供语音通话服务的业务活动，以及出租或者出售带宽、波长等网络元素的业务活动。增值电信服务，是指利用固网、移动网、卫星、互联网、有线电视网络，提供短信和彩信服务、电子数据和信息的传输及应用服务、互联网接入服务等业务活动。

建筑服务，是指各类建筑物、构筑物及其附属设施的建造、修缮、装饰，线路、管道、设备、设施等的安装以及其他工程作业的业务活动，包括工程服务、安装服务、修缮服务、装饰服务和其他建筑服务。

金融服务，是指经营金融保险的业务活动，包括贷款服务、直接收费金融服务、保险服务和金融商品转让。

现代服务，是指围绕制造业、文化产业、现代物流产业等提供技术性、知识性服务的业务活动，包括研发和技术服务、信息技术服务、文化创意服务、物流辅助服务、租赁服务、鉴证咨询服务、广播影视服务、商务辅助服务和其他现代服务。

生活服务，是指为满足城乡居民日常生活需求提供的各类服务活动，包括文化体育服务、教育医疗服务、旅游娱乐服务、餐饮住宿服务、居民日常服务和其他生活服务。

4.销售无形资产。销售无形资产，是指转让无形资产所有权或者使用权的业务活动。无形资产，是指不具有实物形态，但能带来经济利益的资产，包括技术、商标、著作权、商誉、自然资源使用权和其他权益性无形资产。

技术，包括专利技术和非专利技术。

自然资源使用权，包括土地使用权、海域使用权、探矿权、采矿权、取水权和其他自然资源使用权。

其他权益性无形资产，包括基础设施资产经营权、公共事业特许权、配额、经营权（包括特许经营权、连锁经营权、其他经营权）、经销权、分销权、代理权、会员权、席位权、网络游戏虚拟道具、域名、名称权、肖像权、冠名权、转会费等。

5.销售不动产。销售不动产，是指转让不动产所有权的业务活动。不动产，是指不能移动或者移动后会引起性质、形状改变的财产，包括建筑物、构筑物等。

建筑物，包括住宅、商业营业用房、办公楼等可供居住、工作或者进行其他活动的建造物。

构筑物，包括道路、桥梁、隧道、水坝等建造物。

转让建筑物有限产权或者永久使用权的、转让在建的建筑物或者构筑物所有权的，以及在转让建筑物或者构筑物时一并转让其所占土地的使用权的，按照销售不动产缴纳增值税。

（二）征税范围的特殊规定

1.视同销售货物的行为。视同销售货物的行为均应征收增值税。视同销货行为的具体规定如下：

（1）将货物交付他人代销。

（2）销售代销货物。

（3）设有两个以上机构并实行统一核算的纳税人，将货物从一个机构移送其他机构用于销售，但相关机构设在同一县（市）的除外。统一核算的纳税人是指总机构与分支机构的关系，而不是母公司与子公司的关系。

（4）将自产或委托加工的货物用于非增值税应税项目。

（5）将自产、委托加工或购买的货物作为投资，提供给其他单位或个体工商户。

（6）将自产、委托加工或购买的货物分配给股东或投资者。

（7）将自产或委托加工的货物用于集体福利或个人消费。

（8）将自产、委托加工或购买的货物用于无偿赠送其他单位或个人。

（9）单位和个体工商户向其他单位或个人无偿提供交通运输业和部分现代服务业服务，但以公益活动为目的或者以社会公众为对象的除外。

（10）财政部和国家税务总局规定的其他情形。

2.混合销售。

一项销售行为如果既涉及货物又涉及服务，为混合销售。从事货物的生产、批发或者零售的单位和个体工商户的混合销售行为，按照销售货物缴纳增值税；其他单位和个体工商户的混合销售行为，按照销售服务缴纳增值税。

上述从事货物的生产、批发或者零售的单位和个体工商户，包括以从事货物的生产、批发或者零售为主，并兼营销售服务的单位和个体工商户在内。

3.兼营。试点纳税人销售货物、加工修理修配劳务、服务、无形资产或者不动产适用不同税率或者征收率的，应当分别核算适用不同税率或者征收率的销售额；未分别核算销售额的，按照以下方法适用税率或者征收率：

（1）兼有不同税率的销售货物、加工修理修配劳务、服务、无形资产或者不动产，从高适用税率。

（2）兼有不同征收率的销售货物、加工修理修配劳务、服务、无形资产或者不动产，从高适用征收率。

（3）兼有不同税率和征收率的销售货物、加工修理修配劳务、服务、无形资产或者不动产，从高适用税率。

二、增值税的纳税人

以生产经营规模为标准，增值税纳税人分为一般纳税人和小规模纳税人。由于不同的纳税人采用不同的方法计算应纳增值税税额，所以判断纳税人的身份是计税的前提。小规模纳税人基本的判定标准有三条：

1.从事货物生产或提供应税劳务的纳税人，以及以从事货物生产或提供应税劳务为主并兼营货物批发或零售的纳税人，年应税销售额不超过500万元。所谓以从事货物生产或提供应税劳务为主，是指纳税人年货物生产或提供应税劳务的销售额占年应税销售额的比重为50%以上。

2.其他从事货物生产或提供应税劳务的纳税人，年应税销售额不超过500万元。

3.提供服务、不动产和无形资产的纳税人，年销售额未超过500万元。

年应税销售额超过小规模纳税人标准的其他个人（自然人）按小规模纳税人纳税；非企业性单位和不经常发生应税行为的企业可自行选择是否按小规模纳税人纳税；小规模纳税人会计核算健全，能够提供准确税务资料的，可以向主管税务机关申请资格认定，成为一般纳税人。

除国家税务总局另有规定外，纳税人销售额超过小规模纳税人标准的，就应申请办理一般纳税人认定。纳税人销售额超过小规模纳税人标准且经认定为一般纳税人的，除国家税务总局另有规定外，不得转为小规模纳税人。

纳税人在年（连续12个月）应税销售额超过规定标准的月份（或季度）的所属申报期结束后15日内办理相关手续，未按规定时限办理的，主管税务机关应在规定时限结束后5日内制作税务事项通知书，告知纳税人应当在5日内向主管税务机关办理相关手续；逾期仍不办理一般纳税人认定手续的，次月起按销售额依照增值税税率计算应纳税额，不得抵扣进项税额，也不得使用增值税专用发票，直至纳税人办理相关手续为止。

三、增值税的税率和征收率

（一）增值税的税率

按照《增值税暂行条例》和“营改增”的规定，对不同的纳税人采用不同的税率和征收率：

1.基本税率。自2019年4月1日起，基本税率调整为13%。增值税一般纳税人销售货物或者进口货物、提供应税劳务，除低税率适用范围外，均适用基本税率。

2.低税率。

(1) 增值税一般纳税人销售或者进口下列货物，按低税率9%计征增值税：粮食、食用植物油、食用盐，其中，食用盐是指符合《食用盐》(GB5461-2000)和《食用盐卫生标准》(GB2721-2003)两项国家标准的食用盐；自来水（不含自来水生产厂)、暖气、冷气、热水、煤气、石油液化气、天然气、沼气、居民用煤炭制品；图书、报纸、杂志、音像制品、电子出版物；饲料、化肥、农药、农机（不包括农机零部件)、农膜；国务院规定的其他货物，农产品、二甲醚等。

(2) 提供交通运输、邮政、基础电信、建筑、不动产租赁服务，销售不动产，转让土地使用权，自2019年4月1日起调整为9%。

(3) 纳税人购进农产品，扣除率自2019年4月1日起调整为9%。

(4) 纳税人购进用于生产销售或委托加工13%税率货物的农产品，按照10%的扣除率计算进项税额。

(5) 提供有形动产租赁服务，税率自2019年4月1日起调整为13%。

(6) 境内单位和个人发生的跨境应税行为，税率为零。

(7) 除上述规定外，“营改增”其他服务税率为6%。

另外，增值税一般纳税人兼营不同税率的货物、应税劳务和应税行为，即指纳税人生产或销售不同税率的货物，或者既销售货物又提供应税劳务和应税行为。纳税人兼营不同税率的货物、应税劳务和应税行为，应当分别核算不同税率货物、应税劳务和应税行为的销售额；未分别核算销售额的，从高适用税率。增值税税率表见表2-1。

表2-1

增值税税率表

一般纳税人	原增值税项目	税率
	销售或者进口货物（另有列举的货物除外)、销售劳务	13%
	销售或者进口：(1) 粮食等农产品、食用植物油、食用盐；(2) 自来水、暖气、冷气、热水、煤气、石油液化气、天然气、二甲醚、沼气、居民用煤炭制品；(3) 图书、报纸、杂志、音像制品、电子出版物；(4) 饲料、化肥、农药、农机、农膜；(5) 国务院规定的其他货物	9%
	购进农产品进项税额扣除率	扣除率
	纳税人购进农产品，原适用10%扣除率的	9%
	纳税人购进用于生产销售或委托加工13%税率货物的农产品	10%
	全面推行“营改增”试点项目	税率
	交通运输、建筑安装、不动产销售、土地使用权销售、邮政服务、销售无形资产（转让土地使用权)、现代服务业（不动产租赁服务)	9%
	基础电信服务	
	增值电信服务、金融服务、现代服务业（研发和技术服务、信息技术服务、文化创意服务、物流辅助服务、鉴证咨询服务、广播影视服务、商务辅助服务)、生活服务、销售无形资产（转让技术、商标、著作权、商誉、自然资源和其他权益性无形资产使用权或所有权)	6%
	现代服务业（有形动产租赁服务)	13%

（二）增值税的征收率

增值税征收率为3%，财政部和国家税务总局另有规定的除外。一般纳税人销售其2016年4月30日前取得（不含自建）的不动产，可以选择适用简易计税方法，以取得的全部价款和价外费用减去该不动产购置原价或者取得不动产时的作价后的余额为销售额，按照5%的征收率计算应纳税额；一般纳税人销售其2016年4月30日前自建的不动产，可以选择适用简易计税方法，以取得的全部价款和价外费用为销售额，按照5%的征收率计算应纳税额；房地产开发企业中的一般纳税人，销售自行开发的房地产老项目，可以选择适用简易计税方法，按照5%的征收率计税；房地产开发企业中的小规模纳税人，销售自行开发的房地产项目，按照5%的征收率计税；小规模纳税人出租其取得的不动产（不含个人出租住房），应按照5%的征收率计算应纳税额；其他个人出租其取得的不动产（不含住房），应按照5%的征收率计算应纳税额；个人出租住房，应按照5%的征收率减按1.5%计算应纳税额。

小规模纳税人适用的征收率为3%。如小规模纳税人（除其他个人外）销售自己使用过的固定资产，减按2%的征收率征收增值税。增值税一般纳税人销售自己使用过的且未抵扣进项税额的应税固定资产，按简易计税方法依3%征收率减按2%征收增值税。增值税征收率表见表2-2。

表2-2 **增值税征收率**

<table>
<tr><th>纳税人</th><th>简易计税</th><th>征收率</th></tr>
<tr><td rowspan="4">小规模纳税人</td><td>销售货物</td><td rowspan="5">3%</td></tr>
<tr><td>加工、修理修配劳务</td></tr>
<tr><td>销售应税服务</td></tr>
<tr><td>销售无形资产</td></tr>
<tr><td>一般纳税人</td><td>一般纳税人发生按规定适用或者可以选择适用简易计税方法计税的特定应税行为，但适用5%征收率的除外</td></tr>
<tr><td rowspan="8">小规模纳税人以及允许适用简易计税方式计税的一般纳税人</td><td>销售不动产、经营租赁不动产（土地使用权）</td><td rowspan="8">5%</td></tr>
<tr><td>转让“营改增”前取得的土地使用权</td></tr>
<tr><td>房地产开发企业销售、出租自行开发的房地产老项目</td></tr>
<tr><td>一级、二级公路，桥、闸（老项目）通行费</td></tr>
<tr><td>特定的不动产融资租赁</td></tr>
<tr><td>选择差额纳税的劳务派遣、安全保护服务</td></tr>
<tr><td>一般纳税人提供人力资源外包服务</td></tr>
<tr><td>中外合作油（气）田开采的原油、天然气</td></tr>
<tr><td rowspan="2">特殊规定</td><td colspan="2">个人出租住房，按5%的征收率减按1.5%计算应纳税额</td></tr>
<tr><td colspan="2">销售旧货，小规模纳税人（不含其他个人）以及符合规定情形的一般纳税人销售自己使用过的固定资产可依3%征收率减按2%征收增值税</td></tr>
</table>

第二节　增值税专用发票的使用和管理

增值税一般纳税人实行凭增值税专用发票注明的税款进行抵扣的制度。

一、专用发票领购使用范围

一般纳税人凭发票领购簿、IC卡和经办人身份证明领购增值税专用发票（简称专用发票）。一般纳税人有下列情形之一的，不得领购开具增值税专用发票：

1.会计核算不健全，不能向税务机关准确提供增值税销项税额、进项税额、应纳税额数据及其他有关增值税税务资料的。

上列其他有关增值税税务资料的内容，由省、自治区、直辖市和计划单列市税务局确定。

2.有《税收征收管理法》规定的税收违法行为，拒不接受税务机关处理的。

3.有以下行为，经税务机关责令限期改正而仍未改正者：一是私自印制专用发票；二是向个人或税务机关以外的单位买取专用发票；三是借用他人的专用发票；四是向他人提供专用发票；五是未按规定开具专用发票；六是未按规定保管专用发票；七是未按规定申报专用发票的购、用、存情况；八是未按规定接受税务机关检查。

有上列情形的，如已领购增值税专用发票，主管税务机关应暂扣其结存的增值税专用发票和IC卡。

4.新办纳税人首次申领增值税发票规定。

（1）同时满足下列条件的新办纳税人首次申领增值税发票，主管税务机关应当自受理申请之日起2个工作日内办结，有条件的主管税务机关当日办结：①纳税人的办税人员、法定代表人已经进行实名信息采集和验证（需要采集、验证法定代表人实名信息的纳税人范围由各省税务机关确定）；②纳税人有开具增值税发票需求，主动申领发票；③纳税人按照规定办理税控设备发行等事项。

（2）新办纳税人首次申领增值税发票主要包括发票票种核定、增值税专用发票（增值税税控系统）最高开票限额审批、增值税税控系统专用设备初始发行、发票领用等涉税事项。

（3）税务机关为符合（1）规定的首次申领增值税发票的新办纳税人办理发票票种核定，增值税专用发票最高开票限额不超过10万元，每月最高领用数量不超过25份；增值税普通发票最高开票限额不超过10万元，每月最高领用数量不超过50份。各省税务机关可以在此范围内结合纳税人税收风险程度，自行确定新办纳税人首次申领增值税发票票种核定标准。

二、专用发票开具的范围

1.一般纳税人发生应税销售行为，应向购买方开具增值税专用发票。

2.商业企业一般纳税人零售的烟、酒、食品、服装、鞋帽（不包括劳保专用的部分）、化妆品等消费品不得开具专用发票。

3.增值税小规模纳税人需要开具增值税专用发票的，可向主管税务机关申请代开。

4.除法律法规及国家税务总局另有规定外，销售免税货物不得开具增值税专用发票。

5.纳税人发生应税销售行为，应当向索取增值税的购买方开具增值税专用发票，并在增值税专用发票上注明销售额和销项税额。属于下列情形之一的，不得开具增值税专用发票：（1）应税销售行为的购买方为消费者个人的；（2）发生应税销售行为适用免税规定。

6.增值税小规模纳税人（其他个人除外）发生增值税应税行为，需要开具增值税专用发票的，可以使用增值税发票管理系统自行开具。选择自行开具增值税专用发票的小规模纳税人，税务机关不再为其代开。

三、专用发票开具的时限

1.采用预收货款、托收承付、委托银行收款结算方式的，为货物发出的当天。

2.采用交款提货结算方式的，为收到货款的当天。

3.采用赊销、分期收款结算方式的，为合同约定的收款日期的当天。

4.将货物交付他人代销，为收到受托人送交的代销清单的当天。

5.设有两个以上机构并实行统一核算的纳税人，将货物从一个机构移送其他机构用于销售，按规定应当征收增值税的，为货物移送的当天。

6.将货物作为投资提供给其他单位或个体经营者，为货物移送的当天。

7.将货物分配给股东，为货物移送的当天。一般纳税人必须按规定时限开具专用发票，不得提前或滞后。对已开具专用发票的销售货物，要及时足额计入当期销售额计税。凡开具了专用发票，其销售额未按规定计入销售账户核算的，一律按偷税论处。

8.期货交易专用发票的开具，按以下规定执行：

（1）增值税一般纳税人在商品交易所通过期货交易销售货物的，无论发生升水还是贴水，均可按照标准仓单持有凭证所注明货物的数量和交割结算价开具专用发票。

（2）对于期货交易中仓单注册人注册货物时发生升水的，该仓单注销（即提取货物退出期货流通）时，注册人应当就升水部分款项向注销人开具专用发票，同时计提销项税额，注销人凭取得的专用发票计算抵扣进项税额。

发生贴水的，该仓单注销时，注册人应当就贴水部分款项向注销人开具负数专用发票，同时冲减销项税额，注销人凭取得的专用发票调减进项税额，不得由仓单注销人向仓单注册人开具专用发票。注册人开具负数专用发票时，应当取得商品交易所出具的“标准仓单注册升贴水单”或“标准仓单注销升贴水单”，按照所注明的升贴水金额向注销人开具，并将升贴水单留存，以备主管税务机关检查。

四、使用电子计算机开具专用发票的要求

符合下列条件的一般纳税人，可以向主管税务机关申请使用电子计算机开具专用发票：

1.有专业电子计算机技术人员、操作人员。

2.具备通过电子计算机开具专用发票和按月列印进货、销货及库存清单的能力。

3.国家税务总局直属分局规定的其他条件。

另外，申请使用电子计算机开具专用发票，必须向主管税务机关提供申请报告及以下资料：（1）按照专用发票（机外发票）格式用电子计算机制作的模拟样张；（2）根据会计

操作程序用电子计算机制作的最近月份的进货、销货及库存清单；（3）电子计算机设备的配置情况；（4）有关专用电子计算机技术人员、操作人员的情况；（5）国家税务总局直属分局要求提供的其他资料。

五、专用发票开具后，发生退货或开票有误的处理

1.增值税一般纳税人开具专用发票后，发生销货退回、开票有误、应税服务中止等情形但不符合发票作废条件，或者因销货部分退回及发生销售折让，需要开具红字专用发票的，应视不同情况分别按以下规定办理：

（1）购买方取得专用发票已用于申报抵扣的，购买方可在增值税发票管理新系统中填开并上传开具红字增值税专用发票信息表，在填开开具红字增值税专用发票信息表时不填写相对应的蓝字专用发票信息，应暂依开具红字增值税专用发票信息表所列增值税税额从当期进项税额中转出，待取得销售方开具的红字增值税专用发票后，与开具红字增值税专用发票信息表一并作为记账凭证。

（2）购买方取得的专用发票未用于申报抵扣，但发票联或抵扣联无法退回的，购买方填开开具红字增值税专用发票信息表时应填写相对应的蓝字增值税专用发票信息。

（3）销售方开具增值税专用发票尚未交付购买方，以及购买方未用于申报抵扣并将发票联及抵扣联退回的，销售方可在增值税发票管理新系统中填开并上传开具红字增值税专用发票信息表。销售方填开开具红字增值税专用发票信息表时应填写相对应的蓝字增值税专用发票信息。

2.税务机关为小规模纳税人代开增值税专用发票，需要开具红字增值税专用发票的，比照一般纳税人开具红字增值税专用发票的方法处理。

3.纳税人需要开具红字增值税普通发票的，可以在相对应的蓝字发票金额范围内开具多份红字发票。红字机动车销售统一发票需要与原蓝字机动车销售统一发票一一对应。

六、增值税专用发票不得抵扣进项税额的规定

1.有下列情形之一的，不得作为增值税进项税额的抵扣凭证，税务机关退回原件，购买方可要求销售方重新开具增值税专用发票：

（1）无法认证，是指增值税专用发票所列密文或者明文不能辨认，无法产生认证结果。

（2）纳税人识别号认证不符，是指增值税专用发票所列购买方纳税人识别号有误。

（3）增值税专用发票代码、号码认证不符，是指增值税专用发票所列密文解译后与明文的代码或者号码不一致。

2.丢失已开具增值税专用发票的发票联和抵扣联的处理。

（1）纳税人同时丢失已开具增值税专用发票或机动车销售统一发票的发票联和抵扣联，可凭加盖销售方发票专用章的相应发票记账联复印件，作为增值税进项税额的抵扣凭证、退税凭证或记账凭证。

（2）纳税人丢失已开具增值税专用发票或机动车销售统一发票的抵扣联，可凭相应发票的发票联复印件，作为增值税进项税额的抵扣凭证或退税凭证；纳税人丢失已开具增值税专用发票或机动车销售统一发票的发票联，可凭相应发票的抵扣联复印件作为记账凭证。

七、增值税专用发票的管理

（一）对虚开增值税专用发票的处理

纳税人虚开增值税专用发票，未就其虚开金额申报并缴纳增值税的，应按照其虚开金额补缴增值税；已就其虚开金额申报并缴纳增值税的，不再按照其虚开金额补缴增值税。税务机关对纳税人虚开增值税专用发票的行为，应按《税收征收管理法》及《中华人民共和国发票管理办法》的有关规定给予处罚。纳税人取得虚开的增值税专用发票，不得作为增值税合法有效的扣税凭证抵扣其进项税额。

（二）纳税人善意取得虚开的增值税专用发票的处理

1.纳税人善意取得虚开的增值税专用发票是指购货方与销售方存在真实交易，且购货方不知取得的增值税专用发票是以非法手段获得的。

纳税人善意取得虚开的增值税专用发票，如能重新取得合法有效的增值税专用发票，准许其抵扣进项税款；如不能重新取得合法有效的增值税专用发票，不准其抵扣进项税款或追缴其已抵扣的进项税款。

纳税人善意取得虚开的增值税专用发票被依法追缴已抵扣税款的，不属于《税收征收管理法》第三十二条“纳税人未按照规定期限缴纳税款”的情形，不适用该条“税务机关除责令限期缴纳外，从滞纳税款之日起，按日加收滞纳税款万分之五的滞纳金”的规定。

2.购货方与销售方存在真实的交易，销售方使用的是其所在省（自治区、直辖市和计划单列市）的增值税专用发票，增值税专用发票注明的销售方名称、印章、货物数量、金额及税额等全部内容与实际相符，且没有证据表明购货方知道销售方提供的增值税专用发票是以非法手段获得的，对购货方不以偷税或者骗取出口退税论处。但应按有关规定不予抵扣进项税款或者不予出口退税；购货方已经抵扣的进项税款或者取得的出口退税，应依法追缴。

3.购货方能够重新从销售方取得防伪税控系统开出的合法有效专用发票的，或者取得手工开出的合法有效增值税专用发票且取得了销售方所在地税务机关已经或者正在依法对销售方虚开增值税专用发票行为进行查处证明的，购货方所在地税务机关应依法准予抵扣进项税款或者出口退税。

4.如有证据表明购货方在进项税款得到抵扣或者获得出口退税前知道该增值税专用发票是销售方以非法手段获得的，对购货方应按《国家税务总局关于纳税人取得虚开的增值税专用发票处理问题的通知》（国税发〔1997〕134号）和《国家税务总局关于〈国家税务总局关于纳税人取得虚开的增值税专用发票处理问题的通知〉的补充通知》（国税发〔2000〕182号）的规定处理。

5.有下列情形之一的，无论购货方（受票方）与销售方是否进行了实际的交易，增值税专用发票所注明的数量、金额与实际交易是否相符，购货方向税务机关申请抵扣进项税款或者出口退税的，对其均应按偷税或者骗取出口退税处理：

（1）购货方取得的增值税专用发票所注明的销售方名称、印章与其进行实际交易的销售方不符的，即国税发〔1997〕134号文第二条规定的“购货方从销售方取得第三方开具的增值税专用发票”的情况。

（2）购货方取得的增值税专用发票为销售方所在省（自治区、直辖市和计划单列市）

以外地区的，即国税发〔1997〕134号文第二条规定的“从销货地以外的地区获得增值税专用发票”的情况。

（3）其他有证据表明购货方明知取得的增值税专用发票系销售方以非法手段获得的，即国税发〔1997〕134号文第一条规定的“受票方利用他人虚开的增值税专用发票，向税务机关申报抵扣税款进行偷税”的情况。

（三）税控系统增值税专用发票的管理

1.税务机关增值税专用发票管理部门在运用防伪税控发售系统进行发票入库管理或向纳税人发售增值税专用发票时，要认真录入发票代码、号码，并与纸质增值税专用发票进行仔细核对，确保发票代码、号码电子信息与纸质发票的代码、号码完全一致。

2.纳税人在运用防伪税控系统开具增值税专用发票时，应认真检查系统中的电子发票代码、号码与纸质发票是否一致。如发现税务机关错填电子发票代码、号码，应持纸质增值税专用发票和税控IC卡到税务机关办理退回手续。

3.对税务机关错误录入代码或号码后又被纳税人开具的增值税专用发票，按以下办法处理：

（1）纳税人当月发现上述问题的，应按照增值税专用发票使用管理的有关规定，对纸质增值税专用发票和防伪税控开票系统中增值税专用发票电子信息同时作废，并及时报主管税务机关。纳税人在以后月份发现的，应按有关规定开具负数增值税专用发票。

（2）主管税务机关按照有关规定追究有关人员责任，同时将有关情况，如发生原因、主管税务机关名称、编号、纳税人名称、纳税人识别号、发票代码和号码（包括错误的和正确的）、发生时间、责任人以及处理意见或请求等，逐级上报至国家税务总局。

（3）对涉及发票数量多、影响面较大的，国家税务总局将按规定程序对“全国作废发票数据库”进行修正。

4.在未收回增值税专用发票抵扣联及发票联，或虽已收回增值税专用发票抵扣联及发票联但购货方已将增值税专用发票抵扣联报送税务机关认证的情况下，销货方一律不得作废已开具的增值税专用发票。

（四）关于走逃（失联）企业开具增值税专用发票的认定处理

走逃（失联）企业是指不履行税收义务并脱离税务机关监管的企业。

根据税务登记管理的有关规定，税务机关通过实地调查、电话查询、涉税事项办理核查以及其他征管手段，仍对企业和企业相关人员查无下落的，或虽然可以联系到企业代理记账、报税人员等，但其并不知情也不能联系到企业实际控制人的，可以判定该企业为走逃（失联）企业。

走逃（失联）企业存续经营期间发生下列情形之一的，所对应属期开具的增值税专用发票列入异常增值税扣税凭证（以下简称“异常凭证”）范围：

1.商贸企业购进、销售货物名称严重背离的；生产企业无实际生产加工能力且无委托加工，或生产能耗与销售情况严重不符，或购进货物并不能直接生产其销售的货物且无委托加工的。

2.直接走逃失踪不纳税申报，或虽然申报但通过填列增值税纳税申报表相关栏次，规避税务机关审核比对，进行虚假申报的。

第三节　增值税核算的会计科目与报表

我国增值税的一个重要特点是实行“价外计税”办法，即以不含增值税的价格为计税依据，同时以增值税专用发票的抵扣联注明的税款及按规定计算的进项税额实行税款抵扣的制度，按购进扣税法的原则计算应纳税额。

一、会计科目的设置

按照增值税的会计处理规定，纳税人在增值税的核算中应设置“应交税费”和“其他应付款”总账科目。在“应交税费”总账科目下再设“应交增值税”“未交增值税”“待抵扣进项税额”“增值税留抵税额”“增值税检查调整”等二级明细科目。在“其他应付款”总账科目下再设 “待抵扣增值税税额”“待结转增值税税额”“待确认进项税额”“待结转销项税额”二级明细科目，见表2-3。

表2-3　　增值税核算会计科目

一级科目	二级科目	三级科目	四级科目
应交税费	应交增值税	进项税额	
		已交税金	
		减免税款	
		出口抵减内销产品应纳税额	
		转出未交增值税	
		销项税额	
		进项税额转出	
		转出多交增值税	
	预交增值税	简易计税	
		一般计税	
	未交增值税	简易计税	
		一般计税	
	待抵扣进项税额	海关专用缴款书	
		其他	
	待认证进项税额		
	增值税留抵税额		
	增值税检查调整	简易计税	
		一般计税	
其他应付款	待抵扣增值税税额		
	待结转增值税税额	简易计税	
	待确认进项税额	9%、6%	
	待结转销项税额	13%、9%、6%	

“应交税费——应交增值税”科目下设三级借方明细科目“进项税额”“已交税金”“减免税款”“出口抵减内销产品应纳税额” “转出未交增值税”和三级贷方明细科目“销项税额”“进项税额转出”“转出多交增值税”等（见“（一）增值税一般纳税人会计科目的设置”）。

“应交税费——预交增值税”科目下设“简易计税”“一般计税”两个明细科目，核算按预征率计算缴纳的增值税税额。一般纳税人跨县（市）提供建筑服务，适用一般计税方法计税的，应以取得的全部价款和价外费用扣除支付的分包款后的余额，按照2%的预征率在建筑服务发生地预缴税款后，向机构所在地主管税务机关进行纳税申报。一般纳税人跨县（市）提供建筑服务，选择适用简易计税方法计税的，应以取得的全部价款和价外费用扣除支付的分包款后的余额为销售额，按照3%的征收率计算应纳税额。

一般纳税人销售其2016年4月30日前自建的不动产，可以选择适用简易计税方法，以取得的全部价款和价外费用为销售额，按照5%的征收率计算应纳税额。

“应交税费——未交增值税”科目下设三级明细科目“简易计税”和“一般计税”，用来核算一般纳税人月终时转入的应交未交的增值税税额，转入多交的增值税也在本科目核算。

月份终了时，企业应将当月发生的应交未交的增值税税额，自“应交税费——应交增值税”科目转入“未交增值税”科目，借记“应交税费——应交增值税（转出未交增值税）”科目，贷记“应交税费——未交增值税”科目；将本月多交的增值税税额，自“应交税费——应交增值税”科目转入“未交增值税”科目，借记“应交税费——未交增值税”科目，贷记“应交税费——应交增值税（转出多交增值税）”科目。

当月上交本月增值税时，借记“应交税费——应交增值税（已交税金）”科目，贷记“银行存款”科目；当月上交上月应交未交增值税时，借记“应交税费——未交增值税”科目，贷记“银行存款”科目。

“应交税费——待抵扣进项税额”科目下设三级明细科目“海关专用缴款书”和“其他”。“海关专用缴款书”科目核算企业已取得海关进口增值税专用缴款书但尚未通过稽核比对的进项税额，待税务稽查比对通过后，转入“进项税额”明细科目；“其他”科目核算收到增值税专用发票但尚未进行认证的成本费用对应的进项税额，通过认证后，将对应的进项税额转到“进项税额”明细科目中。

“应交税费——增值税留抵税额”科目用来核算企业不得从应税服务的销项税额中抵扣的增值税留抵税额，借记“应交税费——增值税留抵税额”科目，贷记“应交税费——应交增值税（进项税额转出）”科目。待以后期间允许抵扣时，按允许抵扣的金额，借记“应交税费——应交增值税（进项税额）”科目，贷记“应交税费——增值税留抵税额”科目。

“应交税费——增值税检查调整”科目下设“简易计税”和“一般计税”两个明细科目，核算增值税检查后的账务调整。“简易计税”科目下借方发生额反映应调减的应纳税额，贷方发生额反映应调增的应纳税额。全部调整事项入账后，应结出本科目余额，并对余额进行账务处理；处理之后，本科目无余额。“一般计税”科目下借方发生额反映检查后应调增账面进项税额或调减销项税额和进项税额转出的数额，贷方发生额反映检查后应调减进项税额或调增销项税额和进项税额转出的数额。

需要注意的是，根据国家税务总局《增值税日常稽查办法》的规定，增值税一般纳税人在税务机关对其增值税纳税情况进行检查后，凡涉及增值税涉税账务调整的，应设立“应交税费——增值税检查调整”专门账户。

“其他应付款——待结转增值税税额”科目下增设“简易计税”明细科目，核算在简易计税方法下，未到纳税义务时间先计提的增值税税额。

增设一个“待抵扣增值税税额”科目，核算已与分包商确认工作量未取得分包发票预提的增值税税额。

“其他应付款——待确认进项税额”科目下增设“9%”“6%”两个明细科目，核算在一般计税方法下，与分包商确认工程量后，尚未取得分包商开具发票而预提的进项税额。

增设一个“待结转销项税额”科目，核算在一般计税方法下，未到纳税义务时间先计提的销项税额。

（一）增值税一般纳税人会计科目的设置

为了使增值税一般纳税人各项税额的来源和去向反映得更加清楚，在“应交税费——应交增值税”科目的借方和贷方各设若干个明细专栏。

1.借方设“进项税额”“已交税金”“减免税款”“出口抵减内销产品应纳税额”“营改增抵减的销项税额”“转出未交增值税”六个专栏，见表2-4。

表2-4 **应交税费——应交增值税借方专栏**

借方						
合计	进项税额	已交税金	减免税款	出口抵减内销产品应纳税额	营改增抵减的销项税额	转出未交增值税

（1）“进项税额”专栏，记录企业购入货物、接受劳务和服务、购入不动产和无形资产而支付的、准予从销项税额中抵扣的增值税税额。企业购入货物、接受应税劳务和服务、购入不动产和无形资产支付的进项税额，用蓝字登记；退回所购货物应冲销的进项税额，用红字登记。

（2）“已交税金”专栏，记录企业当月已缴纳本月的增值税税额。企业已缴纳的增值税税额用蓝字登记，退回多交的增值税税额用红字登记。

（3）“减免税款”专栏，记录企业经主管税务机关批准，实际减免的增值税税额。

（4）“出口抵减内销产品应纳税额”专栏，记录企业按国务院规定的退税率计算的出口货物的进项税额抵减内销产品的应纳税额。

（5）“营改增抵减的销项税额”专栏，核算因按规定扣减销售额而减少的销项税额。如提供融资租赁服务，以取得的全部价款和价外费用扣除支付的借款利息、发行债券利息和车辆购置税后的余额为销售额。

（6）“转出未交增值税”专栏，记录企业月终后当月发生的应交未交增值税的转出额。

2.贷方设置“销项税额”“出口退税”“进项税额转出”“转出多交增值税”四个明细专栏，见表2-5。

表2-5 **应交税费——应交增值税贷方专栏**

贷方				
合计	销项税额	出口退税	进项税额转出	转出多交增值税

（1）“销项税额”专栏，记录企业销售货物、提供应税劳务和服务、销售不动产和无形资产应收取的增值税税额。企业销售货物、提供应税劳务和服务、销售不动产和无形资产应收取的销项税额，用蓝字登记；退回销售货物应冲销的销项税额，用红字登记。

（2）“出口退税”专栏，记录企业出口适用零税率的货物，向海关办理报关出口手续后，凭出口报关单等有关凭证，向税务机关申报办理出口退税收到退回的税款。出口货物退回的增值税税额，用蓝字登记；出口货物办理退税后发生退货或者退关而补交已退的增值税税额，用红字登记。

（3）“进项税额转出”专栏，有些企业在购进货物时不清楚货物的具体用途，购进货物时已按照增值税专用发票上记载的进项税额记入“进项税额”专栏，以后实际使用于免税项目、集体福利、个人消费、非正常损失、简易计税方法征税项目、免抵退税办法不得抵扣的进项税额、纳税检查调减进项税额等，按照税法的规定，这些进项税额不能从销项税额中抵扣，而必须由其他有关承担者承担。为了方便增值税的核算，设置“进项税额转出”专栏。该专栏记录企业的购进货物、在产品、产成品等发生非正常损失以及因其他原因不应从销项税额中抵扣，而应按规定转出的进项税额。

（4）“转出多交增值税”专栏，记录企业月终多交的增值税转出额。

（二）小规模纳税人会计科目的设置

由于小规模纳税人财务核算不健全，难以正确计算其销项税额和进项税额，因此，对小规模纳税人采取简易办法计算征收其应纳税额。小规模纳税人增值税的核算只需设置“应交税费——应交增值税”科目。该科目的贷方记录应交的增值税税额；借方记录实际上交的增值税税额。期末余额在贷方，反映尚未上交或欠交的增值税税额；期末余额在借方，反映多交的增值税税额。

二、增值税核算账户

增值税核算账户根据增值税总账科目和明细账科目（明细专栏）进行设置。增值税的核算在“应交税费——应交增值税”账户下设置了11个三级明细账户，并使用三栏式或多栏式明细账。部分主要明细账的格式见表2-6、表2-7、表2-8。

表2-6　　应交税费——应交增值税（销项税额）明细账

<table>
<tr><th colspan="2">年</th><th rowspan="3">凭证号</th><th rowspan="3">摘要</th><th colspan="2">入账发票份数</th><th rowspan="3">借方</th><th colspan="8">贷方</th><th rowspan="3">借或贷</th><th rowspan="3">余额</th></tr>
<tr><th rowspan="2">月</th><th rowspan="2">日</th><th rowspan="2">专用</th><th rowspan="2">普通</th><th colspan="2">货物</th><th>应税劳务</th><th colspan="2">服务、不动产和无形资产</th><th colspan="3">视同销售</th></tr>
<tr><th>13%</th><th>9%</th><th>13%</th><th>9%</th><th>6%</th><th>13%</th><th>9%</th><th>3%</th></tr>
<tr><td></td><td></td><td></td><td></td><td></td><td></td><td></td><td></td><td></td><td></td><td></td><td></td><td></td><td></td><td></td><td></td><td></td></tr>
<tr><td></td><td></td><td></td><td></td><td></td><td></td><td></td><td></td><td></td><td></td><td></td><td></td><td></td><td></td><td></td><td></td><td></td></tr>
</table>

表2-7　　　　应交税费——应交增值税（进项税额）明细账

年		凭证号	摘要	入账发票份数		借方						贷方	借或贷	余额
月	日			专用	普通	13%	9%	9%	6%	3%	3%			

表2-8　　　　应交税费——应交增值税（进项税额转出）明细账

年		凭证号	摘要	借方		贷方						借或贷	余额
月	日					13%	9%	9%	6%	3%	3%		

三、增值税核算报表

纳税人必须依照规定的申报期限、申报内容如实办理纳税申报。在纳税期内没有应纳税款或者享受减税、免税待遇的，也应当按照规定办理纳税申报。纳税申报截止期限，以1个月或者1个季度为纳税期限的，自期满之日起15日内申报纳税。遇最后1日为法定节假日的，顺延1日；1日至15日内有连续3日以上法定休假日的，按休假日天数顺延。

（一）一般纳税人的纳税申报表和申报表附列资料

增值税一般纳税人在纳税申报时，必须填报增值税纳税申报表及申报表附列资料和有关附报资料。

1.备查资料：

（1）已开具的增值税专用发票和普通发票存根联；

（2）符合抵扣条件并且在本期申报抵扣的增值税专用发票抵扣联；

（3）海关进口货物完税凭证、购进农产品普通发票的复印件；

（4）收购凭证的存根联或报查联；

（5）代扣代缴税款凭证存根联；

（6）主管税务机关规定的其他备查资料。

备查资料是否需要在当期报送，由省级税务局确定。

2.其他必报资料：

（1）使用防伪税控系统的纳税人，必须报送记录当期纳税信息的IC卡（明细数据备份在软盘上的纳税人，还须报送备份数据软盘）、增值税专用发票存根联明细表及增值税专用发票抵扣联明细表；

（2）资产负债表和利润表；

（3）成品油购销存情况明细表（发生成品油零售业务的纳税人填报）；

（4）主管税务机关规定的其他必报资料。

（二）增值税纳税申报表及其附列资料的填报要求及格式

增值税纳税申报表及其附列资料按填表说明的要求填写，具体的份数由省级税务局确定。税务机关签收后，一份退还纳税人，其余留存。

1.增值税及附加税费申报表（一般纳税人适用）见表2-9。

表2-9

增值税及附加税费申报表

（一般纳税人适用）

根据国家税收法律法规及增值税相关规定制定本表。纳税人不论有无销售额，均应按税务机关核定的纳税期限填写本表，并向当地税务机关申报。

税款所属时间：自　年　月　日至　年　月　日　　填表日期：　年　月　日　　金额单位：元（列至角分）

纳税人识别号（统一社会信用代码）：□□□□□□□□□□□□□□□□□□□□□□□　　所属行业：

纳税人名称：		法定代表人姓名		注册地址		生产经营地址	
开户银行及账号		登记注册类型				电话号码	

项目		栏次	一般项目		即征即退项目	
			本月数	本年累计	本月数	本年累计
销售额	（一）按适用税率计税销售额	1				
	其中：应税货物销售额	2				
	应税劳务销售额	3				
	纳税检查调整的销售额	4				
	（二）按简易办法计税销售额	5				
	其中：纳税检查调整的销售额	6				
	（三）免、抵、退办法出口销售额	7			—	—
	（四）免税销售额	8			—	—
	其中：免税货物销售额	9			—	—
	免税劳务销售额	10			—	—

续表

项目		栏次	一般项目		即征即退项目	
			本月数	本年累计	本月数	本年累计
税款计算	销项税额	11				
	进项税额	12				
	上期留抵税额	13				—
	进项税额转出	14				
	免、抵、退应退税额	15			—	—
	按适用税率计算的纳税检查应补缴税额	16			—	—
	应抵扣税额合计	17=12+13-14-15+16		—		—
	实际抵扣税额	18（如17<11，则为17，否则为11）				
	应纳税额	19=11-18				
	期末留抵税额	20=17-18				—
	简易计税办法计算的应纳税额	21				
	按简易计税办法计算的纳税检查应补缴税额	22			—	—
	应纳税额减征额	23				
	应纳税额合计	24=19+21-23				

续表

项　目		栏次	一般项目		即征即退项目	
			本月数	本年累计	本月数	本年累计
税款缴纳	期初未缴税额（多缴为负数）	25				
	实收出口开具专用缴款书退税额	26			—	—
	本期已缴税额	27=28+29+30+31				
	①分次预缴税额	28		—		—
	②出口开具专用缴款书预缴税额	29		—	—	—
	③本期缴纳上期应纳税额	30				
	④本期缴纳欠缴税额	31				
	期末未缴税额（多缴为负数）	32=24+25+26-27				
	其中：欠缴税额（≥0）	33=25+26-27		—		—
	本期应补（退）税额	34=24-28-29		—		—
	即征即退实际退税额	35	—	—		
	期初未缴查补税额	36			—	—
	本期入库查补税额	37			—	—
	期末未缴查补税额	38=16+22+36-37			—	—
附加税费	城市维护建设税本期应补（退）税额	39			—	—
	教育费附加本期应补（退）费额	40			—	—
	地方教育附加本期应补（退）费额	41			—	—

声明：此表是根据国家税收法律法规及相关规定填写的，本人（单位）对填报内容（及附带资料）的真实性、可靠性、完整性负责。

纳税人（签章）：　　　年　月　日

经办人： 经办人身份证号： 代理机构签章： 代理机构统一社会信用代码：	受理人： 受理税务机关（章）： 受理日期：　年　月　日

增值税及附加税费申报表（一般纳税人适用）填写说明

本申报表及其附列资料填写说明（以下简称本表及填写说明）适用于增值税一般纳税人（以下简称纳税人）。

一、名词解释

1.本表及填写说明所称“货物”，是指增值税的应税货物。

2.本表及填写说明所称“劳务”，是指增值税的应税加工、修理、修配劳务。

3.本表及填写说明所称“服务、不动产和无形资产”，是指销售服务、不动产和无形资产。

4.本表及填写说明所称“按适用税率计税”“按适用税率计算”和“一般计税方法”，均指按“应纳税额=当期销项税额-当期进项税额”公式计算增值税应纳税额的计税方法。

5.本表及填写说明所称“按简易办法计税”“按简易征收办法计算”和“简易计税方法”，均指按“应纳税额=销售额×征收率”公式计算增值税应纳税额的计税方法。

6.本表及填写说明所称“扣除项目”，是指纳税人销售服务、不动产和无形资产，在确定销售额时，按照有关规定允许其从取得的全部价款和价外费用中扣除价款的项目。

二、填写说明

1.“税款所属时间”：指纳税人申报的增值税应纳税额的所属时间，应填写具体的起止年、月、日。

2.“填表日期”：指纳税人填写本表的具体日期。

3.“纳税人识别号（统一社会信用代码）”：填写纳税人的统一社会信用代码或纳税人识别号。

4.“所属行业”：按照国民经济行业分类与代码中的小类行业填写。

5.“纳税人名称”：填写纳税人单位名称全称。

6.“法定代表人姓名”：填写纳税人法定代表人的姓名。

7.“注册地址”：填写纳税人税务登记证件所注明的详细地址。

8.“生产经营地址”：填写纳税人实际生产经营地的详细地址。

9.“开户银行及账号”：填写纳税人开户银行的名称和纳税人在该银行的结算账户号码。

10.“登记注册类型”：按纳税人税务登记证件的栏目内容填写。

11.“电话号码”：填写可联系到纳税人的常用电话号码。

12.“即征即退项目”列：填写纳税人按规定享受增值税即征即退政策的货物、劳务，以及服务、不动产、无形资产的征（退）税数据。

13.“一般项目”列：填写除享受增值税即征即退政策以外的货物、劳务，以及服务、不动产、无形资产的征（免）税数据。

14.“本年累计”列：一般填写本年度内各月“本月数”之和。其中，第13、20、25、32、36、38栏及第18栏“实际抵扣税额”“一般项目”列的“本年累计”分别按本填写说明第27、34、39、46、50、52和32条要求填写。

15.第1栏“（一）按适用税率计税销售额”：填写纳税人本期按一般计税方法计算缴纳增值税的销售额，包含：在财务上不作销售但按税法规定应缴纳增值税的视同销售和价外费用的销售额，外贸企业作价销售进料加工复出口货物的销售额，税务、财政、审计部门检查后按一般计税方法计算调整的销售额。

营业税改征增值税的纳税人，服务、不动产和无形资产有扣除项目的，本栏应填写扣除之前的不含税销售额。

本栏“一般项目”列“本月数”=附列资料（一）第9列第1至5行之和-第9列第6、7行之和，本栏“即征即退项目”列“本月数”=附列资料（一）第9列第6、7行之和。

16. 第2栏“其中：应税货物销售额”：填写纳税人本期按适用税率计算增值税的应税货物的销售额，包含：在财务上不作销售但按税法规定应缴纳增值税的视同销售货物和价外费用销售额，以及外贸企业作价销售进料加工复出口货物的销售额。

17. 第3栏“应税劳务销售额”：填写纳税人本期按适用税率计算增值税的应税劳务的销售额。

18. 第4栏“纳税检查调整的销售额”：填写纳税人因税务、财政、审计部门检查，并按一般计税方法在本期计算调整的销售额。但享受增值税即征即退政策的货物、劳务和服务、不动产、无形资产，经纳税检查属于偷税的，不填入“即征即退项目”列，而应填入“一般项目”列。

营业税改征增值税的纳税人，服务、不动产和无形资产有扣除项目的，本栏应填写扣除之前的不含税销售额。

本栏“一般项目”列“本月数”=附列资料（一）第7列第1至5行之和。

19. 第5栏“按简易办法计税销售额”：填写纳税人本期按简易计税方法计算增值税的销售额，包含纳税检查调整按简易计税方法计算增值税的销售额。

营业税改征增值税的纳税人，服务、不动产和无形资产有扣除项目的，本栏应填写扣除之前的不含税销售额；服务、不动产和无形资产按规定汇总计算缴纳增值税的分支机构，其当期按预征率计算缴纳增值税的销售额也填入本栏。

本栏“一般项目”列“本月数”≥附列资料（一）第9列第8至13b行之和-第9列第14、15行之和，本栏“即征即退项目”列“本月数”≥附列资料（一）第9列第14、15行之和。

20. 第6栏“其中：纳税检查调整的销售额”：填写纳税人因税务、财政、审计部门检查，并按简易计税方法在本期计算调整的销售额。但享受增值税即征即退政策的货物、劳务和服务、不动产、无形资产，经纳税检查属于偷税的，不填入“即征即退项目”列，而应填入“一般项目”列。

营业税改征增值税的纳税人，服务、不动产和无形资产有扣除项目的，本栏应填写扣除之前的不含税销售额。

21. 第7栏“免、抵、退办法出口销售额”：填写纳税人本期适用免、抵、退税办法的出口货物、劳务和服务、无形资产的销售额。

营业税改征增值税的纳税人，服务、无形资产有扣除项目的，本栏应填写扣除之前的销售额。

本栏“一般项目”列“本月数”=附列资料（一）第9列第16、17行之和。

22. 第8栏“免税销售额”：填写纳税人本期按照税法规定免征增值税的销售额和适用零税率的销售额，但零税率的销售额中不包括适用免、抵、退税办法的销售额。

营业税改征增值税的纳税人，服务、不动产和无形资产有扣除项目的，本栏应填写扣除之前的免税销售额。

本栏"一般项目"列"本月数"=附列资料（一）第9列第18、19行之和。

23.第9栏"其中：免税货物销售额"：填写纳税人本期按照税法规定免征增值税的货物销售额及适用零税率的货物销售额，但适用零税率的货物销售额中不包括适用免、抵、退税办法出口货物的销售额。

24.第10栏"免税劳务销售额"：填写纳税人本期按照税法规定免征增值税的劳务销售额及适用零税率的劳务销售额，但适用零税率的劳务销售额中不包括适用免、抵、退税办法的劳务的销售额。

25.第11栏"销项税额"：填写纳税人本期按一般计税方法计税的货物、劳务，以及服务、不动产、无形资产的销项税额。

营业税改征增值税的纳税人，服务、不动产和无形资产有扣除项目的，本栏应填写扣除之后的销项税额。

本栏"一般项目"列"本月数"=附列资料（一）（第10列第1、3、4a行之和-第10列第6行）+（第14列第2、4、5行之和-第14列第7行）。

本栏"即征即退项目"列"本月数"=附列资料（一）第10列第6行+第14列第7行。

26.第12栏"进项税额"：填写纳税人本期申报抵扣的进项税额。

本栏"一般项目"列"本月数"+"即征即退项目"列"本月数"=附列资料（二）第12栏"税额"。

27.第13栏"上期留抵税额"："本月数"按上一税款所属期申报表第20栏"期末留抵税额""本月数"填写。本栏"一般项目"列"本年累计"不填写。

28.第14栏"进项税额转出"：填写纳税人已经抵扣，但按税法规定本期应转出的进项税额。

本栏"一般项目"列"本月数"+"即征即退项目"列"本月数"=附列资料（二）第13栏"税额"。

29.第15栏"免、抵、退应退税额"：反映税务机关退税部门按照出口货物、劳务，以及服务、无形资产免、抵、退办法审批的增值税应退税额。

30.第16栏"按适用税率计算的纳税检查应补缴税额"：填写税务、财政、审计部门检查，按一般计税方法计算的纳税检查应补缴的增值税税额。

本栏"一般项目"列"本月数"≤附列资料（一）第8列第1至5行之和+附列资料（二）第19栏。

31.第17栏"应抵扣税额合计"：填写纳税人本期应抵扣进项税额的合计数，按表中所列公式计算填写。

32.第18栏"实际抵扣税额"："本月数"按表中所列公式计算填写。本栏"一般项目"列"本年累计"不填写。

33.第19栏"应纳税额"：反映纳税人本期按一般计税方法计算并应缴纳的增值税税额。

适用加计抵减政策的纳税人，按以下公式计算填写：

（1）本栏"一般项目"列"本月数"=第11栏"销项税额""一般项目"列"本月数"-第18栏"实际抵扣税额""一般项目"列"本月数"-"实际抵减额"

（2）本栏“即征即退项目”列“本月数”=第11栏“销项税额”“即征即退项目”列“本月数”－第18栏“实际抵扣税额”“即征即退项目”列“本月数”－“实际抵减额”

适用加计抵减政策的纳税人是指，按照规定计提加计抵减额，并可从本期适用一般计税方法计算的应纳税额中抵减的纳税人（下同）。“实际抵减额”是指按照规定可从本期适用一般计税方法计算的应纳税额中抵减的加计抵减额，分别对应附列资料（四）第6行“一般项目加计抵减额计算”、第7行“即征即退项目加计抵减额计算”的“本期实际抵减额”列。

其他纳税人按表中所列公式填写。

34.第20栏“期末留抵税额”：“本月数”按表中所列公式填写。本栏“一般项目”列“本年累计”不填写。

35.第21栏“简易计税办法计算的应纳税额”：反映纳税人本期按简易计税方法计算并应缴纳的增值税税额，但不包括按简易计税方法计算的纳税检查应补缴税额，按以下公式计算填写：

本栏“一般项目”列“本月数”=附列资料（一）（第10列第8、9a、10、11行之和－第10列第14行）+（第14列第9b、12、13a、13b行之和－第14列第15行）

本栏“即征即退项目”列“本月数”=附列资料（一）第10列第14行+第14列第15行

营业税改征增值税的纳税人，服务、不动产和无形资产按规定汇总计算缴纳增值税的分支机构，应将预征增值税税额填入本栏。预征增值税税额=应预征增值税的销售额×预征率。

36.第22栏“按简易计税办法计算的纳税检查应补缴税额”：填写纳税人本期因税务、财政、审计部门检查并按简易计税方法计算的纳税检查应补缴税额。

37.第23栏“应纳税额减征额”：填写纳税人本期按照税法规定减征的增值税应纳税额，包含按照规定可在增值税应纳税额中全额抵减的增值税税控系统专用设备费用以及技术维护费，支持和促进重点群体创业就业、扶持自主就业退役士兵创业就业等有关税收政策可扣减的增值税税额，按照规定可填列的减按征收对应的减征增值税税额等。

当本期减征额小于或等于第19栏“应纳税额”与第21栏“简易计税办法计算的应纳税额”之和时，按本期减征额实际填写；当本期减征额大于第19栏“应纳税额”与第21栏“简易计税办法计算的应纳税额”之和时，按本期第19栏与第21栏之和填写。本期减征额不足抵减部分结转下期继续抵减。

38.第24栏“应纳税额合计”：反映纳税人本期应交增值税的合计数，按表中所列公式计算填写。

39.第25栏“期初未缴税额（多缴为负数）”：“本月数”按上一税款所属期申报表第32栏“期末未缴税额（多缴为负数）”“本月数”填写，“本年累计”按上年度最后一个税款所属期申报表第32栏“期末未缴税额（多缴为负数）”“本年累计”填写。

40.第26栏“实收出口开具专用缴款书退税额”：本栏不填写。

40.第27栏“本期已缴税额”：反映纳税人本期实际缴纳的增值税税额，但不包括本期入库的查补税款；按表中所列公式计算填写。

42.第28栏“①分次预缴税额”：填写纳税人本期已缴纳的准予在本期增值税应纳税额中抵减的税额。

营业税改征增值税的纳税人，分以下几种情况填写：

（1）服务、不动产和无形资产按规定汇总计算缴纳增值税的总机构，其可以从本期增值税应纳税额中抵减的分支机构已缴纳的税款，按当期实际可抵减数填入本栏，不足抵减部分结转下期继续抵减。

（2）销售建筑服务并按规定预缴增值税的纳税人，其可以从本期增值税应纳税额中抵减的已缴纳的税款，按当期实际可抵减数填入本栏，不足抵减部分结转下期继续抵减。

（3）销售不动产并按规定预缴增值税的纳税人，其可以从本期增值税应纳税额中抵减的已缴纳的税款，按当期实际可抵减数填入本栏，不足抵减部分结转下期继续抵减。

（4）出租不动产并按规定预缴增值税的纳税人，其可以从本期增值税应纳税额中抵减的已缴纳的税款，按当期实际可抵减数填入本栏，不足抵减部分结转下期继续抵减。

43. 第29栏"②出口开具专用缴款书预缴税额"：本栏不填写。

44. 第30栏"③本期缴纳上期应纳税额"：填写纳税人本期缴纳上一税款所属期应缴未缴的增值税税额。

45. 第31栏"④本期缴纳欠缴税额"：反映纳税人本期实际缴纳和留抵税额抵减的增值税欠税额，但不包括缴纳入库的查补增值税税额。

46. 第32栏"期末未缴税额（多缴为负数）"："本月数"反映纳税人本期期末应缴未缴的增值税税额，但不包括纳税检查应缴未缴的税额；按表中所列公式计算填写；"本年累计"与"本月数"相同。

47. 第33栏"其中：欠缴税额（≥0）"：反映纳税人按照税法规定已形成欠税的增值税税额，按表中所列公式计算填写。

48. 第34栏"本期应补（退）税额"：反映纳税人本期应纳税额中应补缴或应退回的数额，按表中所列公式计算填写。

49. 第35栏"即征即退实际退税额"：反映纳税人本期因符合增值税即征即退政策规定，而实际收到的税务机关退回的增值税税额。

50. 第36栏"期初未缴查补税额"："本月数"按上一税款所属期申报表第38栏"期末未缴查补税额""本月数"填写。"本年累计"按上年度最后一个税款所属期申报表第38栏"期末未缴查补税额""本年累计"填写。

51. 第37栏"本期入库查补税额"：反映纳税人本期因税务、财政、审计部门检查而实际入库的增值税税额，包括按一般计税方法计算并实际缴纳的查补增值税税额和按简易计税方法计算并实际缴纳的查补增值税税额。

52. 第38栏"期末未缴查补税额"："本月数"反映纳税人接受纳税检查后应在本期期末缴纳而未缴纳的查补增值税税额；按表中所列公式计算填写，"本年累计"与"本月数"相同。

53. 第39栏"城市维护建设税本期应补（退）税额"：填写纳税人按税法规定应当缴纳的城市维护建设税。本栏"一般项目"列"本月数"=附列资料（五）第1行第11列。

54. 第40栏"教育费附加本期应补（退）费额"：填写纳税人按规定应当缴纳的教育费附加。本栏"一般项目"列"本月数"=附列资料（五）第2行第11列。

55. 第41栏"地方教育附加本期应补（退）费额"：填写纳税人按规定应当缴纳的地方教育附加。本栏"一般项目"列"本月数"=附列资料（五）第3行第11列。

2. 增值税及附加税费申报表附列资料（一）（本期销售情况明细）见表2-10。

表2-10

增值税及附加税费申报表附列资料（一）

（本期销售情况明细）

税款所属时间：　年　月　日至　年　月　日

纳税人名称：（公章）　　　　　　　　　　　　　　　　　　金额单位：元至角分

项目及栏次				开具增值税专用发票		开具其他发票		未开具发票		纳税检查调整		合计			服务、不动产和无形资产扣除项目本期实际扣除金额	扣除后	
				销售额	销项（应纳）税额	销售额	销项（应纳）税额	销售额	销项（应纳）税额	销售额	销项（应纳）税额	销售额	销项（应纳）税额	价税合计		含税（免税）销售额	销项（应纳）税额
				1	2	3	4	5	6	7	8	9=1+3+5+7	10=2+4+6+8	11=9+10	12	13=11-12	14=13÷（100%+税率或征收率）×税率或征收率
一、一般计税方法计税	全部征税项目	13%税率的货物及加工修理修配劳务	1											—	—	—	—
		13%税率的服务、不动产和无形资产	2														
		13%税率	3											—	—	—	—
		9%税率的货物及加工修理修配劳务	4a														
		9%税率的服务、不动产和无形资产	4b														
		6%税率	5														
	其中：即征即退项目	即征即退货物及加工修理修配劳务	6	—	—	—	—	—	—	—	—			—	—	—	—
		即征即退服务、不动产和无形资产	7	—	—	—	—	—	—	—	—						

续表

项目及栏次				开具增值税专用发票		开具其他发票		未开具发票		纳税检查调整		合计			服务、不动产和无形资产扣除项目本期实际扣除金额	扣除后	
				销售额	销项（应纳）税额	销售额	销项（应纳）税额	销售额	销项（应纳）税额	销售额	销项（应纳）税额	销售额	销项（应纳）税额	价税合计		含税（免税）销售额	销项（应纳）税额
				1	2	3	4	5	6	7	8	9=1+3+5+7	10=2+4+6+8	11=9+10	12	13=11-12	14=13÷（100%+税率或征收率）×税率或征收率
二、简易计税方法计税	全部征税项目	6%征收率	8							—	—			—	—	—	—
		5%征收率的货物及加工修理修配劳务	9a							—	—			—	—	—	—
		5%征收率的服务、不动产和无形资产	9b							—	—						
		4%征收率	10							—	—			—	—	—	—
		3%征收率的货物及加工修理修配劳务	11							—	—			—	—	—	—
		3%征收率的服务、不动产和无形资产	12							—	—						
		预征率（%）	13a							—	—						
		预征率（%）	13b							—	—						
		预征率（%）	13c							—	—						
	其中：即征即退项目	即征即退货物及加工修理修配劳务	14	—	—	—	—	—	—	—	—			—	—	—	—
		即征即退服务、不动产和无形资产	15	—	—	—	—	—	—	—	—						
三、免抵退税	货物及加工修理修配劳务		16	—	—		—		—	—	—		—				—
	服务、不动产和无形资产		17	—	—		—		—	—	—		—				—
四、免税	货物及加工修理修配劳务		18				—		—	—	—		—	—	—	—	—
	服务、不动产和无形资产		19	—	—		—		—	—	—		—				—

增值税及附加税费申报表附列资料（一）（本期销售情况明细）填写说明

1.“税款所属时间”“纳税人名称”的填写同增值税及附加税费申报表（一般纳税人适用）（以下简称主表）。

2.各列说明：

（1）第1至2列“开具税控增值税专用发票”：反映本期开具防伪税控“增值税专用发票”“货物运输业增值税专用发票”和税控“机动车销售统一发票”的情况。

（2）第3至4列“开具其他发票”：反映除上述三种发票以外本期开具的其他发票的情况。

（3）第5至6列“未开具发票”：反映本期未开具发票的销售情况。

（4）第7至8列“纳税检查调整”：反映经税务、财政、审计部门检查并在本期调整的销售情况。

（5）第9至11列“合计”：按照表中所列公式填写。

营业税改征增值税的纳税人，服务、不动产和无形资产有扣除项目的，第1至11列应填写扣除之前的征（免）税销售额、销项（应纳）税额和价税合计额。

（6）第12列“服务、不动产和无形资产扣除项目本期实际扣除金额”：营业税改征增值税的纳税人，服务、不动产和无形资产有扣除项目的，按附列资料（三）第5列对应各行次数据填写；服务、不动产和无形资产无扣除项目的，本列填写“0”。其他纳税人不填写。

营业税改征增值税的纳税人，服务、不动产和无形资产按规定汇总计算缴纳增值税的分支机构，当期服务、不动产和无形资产有扣除项目的，填入本列第13行。

（7）第13列“扣除后”“含税（免税）销售额”：营业税改征增值税的纳税人，服务、不动产和无形资产有扣除项目的，本列各行次=第11列对应各行次–第12列对应各行次。其他纳税人不填写。

（8）第14列“扣除后”“销项（应纳）税额”：营业税改征增值税的纳税人，按以下要求填写本列，其他纳税人不填写：

①服务、不动产和无形资产按照一般计税方法计税：

本列第2行、第4行：若本行第12列为0，则该行次第14列等于第10列。若本行第12列不为0，则仍按照第14列所列公式计算。计算后的结果与纳税人实际计提销项税额有差异的，按实际填写。

本列第5行=第13列÷（100%+对应行次税率）×对应行次税率

本列第7行“按一般计税方法计税的即征即退服务、不动产和无形资产”具体填写要求见“各行说明”第（2）条第②项第三点的说明。

②服务、不动产和无形资产按照简易计税方法计税：

本列各行次=第13列÷（100%+对应行次征收率）×对应行次征收率

本列第13行“预征率（%）”不按本列的说明填写。具体填写要求见“各行说明”第（4）条第②项。

③服务、不动产和无形资产实行免抵退税或免税的，本列不填写。

3.各行说明：

（1）第1至5行“一、一般计税方法计税”“全部征税项目”各行：按不同税率和项目分别填写按一般计税方法计算增值税的全部征税项目。有即征即退征税项目的纳税人，本部分数据中既包括即征即退征税项目，又包括不享受即征即退政策的一般征税项目。

（2）第6至7行“一、一般计税方法计税”“其中：即征即退项目”各行：只反映按一般计税方法计算增值税的即征即退项目。按照税法规定不享受即征即退政策的纳税人，不填写本行。即征即退项目是全部征税项目的其中数。

①第6行“即征即退货物及加工、修理修配劳务”：反映按一般计税方法计算增值税且享受即征即退政策的货物和加工修理修配劳务。本行不包括服务、不动产和无形资产的内容。

第一，本行第9列“合计”“销售额”栏：反映按一般计税方法计算增值税且享受即征即退政策的货物及加工、修理修配劳务的不含税销售额。该栏不按第9列所列公式计算，应按照税法规定据实填写。

第二，本行第10列“合计”“销项（应纳）税额”栏：反映按一般计税方法计算增值税且享受即征即退政策的货物及加工、修理修配劳务的销项税额。该栏不按第10列所列公式计算，应按照税法规定据实填写。

②第7行“即征即退服务、不动产和无形资产”：反映按一般计税方法计算增值税且享受即征即退政策的服务、不动产和无形资产。本行不包括货物及加工、修理修配劳务的内容。

第一，本行第9列“合计”“销售额”栏：反映按一般计税方法计算增值税且享受即征即退政策的服务、不动产和无形资产的不含税销售额。服务、不动产和无形资产有扣除项目的，按扣除之前的不含税销售额填写。该栏不按第9列所列公式计算，应按照税法规定据实填写。

第二，本行第10列“合计”“销项（应纳）税额”栏：反映按一般计税方法计算增值税且享受即征即退政策的服务、不动产和无形资产的销项税额。服务、不动产和无形资产有扣除项目的，按扣除之前的销项税额填写。该栏不按第10列所列公式计算，应按照税法规定据实填写。

第三，本行第14列“扣除后”“销项（应纳）税额”栏：反映按一般计税方法征收增值税且享受即征即退政策的服务、不动产和无形资产实际应计提的销项税额。服务、不动产和无形资产有扣除项目的，按扣除之后的销项税额填写；服务、不动产和无形资产无扣除项目的，按本行第10列填写。该栏不按第14列所列公式计算，应按照税法规定据实填写。

第2行、第4b行14列公式为：若本行第12列为0，则该行次第14列等于第10列。若本行第12列不为0，则仍按照第14列所列公式计算。计算后的结果与纳税人实际计提销项税额有差异的，按实际填写。

（3）第8至12行“二、简易计税方法计税”“全部征税项目”各行：按不同征收率和项目分别填写按简易计税方法计算增值税的全部征税项目。有即征即退征税项目的纳税人，本部分数据中既包括即征即退项目，也包括不享受即征即退政策的一般征税项目。

（4）第13a至13c行“二、简易计税方法计税”“预征率（%）”：反映营业税改征增值税的纳税人，服务、不动产和无形资产按规定汇总计算缴纳增值税的分支机构，预征增值税销售额、预征增值税应纳税额。其中，第13a行“预征率（%）”适用于所有实行汇总计算缴纳增值税的分支机构试点纳税人；第13b、13c行“预征率（%）”适用于部分实行汇总计算缴纳增值税的铁路运输试点纳税人。

①第13a至13c行第1至6列按照销售额和销项税额的实际发生数填写。

②第13a至13c行第14列，纳税人按“应预征缴纳的增值税=应预征增值税销售额×预征率”公式计算后据实填写。

(5) 第14至15行“二、简易计税方法计税”“其中：即征即退项目”各行：只反映按简易计税方法计算增值税的即征即退项目。按照税法规定不享受即征即退政策的纳税人，不填写本行。即征即退项目是全部征税项目的其中数。

①第14行“即征即退货物及加工、修理修配劳务”：反映按简易计税方法计算增值税且享受即征即退政策的货物及加工、修理修配劳务。本行不包括服务、不动产和无形资产的内容。

第一，本行第9列“合计”“销售额”栏：反映按简易计税方法计算增值税且享受即征即退政策的货物及加工、修理修配劳务的不含税销售额。该栏不按第9列所列公式计算，应按照税法规定据实填写。

第二，本行第10列“合计”“销项（应纳）税额”栏：反映按简易计税方法计算增值税且享受即征即退政策的货物及加工、修理修配劳务的应纳税额。该栏不按第10列所列公式计算，应按照税法规定据实填写。

②第15行“即征即退服务、不动产和无形资产”：反映按简易计税方法计算增值税且享受即征即退政策的服务、不动产和无形资产。本行不包括货物及加工、修理修配劳务的内容。

第一，本行第9列“合计”“销售额”栏：反映按简易计税方法计算增值税且享受即征即退政策的服务、不动产和无形资产的不含税销售额。服务、不动产和无形资产有扣除项目的，按扣除之前的不含税销售额填写。该栏不按第9列所列公式计算，应按照税法规定据实填写。

第二，本行第10列“合计”“销项（应纳）税额”栏：反映按简易计税方法计算增值税且享受即征即退政策的服务、不动产和无形资产的应纳税额。服务、不动产和无形资产有扣除项目的，按扣除之前的应纳税额填写。该栏不按第10列所列公式计算，应按照税法规定据实填写。

第三，本行第14列“扣除后”“销项（应纳）税额”栏：反映按简易计税方法计算增值税且享受即征即退政策的服务、不动产和无形资产实际应计提的应纳税额。服务、不动产和无形资产有扣除项目的，按扣除之后的应纳税额填写；服务、不动产和无形资产无扣除项目的，按本行第10列填写。

(6) 第16行“三、免抵退税”“货物及加工、修理修配劳务”：反映适用免、抵、退税政策的出口货物、加工修理修配劳务。

(7) 第17行“三、免抵退税”“服务、不动产和无形资产”：反映适用免、抵、退税政策的服务、不动产和无形资产。

(8) 第18行“四、免税”“货物及加工、修理修配劳务”：反映按照税法规定免征增值税的货物及劳务和适用零税率的出口货物及劳务，但零税率的销售额中不包括适用免、抵、退税办法的出口货物及劳务。

(9) 第19行“四、免税”“服务、不动产和无形资产”：反映按照税法规定免征增值税的服务、不动产、无形资产和适用零税率的服务、不动产、无形资产，但零税率的销售额中不包括适用免、抵、退税办法的服务、不动产和无形资产。

3.增值税及附加税费申报表附列资料（二）（本期进项税额明细）见表2-11。

表2-11 **增值税及附加税费申报表附列资料（二）**

（本期进项税额明细）

税款所属时间： 年 月 日至 年 月 日

纳税人名称：（公章） 金额单位：元至角分

一、申报抵扣的进项税额				
项　　目	栏次	份数	金额	税额
（一）认证相符的税控增值税专用发票	1=2+3			
其中：本期认证相符且本期申报抵扣	2			
前期认证相符且本期申报抵扣	3			
（二）其他扣税凭证	4=5+6+7+8a+8b			
其中：海关进口增值税专用缴款书	5			
农产品收购发票或者销售发票	6			
代扣代缴税收缴款凭证	7		—	
加计扣除农产品进项税额	8a	—	—	
其他	8b			
（三）本期用于购建不动产的扣税凭证	9			
（四）本期用于抵扣的旅客运输服务扣税凭证	10			
（五）外贸企业进项税额抵扣证明	11	—	—	
当期申报抵扣进项税额合计	12=1+4-9+10+11			

二、进项税额转出额		
项　　目	栏次	税额
本期进项税额转出额	13=14至23之和	
其中：免税项目用	14	
集体福利、个人消费用	15	
非正常损失	16	
简易计税方法征税项目用	17	
免抵退税办法不得抵扣的进项税额	18	
纳税检查调减进项税额	19	
红字专用发票信息表注明的进项税额	20	
上期留抵税额抵减欠税	21	
上期留抵税额退税	22	
异常凭证转出进项税额	23a	
其他应作进项税额转出的情形	23b	

续表

三、待抵扣进项税额				
项　　目	栏次	份数	金额	税额
（一）认证相符的税控增值税专用发票	24	—	—	—
期初已认证相符但未申报抵扣	25			
本期认证相符且本期未申报抵扣	26			
期末已认证相符但未申报抵扣	27			
其中：按照税法规定不允许抵扣	28			
（二）其他扣税凭证	29=30至33之和			
其中：海关进口增值税专用缴款书	30			
农产品收购发票或者销售发票	31			
代扣代缴税收缴款凭证	32		—	
其他	33			
	34			
四、其他				
项　　目	栏次	份数	金额	税额
本期认证相符的税控增值税专用发票	35			
代扣代缴税额	36	—	—	

增值税及附加税费申报表附列资料（二）（本期进项税额明细）填写说明

（1）“税款所属时间”“纳税人名称”的填写同主表。

（2）第1至12栏“一、申报抵扣的进项税额”：分别反映纳税人按税法规定符合抵扣条件，在本期申报抵扣的进项税额。

①第1栏“（一）认证相符的增值税专用发票”：反映纳税人取得的认证相符本期申报抵扣的增值税专用发票的情况。该栏应等于第2栏“其中：本期认证相符且本期申报抵扣”与第3栏“前期认证相符且本期申报抵扣”数据之和。适用取消增值税发票认证规定的纳税人，通过增值税发票综合服务平台选择用于抵扣的增值税专用发票，视为“认证相符”（下同）。

②第2栏“其中：本期认证相符且本期申报抵扣”：反映本期认证相符且本期申报抵扣的增值税专用发票的情况。本栏是第1栏的其中数，本栏只填写本期认证相符且本期申报抵扣的部分。

③第3栏“前期认证相符且本期申报抵扣”：反映前期认证相符且本期申报抵扣的增值税专用发票的情况。本栏是第1栏的其中数。

纳税人本期申报抵扣的收费公路通行费增值税电子普通发票（以下简称通行费电子发票）应当填写在第1至3栏对应栏次中。

第1至3栏中涉及的增值税专用发票均不包含从小规模纳税人处购进农产品时取得的

专用发票，但购进农产品未分别核算用于生产销售13%税率货物和其他货物服务的农产品进项税额情况除外。

④ 第4栏“（二）其他扣税凭证”：反映本期申报抵扣的除增值税专用发票之外的其他扣税凭证的情况。具体包括：海关进口增值税专用缴款书、农产品收购发票或者销售发票（含农产品核定扣除的进项税额）、代扣代缴税收完税凭证、加计扣除农产品进项税额和其他符合政策规定的抵扣凭证。该栏应等于第5至8b栏之和。

⑤第5栏“海关进口增值税专用缴款书”：反映本期申报抵扣的海关进口增值税专用缴款书的情况。

⑥第6栏“农产品收购发票或者销售发票”：反映纳税人本期购进农业生产者自产农产品取得（开具）的农产品收购发票或者销售发票情况。从小规模纳税人处购进农产品时取得增值税专用发票情况填写在本栏，但购进农产品未分别核算用于生产销售13%税率货物和其他货物服务的农产品进项税额情况除外。

“税额”栏=农产品销售发票或者收购发票上注明的农产品买价×9%+增值税专用发票上注明的金额×9%

上述公式中的“增值税专用发票”是指纳税人从小规模纳税人处购进农产品时取得的专用发票。

执行农产品增值税进项税额核定扣除办法的，填写当期允许抵扣的农产品增值税进项税额，不填写“份数”“金额”。

⑦第7栏“代扣代缴税收缴款凭证”：填写本期按规定准予抵扣的完税凭证上注明的增值税税额。

⑧第8a栏“加计扣除农产品进项税额”：填写纳税人将购进的农产品用于生产销售或委托受托加工13%税率货物时加计扣除的农产品进项税额。该栏不填写“份数”“金额”

⑨第8b栏“其他”：反映按规定本期可以申报抵扣的其他扣税凭证情况。

纳税人按照规定不得抵扣且未抵扣进项税额的固定资产、无形资产、不动产，发生用途改变，用于允许抵扣进项税额的应税项目，可在用途改变的次月将按公式计算出的可以抵扣的进项税额填入“税额”栏。

⑩第9栏“（三）本期用于购建不动产的扣税凭证”：反映按规定本期用于购建不动产的扣税凭证上注明的金额和税额。

购建不动产是指纳税人2016年5月1日后取得并在会计制度上按固定资产核算的不动产或者2016年5月1日后取得的不动产在建工程。取得不动产，包括以直接购买、接受捐赠、接受投资入股、自建以及抵债等各种形式取得不动产，不包括房地产开发企业自行开发的房地产项目。

本栏次包括第1栏中本期用于购建不动产的增值税专用发票和第4栏中本期用于购建不动产的其他扣税凭证。

本栏“金额”“税额”≥0。

⑪第10栏“（四）本期用于抵扣的旅客运输服务扣税凭证”：反映按规定本期购进旅客运输服务所取得的扣税凭证上注明或按规定计算的金额和税额。

本栏次包括第1栏中按规定本期允许抵扣的购进旅客运输服务取得的增值税专用发票和第4栏中按规定本期允许抵扣的购进旅客运输服务取得的其他扣税凭证。

本栏“金额”“税额”≥0。

第9栏“（三）本期用于购建不动产的扣税凭证”+第10栏“（四）本期用于抵扣的旅客运输服务扣税凭证”税额≤第1栏“认证相符的增值税专用发票”+第4栏“其他扣税凭证”税额。

⑫第11栏“（五）外贸企业进项税额抵扣证明”：填写本期申报抵扣的税务机关出口退税部门开具的“出口货物转内销证明”列明允许抵扣的进项税额。

⑬第12栏“当期申报抵扣进项税额合计”：反映本期申报抵扣进项税额的合计数。按表中所列公式计算填写。

（3）第13至23b栏“二、进项税额转出额”各栏：分别反映纳税人已经抵扣但按规定应在本期转出的进项税额明细情况。

①第13栏“本期进项税额转出额”：反映已经抵扣但按规定应在本期转出的进项税额合计数。按表中所列公式计算填写。

②第14栏“免税项目用”：反映用于免征增值税项目，按规定应在本期转出的进项税额。

③第15栏“集体福利、个人消费用”：反映用于集体福利或者个人消费，按规定应在本期转出的进项税额。

④第16栏“非正常损失”：反映纳税人发生非正常损失，按规定应在本期转出的进项税额。

⑤第17栏“简易计税方法征税项目用”：反映用于按简易计税方法征税项目，按规定应在本期转出的进项税额。

营业税改征增值税的纳税人，服务、不动产和无形资产按规定汇总计算缴纳增值税的分支机构，当期应由总机构汇总的进项税额也填入本栏。

⑥第18栏“免抵退税办法不得抵扣的进项税额”：反映按照免、抵、退税办法的规定，由于征税税率与退税税率存在税率差，在本期应转出的进项税额。

⑦第19栏“纳税检查调减进项税额”：反映税务、财政、审计部门检查后而调减的进项税额。

⑧第20栏“红字专用发票信息表注明的进项税额”：填写增值税发票管理系统校验通过的开具红字增值税专用发票信息表注明的在本期应转出的进项税额。

⑨第21栏“上期留抵税额抵减欠税”：填写本期经税务机关同意，使用上期留抵税额抵减欠税的数额。

⑩第22栏“上期留抵税额退税”：填写本期经税务机关批准的上期留抵税额退税额。

⑪第23a栏“异常凭证转出进项税额”：填写本期异常增值税扣税凭证转出的进项税额。异常增值税扣税凭证转出后，经核实允许继续抵扣的，纳税人重新确认用于抵扣的，在本栏次填入负数。

⑫第23b栏“其他应作进项税额转出的情形”：反映除上述进项税额转出情形外，其他应在本期转出的进项税额。

（4）第24至34栏“三、待抵扣进项税额”各栏：分别反映纳税人已经取得，但按税法规定不符合抵扣条件，暂不予在本期申报抵扣的进项税额情况及按税法规定不允许抵扣的进项税额情况。

①第24至28栏涉及的增值税专用发票均不包括从小规模纳税人处购进农产品时取得的专用发票，但购进农产品未分别核算用于生产销售13%税率货物和其他货物服务的农产品进项税额情况除外。

②第25栏“期初已认证相符但未申报抵扣”：反映前期认证相符，但按照税法规定暂不予抵扣及不允许抵扣，结存至本期的增值税专用发票情况。

③第26栏“本期认证相符且本期未申报抵扣”：反映本期认证相符，但按税法规定暂不予抵扣及不允许抵扣，而未申报抵扣的税控增值税专用发票情况。

④第27栏“期末已认证相符但未申报抵扣”：反映截至本期期末，按照税法规定仍暂不予抵扣及不允许抵扣且已认证相符的税控增值税专用发票情况。

⑤第28栏“其中：按照税法规定不允许抵扣”：反映截至本期期末已认证相符但未申报抵扣的税控增值税专用发票中，按照税法规定不允许抵扣的税控增值税专用发票情况。

纳税人本期期末已认证相符待抵扣的通行费电子发票应当填写在第24至28栏对应栏次中。

⑥第29栏“（二）其他扣税凭证”：反映截至本期期末仍未申报抵扣的除税控增值税专用发票之外的其他扣税凭证情况。具体包括：海关进口增值税专用缴款书、农产品收购发票或者销售发票、代扣代缴税收缴款凭证和运输费用结算单据。该栏应等于第30至33栏之和。

⑦第30栏“海关进口增值税专用缴款书”：反映已取得但截至本期期末仍未申报抵扣的海关进口增值税专用缴款书情况。

⑧第31栏“农产品收购发票或者销售发票”：反映已取得但截至本期期末仍未申报抵扣的农产品收购发票或者农产品销售发票情况。从小规模纳税人处购进农产品时取得增值税专用发票情况填写在本栏，但购进农产品未分别核算用于生产销售13%税率货物和其他货物服务的农产品进项税额情况除外。

⑨第32栏“代扣代缴税收缴款凭证”：反映已取得但截至本期期末仍未申报抵扣的代扣代缴税收缴款凭证情况。

⑩第33栏“其他”：反映已取得但截至本期期末仍未申报抵扣的其他扣税凭证的情况。

（5）第35至36栏“四、其他”各栏：

①第35栏“本期认证相符的增值税专用发票”：反映本期认证相符的增值税专用发票情况。纳税人本期认证相符的通行费电子发票应当填写在本栏次中。

②第36栏“代扣代缴税额”：填写纳税人根据《中华人民共和国增值税暂行条例》第十八条扣缴的应税劳务增值税税额与根据营业税改征增值税有关政策规定扣缴的服务、不动产和无形资产增值税税额之和。

4.增值税及附加税费申报表附列资料（三）（服务、不动产和无形资产扣除项目明细）见表2-12。

表2-12　　　　　　　　**增值税及附加税费申报表附列资料（三）**

（服务、不动产和无形资产扣除项目明细）

税款所属时间：　　年　月　日至　　年　月　日

纳税人名称：（公章）　　　　　　　　　　　　　　　　　　　　　　　　　　　　金额单位：元至角分

项目及栏次		本期服务、不动产和无形资产价税合计额（免税销售额）	服务、不动产和无形资产扣除项目				
			期初余额	本期发生额	本期应扣除金额	本期实际扣除金额	期末余额
		1	2	3	4=2+3	5（5≤1且5≤4）	6=4-5
13%税率的项目	1						
9%税率的项目	2						
6%税率的项目（不含金融商品转让）	3						
6%税率的金融商品转让项目	4						
5%征收率的项目	5						
3%征收率的项目	6						
免抵退税的项目	7						
免税的项目	8						

增值税及附加税费申报表附列资料（三）（服务、不动产和无形资产扣除项目明细）填写说明

（1）本表由服务、不动产和无形资产有扣除项目的营业税改征增值税纳税人填写。其他纳税人不填写。

（2）“税款所属时间”“纳税人名称”的填写同主表。

（3）第1列“本期服务、不动产和无形资产价税合计额（免税销售额）”：营业税改征增值税的服务、不动产和无形资产属于征税项目的，填写扣除之前的本期服务、不动产和无形资产价税合计额；营业税改征增值税的服务、不动产和无形资产属于免抵退税或免税项目的，填写扣除之前的本期服务、不动产和无形资产免税销售额。本列各行次等于附列资料（一）第11列对应行次，其中本列第3行和第4行之和等于附列资料（一）第11列第5栏。

营业税改征增值税的纳税人，服务、不动产和无形资产按规定汇总计算缴纳增值税的分支机构，本列各行次之和等于附列资料（一）第11列第13a、13b行之和。

（4）第2列“服务、不动产和无形资产扣除项目”“期初余额”：填写服务、不动产和无形资产扣除项目上期期末结存的金额，试点实施之日的税款所属期填写“0”。本列各行次等于上期附列资料（三）第6列对应行次。

本列第4行“6%税率的金融商品转让项目”“期初余额”年初首期填报时应填“0”。

（5）第3列“服务、不动产和无形资产扣除项目”“本期发生额”：填写本期取得的按税法规定准予扣除的服务、不动产和无形资产扣除项目金额。

（6）第4列“服务、不动产和无形资产扣除项目”“本期应扣除金额”：填写服务、不动产和无形资产扣除项目本期应扣除的金额。

本列各行次=第2列对应各行次+第3列对应各行次

（7）第5列“服务、不动产和无形资产扣除项目”“本期实际扣除金额”：填写服务、不动产和无形资产扣除项目本期实际扣除的金额。

本列各行次≤第4列对应各行次且本列各行次≤第1列对应各行次

（8）第6列“服务、不动产和无形资产扣除项目”“期末余额”：填写服务、不动产和无形资产扣除项目本期期末结存的金额。

本列各行次=第4列对应各行次-第5列对应各行次

5.增值税及附加税费申报表附列资料（四）（税额抵减情况表）见表2-13。

表2-13 **增值税及附加税费申报表附列资料（四）**

（税额抵减情况表）

税款所属时间：　　年　月　日至　　年　月　日

纳税人名称：（公章）　　　　金额单位：元至角分

一、税额抵减情况						
序号	抵减项目	期初余额	本期发生额	本期应抵减税额	本期实际抵减税额	期末余额
		1	2	3=1+2	4≤3	5=3-4
1	增值税税控系统专用设备费及技术维护费					
2	分支机构预征缴纳税款					
3	建筑服务预征缴纳税款					
4	销售不动产预征缴纳税款					
5	出租不动产预征缴纳税款					

二、加计抵减情况							
序号	加计抵减项目	期初余额	本期发生额	本期调减额	本期可抵减额	本期实际抵减额	期末余额
		1	2	3	4=1+2-3	5	6=4-5
6	一般项目加计抵减额计算						
7	即征即退项目加计抵减额计算						
8	合计						

增值税及附加税费申报表附列资料（四）（税额抵减情况表）填写说明

1.税额抵减情况：

（1）本表第1行由发生增值税税控系统专用设备费和技术维护费的纳税人填写，反映纳税人增值税税控系统专用设备费和技术维护费按规定抵减增值税应纳税额的情况。

（2）本表第2行由营业税改征增值税纳税人服务、不动产和无形资产按规定汇总计算缴纳增值税的总机构填写，反映其分支机构预征缴纳税款抵减总机构应纳增值税税额的情况。

（3）本表第3行由销售建筑服务并按规定预缴增值税的纳税人填写，反映其销售建筑服务预征缴纳税款抵减应纳增值税税额的情况。

（4）本表第4行由销售不动产并按规定预缴增值税的纳税人填写，反映其销售不动产预征缴纳税款抵减应纳增值税税额的情况。

（5）本表第5行由出租不动产并按规定预缴增值税的纳税人填写，反映其出租不动产预征缴纳税款抵减应纳增值税税额的情况。

2.加计抵减情况：

本表第6至8行仅限适用加计抵减政策的纳税人填写，反映其加计抵减情况。其他纳税人不需填写。第8行“合计”等于第6行、第7行之和。各列说明如下：

（1）第1列“期初余额”：填写上期期末结余的加计抵减额。

（2）第2列“本期发生额”：填写按照规定本期计提的加计抵减额。

（3）第3列“本期调减额”：填写按照规定本期应调减的加计抵减额。

（4）第4列“本期可抵减额”：按表中所列公式填写。

（5）第5列“本期实际抵减额”：反映按照规定本期实际加计抵减额，按以下要求填写：

若第4列≥0，且第4列<主表第11栏-主表第18栏，则第5列=第4列；

若第4列≥主表第11栏-主表第18栏，则第5列=主表第11栏-主表第18栏；

若第4列<0，则第5列等于0。

计算本列“一般项目加计抵减额计算”行和“即征即退项目加计抵减额计算”行时，公式中主表各栏次数据分别取主表“一般项目”“本月数”列、“即征即退项目”“本月数”列对应数据。

（6）第6列“期末余额”：填写本期结余的加计抵减额，按表中所列公式填写。

6.增值税及附加税费申报表附列资料（五）（附加税费情况表）见表2-14。

表2-14

增值税及附加税费申报表附列资料（五）

（附加税费情况表）

税款所属时间：　　年　月　日至　　年　月　日

纳税人名称：（公章）　　　　　　　　　　　　　　金额单位：元至角分

<table>
<tr><td rowspan="3" colspan="2">税（费）种</td><td colspan="3">计税（费）依据</td><td rowspan="2">税（费）率（%）</td><td rowspan="2">本期应纳税（费）额</td><td colspan="2">本期减免税（费）额</td><td colspan="2">试点建设培育产教融合型企业</td><td rowspan="2">本期已缴税（费）额</td><td rowspan="2">本期应补（退）税（费）额</td></tr>
<tr><td>增值税税额</td><td>增值税免抵税额</td><td>留抵退税本期扣除额</td><td>减免性质代码</td><td>减免税（费）额</td><td>减免性质代码</td><td>本期抵免金额</td></tr>
<tr><td>1</td><td>2</td><td>3</td><td>4</td><td>5=（1+2-3）×4</td><td>6</td><td>7</td><td>8</td><td>9</td><td>10</td><td>11=5-7-9-10</td></tr>
<tr><td>城市维护建设税</td><td>1</td><td></td><td></td><td></td><td></td><td></td><td></td><td></td><td>—</td><td>—</td><td></td><td></td></tr>
<tr><td>教育费附加</td><td>2</td><td></td><td></td><td></td><td></td><td></td><td></td><td></td><td></td><td></td><td></td><td></td></tr>
<tr><td>地方教育附加</td><td>3</td><td></td><td></td><td></td><td></td><td></td><td></td><td></td><td></td><td></td><td></td><td></td></tr>
<tr><td>合计</td><td>4</td><td>—</td><td>—</td><td>—</td><td>—</td><td></td><td>—</td><td></td><td>—</td><td></td><td></td><td></td></tr>
<tr><td rowspan="3" colspan="5">本期是否适用试点建设培育产教融合型企业抵免政策</td><td rowspan="3">□是 □否</td><td colspan="3">当期新增投资额</td><td>5</td><td colspan="3"></td></tr>
<tr><td colspan="3">上期留抵可抵免金额</td><td>6</td><td colspan="3"></td></tr>
<tr><td colspan="3">结转下期可抵免金额</td><td>7</td><td colspan="3"></td></tr>
<tr><td rowspan="3" colspan="6">可用于扣除的增值税留抵退税额使用情况</td><td colspan="3">当期新增可用于扣除的留抵退税额</td><td>8</td><td colspan="3"></td></tr>
<tr><td colspan="3">上期结存可用于扣除的留抵退税额</td><td>9</td><td colspan="3"></td></tr>
<tr><td colspan="3">结转下期可用于扣除的留抵退税额</td><td>10</td><td colspan="3"></td></tr>
</table>

7.增值税及附加税费申报表（小规模纳税人适用）、增值税及附加税费申报表（小规模纳税人适用）附列资料见表2-15、表2-16。

表2-15

增值税及附加税费申报表

（小规模纳税人适用）

纳税人识别号：□□□□□□□□□□□□□□□□□□□□

纳税人名称（公章）：　　　　　　　　　　　　　　　　　　　　金额单位：元至角分

税款所属期：　年 月 日至　年 月 日　　　　　　　　　　　　　填表日期：　年 月 日

	项目	栏次	本期数		本年累计	
			货物及劳务	服务、不动产和无形资产	货物及劳务	服务、不动产和无形资产
一、计税依据	（一）应征增值税不含税销售额（3%征收率）	1				
	增值税专用发票不含税销售额	2				
	其他增值税发票不含税销售额	3				
	（二）应征增值税不含税销售额（5%征收率）	4	—		—	
	增值税专用发票不含税销售额	5	—		—	
	其他增值税发票不含税销售额	6	—		—	
	（三）销售使用过的固定资产不含税销售额	7（7≥8）		—		—
	其中：其他增值税发票不含税销售额	8		—		—
	（四）免税销售额	9=10+11+12				
	其中：小微企业免税销售额	10				
	未达起征点销售额	11				
	其他免税销售额	12				
	（五）出口免税销售额	13（13≥14）				
	其中：其他增值税发票不含税销售额	14				
二、税款计算	本期应纳税额	15				
	本期应纳税额减征额	16				
	本期免税额	17				
	其中：小微企业免税额	18				
	未达起征点免税额	19				
	应纳税额合计	20=15-16				
	本期预缴税额	21			—	—
	本期应补（退）税额	22=20-21			—	—
三、附加税费	城市维护建设税本期应补（退）税额	23				
	教育费附加本期应补（退）费额	24				
	地方教育附加本期应补（退）费额	25				

声明：此表是根据国家税收法律法规及相关规定填写的，本人（单位）对填报内容（及附列资料）的真实性、可靠性、完整性负责。

纳税人（签章）：　　　年　月　日

经办人： 经办人身份证号： 代理机构签章： 代理机构统一社会信用代码：	受理人： 受理税务机关（章）： 受理日期：　年 月 日

增值税及附加税费申报表（小规模纳税人适用）填写说明

本表“货物及劳务”与“服务、不动产和无形资产”各项目应分别填写。

（1）“税款所属期”是指纳税人申报的增值税应纳税额的所属时间，应填写具体的起止年、月、日。

（2）“纳税人识别号（统一社会信用代码）”栏，填写纳税人的统一社会信用代码或纳税人识别号。

（3）“纳税人名称”栏，填写纳税人名称全称。

（4）第1栏“应征增值税不含税销售额（3%征收率）”：填写本期销售货物及劳务、发生应税行为适用3%征收率的不含税销售额，不包括应税行为适用5%征收率的不含税销售额、销售使用过的固定资产（含不动产，下同）和销售旧货的不含税销售额、免税销售额、出口免税销售额、查补销售额，国家税务总局另有规定的除外。

纳税人发生适用3%征收率的应税行为且有扣除项目的，本栏填写扣除后的不含税销售额，与当期附列资料（一）第8栏数据一致，适用小微企业免征增值税政策的纳税人除外。

（5）第2栏“增值税专用发票不含税销售额”：填写纳税人自行开具和税务机关代开的增值税专用发票销售额合计。

（6）第3栏“其他增值税发票不含税销售额”：填写增值税发票管理系统开具的增值税专用发票之外的其他发票不含税销售额。

（7）第4栏“应征增值税不含税销售额（5%征收率）”：填写本期发生应税行为适用5%征收率的不含税销售额。

纳税人发生适用5%征收率应税行为且有扣除项目的，本栏填写扣除后的不含税销售额，与当期附列资料（一）第16栏数据一致，适用小微企业免征增值税政策的纳税人除外。

（8）第5栏“增值税专用发票不含税销售额”：填写纳税人自行开具和税务机关代开的增值税专用发票销售额合计。

（9）第6栏“其他增值税发票不含税销售额”：填写增值税发票管理系统开具的增值税专用发票之外的其他发票不含税销售额。

（10）第7栏“销售使用过的固定资产不含税销售额”：填写销售自己使用过的固定资产和销售旧货的不含税销售额，销售额=含税销售额/（1+3%）。

（11）第8栏“其他增值税发票不含税销售额”：填写纳税人销售自己使用过的固定资产和销售旧货，在增值税发票管理系统开具的增值税专用发票之外的其他发票不含税销售额。

（12）第9栏“免税销售额”：填写销售免征增值税的货物及劳务、应税行为的销售额，不包括出口免税销售额。

应税行为有扣除项目的纳税人，填写扣除之前的销售额。

（13）第10栏“小微企业免税销售额”：填写符合小微企业免征增值税政策的免税销售额，不包括符合其他增值税免税政策的销售额。个体工商户和其他个人不填写本栏次。

（14）第11栏“未达起征点销售额”：填写个体工商户和其他个人未达起征点（含支

持小微企业免征增值税政策）的免税销售额，不包括符合其他增值税免税政策的销售额。本栏次由个体工商户和其他个人填写。

（15）第12栏“其他免税销售额”：填写销售免征增值税的货物及劳务、应税行为的销售额，不包括符合小微企业免征增值税和未达起征点政策的免税销售额。

（16）第13栏“出口免税销售额”：填写出口免征增值税货物及劳务、出口免征增值税应税行为的销售额。

应税行为有扣除项目的纳税人，填写扣除之前的销售额。

（17）第14栏“其中：其他增值税发票销售额”：填写出口免征增值税货物及劳务、出口免征增值税应税行为，在增值税发票管理系统开具的增值税专用发票之外的其他发票销售额。

（18）第15栏“本期应纳税额”：填写本期按征收率计算缴纳的应纳税额。

（19）第16栏“本期应纳税额减征额”：填写纳税人本期按照税法规定减征的增值税应纳税额，包含可在增值税应纳税额中全额抵减的增值税税控系统专用设备费以及技术维护费，可在增值税应纳税额中抵免的购置税控收款机的增值税税额，支持和促进重点群体创业就业、扶持自主就业退役士兵创业就业等有关税收政策可扣减的增值税税额，按照规定可填列的减按征收对应的减征增值税税额等。

当本期减征额小于或等于第15栏“本期应纳税额”时，按本期减征额实际填写；当本期减征额大于第15栏“本期应纳税额”时，按本期第15栏填写，本期减征额不足抵减部分结转下期继续抵减。

（20）第17栏“本期免税额”：填写纳税人本期增值税免税额，免税额根据第9栏“免税销售额”和征收率计算。

（21）第18栏“小微企业免税额”：填写符合小微企业免征增值税政策的增值税免税额，免税额根据第10栏“小微企业免税销售额”和征收率计算。

（22）第19栏“未达起征点免税额”：填写个体工商户和其他个人未达起征点（含支持小微企业免征增值税政策）的增值税免税额，免税额根据第11栏“未达起征点销售额”和征收率计算。

（23）第21栏“本期预缴税额”：填写纳税人本期预缴的增值税税额，但不包括查补缴纳的增值税税额。

（24）第23栏“城市维护建设税本期应补（退）税额”：填写附列资料（二）城市维护建设税对应第9栏本期应补（退）税（费）额。

（25）第24栏“教育费附加本期应补（退）费额”：填写附列资料（二）教育费附加对应第9栏本期应补（退）税（费）额。

（26）第25栏“地方教育附加本期应补（退）费额”：填写附列资料（二）地方教育附加对应第9栏本期应补（退）税（费）额。

表2-16　　　　增值税及附加税费申报表（小规模纳税人适用）附列资料

（服务、不动产和无形资产扣除项目明细）

税款所属期：　年 月 日至　年 月 日　　　　填表日期：　年 月 日

纳税人名称（公章）：　　　　金额单位：元至角分

应税行为（3%征收率）扣除额计算			
期初余额	本期发生额	本期扣除额	期末余额
1	2	3（3≤1+2之和，且3≤5）	4=1+2-3
应税行为（3%征收率）计税销售额计算			
全部含税收入（适用3%征收率）	本期扣除额	含税销售额	不含税销售额
5	6=3	7=5-6	8=7÷1.03
应税行为（5%征收率）扣除额计算			
期初余额	本期发生额	本期扣除额	期末余额
9	10	11（11≤9+10之和，且11≤13）	12=9+10-11
应税行为（5%征收率）计税销售额计算			
全部含税收入（适用5%征收率）	本期扣除额	含税销售额	不含税销售额
13	14=11	15=13-14	16=15÷1.05

第四节　增值税销项税额的核算

销项税额是指纳税人销售货物或应税劳务，按照销售额和规定的税率计算并向购买方收取的增值税税额。其基本计算公式是：

销项税额=销售额×税率

销项税额是专门对增值税一般纳税人而言的，对于增值税小规模纳税人来说，不存在销项税额。由于增值税属于价外税，公式中的销售额必须是不含销项税额的销售额。

一、销售额的确定

销售额的确定是计算销项税额的关键，销售额的核算是否准确，直接关系到增值税应纳税额的准确性。销售额的确定有一般规定和特殊规定。

（一）一般规定

销售额是纳税人销售货物、提供应税劳务和服务、销售不动产和无形资产向购买方或承受劳务和服务方收取的全部价款和价外费用。

价款是指向购买货物方、承受劳务和服务方、购买不动产和无形资产方收取的不含增值税的金额，不包括收取的销项税额。

价外费用是指在价款之外向购买方或承受劳务和服务方收取的手续费、补贴、基金、集资费、返还利润、奖励费、违约金、延期付款利息、滞纳金、赔偿金、代收款项、代垫款项、包装费、包装物租金、储备费、优质费、运输装卸费及其他各种性质的收费，但下列项目不包括在内：

1.受托加工应征消费税的消费品所代收代缴的消费税。

2.同时符合以下条件的代垫运输费用：（1）承运部门的运输费用发票开具给购买方的；（2）纳税人将该项发票转交给购买方的。

3.同时符合以下条件代为收取的政府性基金或者行政事业性收费：（1）由国务院或者财政部批准设立的政府性基金，由国务院或者省级人民政府及其财政、价格主管部门批准设立的行政事业性收费；（2）收取时开具省级以上财政部门印制的财政票据；（3）所收款项全额上缴财政。

4.销售货物的同时代办保险等而向购买方收取的保险费，以及向购买方收取的代购买方缴纳的车辆购置税、车辆牌照费。

除上述四项外，凡随同销售货物或提供应税劳务、服务向购买方收取的价外费用，无论其会计制度如何核算，均应并入销售额计算应纳税额。

（二）特殊规定

1.采取折扣方式销售。折扣方式销售包括商业折扣、现金折扣和销售折让三种。

（1）商业折扣（也称折扣销售）。商业折扣是指销货方在销售货物、提供应税劳务和服务、销售不动产和无形资产时，因购货方购货数量较大等原因，销货方从规定的价格中扣减一定数额而给予购货方的价格优惠。如果销售额和折扣额在同一张发票上分别注明，可按折扣后的余额作为销售额计算增值税；如果将折扣额另开发票，不论其在财务上如何核算，均不得从销售额中减除折扣额。同时应注意，商业折扣只是对价格的折扣，如果销货方将自产、委托加工或购买的货物用于实物折扣，该实物的价款不能从货物销售额中扣除，而应按“视同销售货物”中的“赠送他人”计算征收增值税。

（2）现金折扣（也称销售折扣）。现金折扣是指销货方销售货物或应税劳务、服务后，为了鼓励购货方在一定时期内早日偿还货款而给予的一种折扣优待。由于现金折扣发生在销售行为以后，属于销货方一种融资性质的理财行为，因此，现金折扣的金额不得从销售额中减除。

（3）销售折让。销售折让是指货物销售以后，由于其品种、质量等原因，购货方欲退货，销货方为了避免退货造成更大损失，而给予购货方的一种价格折让。销售折让虽然发生在销售货物以后，但销售折让的实质是原销售额的减少。《增值税暂行条例》规定，对销售折让可以用折让后的金额作为销售额。

2.采取以旧换新方式销售。以旧换新是指纳税人在销售自己的货物时，有偿收回旧货物的行为。采取以旧换新方式销售货物的，应按新货物的同期销售价格确定销售额，不得扣减旧货物的收购价格。对金银首饰以旧换新业务，可按销货方实际收取的不含增值税的全部价款征收增值税。

3.采取以物易物方式销售。以物易物方式销售是一种较为特殊的购销行为，是指购销双方主要不是以货币进行结算，而是以同等价款的货物或不同等价款的货物进行结算的一种销售方式。以物易物双方都应作购销业务处理，以各自发出的货物核算其销售额并计算销项税额，以各自收到的货物核算其购货金额并计算进项税额。

4.采取还本方式销售。还本方式销售是指纳税人在销售货物后，在一定的期限内由销货方一次或分次退还给购货方全部或部分原购货价款的一种销售行为。这实际上是一种筹集资金，以提供货物使用换取还本不付息的方法。采取还本销售方式销售货物，销售货物的实际价格为销售额，不得从销售额中扣除还本支出的金额。

5.销售自己使用过的固定资产。纳税人销售自己使用过的固定资产（以下简称已使用过的固定资产），应区分不同情形征收增值税：

（1）销售自己使用过的2009年1月1日以后购进或者自制的固定资产，按照适用税率征收增值税。

（2）2014年12月31日以前未纳入扩大增值税抵扣范围试点的纳税人，销售自己使用过的2008年12月31日以前购进或者自制的固定资产，按照3%的征收率减按2%征收增值税。

（3）2008年12月31日以前已纳入扩大增值税抵扣范围试点的纳税人，销售自己使用过的在本地区扩大增值税抵扣范围试点以前购进或者自制的固定资产，按照3%的征收率减按2%征收增值税。

销售自己使用过的在本地区扩大增值税抵扣范围试点以后购进或者自制的固定资产，按照适用税率征收增值税。

（4）小规模纳税人（除其他个人外，下同）销售自己使用过的固定资产，减按2%的征收率征收增值税。小规模纳税人销售自己使用过的除固定资产以外的物品，应按3%的征收率征收增值税。

（5）纳税人销售旧货，按照简易办法依照3%的征收率减按2%征收增值税。所称旧货，是指进入二次流通的具有部分使用价值的货物（含旧汽车、旧摩托车和旧游艇），但不包括自己使用过的物品。

（6）自2012年2月1日起，增值税一般纳税人销售自己使用过的固定资产，属于以下两种情形的，可按照简易办法依照3%的征收率减按2%征收增值税，同时不得开具增值税专用发票：

①纳税人购进或者自制固定资产时为小规模纳税人，认定为一般纳税人后销售该固定资产。

②增值税一般纳税人发生按简易办法征收增值税应税行为，销售其按照规定不得抵扣且未抵扣进项税额的固定资产。

6.包装物押金是否计入销售额的确定。包装物是纳税人在生产经营过程中用来包装各种货物的器具。纳税人在销售货物过程中，对出租、出借包装物收取押金，目的是促使购货方尽快退回包装物以便周转使用。纳税人为销售货物而出租、出借包装物收取的押金，单独核算的，作为暂收款处理，不并入销售额征税。但对逾期未收回包装物不再退还的押金，应按所包装货物的适用税率计算销项税额。“逾期”有两层含意：一是指租、借的包装物实际已经过期；二是指以一年为期限。对收取一年以上的押金，无论是否退还均应并入销售额征税。但对于个别包装物周转使用期限较长的，报经税务机关确定后，可适当放宽逾期期限。另外，对销售除啤酒、黄酒以外的其他酒类产品而收取的包装物押金，无论是否返还以及会计上如何核算，均应并入当期销售额征税。

对包装物收取的押金，按规定应并入销售额征税的，应先将该押金换算为不含税的金额，再计算其应纳税额。

7.对视同销售货物行为销售额的确定。在增值税核算范围中所列视同销售的八种行为，由于不是以货币资金的形式反映，会出现无销售额的现象。如果纳税人申报的价格明显偏低且无正当理由，或者是纳税人发生了视同销售货物的行为而无销售额，税务机关有权确定其销售额。其确定的方法和顺序如下：

（1）按纳税人最近时期同类货物的平均销售价格确定。

（2）按其他纳税人最近时期同类货物的平均销售价格确定。

（3）在用以上两种方法均不能确定其销售额的情况下，可按组成计税价格确定销售额。组成计税价格有以下几种情况：

第一，该商品或产品只征增值税，不征消费税的：

组成计税价格=成本×（1+成本利润率）

第二，该商品或产品既征增值税又征消费税，且消费税又是从价定率计征的：

$$组成计税价格=\frac{成本\times(1+成本利润率)}{1-消费税税率}$$

第三，该商品或产品既征增值税又征消费税，且消费税又是从量定额征收的：

组成计税价格=成本×（1+成本利润率）+消费税税额

上述三个公式中的成本是指：销售自产货物的为实际生产成本，销售外购货物的为实际采购成本。公式中的成本利润率，按照规定一般为10%，但属于从价定率征收消费税的货物，则应按《消费税若干具体问题的规定》中的全国平均成本利润率计算。

8.价款和税款合并收取情况下的销售额。纳税人销售货物或者提供应税劳务，一般应向购买者开具增值税专用发票，并在专用发票上分别注明销售额和销项税额。但是，销售货物或者提供应税劳务给消费者，以及小规模纳税人销售货物或提供应税劳务的，只能开具普通发票，从而发生的价款和税款是合并收取的。在这种情况下，应将含增值税的销售额换算为不含税销售额。其换算公式为：

$$销售额=\frac{含税销售额}{1+增值税税率（或征收率）}$$

二、销项税额的核算

增值税一般纳税人销售货物或应税劳务，销售收入实现时，按其实现的不含税销售额与应收取的销项税额的合计数，借记“银行存款”“应收账款”“应收票据”等科目；按应收取的不含税销售额，贷记“主营业务收入”“其他业务收入”等科目；按应收取的销售额乘以其适用税率的数额，贷记“应交税费——应交增值税（销项税额）”科目。如果发生销售退回，作相反的会计分录。

（一）一般销售销项税额的核算

一般销售包括货物的销售和应税劳务的销售，主要包括以下几种情况：

1.直接收款方式销售货物的核算。在直接收款方式销售货物的情况下，纳税人收到货款向购货方开具增值税专用发票，并将发票账单和提货单交给购货方后确认收入实现。

【例2-1】甲公司本期采取直接收款方式销售A产品一批，向购买方开具了增值税专用发票，取得销售额20 000元、增值税税额2 600元存入银行。甲公司的会计处理如下：

借：银行存款　22 600

　贷：主营业务收入　20 000

　　应交税费——应交增值税（销项税额）　2 600

2.托收承付和委托银行收款方式销售货物的核算。在托收承付和委托银行收款销售方式下，企业按合同向购货方发货，然后凭发票、运单、有关账单向银行申请办理托收手续。银行受理后，即可认为该纳税人已经取得收款的权利，应确认销售收入的实现。在此销售方式下，纳税义务发生时间为发出货物并办妥托收手续的当天。

【例2-2】华伦商场本期采用托收承付方式向异地东方公司销售商品一批，商品不含税销售额300 000元，增值税税率13%，应收取增值税税额39 000元，已开具增值税专用发票。另外，华伦商场用支票支付代垫运杂费1 000元，商品已经发出并办妥托收手续，代垫运费发票已转交购货方，货款尚未收到。假定本期末华伦商场如数收到该批商品的货款、增值税和代垫运费。华伦商场应作会计处理如下：

（1）发出商品并办妥托收手续时：

借：应收账款——东方公司　340 000

　贷：主营业务收入　300 000

　　应交税费——应交增值税（销项税额）　39 000

　　银行存款　1 000

（2）华伦商场收到货款、增值税和代垫运费时：

借：银行存款　340 000

　贷：应收账款——东方公司　340 000

3.票据结算方式销售货物的核算。在票据结算销售货物的情况下，应通过专门设置的“应收票据”科目进行核算。纳税人收到由购货方交来的相关票据时，销售收入实现。

【例2-3】甲公司本期采用银行承兑汇票结算方式销售A产品一批给乙公司，向乙公司开具增值税专用发票，产品销售金额40 000元、增值税税额5 200元；另外，随同产品出售并单独计价包装物200个，每个单价11.3元，向乙公司开具普通发票，包装物销售金额2 260元。当日收到乙公司签发并承兑的带息银行承兑汇票一张，合计金额47 460元。票据的付款期限为半年，年利息率为6%。假定半年期到，甲公司如数收到货款及利息收入。

根据上述业务内容，产品销售开具的是专用发票，包装物销售开具的是普通发票。普通发票的销售额在会计处理前应将其换算成不含税的销售额。甲公司的会计处理如下：

（1）甲公司销售货物收到应收票据时：

包装物的不含税销售额 $=\dfrac{2\,260}{1+13\%}=2\,000$（元）

借：应收票据——银行承兑汇票（乙公司）　47 460

　贷：主营业务收入　40 000

　　其他业务收入　2 000

　　应交税费——应交增值税（销项税额）　5 460

（2）半年期到收到货款及利息收入时：

收到的延期付款利息收入应作为价外费用，按规定计算缴纳增值税。利息收入扣除应缴纳的增值税后的余额，记入“主营业务收入”科目的贷方。

利息收入=47 460×6%÷12×6=1 423.8（元）

利息收入的销项税额=1 423.8÷（1+13%）×13%=163.8（元）

借：银行存款　　48 883.8

　贷：应收票据——银行承兑汇票（乙公司）　　47 460

　　财务费用　　1 260

　　应交税费——应交增值税（销项税额）　　163.8

4.赊销和分期收款方式销售货物的核算。在赊销和分期收款方式销售货物的情况下，纳税人以本期收到的货款或合同约定的本期应收价款来确认销售收入的实现。这里要注意两点：一是企业应按规定在合同约定的收款日期分期开具发票；二是采取分期收款方式销售商品，如果延期收取价款时间超过3年，具有融资性质，应当按照应收的合同或协议价款的现值来确定其公允价值。在会计处理上，按应收合同价款，借记“长期应收款”科目，按应收合同价款的公允价值，贷记“主营业务收入”科目，差额贷记“未实现融资收益”科目。应收的合同或协议价款与其公允价值之间的差额，在合同期内，按应收款项的摊余成本和实际利率计算确定的摊销金额，冲减财务费用，即借记“未实现融资收益”科目，贷记“财务费用”科目。

【例2-4】甲公司本期采取赊销和分期收款方式销售C产品40件给丙公司，每件不含税销售价格为1 000元，销售金额共计40 000元，销售合同约定分4次等额付款（3个月内）。该产品单位成本为600元，成本共计24 000元。甲公司会计处理如下：

（1）本期发出货物时：

借：发出商品——分期收款发出商品　　24 000

　贷：库存商品　　24 000

（2）按合同的规定，甲公司本期内收到第一次货款时，向丙公司开具增值税专用发票。

收到第一次货款=40 000÷4=10 000（元）

销项税额=10 000×13%=1 300（元）

借：银行存款　　11 300

　贷：主营业务收入　　10 000

　　应交税费——应交增值税（销项税额）　　1 300

（3）结转第一次收款主营业务成本时：

第一次应结转的主营业务成本=24 000÷4=6 000（元）

借：主营业务成本　　6 000

　贷：发出商品——分期收款发出商品　　6 000

第二、三、四次收到货款时，会计处理与上面（2）、（3）相同。

【例2-5】2017年1月1日，甲公司采用分期收款方式向乙公司销售一套大型设备，合同约定的销售价格为2 000万元，分5次于每年12月31日等额收取。该大型设备成本为1 560万元。在现销方式下，该大型设备的销售价格为1 600万元。假定甲公司发出商品时，其有关的增值税纳税义务尚未发生，在合同约定的收款日期，发生有关的增值税纳税义务。

根据资料，甲公司应当确认的销售商品收入金额为1 600万元。根据公式：

未来5年收款额的现值=现销方式下应收款项金额

可以得出：

400×（P/A，r，5）=1 600（万元）

可在多次测试的基础上，用插值法计算折现率。

当r=7%时，400×4.1002=1 640.08（万元），1 640.08>1 600。

当r=8%时，400×3.9927=1 597.08（万元），1 597.08 <1 600。

因此，7% <r<8%。用插值法计算如下：

现值	利率
1 640.08	7%
1 600	r
1 597.08	8%

$$\frac{1\,640.08-1\,600}{1\,640.08-1\,597.08}=\frac{7\%-r}{7\%-8\%}$$

r=7.93%

每期计入财务费用的金额见表2-17。

表2-17 财务费用和已收本金计算表 单位：万元

年份（t）	未收本金 $A_t=A_{t-1}-D_{t-1}$	财务费用 B=A×7.93%	收现总额 C	已收本金 D=C-B
2017年1月1日	1 600			
2017年12月31日	1 600	126.88	400	273.12
2018年12月31日	1 326.88	105.22	400	294.78
2019年12月31日	1 032.10	81.85	400	318.15
2020年12月31日	713.95	56.62	400	343.38
2021年12月31日	370.57	29.43*	400	370.57
总额		400	2 000	1 600

*尾数调整。

根据表2-17的计算结果，甲公司各期的会计分录如下：

①2017年1月1日销售实现时：

借：长期应收款　　20 000 000

　贷：主营业务收入　　16 000 000

　　　未实现融资收益　　4 000 000

借：主营业务成本　　15 600 000

　贷：库存商品　　15 600 000

②2017年12月31日收取货款和增值税税额时：

借：银行存款　　4 680 000

贷：长期应收款　　4 000 000

应交税费——应交增值税（销项税额）　　680 000

借：未实现融资收益　　1 268 800

贷：财务费用　　1 268 800

③2018年12月31日收取货款和增值税税额时：

借：银行存款　　4 640 000

贷：长期应收款　　4 000 000

应交税费——应交增值税（销项税额）　　640 000

借：未实现融资收益　　1 052 200

贷：财务费用　　1 052 200

④2019年12月31日收取货款和增值税税额时：

借：银行存款　　4 520 000

贷：长期应收款　　4 000 000

应交税费——应交增值税（销项税额）　　520 000

借：未实现融资收益　　818 500

贷：财务费用　　818 500

⑤2020年12月31日收取货款和增值税税额时：

借：银行存款　　4 520 000

贷：长期应收款　　4 000 000

应交税费——应交增值税（销项税额）　　520 000

借：未实现融资收益　　566 200

贷：财务费用　　566 200

⑥2021年12月31日收取货款和增值税税额时：

借：银行存款　　4 520 000

贷：长期应收款　　4 000 000

应交税费——应交增值税（销项税额）　　520 000

借：未实现融资收益　　294 300

贷：财务费用　　294 300

5.委托其他单位代销货物的核算。在委托代销商品的情况下，代销单位应按规定每月给委托单位提供代销清单，并列明已售出委托代销商品的数量、单价和销售金额。委托单位据此登记销售收入并结转销售成本。委托其他单位代销货物，纳税义务发生时间为企业收到代销单位的代销清单的当天。这又分两种情况：

第一种情况：收取手续费方式。受托方不改变售价，只收取手续费。委托方在发出商品时通常不确认销售商品收入，而在收到受托方开出的代销清单时确认收入；受托方在商品销售后，按合同或协议约定的方法计算手续费，确认收入。

【例2-6】甲公司委托红星商场代销其产品，本月初发出代销产品100件，单位产品成本500元，委托代销的不含税单价为600元，每件产品支付红星商场代销手续费20元。本月末甲公司收到红星商场报来的销售清单，100件商品已售出，按委托要求取得不含税金额60 000元，增值税税率13%，取得销项税额7 800元。甲公司会计处理如下：

（1）发出代销产品时：

借：委托代销商品　　50 000

　贷：库存商品　　50 000

（2）收到红星商场报来代销清单，向红星商场开具专用发票时：

借：应收账款——商场　　67 800

　贷：主营业务收入　　60 000

　　　应交税费——应交增值税（销项税额）　　7 800

（3）结转代销商品的销售成本时：

借：主营业务成本　　50 000

　贷：委托代销商品　　50 000

（4）收到红星商场交来的代销手续费结算清单时：

代销手续费=100×20=2 000（元）

借：销售费用——代销手续费　　2 000

　贷：应收账款——红星商场　　2 000

（5）收到红星商场划来货款（手续费已扣除）时：

借：银行存款　　65 800

　贷：应收账款——红星商场　　65 800

按照《增值税暂行条例》的规定，将货物交付他人代销或代销他人货物均应视同销售行为，代销方也要按规定缴纳增值税。同时，代销方收取的代销手续费属于混合销售收入，代销方按收取的手续费确认收入，本例中未考虑相关税收的计算。

【例2-7】在例2-6的委托业务中，红星商场（代销方）的会计处理如下：

（1）收到甲公司的代销商品时：

借：受托代销商品　　60 000

　贷：受托代销商品款　　60 000

（2）销售商品并收到销售款及销项税额时：

借：银行存款　　67 800

　贷：应付账款——甲公司　　60 000

　　　应交税费——应交增值税（销项税额）　　7 800

（3）收到委托方开具的增值税专用发票时：

借：应交税费——应交增值税（进项税额）　　7 800

　贷：应付账款——甲公司　　7 800

（4）转销受托代销商品时：

借：受托代销商品款　　60 000

　贷：受托代销商品　　60 000

（5）将扣除手续费后的应付账款划转委托方并开具手续费结算发票时：

借：应付账款——甲公司　　67 800

　贷：主营业务收入　　2 000

　　　银行存款　　65 800

第二种情况：视同买断方式。委托方按协议价收取所代销商品的货款，实际售价可由受托方自定，也可以在协议中约定。

【例2-8】华伦商场本期受托代销乙公司商品一批，乙公司委托华伦商场代销商品的成本为900元。双方合同约定，华伦商场代销商品后，乙公司收取不含税销售额1 000元、增值税税额130元，华伦商场实销金额大于支付乙公司的部分归华伦商场所有。华伦商场代销商品，实销的不含税金额为1 200元，取得增值税税额156元，款已收存银行。代销业务结束，华伦商场应作会计处理如下：

（1）收到代销商品时：

借：受托代销商品——乙公司　　1 000

　贷：受托代销商品款——乙公司　　1 000

（2）实现销售时：

借：银行存款　　1 356

　贷：主营业务收入　　1 200

　　　应交税费——应交增值税（销项税额）　　156

销售实现后，结转成本并及时向委托方报送代销清单。

（3）结转销售成本时：

借：主营业务成本　　1 000

　贷：受托代销商品——乙公司　　1 000

（4）收到委托方开具的增值税专用发票时：

借：受托代销商品款——乙公司　　1 000

　　应交税费——应交增值税（进项税额）　　130

　贷：应付账款——代销商品款（乙公司）　　1 130

（5）向委托方支付代销商品货款时：

借：应付账款——代销商品款（乙公司）　　1 130

　贷：银行存款　　1 130

【例2-9】依例2-8，委托方（乙公司）的会计处理如下：

（1）发出代销商品（成本900元）时：

借：委托代销商品　　900

　贷：库存商品　　900

（2）收到华伦商场报送的代销清单时：

借：应收账款——代销商品款（华伦商场）　　1 130

　贷：主营业务收入　　1 000

　　　应交税费——应交增值税（销项税额）　　130

（3）收到华伦商场的代销款时：

借：银行存款　　1 130

　贷：应收账款——代销商品款（华伦商场）　　1 130

同时，结转委托代销商品的成本：

借：主营业务成本　　900

　贷：委托代销商品　　900

6.采取预收货款方式销售货物的核算。纳税人采取预收货款方式销售货物，发出货物的当天为销售收入实现和纳税义务发生的时间。

【例2-10】甲公司本期发出上期预收购货款的B产品，产品销售额10 000元、增值税税额1 300元，价税合计金额与预收款金额相等。甲公司应作会计处理如下：

借：预收账款——预收购货款　　11 300

　贷：主营业务收入　　10 000

　　　应交税费——应交增值税（销项税额）　　1 300

7.提供应税劳务的核算。纳税人提供应税劳务，其纳税义务发生时间为提供劳务同时收讫价款或者取得索取价款的凭据的当天。

【例2-11】甲公司为增值税一般纳税人，本期受托为某使用单位加工其自己耗用的食品一批，加工结束后向委托方开具普通发票，取得加工费收入3 390元，款已存入银行。甲公司会计处理如下：

取得加工收入的不含税销售额=3 390÷（1+13%）=3 000（元）

借：银行存款　　3 390

　贷：主营业务收入（或其他业务收入）　　3 000

　　　应交税费——应交增值税（销项税额）　　390

8.兼营行为的核算。兼营行为有两种情况：一是纳税人生产经营两种以上不同税率货物，应将不同税率的货物分别核算；如果不分别核算或不能准确分别核算，应从高适用税率计征增值税。二是纳税人在生产经营活动中既经营货物销售，又提供增值税应税服务，如商场附设餐饮部等，纳税人必须将不同征税范围的经营项目分别核算、分别计算纳税；如果不分别核算或不能准确分别核算，其应税服务与货物一并适用高税率征收增值税。

【例2-12】华伦商场本期柜台销售货物的零售收入113 000元，内设的餐饮部本期营业收入31 800元，华伦商场在会计处理上已将两项收入分别核算。按照税法的规定，应将两项收入分别计算增值税。华伦商场应作会计处理如下：

货物收入的不含税销售额=113 000÷（1+13%）=100 000（元）

餐饮收入的不含税销售额=31 800÷（1+6%）=30 000（元）

本期华伦商场的销项税额=100 000×13%+30 000×6%=14 800（元）

借：银行存款（或库存现金）　　144 800

　贷：主营业务收入　　130 000

　　　应交税费——应交增值税（销项税额）　　14 800

（二）特殊销售销项税额的核算

1.销售折扣与折让的核算。在商品流通过程中，由于许多特殊情况，销售折扣与折让经常发生。企业发生销售折扣与折让，一般是直接冲减主营业务收入，不单设“销售折扣与折让”账户。某些企业销售折扣与折让发生较多，也可以单设“销售折扣与折让”账户进行核算。在实际购销过程中，销售折扣包括商业折扣和现金折扣两种具体形式。

（1）商业折扣。商业折扣的具体形式是薄利多销，一般按折扣后的净值入账，对于折扣金额不作反映。如果销售方按折扣前的原价开具发票，其折扣金额必须在一张发票上反映；否则，计算增值税时不得扣除其折扣金额。

【例2-13】甲公司生产并销售A产品，不含税单价为500元。为了促进销售，甲公司规定：一次购买100件以上的，给予2%的折扣；一次购买200件以上的，给予4%的折扣。该公司本期一次销售给某大型商场300件A产品，向该商场开具增值税专用发票（折扣额在发票金额栏注明），实收销售额144 000元、增值税税额18 720元，款已收存银行。甲公司会计处理如下：

借：银行存款　162 720

　贷：主营业务收入　144 000

　　　应交税费——应交增值税（销项税额）　18 720

（2）现金折扣。现金折扣是销售方销售货物以后，为了早日收回销货款，使自己少受损失而给予购货方的优惠折扣。纳税人给予购货方的现金折扣，无论比例大小，在计算增值税销项税额时均不得扣除其折扣的金额。在实务中，现金折扣可以用总价法和净价法进行记账。

【例2-14】甲公司本期采取赊销方式销售B产品500件给华伦商场，不含税单价100元，增值税税率13%，应收价税金额合计56 500元。付款条件是2/10、1/20、N/30。甲公司根据业务情况按照总价法作会计处理如下：

①发出货物并办妥有关手续时：

借：应收账款——华伦商场　56 500

　贷：主营业务收入　50 000

　　　应交税费——应交增值税（销项税额）　6 500

②假定购货方在第8天付讫货款，按照合同规定，享受付款总额2%的优惠，甲公司已将货款收存银行。甲公司实收金额55 370元（56 500×（1−2%）），让利1 130元。按规定，现金折扣的让利金额应作为财务费用处理。会计处理如下：

借：银行存款　55 370

　　财务费用　1 130

　贷：应收账款　56 500

③如果购买方在20天以后付款，甲公司已将货款收存银行。会计处理如下：

借：银行存款　56 500

　贷：应收账款　56 500

（3）销售折让和销售退回的核算。销售折让和销售退回无论是属于本年度的还是属于以前年度销售的，都应冲减本年度销售收入和销售成本，而不调整以前年度利润；如果销售退回的是应纳增值税的产品，还应冲减销项税额；如果发生的销售折让和销售退回属于本期销售且未结转销售成本，则只需冲减销售收入，不冲减销售成本；如果发生的销售退回属于退回后重新调换同种商品的，则不应作销售退回处理。

销售折让和销售退回的账务处理，既可依据销售折让和销售退回的合法凭据用红字冲销，也可依据销售折让和销售退回货物的合法凭据用蓝字作相反的会计分录，但是必须保持总账与明细账的衔接。

【例2-15】甲公司本期被退回上期销售的部分商品，该商品原不含税销售额30 000元、销售成本24 000元，退回商品的专用发票上注明的销项税额为3 900元，该商品上期的销售收入、销售成本已经结转。甲公司会计处理如下：

①冲减本期销售收入与销项税额时：

借：主营业务收入　　30 000

　　应交税费——应交增值税（销项税额）　　3 900

　贷：银行存款（或应收账款）　　33 900

②冲减本期销售成本时：

借：库存商品——销售退回　　24 000

　贷：主营业务成本——销售退回　　24 000

2.以旧换新销售货物的核算。以旧换新是促进销售的一种手段，是指纳税人在销售新货物时有偿收回旧货物的行为。采取以旧换新方式销售货物的，应按新货物的同期销售价格确定销售额，不得扣除旧货物的收购价格。收购的旧货物可以按购进材料或购进商品处理，但必须注明是收购的旧货物。

【例2-16】甲公司本期直接向消费者销售B产品10件，每件含税单价2 260元，共计销售金额22 600元，B产品的增值税税率为13%。在销售产品时，收回同类品种的旧商品5件作为库存商品管理，每件折价400元，回收价共计2 000元。甲公司销售的10件B产品实际收到现金20 600元。甲公司应作会计处理如下：

借：库存现金　　20 600

　　库存商品　　2 000

　贷：主营业务收入　　20 000

　　　应交税费——应交增值税（销项税额）　　2 600

3.以物易物方式销售货物的核算。以物易物方式销售货物是指购销双方不以货币资金进行核算，而是以同等价款的货物或不同等价款的货物再用货币资金补齐差额的一种结算方法。以物易物双方都应作购销业务处理，以各自发出的货物核算其销售额并计算其销项税额，以各自收到的货物核算其购货金额并计算其进项税额。

【例2-17】甲公司本期内以C产品换取乙公司的原材料，甲公司发出C产品20件，不含税单价为1 500元，增值税税率为13%；收到乙公司发出的材料不含税金额40 000元，增值税税率为13%。甲、乙双方商定交换货物不等价的差额以银行存款补齐。甲乙双方相互给对方开具了增值税专用发票，甲公司以银行存款11 300元补齐乙公司的材料款。甲公司应作会计处理如下：

（1）甲公司发出C产品时：

C产品的销售额=1 500×20=30 000（元）

C产品的销项税额=30 000×13%=3 900（元）

借：应收账款——乙公司　　33 900

　贷：主营业务收入　　30 000

　　　应交税费——应交增值税（销项税额）　　3 900

（2）收到乙公司发出的原材料入库时，收到增值税专用发票注明的购货金额40 000元、增值税进项税额5 200元：

借：原材料　　40 000

　　应交税费——应交增值税（进项税额）　　5 200

　贷：应付账款——乙公司　　45 200

（3）甲公司以银行存款补齐差额时：

借：应付账款——乙公司　　45 200

　贷：应收账款——乙公司　　33 900

　　银行存款　　11 300

4.没收押金的核算。对逾期未收回包装物而没收的押金，应按规定计算缴纳增值税。在生产经营过程中，收取的包装物押金有两种情况：

（1）对于出租、出借包装物收取的押金，因逾期未收回包装物而没收的部分，视同包装物租金收入处理，应计入其他业务收入。企业收取押金时，借记“银行存款”科目，贷记“其他应付款”科目；因逾期未收回包装物而没收押金时，借记“其他应付款”科目，贷记“其他业务收入”科目。这部分没收的押金收入应交的增值税应相应计入其他业务成本，借记“其他业务成本”科目，贷记“应交税费——应交增值税（销项税额）”科目。

【例2-18】甲公司本月初销售A产品一批，向购货方开具增值税专用发票，取得销售金额10 000元、增值税税额1 300元。另外，向购货方出租、出借包装物10个，每个收取押金56.5元，向购货方开具收款收据，共收取押金565元。销售金额、增值税税额、押金等款项已收存银行。购销合同约定，出租、出借的包装物在15天内退回，否则没收押金。到本月下旬，出租、出借的包装物已超过期限。甲公司的会计处理如下：

①销售A产品收到销售金额、销项税额和押金时：

借：银行存款　　11 865

　贷：主营业务收入　　10 000

　　应交税费——应交增值税（销项税额）　　1 300

　　其他应付款　　565

②没收押金与计算增值税时：

因没收的押金是含税金额，计算增值税时，应将含税金额换算为不含税金额作为销售额。

押金不含税金额=565÷（1+13%）=500（元）

没收押金应缴纳的增值税税额=500×13%=65（元）

借：其他应付款　　565

　贷：其他业务收入　　500

　　应交税费——应交增值税（销项税额）　　65

还有一种处理方法，就是将没收的押金和计算的增值税按以下两步进行核算：

首先，将押金收入全部转入“其他业务收入”科目：

借：其他应付款　　565

　贷：其他业务收入　　565

其次，将计算的增值税税额记入“其他业务成本”科目：

借：其他业务成本　　65

　贷：应交税费——应交增值税（销项税额）　　65

在上述两种处理方法中，正常情况下应以前者为主，会计处理也简单一些。

（2）对包装物已作价随同产品销售，但为促使购货人将包装物退回而另外加收的押金，因逾期未收回包装物而没收的部分，应计入营业外收入。企业收取押金时，借记“银行存款”科目，贷记“其他应付款”科目；因逾期未收回包装物而没收押金时，没收的押金收入应缴纳的增值税，应先在“其他应付款”科目中冲抵，借记“其他应付款”科目，贷记“应交税费——应交增值税（销项税额）”科目。冲减后的净额自“其他应付款”科目转入“营业外收入”科目。

【例2-19】甲公司本期销售B产品100件，包装物作价随同产品销售，产品和包装物的不含税单价为200元，增值税税率13%，产品销售额合计20 000元、增值税税额2 600元，向购货方开具增值税专用发票。另外，为了促使购货人将包装物退回重复使用，向购货人收取包装物押金1 695元，并向购货人开具收款收据，货物款和押金已收存银行。按购销合同的规定，包装物在20天内必须退回，否则没收押金。到本期末已超过20天的期限，甲公司仍未收到退回的包装物。甲公司的会计处理如下：

①甲公司销售货物时：

借：银行存款　22 600

　贷：主营业务收入　20 000

　　　应交税费——应交增值税（销项税额）　2 600

②向购货方收取押金时：

借：银行存款　1 695

　贷：其他应付款　1 695

③没收押金时，按照规定计算应交的增值税：

押金的不含税金额=1 695÷（1+13%）=1 500（元）

没收押金应交的增值税=1 500×13%=195（元）

借：其他应付款　1 695

　贷：营业外收入　1 500

　　　应交税费——应交增值税（销项税额）　195

（3）对销售酒类（黄酒、啤酒除外）产品收取的包装物押金，不论押金是否退还，也不论在财务上如何处理，均应计算缴纳增值税和消费税，应缴纳的增值税和消费税记入“销售费用”科目核算。

【例2-20】某酒厂为增值税一般纳税人，其白酒的消费税税率为20%，本年度5月份销售白酒一批，取得包装物押金收入4 520元存入银行，并开具了收款收据。收取押金的相关会计处理如下：

取得押金时：

借：银行存款　4 520

　贷：其他应付款　4 520

应缴纳的增值税和消费税：

应缴纳的增值税=4 520÷（1+13%）×13%=520（元）

应缴纳的消费税=4 520÷（1+13%）×20%=800（元）

借：销售费用　1 320

　贷：应交税费——应交增值税（销项税额）　520

　　　　　　——应交消费税　800

如按期退还包装物押金，作与收到押金时相反的会计处理；如逾期未退还包装物而没收押金时，将其转入“营业外收入”科目。

借：其他应付款　　　　4 520

贷：营业外收入　　　　4 520

5. 销售自己使用过的固定资产的核算。增值税一般纳税人销售自己使用过的固定资产，是指除不动产以外的其他固定资产。2009年1月1日以后销售未抵扣进项税额的固定资产，按照4%的征收率计算税额后再减半征收增值税，不得抵扣进项税额。根据国家税务总局公告2014年第36号《关于简并增值税征收率有关问题的公告》，从2014年7月1日起，增值税一般纳税人销售自己使用过的且未抵扣进项税额的应税固定资产，按简易办法依3%征收率减按2%征收增值税。2009年1月1日以后销售已经抵扣进项税额的固定资产和自制的固定资产，按适用税率征收增值税。

【例2-21】甲公司为增值税一般纳税人，本期出售一台使用过的未抵扣进项税额的机器设备，该设备原价150 000元，已提取折旧90 000元。对外销售取得销售金额82 400元，向购买方开具普通发票，款已收存银行。在销售过程中发生销售费用2 000元，甲公司以银行存款支付。甲公司的会计处理如下：

（1）销售设备时，先转销固定资产：

借：持有待售资产　　　　60 000

累计折旧　　　　90 000

贷：固定资产　　　　150 000

（2）取得销售金额时：

借：银行存款　　　　82 400

贷：持有待售资产　　　　82 400

（3）发生销售费用时：

借：持有待售资产　　　　2 000

贷：银行存款　　　　2 000

（4）按规定计算应交增值税时：

销售设备开具的是普通发票，82 400元是含税销售额，计算增值税时应先将其换算为不含税销售额。

不含税销售额=82 400÷（1+3%）=80 000（元）

销售设备应交增值税=80 000×2%=1 600（元）

借：持有待售资产　　　　1 600

贷：应交税费——简易计税　　　　1 600

（5）按规定将固定资产清理的贷方余额转入“营业外收入”科目：

固定资产清理的贷方余额=8 2400-60 000-2 000-1 600=18 800（元）

借：持有待售资产　　　　18 800

贷：资产处理损益　　　　18 800

6. 混合销售行为的核算。从事货物的生产、批发或零售的企业、企业性单位及个体经营者，以及以从事货物的生产、批发或零售为主，兼营非应税劳务的企业、企业性单位及个体经营者的混合销售行为，视同销售货物征收增值税。

【例2-22】甲公司本期销售一批货物给某使用单位，并负责安装。甲公司给该使用单位开具普通发票，分别收取货款22 600元、安装费1 130元，已收存银行。甲公司应作会计处理如下：

甲公司的销售行为属于混合销售行为，应该征收增值税。

货物的不含税销售额=22 600÷（1+13%）=20 000（元）

货物的销项税额=20 000×13%=2 600（元）

安装费的不含税销售额=1 130÷（1+13%）=1 000（元）

安装费的销项税额=1 000×13%=130（元）

借：银行存款　　23 730

　贷：主营业务收入　　20 000

　　　其他业务收入　　1 000

　　　应交税费——应交增值税（销项税额）　　2 730

（三）视同销售货物的核算

按照《增值税暂行条例》的规定，视同销售货物的行为有八种，无论哪一种，都视同销售，按规定缴纳有关税费。其货物的计税价格，应参照同期同类产品的市场价格计算；没有参照价格的，应按成本加合理利润的方法计算组成计税价格。

企业将自己生产的产品用于非增值税应税项目，如捐赠、赞助、广告、样品、职工福利、奖励等方面，应视同销售。企业按规定缴纳的各种税费，如增值税、消费税、城市维护建设税、教育费附加等，在会计上是否作销售处理，同时结转销售成本，主要视商品的所有权是否转移而定。如果所有权发生转移，无论是会计处理还是税法规定，都应作收入处理，计算缴纳相关的全部税费；如果所有权未发生转移，按照流转税费的相关规定应视同销售，计算缴纳相关的流转税费，但在会计上不作收入处理，也不缴纳企业所得税。

1.将自产的产品用于本企业职工福利的核算。企业将自产的产品用于本企业职工福利，计算应交的增值税等，借记“应付职工薪酬——职工福利”科目，贷记“应交税费——应交增值税（销项税额）”等科目。由于产品的所有权发生转移，会计处理上应作收入入账，同时结转库存商品成本。

【例2-23】甲公司为增值税一般纳税人，增值税税率为13%，本期将自产A产品一批用于本企业职工福利，无同类产品的市场销售价格。该产品既征增值税又征消费税，已知其成本价为10 000元，成本利润率为8%，消费税税率为10%，产品已转移给职工。城市维护建设税、教育费附加不予考虑。甲公司自用产品应交增值税和消费税计算和会计处理如下：

（1）应纳税额的计算：

组成计税价格=$\frac{10\ 000\times(1+8\%)}{1-10\%}$=12 000（元）

增值税销项税额=12 000×13%=1 560（元）

应缴纳消费税税额=12 000×10%=1 200（元）

（2）会计处理：

借：应付职工薪酬——职工福利　　14 760

　贷：主营业务收入　　12 000

　　　应交税费——应交增值税（销项税额）　　1 560

　　　　　　　——应交消费税　　1 200

借：主营业务成本　　10 000

贷：库存商品　　10 000

2.将自产、委托加工或购买的货物作为对外投资的核算。纳税人将自产、委托加工或购买的货物用于对外投资，应视同对外销售和投资两项业务处理，计算应交的增值税，借记“长期股权投资”等科目，贷记“应交税费——应交增值税（销项税额）”科目。

【例2-24】甲公司本期将自产的B产品100件用于对外投资，该产品不含税市场销售单价为1 000元，增值税税率为13%，产品单位成本为800元。甲公司与被投资方商定，以113 000元作为投资额。产品已送往被投资单位，投资期限10年。甲公司会计处理如下：

B产品不含税销售额=100×1 000=100 000（元）

对外投资的销项税额=100 000×13%=13 000（元）

借：长期股权投资　　113 000

　贷：主营业务收入　　100 000

　　　应交税费——应交增值税（销项税额）　　13 000

借：主营业务成本　　80 000

　贷：库存商品　　80 000

3.将自产的货物用于本企业基建工程的核算。纳税人将自产的货物用于本企业基建工程，因货物所有权未发生转移，在会计处理上不作收入，直接结转库存商品。计算应交的增值税税额，借记“在建工程”等科目，贷记“应交税费——应交增值税（销项税额）”科目。

【例2-25】甲公司将本期生产的B产品一批，用于本企业基建工程，B产品的不含税市场价格为25 000元，成本为21 000元，增值税税率为13%，产品已转移使用。甲公司应作会计处理如下：

B产品的销项税额=25 000×13%=3 250（元）

借：在建工程　　24 250

　贷：库存商品　　21 000

　　　应交税费——应交增值税（销项税额）　　3 250

4.将自产、委托加工或购买的货物分配给股东与投资者的核算。纳税人将自产、委托加工或购买的货物分配给股东与投资者，应视同对外销售，计算应交的增值税税额，借记“应付股利”科目，贷记“应交税费——应交增值税（销项税额）”科目。

【例2-26】甲公司（股份公司）上年度应分给某股东股息113 000元，由于资金周转有困难，今年1月将自产的一批货物作为利润分配给投资者。该批货物含税市场销售价格为113 000元，成本价为80 000元，增值税税率为13%，货物已经发出。甲公司的会计处理如下：

作为利润分配货物的销项税额=113 000÷（1+13%）×13%=13 000（元）

借：应付股利　　113 000

　贷：主营业务收入　　100 000

　　　应交税费——应交增值税（销项税额）　　13 000

借：主营业务成本　　80 000

　贷：库存商品　　80 000

5.企业将自产的产品无偿赠送他人的核算。企业将自产的产品无偿赠送其他单位和个人，应视同对外销售，计算应缴纳的增值税税额，借记“营业外支出”科目，贷记“应交税费——应交增值税（销项税额）”科目。

【例 2-27】甲企业本期将自产的A产品一批通过救灾委员会捐赠给受灾地区，产品的成本价格为50 000元，同类产品的不含税市场销售价格为60 000元，增值税税率为13%，产品已经送出。甲企业的会计处理如下：

捐赠产品的销项税额=60 000×13%=7 800（元）

借：营业外支出　57 800

　贷：库存商品　50 000

　　应交税费——应交增值税（销项税额）　7 800

（四）建筑服务业的核算

1.一般建筑业务。按照建筑业增值税的规定，一般纳税人发生应税行为，以取得的全部价款和价外费用为销售额。正常情况下，合同约定的收款时间、开票时间和实际收款时间一致的，会计核算比较简单，与前述货物购销业务的核算基本相同。但由于建筑工程具有工期长、资金量大和质量监管的特点，纳税义务发生时间与合同约定的收款时间、开票时间、实际收款时间往往不一致，所以在实际核算中有多种情况。

第一种情况：先收到业主监理确权单，合同约定付款期未到，应按合同约定的付款时间确认销项税额。

（1）收到业主监理确权单时：

借：应收账款——工程款（含税金额）

　贷：工程结算款［本次结算款÷1.09］

　　其他应付款——待结转销项税额［本次结算款÷1.09×9%］

（2）到合同约定的收款时间并收到款时：

借：银行存款（含税金额）

　工程结算款［本次结算款÷1.09］

　其他应付款——待结转销项税额［本次结算款÷1.09×9%］

　贷：应收账款——工程款（含税金额）

　　主营业务收入——工程结算款［本次结算款÷1.09］

　　应交税费——应交增值税（销项税额）［本次结算款÷1.09×9%］

（3）到合同约定的收款时间未收到款时，按照规定也要确认销项税额：

借：其他应付款——待结转销项税额［本次结算款÷1.09×9%］

　贷：应交税费——应交增值税（销项税额）［本次结算款÷1.09×9%］

如果以后实际收款金额与合同约定的收款金额不等，再根据实际开票金额或实际收款金额进行调整。

【例 2-28】某建筑公司为增值税一般纳税人，承包一建筑工程，按合同约定总承包额（包工、包料）为1 308万元（含税金额），工程验收合格一次性付款。会计处理如下：

（1）收到业主监理确权单时：

借：应收账款——工程款　13 080 000

　贷：工程结算款　12 000 000

贷：其他应付款——待结转销项税额　　1 080 000

(2) 到合同约定的收款时间并收到款时：

借：银行存款　　13 080 000

工程结算款　　12 000 000

其他应付款——待结转销项税额　　1 080 000

贷：应收账款——工程款　　13 080 000

主营业务收入——工程结算款　　12 000 000

应交税费——应交增值税（销项税额）　　1 080 000

(3) 如果到合同约定的收款时间未收到款：

借：其他应付款——待结转销项税额　　1 080 000

贷：应交税费——应交增值税（销项税额）　　1 080 000

第二种情况：先开具发票，后收到业主监理确权单，应先确认收入和销项税额。

(1) 开具发票时（尚未到确权时间，也未收到款）：

借：应收账款——工程款（含税金额）

贷：主营业务收入——工程款［本次结算款÷1.09］

应交税费——应交增值税（销项税额）［开票金额÷1.09×9%］

(2) 收到业主监理确权单并收到款时：

借：银行存款

贷：应收账款——工程款（含税金额）

如果收到业主监理确权单未收到款，不用作会计处理。

第二种情况的另一种处理方法是，开票时只确认销项税额，在会计上暂不确认收入。

(1) 开具发票时（尚未到确权时间）：

借：其他应付款——待结转销项税额［开票金额÷1.09×9%］

贷：应交税费——应交增值税（销项税额）［开票金额÷1.09×9%］

(2) 收到业主监理确权单时：

借：应收账款（含税金额）

贷：工程结算款［本次结算金额÷1.09］

其他应付款——待结转销项税额［本次结算金额÷1.09×9%］

(3) 收到款时：

借：银行存款（含税金额）

工程结算款［本次结算金额÷1.09］

贷：应收账款（含税金额）

主营业务收入——工程结算收入［本次结算金额÷1.09］

【例 2-29】某建筑公司为增值税一般纳税人，承包一建筑工程，按合同约定总承包额（包工、包料）为 1 090 万元（含税金额），在工程验收合格前先开发票。会计处理如下：

(1) 开具发票时（尚未到确权时间，也未收到款）：

借：应收账款——工程款　　10 900 000

贷：主营业务收入——工程款　　10 000 000

应交税费——应交增值税（销项税额）　　900 000

（2）收到业主监理确权单并收到款时：

借：银行存款　　10 900 000

　贷：应收账款——工程款　　10 900 000

第三种情况：先收到款项时，按照规定先确认销项税额。

（1）收到业主款项时：

借：银行存款

　贷：预收账款（或应收账款）

同时：

借：其他应付款——待结转销项税额［预收账款÷1.09×9%］

　贷：应交税费——应交增值税（销项税额）［预收账款÷1.09×9%］

（2）收到业主监理确权单时：

借：预收账款（或应收账款）

　贷：工程结算款［本次结算金额÷1.09］

　　其他应付款——待结转销项税额［本次结算金额÷1.09×9%］

同时：

借：工程结算款［本次结算金额÷1.09］

　贷：主营业务收入——工程收入

2.清包工、甲供工程和老项目建筑业务。

（1）一般纳税人以清包工方式提供的建筑服务，可以选择适用简易计税方法计税。以清包工方式提供建筑服务，是指施工方不采购建筑工程所需的材料或只采购辅助材料，收取人工费、管理费或者其他费用的建筑服务。

（2）一般纳税人为甲供工程提供的建筑服务，可以选择适用简易计税方法计税。甲供工程，是指全部或部分设备、材料、动力由工程发包方自行采购的建筑工程。

（3）一般纳税人为建筑工程老项目提供的建筑服务，可以选择适用简易计税方法计税。建筑工程老项目是指：①建筑工程施工许可证注明的合同开工日期在2016年4月30日前的建筑工程项目；②未取得建筑工程施工许可证的，建筑工程承包合同注明的开工日期在2016年4月30日前的建筑工程项目。

清包工工程、甲供工程和老项目工程，选择简易计税方法的，按3%的征收率计算应缴纳的增值税。

【例2-30】某建筑公司为增值税一般纳税人，承包一建筑工程（甲供工程），按合同约定，承包建筑服务金额824万元（含税金额）。该公司选择简易计税方法，收到业主监理确权单、工程款和开具的增值税普通发票三者一致。其会计处理如下：

借：银行存款——工程款　　8 240 000

　贷：主营业务收入——工程款　　8 000 000

　　应交税费——应交增值税（简易计税）　　240 000

3.跨县（市）建筑业务。

（1）一般纳税人跨县（市）提供建筑服务，适用一般计税方法计税的，应以取得的全部价款和价外费用为销售额计算应纳税额。纳税人应以取得的全部价款和价外费用扣除支付的分包款后的余额，按照2%的预征率在建筑服务发生地预缴税款后，向机构所在地主管税务机关进行纳税申报。计算公式为：

应预缴税款=（全部价款和价外费用-支付的分包款）÷（1+9%）×2%

（2）一般纳税人跨县（市）提供建筑服务，选择适用简易计税方法计税的，应以取得的全部价款和价外费用扣除支付的分包款后的余额为销售额，按照3%的征收率计算应纳税额。纳税人应按照上述计税方法在建筑服务发生地预缴税款后，向机构所在地主管税务机关进行纳税申报。计算公式为：

应预缴税款=（全部价款和价外费用-支付的分包款）÷（1+3%）×3%

跨县（市）提供建筑服务由公司核算时，一般情况下在外县（市）均设立项目部。项目部预缴税款时的会计处理为：

借：应交税费——应交增值税——预缴税款（简易计税或一般计税）

贷：银行存款

同时，结转未交增值税余额：

借：应交税费——未交增值税（简易计税或一般计税）

贷：应交税费——应交增值税——预缴税款（简易计税或一般计税）

【例2-31】某建筑公司为增值税一般纳税人，在外县承包一建筑工程并设立项目部，总承包金额为5 450万元（含税）。按合同约定，根据工程进度分期付款，本期收到预收工程款1 635万元（含税）。该建筑公司选择一般计税方法。其会计处理如下：

（1）收到预收款时：

借：银行存款——外地工程款　16 350 000

贷：预收账款——外地工程款　16 350 000

（2）在工程所在地预缴税款时：

预缴税款=16 350 000÷（1+9%）×2%=300 000（元）

借：应交税费——应交增值税——预缴税额（一般计税）　300 000

贷：银行存款　300 000

同时，结转未交增值税余额：

借：应交税费——未交增值税（一般计税）　300 000

贷：应交税费——应交增值税——预缴税额（一般计税）　300 000

（3）月末在该建筑公司所在地确认收入计算销项税额时：

借：预收账款——外地工程款　16 350 000

贷：主营业务收入——外地工程预收款　15 000 000

应交税费——应交增值税（销项税额）　1 350 000

同时，将月末应交而未交的增值税转入“未交增值税”科目，假定当月无进项税额抵扣：

借：应交税费——应交增值税（销项税额）　1 350 000

贷：应交税费——未交增值税（一般计税）　1 350 000

（4）次月1—15日内，在该公司所在地上交税款时：

实际申报纳税=1 350 000-300 000（工程所在地预缴税款）=1 050 000（元）

借：应交税费——未交增值税（一般计税）　1 050 000

贷：银行存款　1 050 000

4.建筑工程分包业务。建筑工程发生分包业务的，以全部价款和价外费用扣除支付的分包款后的余额为销售额。会计处理如下：

（1）将应支付分包款确认成本时：

借：工程施工——分包工程支出

其他应付款——待抵扣增值税税额（简易计税或一般计税）

贷：应付账款——应付工程款

（2）取得分包款发票时：

借：应付账款——应付工程款

贷：银行存款——分包工程款

同时：

借：应交税费——未交增值税（简易计税或一般计税）

贷：其他应付款——待抵扣增值税税额（简易计税或一般计税）

【例2-32】某建筑公司为增值税一般纳税人，承包一建筑工程，合同约定总承包金额为8 720万元（含税）。在施工过程中，该建筑公司将水电工程分包给其他建筑施工企业，合同约定水电工程分包金额为654万元（含税）。分包工程完工验收和支付款项时，其会计处理如下：

（1）将应支付分包款确认成本时：

分包款不含税金额=6 540 000÷（1+9%）=6 000 000（元）

分包款待抵扣增值税税额=6 000 000×9%=540 000（元）

借：工程施工成本——分包工程支出　　6 000 000

其他应付款——待抵扣增值税税额（一般计税）　　540 000

贷：应付账款——应付工程款　　6 540 000

（2）取得分包款发票时：

借：应付账款——应付工程款　　6 540 000

贷：银行存款——分包工程款　　6 540 000

同时：

借：应交税费——未交增值税（一般计税）　　540 000

贷：其他应付款——待抵扣增值税税额（一般计税）　　540 000

（3）假定该工程完工，经过验收取得承包工程全部价款时：

借：银行存款——工程款　　87 200 000

贷：主营业务收入——工程款　　80 000 000

应交税费——应交增值税（销项税额）　　7 200 000

假定该工程完工当月无其他施工业务收入，全部准许抵扣的进项税额为560万元。月末将销项税额和进项税额抵减后的余额160万元（720-560）转入“未交增值税”科目。

借：应交税费——应交增值税（销项税额）　　1 600 000

贷：应交税费——未交增值税（一般计税）　　1 600 000

（4）次月1—15日内，该建筑公司将扣减分包税款后的余额106万元（160-54）上交时：

借：应交税费——未交增值税（一般计税）　　1 060 000

贷：银行存款　　1 060 000

5.小规模纳税人应纳税款的核算。小规模纳税人跨县（市）提供建筑服务，应以取得的全部价款和价外费用扣除支付的分包款后的余额为销售额，按照3%的征收率计算应纳税额。纳税人应按照上述计税方法在建筑服务发生地预缴税款后，向机构所在地主管税务机关进行纳税申报。

（五）金融服务业的核算

1.贷款服务，以提供贷款服务取得的全部利息及利息性质的收入为销售额。

2.直接收费金融服务，以提供直接收费金融服务收取的手续费、佣金、酬金、管理费、服务费、经手费、开户费、过户费、结算费、转托管费等各类费用为销售额。

3.金融商品转让，按照卖出价扣除买入价后的余额为销售额。

转让金融商品出现的正负差，按盈亏相抵后的余额为销售额。若相抵后出现负差，可结转下一纳税期与下期转让金融商品销售额相抵，但年末仍出现负差的，不得转入下一个会计年度。

金融商品的买入价，可以选择按照加权平均法或者移动加权平均法核算，选择后36个月内不得变更。

4.经纪代理服务，以取得的全部价款和价外费用，扣除向委托方收取并代为支付的政府性基金或者行政事业性收费后的余额为销售额。向委托方收取的政府性基金或者行政事业性收费，不得开具增值税专用发票。

5.融资租赁和融资性售后回租业务。

（1）经中国人民银行、银保监会或者商务部批准从事融资租赁业务的试点纳税人，提供融资租赁服务，以取得的全部价款和价外费用，扣除支付的借款利息（包括外汇借款和人民币借款利息）、发行债券利息和车辆购置税后的余额为销售额。

（2）经中国人民银行、银保监会或者商务部批准从事融资租赁业务的试点纳税人，提供融资性售后回租服务，以取得的全部价款和价外费用（不含本金），扣除对外支付的借款利息（包括外汇借款和人民币借款利息）、发行债券利息后的余额作为销售额。

（3）试点纳税人根据2016年4月30日前签订的有形动产融资性售后回租合同，在合同到期前提供的有形动产融资性售后回租服务，可继续按照有形动产融资租赁服务缴纳增值税。

继续按照有形动产融资租赁服务缴纳增值税的试点纳税人，经中国人民银行、银保监会或者商务部批准从事融资租赁业务的，根据2016年4月30日前签订的有形动产融资性售后回租合同，在合同到期前提供的有形动产融资性售后回租服务，可以选择以下方法之一计算销售额：

①以向承租方收取的全部价款和价外费用，扣除向承租方收取的价款本金，以及对外支付的借款利息（包括外汇借款和人民币借款利息）、发行债券利息后的余额为销售额。

纳税人提供有形动产融资性售后回租服务，计算当期销售额时可以扣除的价款本金，为书面合同约定的当期应当收取的本金。无书面合同或者书面合同没有约定的，为当期实际收取的本金。

试点纳税人提供有形动产融资性售后回租服务，向承租方收取的有形动产价款本金，不得开具增值税专用发票，可以开具普通发票。

②以向承租方收取的全部价款和价外费用，扣除支付的借款利息（包括外汇借款和人民币借款利息）、发行债券利息后的余额为销售额。

【例2-33】某银行为增值税一般纳税人，2020年第二季度有关经营业务如下：

（1）5月取得贷款利息收入2 120万元，另对贷款超过还款期限的收取罚息53万元。会计处理如下：

销项税额=21 200 000÷（1+6%）×6%+530 000÷（1+6%）×6%=1 230 000（元）

借：单位活期存款	21 730 000	
贷：贷款利息收入		20 500 000
应交税费——应交增值税（销项税额）		1 230 000

（2）6月10日转让金融债取得转让收入1 500万元，该金融债购入时买入价为1 200万元。当年第一季度转让金融债取得转让收入300万元，该金融债购入时买入价为360万元，亏损60万元尚未抵扣。会计处理如下：

6月转让价差收益=1 500-1 200-60=240（万元）

销项税额=2 400 000÷（1+6%）×6%=135 849.06（元）

借：资金系统往来	15 000 000	
贷：交易性金融债成本		12 000 000
交易性金融债处置收益		2 864 150.94
应交税费——应交增值税（销项税额）		135 849.06

（3）6月20日取得企业贴现的银行承兑汇票一张，票面金额1 000万元（不计息），期限6个月。银行收取贴现息60万元，支付企业金额940万元。会计处理为：

收到汇票时：

借：银行承兑汇票贴现	10 000 000	
贷：单位活期存款		9 400 000
银行承兑汇票贴现递延利息收入		600 000

利息摊销确认计税时：

销项税额=600 000÷（1+6%）×6%=33 962.26（元）

借：银行承兑汇票贴现递延利息收入	600 000	
贷：银行承兑汇票贴现利息收入		566 037.74
应交税费——应交增值税（销项税额）		33 962.26

（六）房地产业的核算

1.房地产开发企业中的一般纳税人（以下简称一般纳税人）销售自行开发的房地产项目，适用一般计税方法计税，按照取得的全部价款和价外费用，扣除当期销售房地产项目对应的土地价款后的余额计算销售额。销售额的计算公式如下：

销售额=（全部价款和价外费用-当期允许扣除的土地价款）÷（1+9%）

当期允许扣除的土地价款按照以下公式计算：

$$\text{当期允许扣除的土地价款}=\left(\frac{\text{当期销售房地产项目建筑面积}}{\text{房地产项目可供销售建筑面积}}\right)\times\text{支付的土地价款}$$

当期销售房地产项目建筑面积，是指当期进行纳税申报的增值税销售额对应的建筑面积。

房地产项目可供销售建筑面积，是指房地产项目可以出售的总建筑面积，不包括销售房地产项目时未单独作价结算的配套公共设施的建筑面积。

支付的土地价款，是指向政府、土地管理部门或受政府委托收取土地价款的单位直接支付的土地价款。

2.在计算销售额时从全部价款和价外费用中扣除土地价款，应当取得省级以上（含省级）财政部门监（印）制的财政票据。

一般纳税人应建立台账登记土地价款的扣除情况，扣除的土地价款不得超过纳税人实际支付的土地价款。

3.一般纳税人销售自行开发的房地产老项目，可以选择适用简易计税方法，按照5%的征收率计税。一经选择简易计税方法计税，36个月内不得变更为一般计税方法计税。

房地产老项目是指：（1）建筑工程施工许可证注明的合同开工日期在2016年4月30日前的房地产项目；（2）建筑工程施工许可证未注明合同开工日期或者未取得建筑工程施工许可证但建筑工程承包合同注明的开工日期在2016年4月30日前的建筑工程项目。

4.一般纳税人销售自行开发的房地产老项目适用简易计税方法计税的，以取得的全部价款和价外费用为销售额，不得扣除对应的土地价款。

5.一般纳税人采取预收款方式销售自行开发的房地产项目，应在收到预收款时按照3%的预征率预缴增值税。应预缴税款按照以下公式计算：

$$应预缴税款=预收款\div（1+适用税率或征收率）\times 3\%$$

适用一般计税方法计税的，按照9%的适用税率计算；适用简易计税方法计税的，按照5%的征收率计算。

6.一般纳税人应在取得预收款的次月纳税申报期向主管税务机关预缴税款。

7.一般纳税人销售自行开发的房地产项目，兼有一般计税方法计税、简易计税方法计税、免征增值税的房地产项目而无法划分不得抵扣的进项税额的，应以建筑工程施工许可证注明的“建设规模”为依据进行划分。

$$\begin{array}{c}不得抵扣的\\进项税额\end{array}=当期无法划分的全部进项税额\times\frac{简易计税、免税房地产项目建设规模}{房地产项目总建设规模}$$

8.一般纳税人销售自行开发的房地产项目适用简易计税方法计税的，应按照《营业税改征增值税试点实施办法》（财税〔2016〕36号文件印发，以下简称《试点实施办法》）第四十五条规定的纳税义务发生时间，以当期销售额和5%的征收率计算当期应纳税额，抵减已预缴税款后，向主管税务机关申报纳税。未抵减完的预缴税款可以结转下期继续抵减。

一般纳税人销售自行开发的房地产项目适用一般计税方法计税的，应按照《试点实施办法》第四十五条规定的纳税义务发生时间，以当期销售额和9%的适用税率计算当期应纳税额，抵减已预缴税款后，向主管税务机关申报纳税。未抵减完的预缴税款可以结转下期继续抵减。

9.一般纳税人向其他个人销售自行开发的房地产项目，不得开具增值税专用发票。

10.房地产开发企业中的小规模纳税人（以下简称小规模纳税人）采取预收款方式销售自行开发的房地产项目，应在收到预收款时按照3%的预征率预缴增值税。应预缴税款按照以下公式计算：

应预缴税款=预收款÷（1+5%）×3%

11.小规模纳税人应在取得预收款的次月纳税申报期或主管税务机关核定的纳税期限向主管税务机关预缴税款。

小规模纳税人销售自行开发的房地产项目，应按照《试点实施办法》第四十五条规定的纳税义务发生时间，以当期销售额和5%的征收率计算当期应纳税额，抵减已预缴税款后，向主管税务机关申报纳税。未抵减完的预缴税款可以结转下期继续抵减。

【例2-34】某房地产开发公司为增值税一般纳税人，2020年完成两个开发项目，相关经营业务如下：

第一个开发项目：于2016年3月通过竞拍方式获取一宗土地使用权，面积为4万平方米，用于开发写字楼。签订的土地出让合同记载支付土地出让金总价款24 000万元，取得政府部门开具的财政票据。取得土地使用权证时缴纳契税960万元、印花税12万元。

按照建筑工程施工许可证注明的合同开工日期，2016年4月8日写字楼开发工程正式开工，建造可供销售建筑面积12万平方米，根据建筑承包合同约定支付总价款48 000万元、增值税进项税额4 320万元，取得增值税专用发票。

2020年5月写字楼开发工程完工，当月按照合同约定取得预收款13 650万元，开具收款收据。2020年7月写字楼全部售完，按照合同约定开具普通发票取得含税销售额共计163 800万元，并取回预收款时开具的收款收据，扣除预收款后实际收款150 150万元。

（注意：第一个开发项目，该房地产开发公司选择简易计税方法计算缴纳增值税。）

上述业务的会计处理如下：

（1）支付土地价款和相关税款时：

计入土地使用权的金额=24 000（出让金）+960（契税）=24 960（万元）

借：开发成本——土地使用权出让款　　249 600 000

　贷：银行存款　　249 600 000

上交印花税时：

借：税金及附加——印花税　　120 000

　贷：银行存款　　120 000

（2）第一个开发项目采用简易计税方法计算缴纳增值税，支付款项即使取得增值税专用发票，注明的进项税额也不能抵扣，应将其计入成本核算。

开发成本=48 000+4 320=52 320（万元）

借：开发成本——写字楼　　523 200 000

　贷：银行存款　　523 200 000

（3）5月写字楼开发工程完工，取得预收款并预缴增值税时：

取得预收款时：

借：银行存款　　136 500 000

　贷：预收账款——售房款　　136 500 000

预缴增值税时：

应预缴税款=136 500 000÷（1+5%）×3%=3 900 000（万元）

借：应交税费——应交增值税（预缴税款）　　3 900 000

　贷：银行存款　　3 900 000

（4）7月全部售完确认收入及增值税时：

主营业务收入=163 800÷（1+5%）=156 000（万元）

应缴纳增值税=156 000×5%=7 800（万元）

借：银行存款　　1 501 500 000

　　预收账款——售房款　　136 500 000

　贷：主营业务收入——住房款　　1 560 000 000

　　　应交税费——应交增值税　　78 000 000

（5）清缴第一个开发项目的增值税时：

应补缴增值税=78 000 000−3 900 000=74 100 000（元）

借：应交税费——应交增值税　　74 100 000

　贷：银行存款　　74 100 000

第二个开发项目：2017年8月通过竞拍方式获取一宗土地使用权，面积为8万平方米，用于住宅开发。签订的土地出让合同记载支付土地出让金总价款48 000万元，取得政府部门开具的财政票据。取得土地使用权证时缴纳契税1 920万元、印花税24万元。按照规划开发可供销售建筑面积32万平方米，依据建筑承包合同约定支付总价款112 000万元、增值税进项税额10 080万元，取得增值税专用发票；支付其他成本费用合计70 400万元、增值税进项税额4 224万元，取得增值税专用发票。

2020年10月住宅开发项目完工，按照销售合同约定取得预收款174 400万元，开具收款收据；2020年12月住宅全部售完，按照合同约定开具普通发票取得含税销售额383 680万元，并取回预收款时开具的收款收据，扣除预收款后实际收款209 280万元。

（注意：第二个开发项目，该房地产开发公司选择一般计税方法计算缴纳增值税。）

（1）支付土地价款和相关税款时：

计入土地使用权的金额=48 000（出让金）+1 920（契税）=49 920（万元）

借：开发成本——土地使用权出让款　　499 200 000

　贷：银行存款　　499 200 000

上交印花税时：

借：税金及附加——印花税　　240 000

　贷：银行存款　　240 000

（2）第二个开发项目支付的建筑承包款和其他成本费用=112 000+70 400=182 400（万元）

进项税额=10 080+4 224=14 304（万元）

借：开发成本——住宅　　1 824 000 000

　　应交税费——应交增值税（进项税额）　　143 040 000

　贷：银行存款　　1 967 040 000

（3）工程完工当月，取得预收款并预缴增值税时：

取得预收款时：

借：银行存款　　1 744 000 000

　贷：预收账款——售房款　　1 744 000 000

预缴增值税时：

应预缴税款=1 744 000 000÷（1+9%）×3%=48 000 000（万元）

借：应交税费——应交增值税（预缴税款）　　48 000 000

　　贷：银行存款　　48 000 000

（4）12月全部售完确认收入及增值税时：

主营业务收入=383 680÷（1+9%）=352 000（万元）

增值税销项税额=352 000×9%=31 680（万元）

借：银行存款　　2 092 800 000

　　预收账款——售房款　　1 744 000 000

　　贷：主营业务收入——住房款　　3 520 000 000

　　　　应交税费——应交增值税（销项税额）　　316 800 000

（5）清缴第二个开发项目的增值税时：

销售额=［383 680−4 8000（土地价款）］÷（1+9%）=307 963.30（万元）

应补缴增值税=307 963.30×9%−14 304（进项税额）−4 800（预缴税款）=8 612.70（万元）

借：应交税费——应交增值税（已交增值税）　　86 127 000

　　贷：银行存款　　86 127 000

需要注意的是，计算应税销售额时可扣除土地价款；销项税额扣除进项税额和预缴税额后还有余额的，应将其转入“其他收益”科目核算。

销项税余额=316 800 000−143 040 000−48 000 000−86 127 000=39 633 000（元）

或　销项税余额=480 000 000÷（1+9%）×9%=39 633 000（元）

借：应交税费——应交增值税（销项税额）　　39 633 000

　　贷：其他收益　　39 633 000

（七）转让不动产业务的核算

纳税人转让的不动产包括以直接购买、接受捐赠、接受投资入股、自建以及抵债等各种形式取得的不动产，不包括房地产开发企业销售自行开发的房地产项目。

1.一般纳税人转让其取得的不动产，按照以下规定缴纳增值税：

（1）一般纳税人转让其2016年4月30日前取得（不含自建）的不动产，可以选择适用简易计税方法计税，以取得的全部价款和价外费用扣除不动产购置原价或者取得不动产时作价后的余额为销售额，按照5%的征收率计算应纳税额。纳税人应按照上述计税方法向不动产所在地主管税务机关预缴税款，向机构所在地主管税务机关申报纳税。

（2）一般纳税人转让其2016年4月30日前取得（不含自建）的不动产，选择适用一般计税方法计税的，以取得的全部价款和价外费用为销售额计算应纳税额。纳税人应以取得的全部价款和价外费用扣除不动产购置原价或者取得不动产时作价后的余额，按照5%的预征率向不动产所在地主管税务机关预缴税款，向机构所在地主管税务机关申报纳税。

（3）一般纳税人转让其2016年4月30日前自建的不动产，可以选择适用简易计税方法计税，以取得的全部价款和价外费用为销售额，按照5%的征收率计算应纳税额。纳税人应按照上述计税方法向不动产所在地主管税务机关预缴税款，向机构所在地主管税务机关申报纳税。

（4）一般纳税人转让其2016年4月30日前自建的不动产，选择适用一般计税方法计税的，以取得的全部价款和价外费用为销售额计算应纳税额。纳税人应以取得的全部价款和价外费用，按照5%的预征率向不动产所在地主管税务机关预缴税款，向机构所在地主管税务机关申报纳税。

（5）一般纳税人转让其2016年5月1日后取得（不含自建）的不动产，适用一般计税方法的，以取得的全部价款和价外费用为销售额计算应纳税额。纳税人应以取得的全部价款和价外费用扣除不动产购置原价或者取得不动产时作价后的余额，按照5%的预征率向不动产所在地主管税务机关预缴税款，向机构所在地主管税务机关申报纳税。

（6）一般纳税人转让其2016年5月1日后自建的不动产，适用一般计税方法，以取得的全部价款和价外费用为销售额计算应纳税额。纳税人应以取得的全部价款和价外费用，按照5%的预征率向不动产所在地主管税务机关预缴税款，向机构所在地主管税务机关申报纳税。

【例2-35】某食品生产企业为增值税一般纳税人，2020年10月将外县（市）一栋厂房转让，开具增值税专用发票，取得转让收入780万元。该厂房购置于2019年6月，购买金额为520万元。会计处理如下：

（1）向不动产所在地主管税务机关预缴税款=（780-520）×5%=13（万元）

借：应交税费——预交增值税 130 000

　　贷：银行存款 130 000

（2）向机构所在地主管税务机关申报应纳税额=（780-520）×9%-13=10.4（万元）

借：应交税费——未交增值税 104 000

　　贷：银行存款 104 000

2.小规模纳税人转让其取得的不动产，除个人转让其购买的住房外，按照以下规定缴纳增值税：

（1）小规模纳税人转让其取得（不含自建）的不动产，以取得的全部价款和价外费用扣除不动产购置原价或者取得不动产时作价后的余额为销售额，按照5%的征收率计算应纳税额。

（2）小规模纳税人转让其自建的不动产，以取得的全部价款和价外费用为销售额，按照5%的征收率计算应纳税额。

除其他个人之外的小规模纳税人，应按照规定的计税方法向不动产所在地主管税务机关预缴税款，向机构所在地主管税务机关申报纳税；其他个人按照规定的计税方法向不动产所在地主管税务机关申报纳税。

3.个人转让其购买的住房，按照以下规定缴纳增值税：

（1）个人转让其购买的住房，按照有关规定全额缴纳增值税的，以取得的全部价款和价外费用为销售额，按照5%的征收率计算应纳税额。

（2）个人转让其购买的住房，按照有关规定差额缴纳增值税的，以取得的全部价款和价外费用扣除购买住房价款后的余额为销售额，按照5%的征收率计算应纳税额。

个体工商户应按照规定的计税方法向住房所在地主管税务机关预缴税款，向机构所在地主管税务机关申报纳税；其他个人应按照规定的计税方法向住房所在地主管税务机关申报纳税。

4.其他个人以外的纳税人转让其取得的不动产，区分以下情形计算应向不动产所在地主管税务机关预缴的税款：

（1）以转让不动产取得的全部价款和价外费用作为预缴税款计算依据的，计算公式为：

应预缴税款=全部价款和价外费用÷（1+5%）×5%

（2）以转让不动产取得的全部价款和价外费用扣除不动产购置原价或者取得不动产时作价后的余额作为预缴税款计算依据的，计算公式为：

应预缴税款=（全部价款和价外费用-不动产购置原价或者取得不动产时作价）÷（1+5%）×5%

5.纳税人按规定从取得的全部价款和价外费用中扣除不动产购置原价或者取得不动产时作价的，应当取得符合法律、行政法规和国家税务总局规定的合法有效凭证；否则，不得扣除。

合法有效凭证是指：（1）税务部门监制的发票。（2）法院判决书、裁定书、调解书，以及仲裁裁决书、公证债权文书。（3）国家税务总局规定的其他凭证。

6.纳税人转让其取得的不动产，向不动产所在地主管税务机关预缴的增值税税款，可以在当期增值税应纳税额中抵减；抵减不完的，结转下期继续抵减。

纳税人以预缴税款抵减应纳税额，应以完税凭证作为合法有效凭证。

7.小规模纳税人转让其取得的不动产，不能自行开具增值税发票的，可向不动产所在地主管税务机关申请代开。纳税人向其他个人转让其取得的不动产，不得开具或申请代开增值税专用发票。

8.纳税人转让不动产，按照规定应向不动产所在地主管税务机关预缴税款而自应当预缴之月起超过6个月没有预缴税款的，由机构所在地主管税务机关按照《税收征收管理法》及相关规定进行处理。纳税人转让不动产，未按照规定缴纳税款的，由主管税务机关按照《税收征收管理法》及相关规定进行处理。

（八）不动产经营租赁的核算

经营租赁取得的不动产包括以直接购买、接受捐赠、接受投资入股、自建以及抵债等各种形式取得的不动产。纳税人提供道路通行服务不适用该规定。

1.一般纳税人出租不动产，按照以下规定缴纳增值税：

（1）一般纳税人出租其2016年4月30日前取得的不动产，可以选择适用简易计税方法，按照5%的征收率计算应纳税额。不动产所在地与机构所在地不在同一县（市、区）的，纳税人应按照上述计税方法向不动产所在地主管税务机关预缴税款，向机构所在地主管税务机关申报纳税。不动产所在地与机构所在地在同一县（市、区）的，纳税人向机构所在地主管税务机关申报纳税。

（2）一般纳税人出租其2016年5月1日后取得的不动产，适用一般计税方法计税。不动产所在地与机构所在地不在同一县（市、区）的，纳税人应按照3%的预征率向不动产所在地主管税务机关预缴税款，向机构所在地主管税务机关申报纳税。不动产所在地与机构所在地在同一县（市、区）的，纳税人应向机构所在地主管税务机关申报纳税。一般纳税人出租其2016年4月30日前取得的不动产适用一般计税方法计税的，按照上述规定执行。

2.小规模纳税人出租不动产，按照以下规定缴纳增值税：

（1）单位和个体工商户出租不动产（不含个体工商户出租住房），按照5%的征收率计算应纳税额。个体工商户出租住房，按照5%的征收率减按1.5%计算应纳税额。

不动产所在地与机构所在地不在同一县（市、区）的，纳税人应按照上述计税方法向不动产所在地主管税务机关预缴税款，向机构所在地主管税务机关申报纳税。

不动产所在地与机构所在地在同一县（市、区）的，纳税人应向机构所在地主管税务机关申报纳税。

（2）其他个人出租不动产（不含住房），按照5%的征收率计算应纳税额，向不动产所在地主管税务机关申报纳税。其他个人出租住房，按照5%的征收率减按1.5%计算应纳税额，向不动产所在地主管税务机关申报纳税。

3.纳税人出租的不动产所在地与其机构所在地在同一直辖市或计划单列市但不在同一县（市、区）的，由直辖市或计划单列市税务局决定是否在不动产所在地预缴税款。

4.纳税人出租不动产，按照规定需要预缴税款的，应在取得租金的次月纳税申报期或不动产所在地主管税务机关核定的纳税期限预缴税款。

5.预缴税款的计算。

（1）纳税人出租不动产适用一般计税方法计税的，按照以下公式计算应预缴税款：

应预缴税款=含税销售额÷（1+9%）×3%

（2）纳税人出租不动产适用简易计税方法计税的，除个人出租住房外，按照以下公式计算应预缴税款：

应预缴税款=含税销售额÷（1+5%）×5%

（3）个体工商户出租住房，按照以下公式计算应预缴税款：

应预缴税款=含税销售额÷（1+5%）×1.5%

6.其他个人出租不动产，按照以下公式计算应纳税款：

（1）出租住房：

应纳税款=含税销售额÷（1+5%）×1.5%

（2）出租非住房：

应纳税款=含税销售额÷（1+5%）×5%

7.单位和个体工商户出租不动产，按照规定向不动产所在地主管税务机关预缴税款时，应填写增值税预缴税款表。

8.单位和个体工商户出租不动产，向不动产所在地主管税务机关预缴的增值税税款，可以在当期增值税应纳税额中抵减；抵减不完的，结转下期继续抵减。

纳税人以预缴税款抵减应纳税额，应以完税凭证作为合法有效凭证。

9.小规模纳税人中的单位和个体工商户出租不动产，不能自行开具增值税发票的，可向不动产所在地主管税务机关申请代开增值税发票。其他个人出租不动产，可向不动产所在地主管税务机关申请代开增值税发票。

10.纳税人向其他个人出租不动产，不得开具或申请代开增值税专用发票。

11.纳税人出租不动产，按照规定应向不动产所在地主管税务机关预缴税款而自应当预缴之月起超过6个月没有预缴税款的，由机构所在地主管税务机关按照《税收征收管理法》及相关规定进行处理。

纳税人出租不动产，未按照规定缴纳税款的，由主管税务机关按照《税收征收管理法》及相关规定进行处理。

【例2-36】某商业批发公司为增值税一般纳税人，2020年7月1日将外县（市）一栋闲置的仓库出租，当月取得含税租金收入13.08万元。会计处理如下：

（1）在仓库所在地主管税务机关预缴税款=13.08÷（1+9%）×3%=0.36（万元）

借：应交税费——预交增值税　3 600

　贷：银行存款　3 600

（2）向机构所在地主管税务机关申报应纳税额=13.08÷（1+9%）×9%-0.36=0.72（万元）

借：应交税费——未交增值税　7 200

　贷：银行存款　7 200

第五节　增值税进项税额的核算

进项税额是指纳税人购进货物或者接受应税劳务和服务所支付或者应负担的增值税税额。进项税额是与销项税额相对应的一个概念，即购货方的进项税额就是销货方的销项税额；反之，在开具增值税专用发票的情况下，销货方的销项税额即为购货方的进项税额。增值税一般纳税人购进货物或接受应税劳务和服务所支付的进项税额，并不是完全可以从销项税额中抵扣。当纳税人购进的货物或应税劳务和服务用于非应税项目、免税项目或用于集体福利和个人消费时，其支付的进项税额不能从销项税额中抵扣。如果纳税人将不能抵扣的进项税额随意在销项税额中抵扣，按照规定以偷税论处。

准予从销项税额中抵扣的进项税额有：（1）从销售方或提供方取得的增值税专用发票（含税控机动车销售统一发票，下同）上注明的增值税税额。（2）从海关取得的海关进口增值税专用缴款书上注明的增值税税额。（3）购进农产品，除取得增值税专用发票或者海关进口增值税专用缴款书外，按照农产品收购发票或者销售发票上注明的农产品买价和9%的扣除率计算的进项税额。（4）增值税一般纳税人购置税控收款机所支付的增值税税额（以购进税控收款机取得的增值税专用发票上注明的增值税税额为准），准予在该企业当期的增值税销项税额中抵扣。

不得从销项税额中抵扣的进项税额有：（1）用于简易计税方法计税项目、非增值税应税项目、免征增值税项目、集体福利或者个人消费的购进货物或者应税劳务。（2）非正常损失的购进货物及相关的应税劳务。（3）非正常损失的在产品、产成品所耗用的购进货物或者应税劳务。（4）国务院财政、税务主管部门规定的纳税人自用消费品。（5）前述第（1）项至第（4）项规定的货物的运输费用和销售免税货物的运输费用。（6）纳税人购进货物或者应税劳务和服务，未按规定取得并保存增值税扣税凭证，或者增值税扣税凭证上未按规定注明增值税税额及其他有关事项的，其进项税额不得抵扣。

一、工业企业进项税额的核算

（一）准予从销项税额中抵扣的货物、劳务和服务进项税额的核算

1.取得增值税专用发票注明进项税额的核算。增值税一般纳税人购进货物或接受应税劳务和服务，取得增值税专用发票的发票联和抵扣联且填写正确的，才能按规定计算进项税额。如果购进货物或接受应税劳务和服务，取得的是普通发票，不得计算进项税额。购进货物可能出现以下三种情况：

（1）付款货物验收入库。这是指付款时取得发票等单据，同时将材料验收入库。对于这类采购业务，可根据货款结算凭证和材料入库凭证作会计处理。

【例2-37】甲公司本期购进原材料一批，以银行存款支付购货金额50 000元、增值税税额6 500元，并取得销货方的增值税专用发票，材料验收入库无误。甲公司的会计处理如下：

借：原材料 50 000

应交税费——应交增值税（进项税额） 6 500

贷：银行存款 56 500

（2）料到款未付。这是指材料已到或者已验收入库，而未收到银行货款结算凭证、供货单位发票等单据，货款未付。料到款未付可分为两种情况：一是在本月内料到后，一般结算凭证、发票等单据过几天即可到达。为了简化核算工作，可暂不作会计处理，待办理结算手续后，再根据所支付的金额或发票账单的应付金额作会计处理。二是在月末料到款未付的，可按收到的材料类别抄列清单暂估入账。

暂估入账时只估计材料成本，不需要将增值税的进项税额暂估入账。到下月初将暂估入账的会计处理用红字冲销，待单到付款后作会计处理。

【例2-38】甲公司8月25日收到A厂按合同发来的材料10吨，已验收入库。8月31日结算凭证尚未到达，货款未付。每吨材料估价5 000元。甲公司应作会计处理如下：

①8月31日按估价入账时：

借：原材料 50 000

贷：应付账款——暂估应付账款 50 000

②9月初用红字或相反的会计分录将估价冲销：

借：应付账款——暂估应付账款 50 000

贷：原材料 50 000

9月8日甲公司收到A厂开具的增值税专用发票和有关的发货单据，材料每吨不含税价格6 000元，每吨增值税税额780元，共支付材料金额60 000元、增值税税额7 800元，以银行存款支付。

借：原材料 60 000

应交税费——应交增值税（进项税额） 7 800

贷：银行存款 67 800

（3）款付料未到。这是指纳税人的开户银行已转来托收凭证、发票等，并已承付货款，而材料尚未到达。在这种情况下，按支付的材料金额借记“在途物资”科目（若企业采用计划成本进行材料日常核算则将本科目改为“材料采购”），按支付的增值税税额借记“应交税费——应交增值税（进项税额）”科目，按支付的全部款项贷记“银行存款”科目。待料到验收入库时，借记“原材料”“库存商品”等科目，同时冲销“在途物资”科目。

【例2-39】甲公司为工业企业，9月10日收到其开户银行转来的托收凭证，附B公司发来原材料5吨的发票等收据，材料的销售金额20 000元、增值税税额2 600元，共计金额22 600元，该款项已验单承付，但材料尚未收到。9月14日收到B公司发来的材料并验收入库无误。材料采用实际成本法核算。甲公司应作会计处理如下：

①9月10日支付款项时：

借：在途物资 20 000

借：应交税费——应交增值税（进项税额） 2 600
　　贷：银行存款 22 600

②9月14日收到材料并验收入库时：

借：原材料 20 000
　　贷：在途物资 20 000

2.外购货物溢缺的核算。纳税人验收外购原材料时，可能发生溢余、短缺或损坏的情况，即实际入库的数量大于或小于发票所列的数量。在此情况下，对于溢余、短缺或损坏的材料，须及时查明原因和责任，根据不同情况作如下会计处理：

（1）材料溢余的会计处理。材料溢余，一般情况下是供货方多发材料所致。处理的方法有两种：一是将多发货物退回供货方，但这种处理方法用得较少；二是与供货方商议将多发来的货物买下，将其货物款项付清即可，这种处理方法较为普遍。在会计处理时，将溢余的材料按不含税金额记入“待处理财产损溢”科目的贷方，查明原因后转销。财产溢余未处理时，一般不考虑增值税问题。

【例2-40】甲公司本期向乙企业购买A材料10吨，每吨不含税售价1 000元、增值税130元，合同规定乙企业收款后发货。甲公司按合同规定开出转账支票支付款项11 300元，材料采用实际成本法核算。甲公司作会计处理如下：

①支付预付款时：

借：预付账款——预付购货款 11 300
　　贷：银行存款 11 300

②假定3天后收到乙企业开具的增值税专用发票：

借：在途物资 10 000
　　应交税费——应交增值税（进项税额） 1 300
　　贷：预付账款——预付购货款 11 300

③假定收到发票3天后，材料到达验收入库时，实收数量为10.5吨，比购买数多0.5吨，原因待查。

借：原材料 10 500
　　贷：在途物资 10 000
　　　　待处理财产损溢 500

经查明，溢余材料属于供货方多发货，经双方协商，由甲公司补付价款500元和增值税税额65元，将多发材料购进，并取得乙企业开具的增值税专用发票。

借：待处理财产损溢 500
　　应交税费——应交增值税（进项税额） 65
　　贷：银行存款 565

（2）材料短缺的会计处理。材料短缺的原因很多，不同情况有不同的会计处理方法，但不论哪种情况，都必须考虑进项税额。

【例2-41】甲公司本期向乙企业购买材料10吨，每吨不含税售价1 000元、增值税税额130元，甲公司收到乙企业开具的增值税专用发票和有关收据，以银行存款支付材料金额10 000元、增值税税额1 300元。材料到达验收入库时，实收数量为9.5吨，短缺0.5吨，价款500元、增值税税额65元，原因待查。甲公司应作会计处理如下：

①支付价款、增值税并取得票据时：

借：在途物资　10 000

　　应交税费——应交增值税（进项税额）　1 300

　贷：银行存款　11 300

②材料到达验收入库时，短缺材料还未查明是何种原因之前，应将其记入“待处理财产损溢”科目：

借：原材料　9 500

　　待处理财产损溢　500

　贷：在途物资　10 000

③假定短缺属于供货方少发货，经协商供货方同意将材料补上，甲公司收到材料时：

借：原材料　500

　贷：待处理财产损溢　500

④假定短缺属于供货方少发货，经协商供货方同意将少发货的款项退回，甲公司收到款项时：

借：银行存款　565

　贷：待处理财产损溢　500

　　　应交税费——应交增值税（进项税额转出）　65

应交税费——应交增值税（进项税额）也可以在借方用红字表示。

⑤假定属于自然损耗，又分为两种情况：一是定额内损耗，应将损耗的材料金额计入材料成本中，应负担的增值税税额作进项税额处理；二是超定额损耗，应将损耗的材料金额记入“管理费用”账户中，应负担的增值税税额作进项税额处理。假定在0.5吨损耗中，0.3吨属定额内损耗、0.2吨属超定额损耗。

定额内损耗部分：

借：原材料　300

　贷：待处理财产损溢　300

超定额损耗部分：

借：管理费用　226

　贷：待处理财产损溢　200

　　　应交税费——应交增值税（进项税额转出）　26

⑥假定属于运输单位的问题，应由运输单位赔偿，还未收到赔偿款时：

借：其他应收款——运输单位赔偿款　565

　贷：待处理财产损溢　500

　　　应交税费——应交增值税（进项税额转出）　65

收到运输单位的赔偿款时：

借：银行存款　565

　贷：其他应收款——运输单位赔偿款　565

⑦假定损失应由保险公司赔偿，其会计处理方法与运输单位赔偿的处理方法相同。

⑧假定短缺属于非正常损失（管理不善造成被盗、丢失、霉烂变质的损失，以及被执法部门依法没收或强令自行销毁的货物），应将其计入管理费用：

借：管理费用　　565

　贷：待处理财产损溢　　500

　　应交税费——应交增值税（进项税额转出）　　65

⑨假定短缺属于自然灾害等客观因素造成，应扣除保险公司赔偿后将净损失计入营业外支出：

借：营业外支出　　500

　贷：待处理财产损溢　　500

3.接受投资的材料进项税额的核算。纳税人接受投资的材料用于应税产品的，与投资材料相应的增值税税额应单独核算，准予从销项税额中抵扣。

【例2-42】甲有限责任公司本期接受S公司以材料投资，S公司出资额等于其在注册资本中所占的份额，取得S公司开具的增值税专用发票，材料金额50 000元、增值税税额6 500元，材料已验收入库。甲有限责任公司应作会计处理如下：

借：原材料　　50 000

　应交税费——应交增值税（进项税额）　　6 500

　贷：实收资本——法人资本　　56 500

4.接受捐赠的材料进项税额的核算。纳税人接受捐赠的原材料用于应税产品的，原材料负担的进项税额准予从销项税额中抵扣。

【例2-43】甲公司本期接受D公司捐赠材料一批，取得D公司开具的增值税专用发票，注明材料金额30 000元、增值税税额3 900元，材料已验收入库。甲公司应作会计处理如下：

借：原材料　　30 000

　应交税费——应交增值税（进项税额）　　3 900

　贷：营业外收入　　33 900

5.委托加工物资、半成品、包装物等进项税额的核算。委托加工是指委托方提供原材料或主要材料，受托方只收取加工费，加工完成后的原材料、半成品等，其所有权仍然归委托方所有。增值税一般纳税人支付的委托加工费，只要能取得增值税专用发票，其进项税准予从销项税额中抵扣。

【例2-44】甲公司本期委托H公司加工材料一批，甲公司发出材料10 000元，加工完成后以银行存款支付加工费1 000元、增值税税额130元，并取得受托方开具的增值税专用发票。另外，以银行存款支付运输单位的运输费用500元，取得普通发票。加工材料收回验收入库。甲公司应作会计处理如下：

（1）发出加工材料时：

借：委托加工物资　　10 000

　贷：原材料　　10 000

（2）支付加工费时：

借：委托加工物资　　1 000

　应交税费——应交增值税（进项税额）　　130

　贷：银行存款　　1 130

（3）支付运输费用时，“营改增”后取得普通发票不予抵扣进项税额：

借：委托加工物资　　500

　贷：银行存款　　500

（4）加工材料验收入库时：

借：原材料　　11 500

　贷：委托加工物资　　11 500

6.生产企业支付水、电费进项税额的核算。生产企业以水、电作生产动力的，支付的水、电费用于生产过程的，构成产品成本的组成部分。用于生产过程的水、电费应负担的增值税税额作进项税额处理，准予从当期销项税额中抵扣，但必须取得增值税专用发票，无增值税专用发票者不得抵扣。

【例2-45】甲公司本期以银行存款支付水、电费20 000元、增值税税额2 600元，取得增值税专用发票。水、电费的使用情况为：生产车间用70%、车间管理用10%、公司管理用20%。甲公司应作会计处理如下：

借：生产成本　　14 000

　　制造费用　　2 000

　　管理费用　　4 000

　　应交税费——应交增值税（进项税额）　　2 600

　贷：银行存款　　22 600

7.取得注明进项税额的完税凭证的核算。纳税人进口货物应缴纳增值税，其增值税由海关代征。纳税人缴纳进口货物增值税后，即可取得海关开具的缴款书。缴款书上注明的进项税额允许在销项税额中抵扣。

【例2-46】甲公司本期进口货物一批，该货物在进口国的买价折合为100 000元人民币，货物运达我国海关口岸前的运杂费共计20 000元人民币。货物的进口关税税率50%、增值税税率13%。甲公司按规定缴纳了进口环节关税和增值税，并办完了有关手续，货物按实际成本法核算。甲公司应作会计处理如下：

进口货物应缴纳的关税=（100 000+20 000）×50%=60 000（元）

进口货物应缴纳的增值税=（100 000+20 000+60 000）×13%=23 400（元）

进口货物应缴纳的关税计入该货物的成本价值中，会计分录如下：

借：在途物资　　180 000

　　应交税费——应交增值税（进项税额）　　23 400

　贷：银行存款　　203 400

进口货物验收入库时：

借：原材料　　180 000

　贷：在途物资　　180 000

8.购进免税农产品进项税额的核算。某些工业企业在生产经营过程中需用农产品作原材料，购进免税农产品作原材料，可按税务机关批准使用的收购凭证上注明的价款乘9%的扣除率计算进项税额。如果购货方代扣代缴农业特产税（烟叶税）在购买价以外的，准予并入购买价一并计算进项税额。

企业购进免税农产品时，按买价或收购价扣除进项税额后的差额，借记“在途物资”等科目，按计算的进项税额，借记“应交税费——应交增值税（进项税额）”科目，按买价或收购价，贷记“银行存款”“库存现金”等科目。

【例2-47】甲公司本期以现金5 000元购进免税农产品一批作原材料，产品已验收入库。根据购进免税农产品的规定使用收据。甲公司应作会计处理如下：

购进免税农产品的进项税额=5 000×9%=450（元）

购进免税农产品的不含税价=5 000−450=4 550（元）

借：原材料	4 550	
应交税费——应交增值税（进项税额）	450	
贷：库存现金		5 000

9.支付运输费用进项税额的核算。一般纳税人外购货物所支付的运输费用，以及一般纳税人销售货物所支付的运输费用，根据取得的货物运输业增值税专用发票上注明的增值税税额准予抵扣。此外，购进或销售免税货物（购进免税农产品除外）所付运费进项税额不予抵扣。

【例2-48】甲公司本期购进原材料支付不含税运输费用3 000元、保险费1 000元；购进机器设备支付不含税运输费用4 000元、保险费2 000元；销售产品支付不含税运输费用5 000元。所有款项均以银行存款支付，取得了货物运输业增值税专用发票。甲公司应作会计处理如下：

（1）购进原材料支付的运输费用、保险费应计入材料成本，增值税专用发票上注明的进项税额准予抵扣。

支付购货运输费用的进项税额=3 000×9%=270（元）

计入材料成本运杂费金额=3 000+1 000=4 000（元）

借：在途物资（或材料采购、原材料）	4 000	
应交税费——应交增值税（进项税额）	270	
贷：银行存款		4 270

（2）购进机器设备支付的运输费用、保险费应计入固定资产价值中，购进机器设备进项税额准予抵扣。

支付购进设备运输费用的进项税额=4 000×9%=360（元）

计入固定资产原值运杂费金额=4 000+2 000=6 000（元）

借：固定资产	6 000	
应交税费——应交增值税（进项税额）	360	
贷：银行存款		6 360

（3）销售产品支付的运输费用计入销售费用，并计算进项税额：

支付销售产品运输费用的进项税额=5 000×9%=450（元）

计入销售费用的金额=5 000（元）

借：销售费用	5 000	
应交税费——应交增值税（进项税额）	450	
贷：银行存款		5 450

10.购货后发生退货进项税额的核算。购货后发生退货时，可分两种情况处理：如果所收有关票据尚未进行账务处理，将所收货物和有关票据如数退回即可；如有关会计处理已经完成，还应到当地主管税务机关开具退货证明（一式三份），一份送销货方作为开具

红字专用发票的依据。购货方收到增值税专用红字发票及退货款项时，冲销原材料和进项税额。

【例 2-49】甲公司本期发现上期从B公司购进的原材料金额5 000元、进项税额650元的货物存在质量问题。甲公司向B公司要求退货，经过协商，B公司同意退货，甲公司退回材料并收回款项存入银行。甲公司应作会计处理如下：

借：银行存款　　5 650

　贷：原材料　　5 000

　　　应交税费——应交增值税（进项税额）　　650

需要注意的是，进项税额转出登记时，用红字借记“应交税费——应交增值税”明细账的“进项税额”专栏，退回材料的进项税额也可用红字在借方反映。

【例 2-50】某冰箱生产企业为增值税一般纳税人，2020年7月大华运输公司为其运送一批货物，取得的增值税专用发票注明运输费26万元、增值税进项税额2.34万元，款项以银行存款支付。大华运输公司的会计处理如下：

借：销售费用　　260 000

　　应交税费——应交增值税（进项税额）　　23 400

　贷：银行存款　　283 400

（二）不动产进项税额抵扣的核算

1.增值税一般纳税人（以下称纳税人）2016年5月1日后取得并在会计制度上按固定资产核算的不动产，以及2016年5月1日后发生的不动产在建工程，其进项税额按2年从销项税额中抵扣，第一年抵扣比例为60%，第二年抵扣比例为40%。自2019年4月1日起，不动产进项税额可一次性抵扣。

取得的不动产，包括以直接购买、接受捐赠、接受投资入股以及抵债等各种形式取得的不动产。

纳税人新建、改建、扩建、修缮、装饰不动产，属于不动产在建工程。

【例 2-51】某空调生产企业为增值税一般纳税人，2020年2月购置旧仓库一栋，以银行存款支付，取得的增值税合法凭证注明金额40万元、进项税额3.6万元，当月投入使用。会计处理如下：

借：固定资产——仓库　　400 000

　　应交税费——应交增值税（进项税额）　　36 000

　贷：银行存款　　436 000

2.纳税人2016年5月1日后购进货物和设计服务、建筑服务，用于新建不动产，或者用于改建、扩建、修缮、装饰不动产并增加不动产原值超过50%的，其进项税额分2年从销项税额中抵扣。自2019年4月1日起，用于改建、扩建、修缮、装饰不动产并增加不动产原值超过50%的可一次性抵扣进项税额。

3.纳税人按照规定从销项税额中抵扣进项税额，应取得2016年5月1日后开具的合法有效增值税扣税凭证。

4.纳税人销售其取得的不动产或者不动产在建工程时，尚未抵扣完毕的待抵扣进项税额，允许于销售的当期从销项税额中抵扣。

5.已抵扣进项税额的不动产，专用于简易计税方法计税项目、免征增值税项目、集体福利或者个人消费的，按照下列公式计算不得抵扣的进项税额：

不得抵扣的进项税额=已抵扣进项税额 + 待抵扣进项税额×不动产净值率

不动产净值率=不动产净值÷不动产原值×100%

不得抵扣的进项税额小于或等于该不动产已抵扣进项税额的，应于该不动产改变用途的当期，将不得抵扣的进项税额从进项税额中扣减。

不得抵扣的进项税额大于该不动产已抵扣进项税额的，应于该不动产改变用途的当期，将已抵扣进项税额从进项税额中扣减，并从该不动产待抵扣进项税额中扣减不得抵扣进项税额与已抵扣进项税额的差额。

【例2-52】以例2-51为例，假定使用中的该仓库于2020年8月末专用于免征增值税项目，使用期间该仓库已提折旧4万元。会计处理如下：

仓库（固定资产）净值=40-4=36（万元）

仓库（固定资产）净值率=36÷40×100%=90%

仓库（固定资产）不得抵扣的进项税额=3.6×90%=3.24（万元）

借：营业外支出	392 400	
累计折旧	40 000	
贷：固定资产——仓库		400 000
应交税费——应交增值税（进项税额转出）		32 400

6.不动产在建工程发生非正常损失的，其所耗用的购进货物、设计服务和建筑服务已抵扣的进项税额应于当期全部转出，待抵扣进项税额不得抵扣。

7.按照规定不得抵扣进项税额的不动产，发生用途改变，用于允许抵扣进项税额项目的，按照下列公式在改变用途的次月计算可抵扣进项税额：

可抵扣进项税额=增值税扣税凭证注明或计算的进项税额×不动产净值率

按照规定计算的可抵扣进项税额，应取得2016年5月1日后开具的合法有效增值税扣税凭证。

8.纳税人注销税务登记时，其尚未抵扣完毕的待抵扣进项税额于注销清算的当期从销项税额中抵扣。

9.待抵扣进项税额记入“应交税费——待抵扣进项税额”科目核算，并于可抵扣当期转入“应交税费——应交增值税（进项税额）”科目。对不同的不动产和不动产在建工程，纳税人应分别核算其待抵扣进项税额。

10.纳税人分期抵扣不动产的进项税额，应据实填报增值税纳税申报表附列资料。

11.纳税人应建立不动产和不动产在建工程台账，分别记录并归集不动产和不动产在建工程的成本、费用、扣税凭证及进项税额抵扣情况，留存备查。用于简易计税方法计税项目、免征增值税项目、集体福利或者个人消费的不动产和不动产在建工程，也应在纳税人建立的台账中记录。

12.纳税人未按照规定抵扣不动产和不动产在建工程进项税额的，主管税务机关应按照《税收征收管理法》及有关规定进行处理。

（三）不得从销项税额中抵扣的进项税额的核算

不得从销项税额中抵扣的进项税额，其特点是该进项税额不能作为进项税额单独反映，只能计入相应项目的成本价值中。按照《增值税暂行条例》的规定，增值税一般纳税人的下列项目的进项税额不得从销项税额中抵扣：

1.购进固定资产。购进固定资产分为两大类：一是可以移动的固定资产，如机器、设备等；二是不能移动的固定资产，如房屋、建筑物等。自2009年1月1日起，增值税转型后，企业购进的可移动的固定资产，其进项税额可以扣除；2016年5月1日起，不能移动的固定资产，其进项税额也能扣除。企业以其他形式（如接受捐赠、投资等）取得的固定资产也按这两大类进行划分，判断其进项税额是否可以扣除。

【例2-53】某养老机构本期购置房屋两套各80万元，取得的增值税专用发票注明金额160万元、进项税额14.4万元；另外，支付其他费用取得的增值税专用发票注明金额6万元、进项税额0.36万元。全部价款均以银行存款支付，两套房屋均用于提供养老服务。

该养老机构提供养老服务取得的收入为免税收入，因此，购置的房屋尽管取得增值税专用发票，其进项税额也不能抵扣，应将全部金额计入固定资产的价值中。该养老机构应作会计处理如下：

借：固定资产　　1 807 600

　贷：银行存款　　1 807 600

2.用于非应税项目购进货物或应税劳务。非应税项目一般是指不征收增值税的项目。购进时明确用于非应税项目的，其进项税额不得单独反映，应计入相应的项目成本中。

【例2-54】甲公司本期购进一批物资用于集体福利基本建设工程，取得增值税专用发票，以银行存款支付物资价款100 000元、增值税税额13 000元；另外，支付该项物资购进运输费用4 000元，取得货物运输业增值税专用发票，注明税款360元。甲公司应作会计处理如下：

借：工程物资　　117 360

　贷：银行存款　　117 360

3.用于免税项目的购进货物或应税劳务进项税额的核算。购进货物或应税劳务用于免税项目是指《增值税暂行条例》规定范围的免税项目，其进项税额计入该货物或应税劳务的成本价值中。领用应税原材料一并生产应税产品和免税产品难以划分的，应按分摊比例进行计算，将免税产品应负担的进项税额转出。

【例2-55】甲公司本期购进货物一批，用于生产避孕药品及用具，取得增值税专用发票，以银行存款支付货物价款8 000元、增值税税额1 040元，货物已验收入库。甲公司应作会计处理如下：

借：原材料　　9 040

　贷：银行存款　　9 040

4.非正常损失的购进货物进项税额的核算。非正常损失的购进货物是因管理不善造成被盗、丢失、霉烂变质的损失，以及被执法部门依法没收或者强令自行销毁的货物。其进项税额不得在销项税额中抵扣。非正常损失的购进货物有两种情况：一是购进货物时，货物未运达企业，在途中遭受的非正常损失，且该货物还未作进项税额处理，该种情况的进项税额不能单独反映，应将其与损失的材料一并直接记入“管理费用”科目；二是购进的货物已验收入库后的非正常损失，其进项税额已经作了进项税额反映，在此种情况下应将其进项税额作进项税额转出处理，这在后文的“（四）进项税额转出的核算”中介绍。

【例2-56】甲公司本期外购原材料，途中丢失，材料损失2 000元，损失材料应负担的增值税税额260元，以银行存款支付。假定该批外购原材料还未作进项税额处理。甲公司应作会计处理如下：

借：营业外支出　　2 260

　贷：银行存款　　2 260

（四）进项税额转出的核算

进项税额转出是因为我国增值税实行“购进扣税法”，即在购进环节计算应该抵扣的进项税额。由于当期购进的货物或应税劳务，事先并未完全确定用于非生产经营项目，因此，其进项税额会在当期销项税额中予以抵扣，但已抵扣进项税额的购进货物或应税劳务事后改变用途（即用于非应税项目、用于免税项目、用于集体福利或个人消费），或者库存材料和库存在产品、产成品发生非正常损失的，均应将该购进货物或应税劳务的进项税额从使用当期发生的进项税额中转出。

如果无法准确确定其进项税额，可按当期实际使用购进货物的实际成本计算其应扣减的进项税额。

【例2-57】甲公司本期从仓库领原材料10 000元用于集体福利和个人消费基建工程，材料的增值税税率为13%，增值税税额为1 300元，材料已从仓库发出。甲公司应作会计处理如下：

借：在建工程　　11 300

　贷：原材料　　10 000

　　应交税费——应交增值税（进项税额转出）　　1 300

【例2-58】甲公司本期将上期外购的一批货物用于本公司职工福利，货物金额6 000元，该批货物的增值税税率为9%，增值税税额为540元，货物已从仓库发出。甲公司应作会计处理如下：

借：应付职工薪酬——非货币性福利　　6 540

　贷：原材料　　6 000

　　应交税费——应交增值税（进项税额转出）　　540

【例2-59】甲公司本期因管理不善被盗，库存原材料损失5吨，每吨不含税金额2 000元，增值税税率13%；库存产成品损失20件，每件成本1 000元，成本单价中外购材料费用占60%，增值税税率13%。甲公司应作会计处理如下：

（1）原材料损失时：

库存原材料损失金额=2 000×5=10 000（元）

损失原材料应负担的增值税税额=10 000×13%=1 300（元）

借：管理费用　　11 300

　贷：原材料　　10 000

　　应交税费——应交增值税（进项税额转出）　　1 300

（2）产成品损失时：

产成品损失金额=1 000×20=20 000（元）

产成品成本中的外购原材料金额=20 000×60%=12 000（元）

产成品中的外购材料应负担的增值税税额=12 000×13%=1 560（元）

借：管理费用　　21 560

贷：库存商品 20 000

应交税费——应交增值税（进项税额转出） 1 560

二、商品流通企业进项税额的核算

商品流通企业与工业企业进项税额的核算方法基本相同，其区别在于：商品流通企业购进货物所支付的运输费用，扣除进项税额后一般不计入商品的成本中，而是记入“销售费用”账户核算。另外，商品流通企业除了采用进价金额核算外，还可采用售价金额核算。

1.采用进价金额核算进项税额。商品流通企业采用进价金额核算时，主要使用“在途物资”“库存商品”“应交税费——应交增值税”“银行存款”“应付账款”“应付票据”“销售费用”等主要会计科目。根据销货方开具的增值税专用发票，将购进货物的实际金额记入“在途物资”或“库存商品”科目，按增值税专用发票上注明的增值税税额记入“应交税费——应交增值税（进项税额）”科目，按应付或实际支付的价税合计金额记入“银行存款”“应付账款”等科目。其具体核算方法基本与工业企业相同，在此从略。

2.采用售价金额核算进项税额。采用售价金额核算的商业零售企业，仍然要设置“应交税费——应交增值税”等科目，进行会计核算，编制会计报表。在日常会计核算中，“库存商品”等科目仍然按照含税的商品售价核算，购进商品的进价与其含税售价之间的差额，作为“商品进销差价”处理。“商品进销差价”科目包括两方面的内容：一是不含税的进价与不含税的售价之间的差额；二是向购买者收取的增值税税额（销项税额）。

商业零售企业购进商品，按照增值税专用发票上记载的应计入商品采购成本的金额，借记“在途物资”“销售费用”等科目；按照增值税专用发票上注明的增值税税额，借记“应交税费——应交增值税（进项税额）”科目；按照应付或实际支付的金额，贷记“应付账款”“应付票据”“银行存款”等科目。

商品到达验收入库时，按照商品含税零售价格，借记“库存商品”科目；按照不含税的进价，贷记“在途物资”科目；按照含税的售价和不含税的进价之间的差额，贷记“商品进销差价”科目。

商品销售收入实现时，在会计上有两种处理方法：一是按照含税的售价，借记“银行存款”等科目，按含税的售价，贷记“主营业务收入”科目；同时，按照含税的售价结转商品销售成本，借记“主营业务成本”科目，贷记“库存商品”科目。然后，定期或月份终了，按照含税销售额的计算方法计算出销项税额，将含税的商品销售收入调整为不含税的销售收入，并反映应收取的销项税额，借记“主营业务收入”科目，贷记“应交税费——应交增值税（销项税额）”科目。二是按照含税的售价，借记“银行存款”等科目，将含税的售价换算为不含税的销售额后，贷记“主营业务收入”和“应交税费——应交增值税（销项税额）”科目；同时，按照含税的售价结转商品销售成本，借记“主营业务成本”科目，贷记“库存商品”科目。

月末，按照含税的商品进销差价，计算已销商品应分摊的进销差价，并调整商品销售成本，借记“商品进销差价”科目，贷记“主营业务成本”科目。

【例 2-60】大众零售商场为增值税一般纳税人，增值税税率为13%，库存商品采用售价金额核算。期初库存商品结存193 050元，商品进销差价结存43 050元。本期购进商品一批，取得销货方开具的增值税专用发票，以银行存款支付商品价款200 000元、增值税税额26 000元；另外，支付购进货物的运输费用5 000元、增值税450元，取得运输单位开具的专用发票。商品已验收入库，含税售价金额248 600元。大众零售商场本期销售商品取得含税销售收入339 000元，款已收存银行。大众零售商场应作会计处理如下：

（1）支付本期购进商品价款时：

借：在途物资　　200 000

　　应交税费——应交增值税（进项税额）　　26 000

　贷：银行存款　　226 000

（2）支付本期购货运输费用时：

借：在途物资　　5 000

　　应交税费——应交增值税（进项税额）　　450

　贷：银行存款　　5 450

（3）本期购进商品验收入库时：

借：库存商品　　248 600

　贷：在途物资　　205 000

　　　商品进销差价　　43 600

（4）本期销售收入实现时：

借：银行存款　　339 000

　贷：主营业务收入　　339 000

同时，按售价结转商品销售成本：

借：主营业务成本　　339 000

　贷：库存商品　　339 000

（5）按规定计算销售商品的销项税额，并调整商品销售收入：

商品销售的不含税销售额 $=\frac{339\ 000}{1+13\%}=300\ 000$（元）

商品销售的销项税额 $=300\ 000\times 13\%=39\ 000$（元）

借：主营业务收入　　39 000

　贷：应交税费——应交增值税（销项税额）　　39 000

（6）计算本期销售商品应分摊的进销差价，并调整销售成本：

期末库存商品金额 $=193\ 050+248\ 600-339\ 000=102\ 650$（元）

商品进销差价分摊率 $=\frac{43\ 050+43\ 600}{102\ 650+339\ 000}\times 100\%=19.62\%$

本期销售商品应分摊的进销差价 $=339\ 000\times 19.62\%=66\ 511.8$（元）

借：商品进销差价　　66 511.8

　贷：主营业务成本　　66 511.8

另一种处理方法为：

本期销售收入实现时：

商品销售的不含税销售额 $=\frac{339\ 000}{1+13\%}=300\ 000$（元）

商品销售的销项税额 $=300\ 000\times 13\%=39\ 000$（元）

借：银行存款　　339 000

　贷：主营业务收入　　300 000

贷：应交税费——应交增值税（销项税额）　　39 000

同时，按售价结转商品销售成本：

借：主营业务成本　　339 000

贷：库存商品　　339 000

需要注意的是，分摊商品进销差价及冲销商品销售成本与前面的方法相同。

第六节　增值税应纳税额的核算

增值税应纳税额的核算分为两种情况：一是增值税一般纳税人应纳税额的核算；二是增值税小规模纳税人应纳税额的核算。

一、增值税一般纳税人应纳税额的核算

增值税一般纳税人应纳税额等于当期销项税额减去当期进项税额后的余额。其基本计算公式为：

应纳税额=当期销项税额-当期进项税额

增值税一般纳税人应纳税额的多少，取决于公式中销项税额与进项税额两个因素。在前文第四节、第五节中，我们分别介绍了销项税额与进项税额的核算。应纳税额的核算程序是：首先，根据纳税人的销货、购货等凭证编制会计分录。其次，根据会计分录登记"应交税费——应交增值税"多栏式明细分类账。一般情况下，"应交税费——应交增值税"的期末贷方余额便是当期应纳的增值税税额。最后，根据编制的会计分录、"应交税费——应交增值税"多栏式明细分类账、增值税（专用/普通）发票使用明细表、增值税（专用发票/收购凭证/运输发票）抵扣明细表，填制增值税纳税申报表。为了真实反映纳税人的资金来源和占用情况，纳税人还应根据"应交税费——应交增值税"科目的有关专栏、"应交税费——未交增值税"科目的有关记录，填列应交税费明细表。

在生产经营过程中，由于各种原因可能发生购销货物不均衡，使当期销项税额小于当期进项税额，导致不足抵扣的情况。按照《增值税暂行条例》的规定，当期进项税额不足抵扣的部分可以结转下期继续抵扣。

增值税一般纳税人期末应交增值税的会计处理有以下四种具体情况：

1.第一种情况：月末纳税人经过核算，若为"应交税费——应交增值税"借方余额，反映的是本月尚未抵扣的增值税；若为"应交税费——应交增值税"贷方余额，反映的是本月应上交的增值税。当月上交本月增值税时：

借：应交税费——应交增值税（已交税金）

贷：银行存款

如果平时多交了税金，月末收到退回多交的增值税时，作与上交税金相反的会计分录：

借：银行存款

贷：应交税费——应交增值税（已交税金）

2.第二种情况：月末纳税人经过核算，当月应上交税金转下月上交时，应将当月发生的应交未交增值税税额自"应交税费——应交增值税"科目转入"未交增值税"明细

科目：

借：应交税费——应交增值税（转出未交增值税）

贷：应交税费——未交增值税

3.第三种情况：月末纳税人经过核算，如本月多交了增值税，应将本月多交的增值税自“应交税费——应交增值税”科目转入“未交增值税”明细科目：

借：应交税费——未交增值税

贷：应交税费——应交增值税（转出多交增值税）

4.第四种情况：“应交税费——未交增值税”科目的期末借方余额反映多交的增值税，贷方余额反映未交的增值税。如当月上交上月应交未交的增值税时：

借：应交税费——未交增值税

贷：银行存款

【例2-61】某工业企业为增值税一般纳税人，增值税适用税率为13%，2020年8月发生如下业务：

（1）8月5日以银行存款50 000元上交上月应缴纳的增值税。

（2）8月6日购进甲材料一批，取得销货方开具的增值税专用发票，以银行存款支付材料金额100 000元、增值税税额13 000元，材料已验收入库；另外，以银行存款支付该批材料的运输费用2 000元，取得运输单位开具的普通发票。

（3）8月8日购进乙材料100件，每件不含税售价400元，取得销货方开具的增值税专用发票和有关收据，以银行存款支付材料金额40 000元、增值税税额5 200元，材料尚未收到。

（4）8月10日购进丙材料一批，取得销货方普通发票，以银行存款支付材料价款20 000元，材料已验收入库。

（5）8月12日购进免税农产品一批作原材料，经税务机关批准使用的收购凭证上注明以现金支付购进金额10 000元，支付运输费用取得专用发票注明运费400元、税款36元，货已验收入库。

（6）8月13日收到上述乙材料，验收入库时缺少5件。经查明，所缺少的5件应由运输单位负责赔偿，赔偿款还未收到。

（7）8月15日购进机床一台，取得销货方增值税专用发票，以银行存款支付价款60 000元、增值税税额7 800元，机床正在安装过程中。

（8）8月20日销售A产品一批给某大型商场，开具增值税专用发票，取得销售金额80 000元、增值税税额10 400元，款已收存银行。

（9）8月22日销售B产品一批给某使用单位，开具普通发票，取得销售金额22 600元，款已收存银行。

（10）8月25日将C产品一批用于本企业基本建设工程，其成本为15 000元，成本利润率为10%，产品已交付使用。

（11）8月26日接受某单位委托加工商品一批，收取加工费和垫付的辅料费共计3 390元，给委托方开具普通发票，款已收存银行。

（12）8月28日将本月12日购进的免税农产品4 750元（其中运费成本200元）用于本企业职工个人福利，产品已发出。

（13）8月31日进行盘点，发现丢失本月购进的乙材料5件，经批准作管理费用处理。

要求：（1）根据业务发生顺序编制会计分录。

（2）根据会计分录登记“应交税费——应交增值税”多栏式明细分类账，计算本月应交的增值税。

解：1.根据上述经营业务，编制会计分录如下：

（1）当月上交上月应缴纳的增值税：

借：应交税费——未交增值税　　50 000

　贷：银行存款　　50 000

（2）购进材料：

①购进甲材料：

借：原材料——甲材料　　100 000

　　应交税费——应交增值税（进项税额）　　13 000

　贷：银行存款　　113 000

②支付购进甲材料运输费用：

借：原材料——甲材料　　2 000

　贷：银行存款　　2 000

（3）购进乙材料支付价款：

借：在途物资——乙材料　　40 000

　　应交税费——应交增值税（进项税额）　　5 200

　贷：银行存款　　45 200

（4）购进丙材料取得的是普通发票，不予抵扣进项税额：

借：原材料——丙材料　　20 000

　贷：银行存款　　20 000

（5）购进免税农产品：

支付价款时：

免税农产品应计算的进项税额=10 000×9%=900（元）

免税农产品应计入原材料的金额=10 000−900=9 100（元）

借：原材料——农产品　　9 100

　　应交税费——应交增值税（进项税额）　　900

　贷：库存现金　　10 000

支付收购农产品运输费用应计算的进项税额=400×9%=36（元）

应计入原材料成本的运输费用=400元

借：原材料——农产品　　400

　　应交税费——应交增值税（进项税额）　　36

　贷：库存现金　　436

（6）乙材料验收入库时：

①收到乙材料验收入库时：

借：原材料——乙材料　　38 000

　　待处理财产损溢　　2 000

贷：在途物资——乙材料 40 000

②转销待处理财产损溢时：

借：其他应收款——赔偿款 2 260

贷：待处理财产损溢 2 000

应交税费——应交增值税（进项税额转出） 260

（7）购进机床时，其进项税额应计入其工程价值中：

借：在建工程 60 000

应交税费——应交增值税（进项税额） 7 800

贷：银行存款 67 800

（8）销售A产品时：

借：银行存款 90 400

贷：主营业务收入——A产品 80 000

应交税费——应交增值税（销项税额） 10 400

（9）销售B产品时：

B产品的不含税销售额=22 600÷（1+13%）=20 000（元）

B产品的销项税额=20 000×13%=2 600（元）

借：银行存款 22 600

贷：主营业务收入——B产品 20 000

应交税费——应交增值税（销项税额） 2 600

（10）将C产品用于基建工程时：

C产品的组成计税价格=15 000×（1+10%）=16 500（元）

C产品的销项税额=16 500×13%=2 145（元）

借：在建工程——基建工程 17 145

贷：库存商品——C产品 15 000

应交税费——应交增值税（销项税额） 2 145

（11）收取加工费，开具的是普通发票：

收取加工费的不含税金额=3 390÷（1+13%）=3 000（元）

收取加工费应计算的销项税额=3 000×13%=390（元）

借：银行存款 3 390

贷：主营业务收入 3 000

应交税费——应交增值税（销项税额） 390

（12）将免税农产品发给职工作福利时：

用于职工福利的免税农产品已计算的进项税额，以及应负担的运输费用、已计算的进项税额均应转出。

发给职工作福利的免税农产品应负担的进项税额=（4 750−200）÷（1−9%）×9%=450（元）

发给职工作福利的免税农产品的运费应负担的进项税额=200×9%=18（元）

转出的原材料成本=4 750元

转出原材料及运输费用应负担的进项税额=450+18=468（元）

借：应付职工薪酬——非货币性福利 5 218

贷：原材料——农产品　　4 750

应交税费——应交增值税（进项税额转出）　　468

（13）丢失5件乙材料时：

丢失乙材料的购进金额=400×5=2 000（元）

丢失乙材料应转出的进项税额=2 000×13%=260（元）

借：管理费用　　2 260

贷：原材料——乙产品　　2 000

应交税费——应交增值税（进项税额转出）　　260

2.登记“应交税费——应交增值税”明细账，见表2-18。

表2-18　　**某企业“应交税费——应交增值税”账户**　　单位：元

借方			贷方		
（2）①	进项税额	13 000	（6）②	进项税额转出	260
（3）	进项税额	5 200	（8）	销项税额	10 400
（5）①	进项税额	900	（9）	销项税额	2 600
（5）②	进项税额	36	（10）	销项税额	2 145
（7）	进项税额	7 800	（11）	销项税额	390
			（12）	进项税额转出	468
			（13）	进项税额转出	260
合计		26 936	合计		16 523
余额		10 413			

【例2-62】某零售商城为增值税一般纳税人，库存商品以含税进价上浮10%核算，增值税适用税率为13%。2020年9月有关经营业务如下：

（1）月初“库存商品”科目结存321 750元，“商品进销差价”科目结存71 750元。

（2）9月中旬购进商品一批，取得销货方开具的增值税专用发票，以银行存款支付商品进价150 000元、增值税税额19 500元。商品验收入库，含税售价为186 450元。另外，收到运输单位的普通发票，以银行存款支付购货运输费用3 000元。

（3）9月份共计实现零售收入348 040元，款已收存银行。

要求：（1）根据上述资料编制会计分录。

（2）根据会计分录计算9月份应交多少增值税。

（3）计算9月末“库存商品”科目、“商品进销差价”科目各结存多少金额。

解：1.编制会计分录如下：

（1）无会计分录。

（2）按业务顺序处理：

①支付购进商品货款时：

借：在途物资　　150 000

应交税费——应交增值税（进项税额）　　19 500

贷：银行存款 169 500

②商品验收入库时：

借：库存商品 186 450

贷：在途物资 150 000

商品进销差价 36 450

③支付购进商品运输费用时：

借：销售费用 3 000

贷：银行存款 3 000

（3）商品销售收入、商品销售成本分录为：

①取得商品零售收入时：

借：银行存款 348 040

贷：主营业务收入 348 040

②按含税收入结转成本时：

借：主营业务成本 348 040

贷：库存商品 348 040

③计算销项税额，调整商品销售收入：

商品销售的不含税销售额$=\frac{348\ 040}{1+13\%}=308\ 000$（元）

商品销售的销项税额=308 000×13%=40 040（元）

借：主营业务收入 40 040

贷：应交税费——应交增值税（销项税额） 40 040

（4）计算商品销售收入应分摊的商品进销差价，调整商品销售成本：

月末“库存商品”科目金额=321 750+186 450−348 040=160 160（元）

商品进销差价分摊率$=\frac{71\ 750+36\ 450}{348\ 040+160\ 160}\times 100\%=21.29\%$

商品销售收入应分摊的商品进销差价=348 040×21.29%=74 097.72（元）

借：商品进销差价 74 097.72

贷：主营业务成本 74 097.72

2.计算应交增值税：

9月份应交增值税=40 040−19 500=20 540（元）

假定该商城9月应缴纳的增值税转10月上旬缴纳，应将应交未交的增值税税额转入“未交增值税”明细科目：

借：应交税费——应交增值税（转出未交增值税） 20 540

贷：应交税费——未交增值税 20 540

3.计算“库存商品”科目、“商品进销差价”科目结存金额：

9月末库存商品余额=321 750+186 450−348 040=160 160（元）

9月末商品进销差价余额=71 750+36 450−74 097.72=34 102.28（元）

二、增值税小规模纳税人应纳税额的核算

小规模纳税人销售货物或者应税劳务，按照销售额和《增值税暂行条例》规定的3%

的征收率计算应纳税额，不得抵扣进项税额。应纳税额计算公式为：

应纳税额=销售额×征收率

小规模纳税人销售货物或提供应税劳务，按实现的销售收入和按规定收取的增值税税额，借记“应收账款”“应收票据”“银行存款”等科目；按规定收取的增值税税额，贷记“应交税费——应交增值税”科目；按实现的销售收入，贷记“主营业务收入”“其他业务收入”等科目。

小规模纳税人销售货物或提供应税劳务取得收入时，一般开具普通发票，其收入额均为含税收入额。在计算增值税时，首先应将其含税收入额换算为不含税收入额，再乘以3%的征收率，即为应纳增值税税额。

【例2-63】某工业企业为增值税小规模纳税人，本期销售带包装物的货物一批，货物和包装物分别计价核算。货物和包装物的销售额分别为30 900元、4 120元，款已收存银行。应作会计处理如下：

（1）货物的不含税销售额=30 900÷（1+3%）=30 000（元）

销售货物收入应纳增值税税额=30 000×3%=900（元）

借：银行存款　　30 900

　贷：主营业务收入　　30 000

　　　应交税费——应交增值税　　900

（2）包装物的不含税销售额=4 120÷（1+3%）=4 000（元）

销售包装物收入应纳增值税税额=4 000×3%=120（元）

借：银行存款　　4 120

　贷：其他业务收入　　4 000

　　　应交税费——应交增值税　　120

（3）本期应纳增值税税额=900+120=1 020（元）

（4）以银行存款上交本期增值税时：

借：应交税费——应交增值税　　1 020

　贷：银行存款　　1 020

第七节　进口货物增值税与出口货物退（免）增值税的核算

一、进口货物增值税的核算

对进口货物征税是国际上大多数国家的通常做法。根据《增值税暂行条例》的规定，一切进口货物的单位和个人都应当依照规定缴纳增值税。

（一）进口货物征税的范围及纳税人

1.进口货物征税的范围。申报进入中华人民共和国海关境内的货物，均应缴纳增值税。

国家在规定对进口货物征税的同时，对某些进口货物制定了减免税的特殊规定。如属于来料加工、进料加工贸易方式进口国外的原材料、零部件等在国内加工后复出口的，对进口的料件按规定给予免税或减税；但这些进口免、减税的料件若不能加工复出口，而是销往国内的，就要予以补税。对进口货物是否减免税由国务院统一规定，任何地方、部门都无权规定减免税项目。

2.进口货物的纳税人。进口货物的收货人或办理报关手续的单位和个人，为进口货物增值税的纳税义务人。也就是说，进口货物增值税纳税人的范围较宽，包括国内一切从事进口业务的企事业单位、机关团体和个人。

对于企业、单位和个人委托代理进口应征增值税的货物，一律由进口代理人代交进口环节增值税。纳税后，由代理人将已纳税款和进口货物价款费用等与委托人结算，由委托人承担已纳税款。

（二）进口货物的适用税率

进口货物的增值税税率与本章第一节的内容相同，见前述。

（三）进口货物应纳税额的计算

纳税人进口货物，按照组成计税价格和《增值税暂行条例》规定的税率计算应纳税额，不得抵扣任何税额。组成计税价格和应纳税额的计算公式是：

组成计税价格=关税完税价格+关税+消费税

应纳税额=组成计税价格×税率

需要注意的是，进口货物增值税的组成计税价格中包括已纳关税税额，如果进口货物属于消费税应税消费品，其组成计税价格中还要包括已纳消费税税额。前述“不得抵扣任何税额”，是指在计算进口环节的应纳增值税税额时，不得抵扣发生在我国境外的各种税金。

（四）进口货物的税收管理

进口货物，增值税纳税义务发生时间为报关进口的当天，纳税地点为报关地海关，纳税期限为自海关填发海关进口增值税专用缴款书之日起15日内。

进口货物增值税的征收管理依据《税收征收管理法》《中华人民共和国海关法》《进出口关税条例》《中华人民共和国进出口税则》（以下简称《进出口税则》）的有关规定执行。

【例2-64】某企业于2020年9月进口货物一批。该批货物在国外的买价折合为50万元人民币，另支付国外该货物相关的税金5万元人民币；该批货物运抵我国海关前发生的运输费、保险费等共计25万元人民币。货物报关后，企业按规定缴纳了进口环节的增值税并取得了海关开具的增值税专用缴款书。假定该批进口货物在国内全部销售，取得增值税专用发票，注明不含税销售额100万元、增值税13万元，款已收存银行。

要求：计算该批货物进口环节、国内销售环节分别应缴纳的增值税税额并编制相应的会计分录（货物进口关税税率15%，增值税税率13%）。

解：关税的组成计税价格=50+5+25=80（万元）

应缴纳进口关税=80×15%=12（万元）

进口环节应缴纳增值税的组成计税价格=80+12=92（万元）

进口环节应缴纳增值税税额=92×13%=11.96（万元）

国内销售环节的销项税额=100×13%=13（万元）

国内销售环节应缴纳增值税税额=13-11.96=1.04（万元）

会计处理：

（1）进口货物时：

借：库存商品　920 000

　应交税费——应交增值税（进项税额）　119 600

　贷：银行存款　1 039 600

（2）内销货物时：

借：银行存款　1 130 000

　贷：应交税费——应交增值税（销项税额）　130 000

　　主营业务收入　1 000 000

借：主营业务成本　920 000

　贷：库存商品　920 000

国内销售环节应缴纳增值税=130 000−119 600=10 400（元）

借：应交税费——应交增值税（销项税额）　10 400

　贷：应交税费——未交增值税　10 400

申报税款入库时，作上述相反的会计分录。

二、出口货物退（免）增值税的核算

企业出口货物以不含税价格参与国际市场竞争是国际上的通行做法。我国为鼓励货物出口，按《增值税暂行条例》的规定，实行出口货物税率为零的优惠政策。实行零税率，是指货物在出口时整体税负为零，这样，出口货物适用零税率不但出口环节不必纳税，而且可以退还以前纳税环节已纳税款。这就是通常所说的出口退税。当然，由于各种货物出口前涉及征免税情况有所不同，且国家对少数货物有限制出口政策，因此，针对货物出口的不同情况，国家在遵循“征多少、退多少”“未征不退”原则的基础上，规定了不同的税务处理办法。

1994年，国家税务总局制定了《出口货物退（免）税管理办法》，具体规定了出口货物退（免）税的范围、出口货物退税率、出口货物退税的税额计算方法、出口货物退（免）税办理程序及对出口货物退（免）税的审核和管理。2002年1月23日，财政部、国家税务总局发出了《关于进一步推进出口货物实行免抵退办法的通知》；2002年2月6日，国家税务总局又印发了《生产企业出口货物“免、抵、退”税管理操作规程（试行）》。至此，我国出口货物退（免）税政策基本完善。

（一）出口货物退（免）税的适用范围

世界各国为了鼓励本国货物出口，大多采取优惠的税收政策。有的国家采取对货物出口前所包含的税金在出口后予以退还的政策（即出口退税），有的国家采取对出口货物在出口前即予以免税的政策。目前，我国出口货物退（免）税的适用范围有以下具体规定：

1.免税并退税。下列企业出口的货物，除免税货物或限制、禁止出口的货物外，给予免税并退税：

（1）生产企业自营出口或委托外贸企业代理出口的自产货物。

（2）有出口经营权的外贸企业收购后直接出口或委托其他外贸企业代理出口的货物。

（3）下列特定企业（不限于有出口经营权）出口的货物：

①对外承包工程公司运出境外用于对外承包项目的货物；

②对外承接修理修配业务的企业用于对外修理修配的货物；

③外轮供应公司、远洋运输供应公司销售给外轮、远洋国轮而收取外汇的货物；

④企业在国内采购并运往境外作为在国外投资的货物。

2.免税但不退税。下列企业出口的货物，除限制或禁止出口的货物外，给予免税但不退税：

（1）属于生产企业的小规模纳税人自营出口或委托外贸企业代理出口的自产货物。

（2）外贸企业从小规模纳税人购进并持普通发票的货物出口，免税但不予退税。但对下列出口货物，考虑其占出口比重较大及其生产、采购的特殊因素，特准退税：抽纱、工艺品、香料油、山货、草柳竹藤制品、渔网渔具、松香、五倍子、生漆、鬃尾、山羊板皮、纸制品。

（3）外贸企业直接购进国家规定的免税货物（包括免税农产品）出口的，免税但不退税。

3.下列出口货物，免税但不予退税：

（1）来料加工复出口的货物，即原材料进口免税，加工自制的货物出口不退税；

（2）避孕药品和用具、古旧图书，内销免税，出口也免税；

（3）出口卷烟，有出口卷烟权的企业出口国家计划内的卷烟，在生产环节免征增值税、消费税，出口环节不办理退税；

（4）军品以及军队系统企业出口军需工厂生产或军需部门调拨的货物免税。

4.不免税也不退税。除经批准属于进口加工复出口贸易以外，下列出口货物不免税也不退税：

（1）国家计划外出口的原油；

（2）援外出口货物；

（3）国家禁止出口的货物，包括天然牛黄、麝香、铜及铜基合金、白银等。

5.出口加工区的退税政策。出口加工区耗用水、电、气准予退税，具体规定为：

（1）出口加工区内生产企业（以下简称区内企业）生产出口货物耗用的水、电、气，准予退还所含的增值税。区内企业须按季填报“出口加工区内生产企业耗用水、电、气退税申报表”，并附送下列凭证向主管出口退税的税务机关申报办理退税手续：

①供水、供电、供气公司（或单位）开具的增值税专用发票（抵扣联）；

②支付水、电、气费用的银行结算凭证（复印件加盖银行印章）。

（2）水、电、气应退税额按下列公式计算：

应退税额=增值税专用发票注明的进项金额×退税率

水、电、气的退税率均为13%，如供应单位按简易办法征收增值税，退税率为征收率。

（3）区内生产企业从区外购进的水、电、气，凡用于出租、出让厂房的，不予办理退税。已办理退税的，区内企业应在出租、出让行为发生的次月，向主管出口退税的税务机关申报并缴纳已退还的税款。

（4）区外企业销售并输入给出口加工区内企业的水、电、气，一律向区内企业开具增值税专用发票，不得开具普通发票或出口专用发票。

（5）区内企业水、电、气退税的登记、审批、管理工作，由主管出口退税的税务机关负责。主管出口退税的税务机关应按季核查区内企业水、电、气的实际耗用情况，年度终了后，应按清算的规定，对上年水、电、气的退税进行清算。

6.视同自产产品退（免）税。对生产企业出口的下列四类产品，视同自产产品给予退（免）税：

（1）生产企业出口外购的产品，凡同时符合以下条件的，可视同自产货物办理退税：

①与本企业生产的产品名称、性能相同；

②使用本企业注册商标或外商提供给本企业使用的商标；

③出口给进口本企业自产产品的外商。

（2）生产企业外购的与本企业所生产的产品配套出口的产品，若出口给进口本企业自产产品的外商，符合下列条件之一的，可视同自产产品办理退税：

①用于维修本企业出口的自产产品的工具、零部件、配件；

②不经过本企业加工或组装，出口后能直接与本企业自产产品组合成成套产品的。

（3）凡同时符合下列条件的，主管出口退税的税务机关可认定为集团成员，集团公司（或总厂，下同）收购成员企业（或分厂，下同）生产的产品，可视同自产产品办理退（免）税：

①经县级以上政府主管部门批准为集团公司成员的企业，或由集团公司控股的生产企业；

②集团公司及其成员企业均实行生产企业财务会计制度；

③集团公司必须将有关成员企业的证明材料报送给主管出口退税的税务机关。

（4）生产企业委托加工收回的产品，同时符合下列条件的，可视同自产产品办理退税：

①必须与本企业生产的产品名称、性能相同，或者是用本企业生产的产品再委托深加工收回的产品；

②出口给进口本企业自产产品的外商；

③委托方执行的是生产企业财务会计制度；

④委托方与受托方必须签订委托加工协议，主要原材料必须由委托方提供，受托方不垫付资金，只收取加工费，开具加工费（含代垫的辅助材料）的增值税专用发票。

（二）出口货物退（免）税的计算

出口货物只有在适用既免税又退税的政策时，才会涉及如何计算退税的问题。由于各类出口企业对出口货物的会计核算办法不同，有对出口货物单独核算的，有对出口和内销的货物统一核算成本的。为了与出口企业的会计核算办法相一致，《出口货物退（免）税管理办法》规定了两种退税计算办法：第一种是“免、抵、退”税办法；第二种是“先征后退”办法。

1.“免、抵、退”税的计算办法。按照财政部、国家税务总局2002年1月发布的《关于进一步推进出口货物实行免抵退税办法的通知》的规定，自2002年1月1日起，生产企业自营或委托外贸企业代理出口（以下简称生产企业出口）自产货物，除另有规定外，增值税一律实行“免、抵、退”税管理办法。

实行“免、抵、退”税管理办法的“免”税，是指对生产企业出口的自产货物，免征本企业生产销售环节的增值税；“抵”税，是指生产企业出口自产货物所耗用的原材料、零部件、燃料、动力等所含应予退还的进项税额，抵顶内销货物的应纳税额；“退”税，是指生产企业出口的自产货物在当月内应抵顶的进项税额大于应纳税额时，对未抵顶完的部分予以退税。

（1）具体计算方法与计算公式。

①当期应纳税额的计算。

当期应纳税额=当期内销货物的销项税额-（当期进项税额-当期免抵退税不得免征和抵扣税额）-上期留抵税额

当期免抵退税不得免征和抵扣税额=出口货物离岸价×外汇人民币牌价×（出口货物征税率-出口货物退税率）-免抵退税不得免征和抵扣税额抵减额

出口货物离岸价（FOB）以出口发票计算的离岸价为准。出口发票不能如实反映实际离岸价的，企业必须按照实际离岸价向主管税务机关申报，同时主管税务机关有权依照《税收征收管理法》《增值税暂行条例》等有关规定予以核定。

免抵退税不得免征和抵扣税额抵减额=免税购进原材料价格×（出口货物征税率-出口货物退税率）

免税购进原材料包括从国内购进免税原材料和进料加工免税进口料件，进料加工免税进口料件的价格为组成计税价格。

进料加工免税进口料件的组成计税价格=货物到岸价+海关实征关税和消费税

如果当期没有免税购进原材料价格，前述公式中的免抵退税不得免征和抵扣税额抵减额，以及后面公式中的免抵退税额抵减额，就不用计算。

②免抵退税额的计算。

免抵退税额=出口货物离岸价×外汇人民币牌价×出口货物退税率-免抵退税额抵减额

免抵退税额抵减额=免税购进原材料价格×出口货物退税率

③当期应退税额和免抵税额的计算。

第一，如当期期末留抵税额≤当期免抵退税额，则：

当期应退税额=当期期末留抵税额

当期免抵税额=当期免抵退税额-当期应退税额

第二，如当期期末留抵税额>当期免抵退税额，则：

当期应退税额=当期免抵退税额

当期免抵税额=0

当期期末留抵税额根据当期增值税纳税申报表中“期末留抵税额”确定。

（2）企业免、抵、退税计算实例。

【例2-65】某自营出口的生产企业为增值税一般纳税人，出口货物的征税率为13%，退税率为11%。2020年8月有关经营业务如下：购进原材料一批，取得的增值税专用发票上注明的价款为300万元，外购货物准予抵扣的进项税额为39万元，货已验收入库。上月末留抵税额2万元。本月内销货物不含税销售额200万元，收款226万元存入银行；本月出口货物的销售额折合人民300万元。

要求：计算该企业当期的“免、抵、退”税额。

（1）当期免抵退税不得免征和抵扣税额=300×（13%-11%）=6（万元）

（2）当期应纳税额=200×13%-（39-6）-2=-9（万元）

（3）出口货物“免、抵、退”税额=300×11%=33（万元）

（4）如当期期末留抵税额≤当期免抵退税额，则：

当期应退税额=当期期末留抵税额

该企业当期应退税额=9万元

（5）当期免抵税额=当期免抵退税额-当期应退税额

当期免抵税额=33-9=24（万元）

【例2-66】某自营出口的生产企业为增值税一般纳税人，出口货物的征税率为13%，退税率为11%。2020年9月有关经营业务如下：购进原材料一批，取得的增值税专用发票上注明的价款为500万元，外购货物准予抵扣的进项税额为65万元，货已验收入库。上期期末留抵税额8万元。本月内销货物不含税销售额300万元，收款339万元存入银行。本月出口货物的销售额折合为100万元人民币。

要求：计算该企业当期的“免、抵、退”税额。

（1）当期免抵退税不得免征和抵扣税额=100×（13%-11%）=2（万元）

（2）当期应纳税额=300×13%-（65-2）-8=-32（万元）

（3）出口货物“免、抵、退”税额=100×11%=11（万元）

（4）按规定，如当期期末留抵税额>当期免抵退税额，则：

当期应退税额=当期免抵退税额

该企业当期应退税额=11万元

（5）当期免抵税额=当期免抵退税额-当期应退税额

该企业当期免抵税额=11-11=0

（6）9月期末留抵结转下期继续抵扣税额=32-11=21（万元）

【例2-67】某自营出口的生产企业是增值税一般纳税人，出口货物的征税率为13%，退税率为11%。2020年10月有关经营业务如下：购进原材料一批，取得的增值税专用发票上注明的价款为400万元，外购货物准予抵扣进项税额52万元，货已验收入库。当月进料加工免税进口料件的组成计税价格为200万元。上期期末留抵税额7万元。本月内销货物不含税销售额100万元，收款113万元存入银行。本月出口货物销售额折合人民币300万元。

要求：计算该企业当期的“免、抵、退”税额。

（1）
$$\frac{\text{免抵退税不得免征}}{\text{和抵扣税额抵减额}}=\frac{\text{免税进口料件的}}{\text{组成计税价格}}\times\left(\frac{\text{出口货物}}{\text{征税率}}-\frac{\text{出口货物}}{\text{退税率}}\right)$$
$$=200\times(13\%-11\%)=4\ (\text{万元})$$

（2）
$$\frac{\text{免抵退税不得}}{\text{免征和抵扣税额}}=\frac{\text{当期出口}}{\text{货物离岸价}}\times\frac{\text{外汇}}{\text{人民币牌价}}\times\left(\frac{\text{出口货物}}{\text{征税率}}-\frac{\text{出口货物}}{\text{退税率}}\right)-\frac{\text{免抵退税不得免征和}}{\text{抵扣税额抵减额}}$$
$$=300\times(13\%-11\%)-4=2\ (\text{万元})$$

（3）当期应纳税额=100×13%-（52-2）-7=-44（万元）

（4）免抵退税额抵减额=免税购进原材料价格×出口货物退税率=200×11%=22（万元）

（5）出口货物“免、抵、退”税额=300×11%-22=11（万元）

（6）按规定，如当期期末留抵税额>当期免抵退税额，则：

当期应退税额=当期免抵退税额

该企业应退税额=11万元

（7）当期免抵税额=当期免抵退税额-当期应退税额

当期该企业免抵税额=11-11=0

（8）10月期末留抵结转下期继续抵扣税额=44-11=33（万元）

2.“先征后退”的计算办法。

（1）外贸企业“先征后退”的计算办法。外贸企业以及实行外贸企业财务制度的工贸企业收购货物出口，其出口销售环节的增值税免征；其收购货物的成本部分，因外贸企业在支付收购货款的同时也支付了生产经营该类商品的企业已纳的增值税税款，因此，在货物出口后按收购成本与退税率计算退税额退还给外贸企业，征、退税之差计入企业成本。

外贸企业出口货物增值税应退税额应依据购进出口货物增值税专用发票上所注明的进项金额和退税率计算。计算公式为：

应退税额=外贸企业收购不含增值税购进金额×退税率

（2）外贸企业“先征后退”的计算实例。

【例2-68】某进出口公司2020年6月出口布匹4 000米，进货增值税专用发票上列明单价15元/米，计税金额60 000元。假定退税率13%。其应退税额为：

4 000×15×13%=7 800（元）

【例2-69】某进出口公司2020年7月购进某小规模纳税人工艺品30件全部出口，普通发票注明金额9 700元；购进另一小规模纳税人职业套装40套全部出口，取得税务机关代开的增值税专用发票，注明金额4 000元。该公司的应退税额计算如下：

该企业的应退税额=$\frac{9\,700}{1+3\%}$×3%+4 000×3%=403（元）

【例2-70】某进出口公司2020年8月购进原料委托加工成产品出口，取得原料增值税发票一张，注明计税金额20 000元（退税率11%）；取得产品加工费发票一张，注明计税金额4 000元（退税率13%）。该公司应退税额为：

20 000×11%+4 000×13%=2 720（元）

（三）出口货物退（免）税的会计处理

出口货物只有在适用既免税又退税的政策时，才涉及如何进行会计处理的问题。由于各类出口企业对出口货物的会计核算办法不同，有对出口货物单独核算的，有对出口和内销的货物统一核算成本的。为了与出口企业的会计核算办法相一致，有两种退税会计处理办法：

1.适用“免、抵、退”税办法退税的自营和委托出口自产货物的生产企业的会计处理。

实行“免、抵、退”税办法有进出口经营权的生产企业，根据购进出口货物所取得的增值税专用发票上注明的增值税进项税额，借记“应交税费——应交增值税（进项税额）”科目，按照专用发票上记载的应计入采购成本的金额，借记“在途物资”“销售费用”“库存商品”等科目，按照应付或实际支付的金额，贷记“应付账款”“银行存款”等科目；货物出口销售时，按照出口销售应收或已收到的金额，借记“应收账款”“银行存款”等科目，贷记“主营业务收入”科目；结转商品销售成本时，借记“主营业务成本”科目，贷记“库存商品”科目。

按规定计算的当期出口物资不予免征、抵扣和退税的税额，计入出口货物成本，借记“主营业务成本”科目，贷记“应交税费——应交增值税（进项税额转出）”科目。按规定计算的当期应予抵扣的税额，借记“应交税费——应交增值税（出口抵减内销产品应纳税额）”科目，贷记“应交税费——应交增值税（出口退税）”科目。因应抵扣的税额大于应纳税额而未全部抵扣，按规定应予退回的税款，借记“应收出口退税款”科目，贷记“应交税费——应交增值税（出口退税）”科目；收到退回的税款，借记“银行存款”科目，贷记“应收出口退税款”科目。

【例2-71】某自营出口的生产企业为增值税一般纳税人，适用的增值税税率为13%，退税率为11%。2020年6月外购原材料取得增值税专用发票，支付价款500万元、增值税税额65万元，原材料已验收入库；内销货物开具增值税专用发票，注明价款300万元、增值税税额39万元，该批货物成本200万元；出口销售货物取得销售收入500万元。会计处理如下：

（1）当期免抵退税不得免征和抵扣税额=500×（13%-11%）=10（万元）

（2）当期应纳税额=39-（65-10）=-16（万元）

（3）出口货物“免、抵、退”税额=500×11%=55（万元）

（4）如当期期末留抵税额≤当期免抵退税额，则：

当期应退税额=当期期末留抵税额

该企业当期应退税额=16万元

（5）当期免抵税额=当期免抵退税额-当期应退税额

当期免抵税额=55-16=39（万元）

会计处理如下：

（1）购进原材料时：

借：在途物资	5 000 000	
应交税费——应交增值税（进项税额）	650 000	
贷：银行存款		5 650 000

（2）材料验收入库时：

借：原材料	5 000 000	
贷：在途物资		5 000 000

（3）内销货物时：

借：银行存款	3 390 000	
贷：主营业务收入		3 000 000
应交税费——应交增值税（销项税额）		390 000

（4）结转内销货物成本时：

借：主营业务成本	2 000 000	
贷：库存商品		2 000 000

（5）出口货物取得销售收入时：

借：银行存款	5 000 000	
贷：主营业务收入		5 000 000

（6）当期免抵退税不得免征和抵扣税额，计入出口货物成本：

借：主营业务成本	100 000	
贷：应交税费——应交增值税（进项税额转出）		100 000

（7）按规定计算当期应予抵扣的税额时：

借：应交税费——应交增值税（出口抵减内销产品应纳税额）	390 000	

贷：应交税费——应交增值税（出口退税） 390 000

（8）按11%的退税率计算应收的出口退税时：

借：应收出口退税款 160 000

贷：应交税费——应交增值税（出口退税） 160 000

（9）收到出口退税款时：

借：银行存款 160 000

贷：应收出口退税款 160 000

【例2-72】某自营出口生产企业是增值税一般纳税人，出口货物的征税率为13%，退税率为11%。2020年8月有关经营业务如下：购进原材料一批，取得的增值税专用发票上注明的价款为300万元，外购货物准予抵扣进项税额39万元，货已验收入库。当月进料加工免税进口料件的组成计税价格为150万元。上期期末留抵税额4万元。本月内销货物不含税销售额200万元，收款226万元存入银行，该批货物成本180万元。本月出口货物销售额折合人民币200万元。会计处理如下：

（1）$\frac{\text{免抵退税不得免征}}{\text{和抵扣税额抵减额}}=\frac{\text{免税进口料件的}}{\text{组成计税价格}}\times(\frac{\text{出口货物}}{\text{征税率}}-\frac{\text{出口货物}}{\text{退税率}})$

=150×（13%−11%）=3（万元）

（2）$\frac{\text{免抵退税不得}}{\text{免征和抵扣税额}}=\frac{\text{当期出口}}{\text{货物离岸价}}\times\frac{\text{外汇}}{\text{人民币牌价}}\times(\frac{\text{出口货物}}{\text{征税率}}-\frac{\text{出口货物}}{\text{退税率}})-\frac{\text{免抵退税不得免征}}{\text{和抵扣税额抵减额}}$

=200×（13%−11%）−3=1（万元）

（3）当期应纳税额=26−（39−1）−4=−16（万元）

（4）免抵退税额抵减额=免税购进原材料价格×出口货物退税率=150×11%=16.5（万元）

（5）出口货物“免、抵、退”税额=200×11%−16.5=5.5（万元）

（6）如当期期末留抵税额>当期免抵退税额，则：

当期应退税额=当期免抵退税额

该企业应退税额=5.5万元

（7）当期免抵税额=当期免抵退税额−当期应退税额

当期该企业免抵税额=5.5−5.5=0

（8）8月期末留抵结转下期继续抵扣税额=16−5.5=10.5（万元）

会计处理如下：

（1）购进原材料时：

借：在途物资 3 000 000

应交税费——应交增值税（进项税额） 390 000

贷：银行存款 3 390 000

（2）材料验收入库时：

借：原材料 3 000 000

贷：在途物资 3 000 000

（3）内销货物时：

借：银行存款 2 260 000

贷：主营业务收入 2 000 000

应交税费——应交增值税（销项税额） 260 000

（4）结转内销货物成本时：

借：主营业务成本　　1 800 000

　贷：库存商品　　1 800 000

（5）出口货物取得销售收入时：

借：银行存款　　2 000 000

　贷：主营业务收入　　2 000 000

（6）当期免抵退税不得免征和抵扣税额，计入出口货物成本：

借：主营业务成本　　10 000

　贷：应交税费——应交增值税（进项税额转出）　　10 000

（7）按11%的退税率计算应收的出口退税时：

借：应收出口退税款　　55 000

　贷：应交税费——应交增值税（出口退税）　　55 000

（8）收到出口退税款时：

借：银行存款　　55 000

　贷：应收出口退税款　　55 000

2.适用“先征后退”办法退税的收购货物出口的外（工）贸企业的会计处理。

（1）该类企业购入一般纳税人应退增值税税额的规定。该类企业收购出口货物时，借记“库存商品”“应交税费——应交增值税（进项税额）”等科目，贷记“银行存款”“应付账款”等科目。货物出口时，按当期出口货物应收的款项，借记“应收账款”“银行存款”等科目，贷记“主营业务收入”科目，同时结转成本，借记“主营业务成本”科目，贷记“库存商品”科目；按收购成本与退税率计算退税额时，借记“应收出口退税款”科目，贷记“应交税费——应交增值税（出口退税）”科目；该类企业在购进货物时所支付的增值税税额与应收的退税额之差计入企业成本，借记“主营业务成本”科目，贷记“应交税费——应交增值税（进项税额转出）”科目。收到退税款时，借记“银行存款”科目，贷记“应收出口退税款”科目。

若企业库存和销售均采用加权平均单价核算出口货物，则出口货物的成本也应按加权平均法计算。单独设立库存账和销售账核算出口货物的，按照购进出口货物时取得的增值税专用发票上记载的增值税进项税额与法定退税率计算退税额，进项税额与退税额之差计入出口货物的成本。

【例2-73】某外贸企业单独设立库存账和销售账核算出口货物。2020年9月购进出口商品一批，取得销货方开具的增值税专用发票，以银行存款支付价款100万元、增值税税额13万元。本期内将该批商品直接出口销售，取得销售收入120万元。该企业退税率为11%。有关会计处理如下：

（1）购进出口商品时：

借：库存商品——出口商品　　1 000 000

　　应交税费——应交增值税（进项税额）　　130 000

　贷：银行存款　　1 130 000

（2）商品出口销售收入实现时：

借：银行存款　　1 200 000

贷：主营业务收入　　1 200 000

（3）结转商品销售成本时：

借：主营业务成本　　1 000 000

贷：库存商品——出口商品　　1 000 000

（4）按11%的退税率计算应收的出口退税时（100×11%=11（万元））：

借：应收出口退税款　　110 000

贷：应交税费——应交增值税（出口退税）　　110 000

（5）将不予退税的部分转入成本时（100×2%=2（万元））：

借：主营业务成本　　20 000

贷：应交税费——应交增值税（进项税额转出）　　20 000

（6）收到出口退税款时：

借：银行存款　　110 000

贷：应收出口退税款　　110 000

【例2-74】某外贸企业库存和销售均采用加权平均单价核算出口货物，期初结存出口甲商品100件，每件不含税平均单价150元。本期内又购进两批出口甲商品，第一批购进80件，每件不含税单价160元，取得增值税专用发票，以银行存款支付价款12 800元、增值税税额1 664元，货已验收入库；第二批购进120件，每件不含税单价164元，取得销售方开具的增值税专用发票，以银行存款支付价款19 680元、增值税税额2 558.4元，货已验收入库；本期内共计出口甲商品250件，每件单价160元，款已收存银行。该企业的退税率为11%。会计处理如下：

（1）购进第一批货物时：

借：在途物资——出口甲商品　　12 800

应交税费——应交增值税（进项税额）　　1 664

贷：银行存款　　14 464

验收入库时：

借：库存商品——出口甲商品　　12 800

贷：在途物资——出口甲商品　　12 800

（2）购进第二批货物时：

借：在途物资——出口甲商品　　19 680

应交税费——应交增值税（进项税额）　　2 558.4

贷：银行存款　　22 238.4

验收入库时：

借：库存商品——出口甲商品　　19 680

贷：在途物资——出口甲商品　　19 680

（3）出口销售收入实现时（250×160=40 000（元））：

借：银行存款　　40 000

贷：主营业务收入　　40 000

（4）结转出口商品销售成本时：

出口甲商品的加权平均单价=$\frac{100\times150+80\times160+120\times164}{100+80+120}$=158（元）

出口甲商品的成本价=250×158=39 500（元）

借：主营业务成本　　39 500

　贷：库存商品——出口甲商品　　39 500

（5）按11%的退税率计算出口退税时（39 500×11%=4 345（元））：

借：应收出口退税款　　4 345

　贷：应交税费——应交增值税（出口退税）　　4 345

（6）将不予退税的部分转入成本时（39 500×2%=790（元））：

借：主营业务成本　　790

　贷：应交税费——应交增值税（进项税额转出）　　790

（7）收到退税款时：

借：银行存款　　4 345

　贷：应收出口退税款　　4 345

（2）该类企业收购小规模纳税人出口货物增值税的退税规定。凡从小规模纳税人购进持普通发票特准退税的抽纱、工艺品等12类出口货物，同样实行销售出口货物的收入免税，并退还出口货物进项税额的办法。由于小规模纳税人使用的是普通发票，其销售额和应纳税额没有单独计价，小规模纳税人应纳的增值税也是价外计征的，这样，必须将合并定价的销售额先换算成不含税价格，然后据以计算出口货物退税。其计算公式为：

应退税额=普通发票所列（含增值税）销售金额÷（1+征收率）×3%

对出口企业购进小规模纳税人特准的12类货物出口，提供的普通发票应符合《中华人民共和国发票管理办法》的有关使用规定，否则不予办理退税。

凡从小规模纳税人购进税务机关代开的增值税专用发票的出口货物，按以下公式计算退税：

应退税额=增值税专用发票注明的金额×3%

【例2-75】某土产进出口外贸公司本期从小规模纳税人处购进土特产品一批用于出口销售，取得销售方开具的普通发票，以银行存款支付购进金额21 200元。该批货物出口销售金额为24 000元，货款已收存银行。出口退税率为3%。该公司计算应退税款及有关会计处理如下：

（1）购进商品支付货款时：

借：在途物资——土产品　　21 200

　贷：银行存款　　21 200

（2）商品验收入库时：

借：库存商品——出口土产品　　21 200

　贷：在途物资——土产品　　21 200

（3）出口销售收入实现时：

借：银行存款　　24 000

　贷：主营业务收入　　24 000

（4）结转出口销售产品成本时：

借：主营业务成本　　21 200

　贷：库存商品——出口土产品　　21 200

（5）计算出口退税时：

$$应退税额=\frac{21\,200}{1+3\%}\times 3\%=617.48（元）$$

借：应收出口退税款　　617.48

　贷：主营业务成本　　617.48

（6）收到退税款时：

借：银行存款　　617.48

　贷：应收出口退税款　　617.48

（3）外贸企业委托生产企业加工出口货物的退税规定。外贸企业委托生产企业加工收回后报关出口的货物，按购进国内原辅材料的增值税专用发票上注明的进项金额，依原辅材料的退税率计算原辅材料应退税额。支付的加工费，凭受托方开具货物的退税率，计算加工费的应退税额。

【例2-76】某进出口公司为增值税一般纳税人，增值税适用税率13%，2020年8月购进布匹委托加工成服装出口，取得相关增值税专用发票一张，注明金额10万元、进项税额1.3万元，出口退税率5%；支付加工费并取得增值税发票一张，注明金额2万元、进项税额2 600元，退税率6%。该批服装全部出口，取得货款20万元。有关会计处理如下：

（1）购进布匹时：

借：在途物资　　100 000

　　应交税费——应交增值税（进项税额）　　13 000

　贷：银行存款　　113 000

（2）布匹入库时：

借：库存商品　　100 000

　贷：在途物资　　100 000

（3）发出委托加工布匹时：

借：委托加工物资　　100 000

　贷：库存商品　　100 000

（4）支付加工费时：

借：委托加工物资　　20 000

　　应交税费——应交增值税（进项税额）　　2 600

　贷：银行存款　　22 600

（5）加工的服装入库时：

借：库存商品　　120 000

　贷：委托加工物资　　120 000

（6）服装报关出口时：

借：银行存款　　200 000

　贷：主营业务收入　　200 000

同时结转成本：

借：主营业务成本　　120 000

　贷：库存商品　　120 000

（7）计算应退税额时（$10\times5\% +2\times6\% =0.62$（万元））：

借：应收出口退税款　　6 200

　贷：应交税费——应交增值税（出口退税）　　6 200

（8）将不予退税的部分转入成本时（$1.3+0.26-0.62=0.94$（万元））：

借：主营业务成本　　9 400

　贷：应交税费——应交增值税（进项税额转出）　　9 400

（9）收到退税款时：

借：银行存款　　6 200

　贷：应收出口退税款　　6 200

第八节　先征后返还增值税的核算

国家为了照顾少数部门和企业的发展，在税收上实行优惠政策。税制改革后，国家对这部分企业的优惠政策实行收支两条线的管理办法。

一、实行先征税后返还办法的会计处理

企业收到返还款项按下列情况进行会计处理：

1.按规定用于经济建设的，作为国家投资处理。其中，用于新建项目的，直接转作国家资本金；用于改扩建和进行技术改造的，视同国家专项拨款处理，建设项目完工后，属于按规定准予核销的部分，报经财政机关批准予以冲销，其余部分在其他收益中单独反映。

2.按规定直接用于归还长期借款的，全部转入其他收益。

3.按规定用于亏损补贴的，计入其他收益。

4.外商投资企业收到的返还税款，计入其他收益。

企业收到上述款项，无论是财政机关直接返还的，还是财政机关通过主管部门返还的，均应按上述规定进行会计处理。

【例2-77】某企业经过批准，取得财政部门返还的税款50 000元，其中30 000元用于归还银行的长期借款、20 000元用于本企业弥补亏损。该企业应作会计处理如下：

（1）收到返还款时：

借：银行存款　　50 000

　贷：其他收益　　50 000

（2）归还长期借款时：

借：长期借款——银行借款　　30 000

　贷：银行存款　　30 000

二、企业收到即征即退、先征后退和直接减免增值税的会计处理

1.企业实际收到即征即退、先征后退、先征税后返还的增值税，借记“银行存款”科

目，贷记“其他收益”科目。

2.对于直接减免的增值税，借记“应交税费——应交增值税（减免税款）”科目，贷记“其他收益”科目。

如果企业未设置“其他收益”科目，应增设“其他收益”科目。

【例2-78】某企业本期收到先征后退的增值税税款10 000元，经税务机关批准又直接减免增值税税款5 000元。该企业应作会计处理如下：

（1）收到先征后退的增值税税款时：

借：银行存款　　10 000

　贷：其他收益　　10 000

（2）直接减免增值税税款时：

借：应交税费——应交增值税（减免税款）　　5 000

　贷：其他收益　　5 000

即测即评

第二章单选题　　第二章多选题　　第二章判断题

第三章
消费税的核算

学习目标

熟悉消费税核算的基本规定；掌握消费税核算会计科目的使用和相关报表的填列方法；掌握消费税的核算方法和出口货物退（免）税的会计处理。

思政小课堂

2019年12月3日，财政部、国家税务总局联合发布通知，将《中华人民共和国消费税法（征求意见稿）》向社会公开征求意见。两部门在当日一并公布的关于《中华人民共和国消费税法（征求意见稿）》的说明中表示，目前消费税立法条件成熟。

两部门在说明中介绍，在制定征求意见稿时，延续了消费税基本制度框架，保持制度稳定；将已实施的消费税改革和政策调整内容体现在法律草案中；根据消费税调控特点，授权国务院调整税率。

对外经济贸易大学财政税务学系系主任毛捷接受经济日报记者采访时表示："消费税暂行条例历经26年改革实践，经历数次税制优化，立法条件已经成熟，在加快建立现代财政制度、推进国家治理现代化的关键节点，适时推出消费税立法势在必行。"

资料来源 董碧娟. 消费税法向社会公开征求意见，消费税基本制度框架将保持稳定［N］. 经济日报，2019-12-04.

第一节 消费税核算的基本规定

消费税是对在我国境内从事生产、委托加工和进口应税消费品的单位和个人征收的一种税。1994年税制改革后，在对货物普遍征收增值税的基础上，选择少数消费品再征收一道消费税，其目的是调节产品结构，引导消费方向，保证国家财政收入。

一、消费税的纳税义务人

在中华人民共和国境内生产、委托加工和进口应税消费品的单位和个人，为消费税纳税义务人。

单位是指企业、行政单位、事业单位、军事单位、社会团体及其他单位。

个人是指个体工商户及其他个人。

在中华人民共和国境内是指生产、委托加工和进口属于应当征收消费税的消费品的起运地或所在地在境内。

二、消费税的征税范围

消费税属于价内税，实行单一环节征收，一般在应税消费品的生产、委托加工和进口环节缴纳，在以后的批发、零售等环节中，由于价款中已包含消费税，因此不必再缴纳消费税。从1995年1月1日起，金银首饰由生产销售环节征税改为零售环节征税；从2002年1月1日起，钻石及钻石饰品由生产、进口环节征税改为零售环节征税。现行消费税的征税范围可分为五大类：

（一）属于过度消费会对人类健康、社会秩序和生态环境等方面造成危害的特殊消费品

1.烟。凡是以烟叶为原料加工生产的产品，无论使用何种辅料，均属于本税目的征税范围，包括甲类卷烟、乙类卷烟、雪茄烟、烟丝4个子目。

2.酒。以粮食、薯类、糠麸、植物果实、果品和药材为原料或辅料经发酵或配制的酒类，包括粮食白酒和薯类白酒、黄酒、啤酒、其他酒4个子目。

3.鞭炮、焰火。以火药、烟火剂制成的爆炸品或烟火喷射品。

（二）奢侈品、非生活必需品

1.高档化妆品。高档美容、修饰类化妆品，高档护肤类化妆品和成套化妆品。

2.贵重首饰及珠宝玉石。各种金银、珠宝首饰和经采掘、打磨、加工的各种珠宝玉石，包括纯金银首饰及镶嵌首饰等。

3.高尔夫球及球具。从事高尔夫球运动所需的各种专用装备，包括高尔夫球、高尔夫球杆及高尔夫球包（袋）等。

4.高档手表。销售价格（不含增值税）每只在10 000元（含）以上的各类手表。

5.游艇。长度大于8米、小于90米，船体由玻璃钢、钢、铝合金、塑料等多种材料制作，可以在水上移动的水上浮载体。按照动力划分，分为无动力艇、帆艇和机动艇。

（三）高能耗消费品

1.小汽车。由动力装置驱动，具有四个或四个以上车轮的非轨道、无架线，主要用于载送人员及其随身物品的车辆，包括乘用车、中轻型商用客车。电动汽车不属于本税目征收范围。

2.摩托车。由动力装置驱动，具有两个或三个车轮的车辆，包括两轮车、边三轮车和正三轮车。

（四）不易再生和替代的石油类消费品

成品油，包括汽油、柴油、石脑油、溶剂油、航空煤油、润滑油、燃料油7个子目。

1.汽油。由天然或人造石油经脱盐、初馏、催化裂化、调和而成的易燃易爆和挥发性强的无色到淡黄色的液体，包括交通工具用汽油和工业启动用汽油。根据《关于继续提高成品油消费税的通知》（财税〔2015〕11号），自2015年1月13日起，汽油、石脑油、溶剂油和润滑油的消费税单位税额由1.4元/升提高到1.52元/升；将柴油、航空煤油和燃料油的消费税单位税额由1.1元/升提高到1.2元/升。

2.柴油。由天然或人造石油经脱盐、初馏、催化裂化、调和而成的易燃易爆和挥发性低于汽油的液体，包括轻柴油、重柴油、农用柴油、军用柴油等。

3.石脑油。以石油加工生产的或二次加工汽油经加氢精制而得的用于化工原料的轻质油。

4.溶剂油。以石油加工生产的用于涂料和油漆生产，食用油加工，印刷油墨、皮革、农药、橡胶、化妆品生产的轻质油。

5.航空煤油。以石油加工生产的用于喷气发动机和喷气推进系统中作为能源的石油燃料。航空煤油暂缓征收消费税。

6.润滑油。以石油为原料加工的矿物性润滑油、矿物性润滑油基础油。

7.燃料油。这包括用于电厂发电、船舶锅炉燃料、加热炉燃料、冶金和其他工业炉燃料的各类燃料油。

（五）特定消费品

1.木制一次性筷子，包括各种规格的木制一次性筷子。未经打磨、倒角的木制一次性筷子属于本税目征税范围。

2.实木地板，包括各种规格的实木地板、实木指接地板、实木复合地板，以及用于装饰墙壁、天棚的侧端面为榫、槽的实木装饰板。未经涂饰的素板属于本税目征税范围。

3.电池和涂料。电池包括原电池、蓄电池、燃料电池、太阳能电池和其他电池。涂料是指涂于物体表面，能形成具有保护、装饰或特殊性能的固态涂膜的一类液体或固体材料之总称。

三、消费税税率

消费税根据不同消费品的种类、结构以及物价水平等情况，分别采用比例税率和定额税率两种形式。

（一）比例税率

比例税率主要适用于供求矛盾突出、价格差异较大、计量单位不规范的应税消费品，主要包括烟、酒（除黄酒、啤酒外）、高档化妆品、鞭炮、焰火、贵重首饰、汽车轮胎、摩托车、小汽车等。

消费税的比例税率差距较大，最低的为1%，最高的为56%。

（二）定额税率

定额税率主要适用于供求基本平衡、价格差异不大、计量单位比较规范的消费品，包括黄酒、啤酒、成品油三种商品。

（三）复合计税

目前，卷烟和白酒实行从价与从量混合征收方法。

消费税税目税率表见表3–1。

成品油进口环节消费税税额调整幅度表见表3–2。

成品油消费税税目税率表见表3–3。

表3-1　　　　　　　　　　**消费税税目税率表**

税　目	税　率
一、烟	
1.卷烟	
（1）甲类卷烟	56%加0.003元/支
（2）乙类卷烟	36%加0.003元/支
批发环节	从价税税率11%，加征0.005元/支从量税
2.雪茄烟	36%
3.烟丝	30%
二、酒	
1.白酒	20%加0.5元/500克（或者500毫升）
2.黄酒	240元/吨
3.啤酒	
（1）甲类啤酒	250元/吨
（2）乙类啤酒	220元/吨
4.其他酒	10%
三、高档化妆品	15%
四、贵重首饰及珠宝玉石	
1.金银首饰、铂金首饰和钻石及钻石饰品	5%
2.其他贵重首饰和珠宝玉石	10%
五、鞭炮、焰火	15%
六、摩托车	
1.气缸容量（排气量，下同）在250毫升（含250毫升）的	3%
2.气缸容量在250毫升以上的	10%
七、小汽车	
1.乘用车	
（1）气缸容量（排气量，下同）在1.0升（含1.0升）以下的	1%
（2）气缸容量在1.0升以上至1.5升（含1.5升）的	3%
（3）气缸容量在1.5升以上至2.0升（含2.0升）的	5%
（4）气缸容量在2.0升以上至2.5升（含2.5升）的	9%
（5）气缸容量在2.5升以上至3.0升（含3.0升）的	12%
（6）气缸容量在3.0升以上至4.0升（含4.0升）的	25%
（7）气缸容量在4.0升以上的	40%
2.中轻型商用客车	5%
八、高尔夫球及球具	10%
九、高档手表	20%
十、游艇	10%
十一、木制一次性筷子	5%
十二、实木地板	5%
十三、电池	4%
十四、涂料	4%

表 3-2 **成品油进口环节消费税税额调整幅度表**

商品名称（简称）	税率（元/升）
车用汽油及航空汽油	1.52
石脑油	1.52
橡胶溶剂油、油漆溶剂油、抽提溶剂油	1.52
航空煤油	1.2
灯用煤油	1.2
其他煤油馏分产品	1.2
5~7号燃料油	1.2
柴油	1.2
其他燃料油	1.2
润滑油	1.52
润滑脂	1.52
润滑油基础油	1.52
其他重油及重油制品	1.2
石油及从沥青矿物提取的油类以及以上述油为基本成分（按重量计不低于70%）的其他税目未列名制品，含有生物柴油，但废油除外	1.2
不符合国家《柴油机燃料调合用生物柴油（BD100）》标准的生物柴油及其混合物	1.2

表 3-3 **成品油消费税税目税率表**

税目	税率（元/升）
1.汽油	1.52
2.石脑油	1.52
3.溶剂油	1.52
4.润滑油	1.52
5.柴油	1.2
6.航空煤油	1.2
7.燃料油	1.2

四、消费税核算的计税依据

消费税采用从价计征和从量计征两种方法计算其应纳税款，不同的方法有不同的计税依据。

（一）实行从价计征的计税依据

纳税人应缴纳的消费税，在从价计征的情况下，其基本公式为：

应纳税额=应税消费品的销售额×适用税率

公式中的应税消费品的销售额就是计税依据。根据纳税人生产经营的不同情况，销售额有以下几种规定：

1.一般销售方式销售额的规定。一般销售方式下的销售额是向购买方收取的全部价款和一切价外费用。价外费用是指价外收取的基金、集资费、返还利润、奖励费、补贴、违约金、滞纳金、延期付款利息、赔偿金、手续费、包装费、包装物租金、储备费、优质费、运输装卸费、代收款项、代垫款项以及其他各种性质的价外费用。但下列项目不包括在内：

（1）符合以下条件的代垫运费：①承运部门的运费发票开具给购货方的；②纳税人将该项发票转交给购货方的。

（2）同时符合以下条件代为收取的政府性基金或者行政事业性收费：①由国务院或者财政部批准设立的政府性基金，由国务院或者省级人民政府及其财政、价格主管部门批准设立的行政事业性收费；②收取时开具省级以上财政部门印制的财政票据；③所收款项全额上缴财政。

除上述两项外，其他的价外费用，无论是否属于纳税人收入，均应并入销售额计算征税。

另外，销售额不包括纳税人向购买方收取的增值税税款。如果纳税人应税消费品的销售额中包含了向购买方收取的增值税税额，在计算应纳消费税时，应将含增值税的销售额换算为不含增值税的销售额。其换算公式为：

$$应税消费品的销售额=\frac{含增值税的销售额}{1+增值税税率（或征收率）}$$

公式中的税率为13%，征收率为3%。

应税消费品连同包装物一并销售的，无论包装物是否单独计价，也无论在财务上如何核算，均应并入应税消费品的销售额中计算征收消费税；如果包装物不随同产品销售，而是只收取押金，此项押金可不并入应税消费品的销售额中计算征税，但对逾期未收回包装物而不再退还的包装物押金或已收取时间在一年以上的押金，应视同应税消费品的销售额，按照所包装货物的适用税率计算征收消费税；如果包装物既作价随同产品销售，又另外收取押金，凡纳税人在规定的期限内不予退还的，均应并入应税消费品的销售额，按照所包装货物的适用税率计算征收消费税。另外，对销售除啤酒、黄酒以外的其他酒类产品而收取的包装物押金，无论是否返还以及会计上如何核算，均应并入当期销售额征税。

对包装物收取的押金，按规定应并入销售额征税的，应先将该押金换算为不含税的金额，再计算其应纳税额。

为了避免重复征收，可将已税产品的税额在计算应纳消费税税额时进行扣除。对外购已税产品用于下列连续生产应税消费品，在计税时按当期生产领用数量计算准予扣除外购的应税消费品已纳的消费税税款：

（1）外购已税烟丝生产的卷烟；

（2）外购已税高档化妆品生产的高档化妆品；

（3）外购已税珠宝玉石生产的贵重首饰及珠宝玉石；

（4）外购已税鞭炮、焰火生产的鞭炮、焰火；

（5）外购已税葡萄酒生产应税葡萄酒；

（6）以外购已税杆头、杆身和握把为原料生产的高尔夫球杆；

（7）以外购已税木制一次性筷子为原料生产的木制一次性筷子；

（8）以外购已税实木地板为原料生产的实木地板；

（9）以外购已税石脑油为原料生产的应税成品油；

（10）以外购已税润滑油为原料生产的应税成品油；

（11）以外购的汽油、柴油用于连续生产的应税成品油。

上述当期准予扣除外购应税消费品已纳消费税税款的计算公式为：

当期准予扣除的外购应税消费品已纳税款=当期准予扣除的外购应税消费品买价×外购应税消费品适用税率

当期准予扣除的外购应税消费品买价=期初库存的外购应税消费品的买价+当期购进的应税消费品的买价-期末库存的外购应税消费品的买价

上述公式中已税消费品的买价是指购货发票上注明的销售额，不包括增值税税额。纳税人用外购的已税珠宝玉石生产的改在零售环节征收消费税的金银首饰（镶嵌首饰），在计税时一律不得扣除外购珠宝玉石的已纳税款。

2.自产自用应税消费品销售额的规定。纳税人自产自用的应税消费品分为两种情况：一是用于连续生产应税消费品的，按照税法规定不纳税；二是用于非连续生产应税消费品和其他方面，如用于生产非应税消费品和在建工程、管理部门、提供劳务，以及用于馈赠、赞助、集资、广告、样品、职工福利、奖励等方面的，应按照同类消费品的销售价格计算纳税。如果没有同类应税消费品销售价格，按照组成计税价格确定其销售额。组成计税价格的计算公式为：

（1）实行从价定率办法计算纳税的组成计税价格计算公式：

组成计税价格=（成本+利润）÷（1-比例税率）

（2）实行复合计税办法计算纳税的组成计税价格计算公式：

组成计税价格=（成本+利润+自产自用数量×定额税率）÷（1-比例税率）

应纳税额=组成计税价格×适用税率

公式中的成本是指应税消费品的产品生产成本；利润是指根据应税消费品全国平均成本利润率计算的利润。应税消费品全国平均成本利润率见表3-4。

表3-4 应税消费品全国平均成本利润率

项目	利润率（%）	项目	利润率（%）
1.甲类卷烟	10	11.摩托车	6
2.乙类卷烟	5	12.乘用车	8
3.雪茄烟	5	13.中轻型商用客车	5
4.烟丝	5	14.高尔夫球及球具	10
5.粮食白酒	10	15.高档手表	20
6.薯类白酒	5	16.游艇	10
7.其他酒	5	17.木制一次性筷子	5
8.高档化妆品	5	18.实木地板	5
9.鞭炮、焰火	5	19.电池	4
10.贵重首饰及珠宝玉石	6	20.涂料	7

3.委托加工应税消费品销售额的规定。委托加工是指由委托方提供原料和主要材料，受托方只收取加工费和代垫部分辅助材料加工的应税消费品。对于由受托方提供原料生产的应税消费品，或者受托方先将原材料卖给委托方，然后再接受加工的应税消费品，以及由受托方以委托方的名义购进原材料生产的应税消费品，不论纳税人在财务上是否作销售处理，都不得作为委托加工应税消费品，而应当按照自制应税消费品计算缴纳消费税。

对于确实属于委托方提供原料和主要材料，受托方只收取加工费和代垫部分辅助材料加工的应税消费品，除纳税人委托个体经营者加工应税消费品，一律于委托方收回后在委托方所在地缴纳消费税外，其余的加工应税消费品，一律于委托方提货时，由受托方代收代缴消费税。如果受托方对委托方加工的应税消费品未代收代缴或少代收代缴消费税，应承担补税或罚款的法律责任。

委托加工应税消费品，按照受托方的同类应税消费品的市场销售价格计算纳税。如果没有同类应税消费品销售价格，按照组成计税价格确定其销售额。组成计税价格的计算公式为：

（1）实行从价定率办法计算纳税的组成计税价格计算公式：

组成计税价格=（材料成本+加工费）÷（1-比例税率）

（2）实行复合计税办法计算纳税的组成计税价格计算公式：

组成计税价格=（材料成本+加工费+委托加工数量×定额税率）÷（1-比例税率）

应纳税额=组成计税价格×适用税率

公式中的材料成本是指委托方所提供加工材料的实际成本。委托加工应税消费品的纳税人，必须在委托加工合同上如实注明（或以其他方式提供）材料成本，凡未提供材料成本的，受托方所在地主管税务机关有权核定其材料成本。

公式中的加工费是指受托方加工应税消费品向委托方所收取的全部费用（包括代垫辅助材料的实际成本）。

委托加工的应税消费品，已由受托方代扣代缴消费税后，委托方收回又用于连续生产应税消费品的，其已纳税款准予按照规定从连续生产的应税消费品应纳消费税税额中抵扣。下列连续生产的应税消费品准予从应纳消费税税额中按当期生产领用数量计算扣除委托加工收回的应税消费品已纳消费税税款：

（1）以委托加工收回的已税烟丝为原料生产的卷烟；

（2）以委托加工收回的已税高档化妆品为原料生产的高档化妆品；

（3）以委托加工收回的已税珠宝玉石为原料生产的贵重首饰及珠宝玉石；

（4）以委托加工收回的已税鞭炮、焰火为原料生产的鞭炮、焰火；

（5）以委托加工收回的已税杆头、杆身和握把为原料生产的高尔夫球杆；

（6）以委托加工收回的已税木制一次性筷子为原料生产的木制一次性筷子；

（7）以委托加工收回的已税实木地板为原料生产的实木地板；

（8）以委托加工收回的已税石脑油为原料生产的应税成品油；

（9）以委托加工收回的已税润滑油为原料生产的应税成品油；

（10）以委托加工收回的汽油、柴油用于连续生产的应税成品油。

上述当期准予扣除委托加工收回的应税消费品已纳消费税税款的计算公式为：

$$\text{当期准予扣除的委托加工应税消费品已纳税款}=\text{期初库存的委托加工应税消费品已纳税款}+\text{当期收回的委托加工应税消费品已纳税款}-\text{期末库存的委托加工应税消费品已纳税款}$$

纳税人用委托加工收回的已税珠宝玉石生产的改在零售环节征收消费税的金银首饰，在计税时一律不得扣除委托加工收回的珠宝玉石的已纳消费税税款。

4.进口应税消费品销售额的规定。进口应税消费品应征收的消费税由海关代征，由进口应税消费品的纳税人或者其代理人向报关地海关申报纳税。纳税人进口应税消费品，按组成计税价格确定其销售额，并按照规定的税率计算纳税。

（1）实行从价定率办法计算纳税的组成计税价格计算公式：

组成计税价格=（关税完税价格+关税）÷（1-消费税比例税率）

（2）实行复合计税办法计算纳税的组成计税价格计算公式：

组成计税价格=（关税完税价格+关税+进口数量×消费税定额税率）÷（1-消费税比例税率）

应纳税额=组成计税价格×适用税率

公式中的关税完税价格是指海关核定的关税计税价格。

（二）实行从量计征消费税的计税依据

实行从量计征办法计算应税消费品的应纳税额的基本公式为：

应纳税额=应税消费品数量×单位税额

公式中的应税消费品数量可按以下几种方法确定：（1）销售应税消费品的，为应税消费品的销售数量；（2）自产自用应税消费品的，为应税消费品的移送使用数量；（3）委托加工应税消费品的，为纳税人收回的应税消费品数量；（4）进口应税消费品的，为海关核定的应税消费品进口征税数量。

在实行从量定额征收的黄酒、啤酒、成品油3个税目中，《中华人民共和国消费税暂行条例》（以下简称《消费税暂行条例》）规定，黄酒、啤酒以吨为税额单位，成品油以升为税额单位。为了防止纳税人混用计量单位，准确计算应纳税额，《消费税暂行条例实施细则》确定的吨与升两个计量单位的换算标准如下：

啤酒：1吨=988升　　黄酒：1吨=962升

汽油：1吨=1 388升　　柴油：1吨=1 176升

石脑油：1吨=1 385升　　溶剂油：1吨=1 282升

润滑油：1吨=1 126升　　燃料油：1吨=1 015升

航空煤油：1吨=1 246升

（三）从价定率和从量定额混合计算方法

现行消费税的征税范围中，只有卷烟、粮食白酒、薯类白酒采用混合计算方法。其基本计算公式为：

应纳税额=应税销售数量×定额税率+应税销售额×比例税率

生产销售卷烟、粮食白酒、薯类白酒从量定额计税依据为实际销售数量。进口、委托加工、自产自用卷烟、粮食白酒、薯类白酒从量定额计税依据分别为海关核定的进口征税数量、委托方收回数量、移送使用数量。

（四）计税依据的其他规定

1.卷烟从价定率计税办法的计税依据为调拨价格或核定价格。核定价格是指由税务机关按其零售价倒算一定比例的办法核定计税价格。核定价格的计算公式为：

某牌号规格卷烟核定价格=该牌号规格卷烟市场零售价格÷（1+35%）

实际销售价格高于计税价格和核定价格的卷烟，按实际销售价格征收消费税；实际销售价格低于计税价格和核定价格的卷烟，按计税价格或核定价格征收消费税。

非标准条包装卷烟应当折算成标准条包装卷烟的数量，依其实际销售收入计算确定其折算成标准条包装后的实际销售价格，并确定适用的比例税率。

2.纳税人通过自设非独立核算门市部销售的自产应税消费品，应当按照门市部对外销售额或者销售数量征收消费税。

3.纳税人用于换取生产资料和消费资料、投资入股和抵偿债务等方面的应税消费品，应当以纳税人同类应税消费品的最高销售价格作为计税依据计算消费税。

4.酒类关联企业间关联交易消费税问题处理。纳税人与关联企业之间的购销业务，不按照独立企业之间的业务往来作价的，税务机关可以按照下列方法调整其计税收入额或者所得额，核定其应纳税额：（1）按照独立企业之间进行相同或者类似业务活动的价格；（2）按照再销售给无关联关系的第三者的价格所取得的收入和利润水平；（3）按照成本加合理的费用和利润；（4）按照其他合理的方法。

白酒生产企业向商业销售单位收取的品牌使用费属于应税白酒销售价款的组成部分，不论企业采取何种方式或以何种名义收取价款，均应并入白酒的销售额中缴纳消费税。

5.兼营不同税率应税消费品的税务处理。纳税人生产销售应税消费品，如果不是单一经营某一税率的产品，而是经营多种不同税率的产品，就是兼营行为。

纳税人兼营不同税率的应税消费品，应当分别核算不同税率应税消费品的销售额、销售数量。未分别核算销售额、销售数量，或者将不同税率的应税消费品组成成套消费品销售的，从高适用税率。

第二节　消费税核算的会计科目与报表

一、会计科目的设置

消费税是价内税，其税额包括在销售收入中。纳税人在计算应纳税额时，不但要反映缴纳消费税的金额，而且已缴纳的税款还需要销售收入来补偿。纳税人核算消费税的应纳税额时，应设置以下会计科目：

1.“应交税费”科目，在“应交税费”科目下设置“应交消费税”明细科目进行会计处理。该科目采用三栏式账户进行记账，贷方核算纳税人在一定时期内应缴纳的消费税税额，借方核算纳税人在一定时期内已缴纳的消费税税额。期末余额在贷方，表示尚未缴纳的消费税税额；期末余额在借方，表示纳税人多缴纳的消费税税额。

2.“税金及附加”科目，该科目属于损益类会计科目，其借方表示应缴纳消费税的增加额，期末从该科目的贷方转入“本年利润”科目的借方得以补偿。

3.除上述两个主要核算科目外，根据纳税人的生产经营情况，还需要设置“长期股权投资”“营业外支出”等会计科目。

4.企业实际上交消费税时，借记“应交税费——应交消费税”科目，贷记“银行存款”科目；如果企业销售的应税消费品退回，会计处理与上交税金的会计处理相反。

二、会计账户的设置

消费税的核算账户根据“应交税费——应交消费税”会计科目来设置。其基本格式见表3-5。

表3-5　　　　　　　　　　　　　　**应交税费——应交消费税**

时间		凭证		摘要	借方	贷方	余额

纳税人应交消费税业务发生后，根据业务或时间的先后顺序逐笔进行登记，到期末或规定的纳税期限，进行结算。

三、消费税的报表

消费税的报表主要有消费税纳税申报表和生产企业自营出口货物消费税免税申报表。此类报表均应在规定的期限内如实填写并按时申报。

（一）消费税纳税申报表及其填列方法

消费税及附加税费申报表见表3-6。

表3-6　　　　　　　　　　　　　　**消费税及附加税费申报表**

税款所属期：自　　年　月　日至　　年　月　日

纳税人识别号（统一社会信用代码）：□□□□□□□□□□□□□□□□□□□□□□□□□□□□

纳税人名称：　　　　　　　　　　　　　　　　金额单位：人民币元（列至角分）

项目 应税消费品名称	适用税率		计量单位	本期销售数量	本期销售额	本期应纳税额
	定额税率	比例税率				
	1	2	3	4	5	6=1×4+2×5
合计	—	—	—	—	—	

	栏次	本期税费额
本期减（免）税额	7	
期初留抵税额	8	
本期准予扣除税额	9	

续表

	栏次	本期税费额
本期应扣除税额	10=8+9	
本期实际扣除税额	11［10<（6-7），则为10，否则为6-7］	
期末留抵税额	12=10-11	
本期预缴税额	13	
本期应补（退）税额	14=6-7-11-13	
城市维护建设税本期应补（退）税额	15	
教育费附加本期应补（退）费额	16	
地方教育附加本期应补（退）费额	17	

声明：此表是根据国家税收法律法规及相关规定填写的，本人（单位）对填报内容（及附带资料）的真实性、可靠性、完整性负责。

纳税人（签章）：　　年　月　日

经办人： 经办人身份证号：代理机构签章： 代理机构统一社会信用代码：	受理人： 受理税务机关（章）： 受理日期：　　年　月　日

消费税及附加税费申报表填表说明

1.本表作为“消费税及附加税费申报表”的主表，由消费税纳税人填写。

2.本表“税款所属期”：指纳税人申报的消费税应纳税额所属时间，应填写具体的起止年、月、日。

3.本表“纳税人识别号（社会统一信用代码）”：填写纳税人识别号或者统一社会信用代码。

4.本表“纳税人名称”：填写纳税人名称全称。

5.本表“应税消费品名称”栏、第1栏“定额税率”、第2栏“比例税率”和第3栏“计量单位”：按照附注1“应税消费品名称、税率和计量单位对照表”内容对应填写。

6.本表第4栏“本期销售数量”：填写国家税收法律法规及相关规定（以下简称“税法”）规定的本期应当申报缴纳消费税的应税消费品销售数量（不含出口免税销售数量）。用自产汽油生产的乙醇汽油，按照生产乙醇汽油所耗用的汽油数量填写；以废矿物油生产的润滑油基础油为原料生产的润滑油，按扣除耗用的废矿物油生产的润滑油基础油后的数量填写。

7.本表第5栏“本期销售额”：填写税法规定的本期应当申报缴纳消费税的应税消费品销售额（不含出口免税销售额）。

8.本表第6栏“本期应纳税额”：计算公式如下：

实行从价定率办法计算的应纳税额＝销售额×比例税率

实行从量定额办法计算的应纳税额＝销售数量×定额税率

实行复合计税办法计算的应纳税额=销售额×比例税率+销售数量×定额税率

暂缓征收的应税消费品，不计算应纳税额。

9.本表第7栏“本期减（免）税额”：填写本期按照税法规定减免的消费税应纳税额，不包括暂缓征收的应税消费品的税额以及出口应税消费品的免税额。本期减免消费税应纳税额情况，需同时填报附表2“本期减（免）税额明细表”。本栏数值应等于附表2“本期减（免）税额明细表”第8栏“减（免）税额”“合计”栏数值。

10.本表第8栏“期初留抵税额”：填写上期申报表第12栏“期末留抵税额”数值。

11.本表第9栏“本期准予扣除税额”：填写税法规定的本期外购、进口或委托加工收回应税消费品用于连续生产应税消费品准予扣除的消费税已纳税额，以及委托加工收回应税消费品以高于受托方计税价格销售的，在计税时准予扣除的消费税已纳税额。

成品油消费税纳税人：本表“本期准予扣除税额”栏数值=附表1-2本期准予扣除税额计算表（成品油消费税纳税人适用）第6栏“本期准予扣除税额”“合计”栏数值。

其他消费税纳税人：本表“本期准予扣除税额”栏数值=附表1-1本期准予扣除税额计算表第19栏“本期准予扣除税款合计”“合计”栏数值。

12.本表第10栏“本期应扣除税额”：填写纳税人本期应扣除的消费税税额，计算公式为：

本期应扣除税额=期初留抵税额+本期准予扣除税额

13.本表第11栏“本期实际扣除税额”：填写纳税人本期实际扣除的消费税税额，计算公式为：

当本期应纳税额合计-本期减（免）税额≥本期应扣除税额时，本期实际扣除税额=本期应扣除税额；当本期应纳税额合计-本期减（免）税额<本期应扣除税额时，本期实际扣除税额=本期应纳税额合计-本期减（免）税额。

14.本表第12栏“期末留抵税额”：计算公式为：

期末留抵税额=本期应扣除税额-本期实际扣除税额

15.本表第13栏“本期预缴税额”：填写纳税申报前纳税人已预先缴纳入库的本期消费税税额。

16.本表第14栏“本期应补（退）税额”：填写纳税人本期应纳税额中应补缴或应退回的数额，计算公式为：

本期应补（退）税额=本期应纳税额合计-本期减（免）税额-本期实际扣除税额-本期预缴税额

17.本表第15栏“城市维护建设税本期应补（退）税额”：填写附表6“消费税附加税费计算表”“城市维护建设税”对应的“本期应补（退）税（费）额”栏数值。

18.本表第16栏“教育费附加本期应补（退）费额”：填写附表6“消费税附加税费计算表”“教育费附加”对应的“本期应补（退）税（费）额”栏数值。

19.本表第17栏“地方教育附加本期应补（退）费额”：填写附表6“消费税附加税费计算表”“地方教育费附加”对应的“本期应补（退）税（费）额”栏数值。

20.本表为A4竖式，所有数字小数点后保留两位。一式二份，一份纳税人留存，一份税务机关留存。

（二）应税消费品名称、税率和计量单位对照表

应税消费品名称、税率和计量单位对照表见表3-7。

表3-7　　　　　　　　　应税消费品名称、税率和计量单位对照表

应税消费品名称	比例税率	定额税率	计量单位
一、烟			
1.卷烟			
（1）工业			
①甲类卷烟（调拨价70元（不含增值税）/条以上（含70元））	56%	30元/万支	万支
②乙类卷烟（调拨价70元（不含增值税）/条以下）	36%	30元/万支	
（2）商业批发	11%	50元/万支	
2.雪茄烟	36%	—	支
3.烟丝	30%	—	千克
二、酒			
1.白酒	20%	0.5元/500克（毫升）	500克（毫升）
2.黄酒	—	240元/吨	吨
3.啤酒			
（1）甲类啤酒（出厂价格3 000元（不含增值税）/吨以上（含3 000元））	—	250元/吨	吨
（2）乙类啤酒（出厂价格3 000元（不含增值税）/吨以下）	—	220元/吨	
4.其他酒	10%	—	吨
三、高档化妆品	15%	—	实际使用计量单位
四、贵重首饰及珠宝玉石			
1.金银首饰、铂金首饰和钻石及钻石饰品	5%	—	实际使用计量单位
2.其他贵重首饰和珠宝玉石	10%	—	
五、鞭炮、焰火	15%	—	实际使用计量单位
六、成品油			
1.汽油	—	1.52元/升	升
2.柴油	—	1.20元/升	
3.航空煤油	—	1.20元/升	
4.石脑油	—	1.52元/升	
5.溶剂油	—	1.52元/升	
6.润滑油	—	1.52元/升	
7.燃料油	—	1.20元/升	

续表

应税消费品名称	比例税率	定额税率	计量单位
七、摩托车			
1.气缸容量（排气量，下同）=250毫升	3%	—	辆
2.气缸容量＞250毫升	10%	—	
八、小汽车			
1.乘用车			
（1）气缸容量（排气量，下同）≤1.0升	1%	—	辆
（2）1.0升＜气缸容量≤1.5升	3%	—	
（3）1.5升＜气缸容量≤2.0升	5%	—	
（4）2.0升＜气缸容量≤2.5升	9%	—	
（5）2.5升＜气缸容量≤3.0升	12%	—	
（6）3.0升＜气缸容量≤4.0升	25%	—	
（7）气缸容量＞4.0升	40%	—	
2.中轻型商用客车	5%	—	
3.超豪华小汽车	10%	—	
九、高尔夫球及球具	10%	—	实际使用计量单位
十、高档手表	20%	—	只
十一、游艇	10%	—	艘
十二、木制一次性筷子	5%	—	万双
十三、实木地板	5%	—	平方米
十四、电池	4%	—	只
十五、涂料	4%	—	吨

（三）本期准予扣除税额计算表及其填表说明

本期准予扣除税额计算表见表3-8。

表3-8 **本期准予扣除税额计算表**

金额单位：元（列至角分）

准予扣除项目			应税消费品名称				合计
一、本期准予扣除的委托加工应税消费品已纳税款计算		期初库存委托加工应税消费品已纳税款	1				
		本期收回委托加工应税消费品已纳税款	2				
		期末库存委托加工应税消费品已纳税款	3				
		本期领用不准予扣除委托加工应税消费品已纳税款	4				
		本期准予扣除委托加工应税消费品已纳税款	5=1+2−3−4				
二、本期准予扣除的外购应税消费品已纳税款计算	（一）从价计税	期初库存外购应税消费品买价	6				
		本期购进应税消费品买价	7				
		期末库存外购应税消费品买价	8				
		本期领用不准予扣除外购应税消费品买价	9				
		适用税率	10				
		本期准予扣除外购应税消费品已纳税款	11=（6+7−8−9）×10				
	（二）从量计税	期初库存外购应税消费品数量	12				
		本期外购应税消费品数量	13				
		期末库存外购应税消费品数量	14				
		本期领用不准予扣除外购应税消费品数量	15				
		适用税率	16				
		计量单位	17				
		本期准予扣除的外购应税消费品已纳税款	18=（12+13−14−15）×16				
三、本期准予扣除税款合计			19=5+11+18				

本期准予扣除税额计算表填表说明

1.本表由外购（含进口）或委托加工收回应税消费品用于连续生产应税消费品、委托加工收回的应税消费品以高于受托方计税价格出售的纳税人（成品油消费税纳税人除外）

填写。

2. 本表"应税消费品名称""适用税率""计量单位"栏的填写同主表。

3. 本表第1栏"期初库存委托加工应税消费品已纳税款"：填写上期本表第3栏数值。

4. 本表第2栏"本期收回委托加工应税消费品已纳税款"：填写纳税人委托加工收回的应税消费品在委托加工环节已纳消费税税额。

5. 本表第3栏"期末库存委托加工应税消费品已纳税款"：填写纳税人期末库存委托加工收回的应税消费品在委托加工环节已纳消费税税额合计。

6. 本表第4栏"本期领用不准予扣除委托加工应税消费品已纳税款"：填写纳税人委托加工收回的应税消费品，按税法规定不允许扣除的在委托加工环节已纳消费税税额。

7. 本表第5栏"本期准予扣除委托加工应税消费品已纳税款"：填写按税法规定，本期委托加工收回应税消费品中符合扣除条件准予扣除的消费税已纳税额，计算公式为：

$$\begin{matrix}\text{本期准予扣除}\\\text{委托加工应税}\\\text{消费品已纳税款}\end{matrix}=\begin{matrix}\text{期初库存}\\\text{委托加工应税}\\\text{消费品已纳税款}\end{matrix}+\begin{matrix}\text{本期收回}\\\text{委托加工应税}\\\text{消费品已纳税款}\end{matrix}-\begin{matrix}\text{期末库存}\\\text{委托加工应税}\\\text{消费品已纳税款}\end{matrix}-\begin{matrix}\text{本期领用不准予}\\\text{扣除委托加工应税}\\\text{消费品已纳税款}\end{matrix}$$

8. 本表第6栏"期初库存外购应税消费品买价"：填写本表上期第8栏"期末库存外购应税消费品买价"的数值。

9. 本表第7栏"本期购进应税消费品买价"：填写纳税人本期外购用于连续生产的从价计税的应税消费品买价。

10. 本表第8栏"期末库存外购应税消费品买价"：填写纳税人外购用于连续生产应税消费品期末买价余额。

11. 本表第9栏"本期领用不准予扣除外购应税消费品买价"：填写纳税人本期领用外购的从价计税的应税消费品，按税法规定不允许扣除的应税消费品买价。

12. 本表第11栏"本期准予扣除外购应税消费品已纳税款"：计算公式为：

$$\begin{matrix}\text{本期准予扣除的}\\\text{外购应税消费品}\\\text{已纳税款(从价计税)}\end{matrix}=\left(\begin{matrix}\text{期初库存}\\\text{外购应税}\\\text{消费品买价}\end{matrix}+\begin{matrix}\text{本期购进}\\\text{应税}\\\text{消费品买价}\end{matrix}-\begin{matrix}\text{期末库存}\\\text{外购应税}\\\text{消费品买价}\end{matrix}-\begin{matrix}\text{本期领用不准予}\\\text{扣除外购}\\\text{应税消费品买价}\end{matrix}\right)\times\begin{matrix}\text{适用}\\\text{税率}\end{matrix}$$

13. 本表第12栏"期初库存外购应税消费品数量"：填写本表上期"期末库存外购应税消费品数量"。

14. 本表第13栏"本期外购应税消费品数量"：填写纳税人本期外购用于连续生产的从量计税的应税消费品数量。

15. 本表第14栏"期末库存外购应税消费品数量"：填写纳税人用于连续生产的外购应税消费品期末库存数量。

16. 本表第15栏"本期领用不准予扣除外购应税消费品数量"：填写纳税人本期领用外购的从量计税的应税消费品，按税法规定不允许扣除的应税消费品数量。

17. 本表第18栏"本期准予扣除的外购应税消费品已纳税款"：计算公式为：

$$\begin{matrix}\text{本期准予扣除的}\\\text{外购应税消费品}\\\text{已纳税款(从量计税)}\end{matrix}=\left(\begin{matrix}\text{期初库存}\\\text{外购应税}\\\text{消费品数量}\end{matrix}+\begin{matrix}\text{本期购进}\\\text{应税消费}\\\text{品数量}\end{matrix}-\begin{matrix}\text{期末库存}\\\text{外购应税}\\\text{消费品数量}\end{matrix}-\begin{matrix}\text{本期领用}\\\text{不准予扣除外购}\\\text{应税消费品数量}\end{matrix}\right)\times\begin{matrix}\text{适用}\\\text{税率}\end{matrix}$$

18. 本表第19栏"本期准予扣除税款合计"：计算公式为：

本期准予扣除税款合计 = 本期准予扣除委托加工应税消费品已纳税款 + 本期准予扣除外购应税消费品已纳税款（从价计税）+ 本期准予扣除外购应税消费品已纳税款（从量计税）

19. 本表为 A4 竖式，所有数字小数点后保留两位。一式二份，一份纳税人留存，一份税务机关留存。

（四）本期准予扣除税额计算表及其填表说明

本期准予扣除税额计算表（成品油消费税纳税人适用）见表3-9。

表3-9

本期准予扣除税额计算表

（成品油消费税纳税人适用）

金额单位：元（列至角分）

一、扣除税额及库存计算

扣除油品类别	上期库存数量	本期外购入库数量	委托加工收回连续生产数量	本期准予扣除数量	本期准予扣除税额	本期领用未用于连续生产不准予扣除数量	期末库存数量
1	2	3	4	5	6	7	8=2+3+4−5−7
汽油							
柴油							
石脑油							
润滑油							
燃料油							
合计							

二、润滑油基础油（废矿物油）和变性燃料乙醇领用存

产品名称	上期库存数量	本期入库数量	本期生产领用数量	期末库存数量
1	2	3	4	5=2+3−4
润滑油基础油（废矿物油）				
变性燃料乙醇				

本期准予扣除税额计算表（成品油消费税纳税人适用）填表说明

1. 本表由外购（含进口）或委托加工收回已税汽油、柴油、石脑油、润滑油、燃料油（以下简称应税油品）用于连续生产应税消费品的成品油消费税纳税人填写。

2. 本表变性燃料乙醇的计量单位为“吨”，其余计量单位全部为“升”。

3. 本表第一部分第 2 栏“上期库存数量”：按本表上期第一部分第 8 栏“期末库存数量”的数值填写。

4. 本表第一部分第 3 栏“本期外购入库数量”：填写纳税人本期外购、进口用于连续生产的应税油品数量，不含依据定点直供计划采购的石脑油、燃料油，外购、进口或委托加工收回的甲醇汽油、乙醇汽油、纯生物柴油、溶剂油、航空煤油，以及利用废矿物油生

产的油品数量。

5.本表第一部分第4栏“委托加工收回连续生产数量”：填写纳税人委托加工收回用于连续生产的各种应税油品数量，应与“本期委托加工收回情况报告表”中第二部分第6栏中“本期委托加工收回用于连续生产数量”栏对应一致。

6.本表第一部分第5栏“本期准予扣除数量”：填写纳税人按税法规定在本期申报扣除外购、进口或委托加工收回用于连续生产的应税油品数量。本栏次对应的汽油、柴油、润滑油数量应分别小于等于主表的汽油、柴油、润滑油“本期销售数量”栏次的数量。

7.本表第一部分第6栏“本期准予扣除税额”：填写纳税人符合税法规定在本期申报扣除外购、进口或委托加工收回用于连续生产的应税油品已纳消费税税额。计算公式为：

本期准予扣除税额=本期准予扣除数量×适用税率

8.本表第一部分第7栏“本期领用未用于连续生产不准予扣除数量”：填写纳税人由外购、进口或委托加工收回的应税油品，未用于连续生产应税成品油而不允许扣除的成品油数量。

9.本表第一部分第8栏“期末库存数量”：填写期末留存的应税油品库存数量，计算公式为：期末库存数量=上期库存数量+本期外购入库数量+委托加工收回连续生产数量-本期准予扣除数量-本期领用未用于连续生产不准予扣除数量，且期末库存数量≥0。

10.本表第一部分“合计”：填写“上期库存数量”“本期外购入库数量”“委托加工收回连续生产数量”“本期准予扣除数量”“本期准予扣除税额”“本期领用未用于连续生产不准予扣除数量”“期末库存数量”合计数。

11.本表第二部分“润滑油基础油（废矿物油）”行：填写利用废矿物油生产的润滑油基础油领用存情况；本表第二部分第3栏“本期入库数量”包括外购和自产的润滑油基础油（废矿物油）数量。自产的润滑油基础油（废矿物油）应与“本期减（免）税额明细表”润滑油基础油的“减（免）数量”一致。用于连续生产润滑油的其他润滑油基础油数量不填入本行。

12.本表第二部分第2栏“上期库存数量”：分别按上期“本期准予扣除税额计算表”第二部分的润滑油基础油（废矿物油）和变性燃料乙醇的“期末库存数量”栏数值填写。

13.本表第二部分第5栏“期末库存数量”：填写期末库存润滑油基础油（废矿物油）和变性燃料乙醇的数量，计算公式为：期末库存数量=上期库存数量+本期入库数量-本期生产领用数量，且期末库存数量≥0。

14.本表为A4竖式，所有数字小数点后保留两位。一式二份，一份纳税人留存，一份税务机关留存。

（五）本期减（免）税额明细表及其填表说明

本期减（免）税额明细表见表3-10。

表3-10　　　　　　　　　　　　**本期减（免）税额明细表**

金额单位：元（列至角分）

项目 应税消费品名称	减（免）性质代码	减（免）项目名称	减（免）税销售额	适用税率（从价定率）	减（免）税销售数量	适用税率（从量定额）	减（免）税额
1	2	3	4	5	6	7	8＝4×5+6×7
出口免税	—	—		—		—	—
合　计	—	—	—	—	—	—	

本期减（免）税额明细表填表说明

1.本表由符合消费税减免税政策规定的纳税人填报。本表不含暂缓征收的项目。未发生减（免）消费税业务的纳税人和受托方不填报本表。

2.本表第1栏“应税消费品名称”：填写按照税法规定的减征、免征应税消费品的名称。

3.本表第2栏“减（免）性质代码”：根据国家税务总局最新发布的减（免）性质代码，填写减征、免征应税消费品对应的减（免）性质代码。

4.本表第3栏“减（免）项目名称”：根据国家税务总局最新发布的减（免）项目名称，填写减征、免征应税消费品对应的减（免）项目名称。

5.本表第4栏“减（免）税销售额”：填写本期应当申报减征、免征消费税的应税消费品销售金额，适用不同税率的应税消费品，其减（免）金额应区分不同税率分栏填写。

6.本表第6栏“减（免）税销售数量”：填写本期应当申报减征、免征消费税的应税消费品销售数量，适用不同税率的应税消费品，其减（免）数量应区分不同税率分栏填写。计量单位应与主表一致。

7.本表第5、7栏“适用税率”栏：填写按照税法规定的减征、免征应税消费品的适用税率。

8.本表第8栏“减（免）税额”栏：填写本期按适用税率计算的减征、免征消费税税额。同一税款所属期内同一应税消费品适用多档税率的，应分别按照适用税率计算减（免）税额。

9.本表第8栏“减（免）税额”的“合计”栏：填写本期减征、免征消费税税额的合计数。该栏数值应与当期主表“本期减（免）税额”栏数值一致。

10.本表“出口免税”栏：填写纳税人本期按照税法规定的出口免征消费税的销售额、

销售数量，不填写减（免）性质代码。

11. 本表为A4竖式。一式二份，一份纳税人留存，一份税务机关留存。

（六）本期委托加工收回情况报告表及其填表说明

本期委托加工收回情况报告表见表3-11。

表3-11 **本期委托加工收回情况报告表** 金额单位：元（列至角分）

一、委托加工收回应税消费品代收代缴税款情况

应税消费品名称	商品和服务税收分类编码	委托加工收回应税消费品数量	委托加工收回应税消费品计税价格	适用税率		受托方已代收代缴的税款	受托方（扣缴义务人）名称	受托方（扣缴义务人）识别号	税收缴款书（代扣代收专用）号码	税收缴款书（代扣代收专用）开具日期
				定额税率	比例税率					
1	2	3	4	5	6	7=3×5+4×6	8	9	10	11

二、委托加工收回应税消费品领用存情况

应税消费品名称	商品和服务税收分类编码	上期库存数量	本期委托加工收回入库数量	本期委托加工收回直接销售数量	本期委托加工收回用于连续生产数量	本期结存数量
1	2	3	4	5	6	7=3+4-5-6

本期委托加工收回情况报告表填表说明

1. 本表由委托方填写，第一部分填报委托加工收回的应税消费品在委托加工环节由受托方代收代缴税款情况，第二部分填报委托加工收回应税消费品领用存情况。

2. 本表第一部分第1栏“应税消费品名称”、第5栏“定额税率”和第6栏“比例税率”的填写同主表。

3. 本表第一部分第2栏“商品和服务税收分类编码”：仅成品油消费税纳税人填报，按所开具增值税发票对应的税收分类编码填写。

4. 本表第一部分第3栏“委托加工收回应税消费品数量”：填写委托加工收回并取得税收缴款书（代扣代收专用）的各应税消费品的数量，其计量单位应与主表填表说明的附注1“应税消费品名称、税率和计量单位对照表”一致。

5.本表第一部分第 4 栏“委托加工收回应税消费品计税价格”：填写委托加工收回的应税消费品在委托加工环节，由受托方代收代缴消费税时的计税价格。

6.本表第一部分第 7 栏“受托方已代收代缴的税款”：填写受托方代收代缴的税款，计算公式如下：

（1）实行从量定额计税：受托方已代收代缴的税款=委托加工收回应税消费品数量×定额税率。

（2）实行从价定率计税：受托方已代收代缴的税款=委托加工收回应税消费品计税价格×比例税率。

（3）实行复合计税：受托方已代收代缴的税款=委托加工收回应税消费品数量×定额税率+委托加工收回应税消费品计税价格×比例税率。

7.本表第一部分第 8 栏“受托方（扣缴义务人）名称”、第 9 栏“受托方（扣缴义务人）识别号”：填写受托方信息。

8.本表第一部分第 10 栏“税收缴款书（代扣代收专用）号码”、第 11 栏“税收缴款书（代扣代收专用）开具日期”栏：填写受托加工方代扣代缴税款凭证上注明的信息。

9.本表第二部分第 1 栏“应税消费品名称”的填写同主表。

10.本表第二部分第 2 栏“商品和服务税收分类编码”：仅成品油消费税纳税人填报，按所开具增值税发票对应的税收分类编码填写。

11.本表第二部分第 3 栏“上期库存数量”：填写上期本表第二部分第 7 栏“本期结存数量”数值。

12.本表第二部分第 4 栏“本期委托加工收回入库数量”：填写委托加工收回应税消费品数量，与本表第一部分第 3 栏“委托加工收回应税消费品数量”数值相等。

13.本表第二部分第 5 栏“本期委托加工收回直接销售数量”：填写纳税人将委托加工收回的应税消费品直接销售的数量。

14.本表第二部分第 6 栏“本期委托加工收回用于连续生产数量”：填写纳税人将委托加工收回的应税消费品用于连续生产应税消费品的数量。

成品油消费税纳税人填写本表第二部分第 6 栏“本期委托加工收回用于连续生产数量”的数值应等于附表 1-2 本期准予扣除税额计算表（成品油纳税人适用）第一部分第 4 栏“委托加工收回连续生产数量”数值。

15.本表第二部分第 7 栏“本期结存数量”：填写期末留存的委托加工收回应税消费品库存数量，计算公式为：本期结存数量=上期库存数量+本期委托加工收回入库数量-本期委托加工收回直接销售数量-本期委托加工收回用于连续生产数量，且本期结存数量≥0。

16.本表为 A4 横式，所有数字小数点后保留两位。一式二份，一份纳税人留存，一份税务机关留存。

（七）卷烟批发企业月份销售明细清单（卷烟批发环节消费税纳税人适用）及其填表说明

卷烟批发企业月份销售明细清单（卷烟批发环节消费税纳税人适用）见表3-12。

表3-12

卷烟批发企业月份销售明细清单

（卷烟批发环节消费税纳税人适用）

卷烟条包装商品条码	卷烟牌号规格	卷烟类别	卷烟类型	销售价格	销售数量	销售额	备注
1	2	3	4	5	6	7	8

卷烟批发企业月份销售明细清单（卷烟批发环节消费税纳税人适用）填表说明

1.本表由卷烟批发环节消费税纳税人填报，于办理消费税纳税申报时一并报送。

2.本表第2栏“卷烟牌号规格”名称为经国家烟草专卖局批准生产的卷烟牌号规格。

3.本表第3栏“卷烟类别”为国家烟草专卖局划分的卷烟类别，即一类卷烟、二类卷烟、三类卷烟、四类卷烟和五类卷烟。

4.本表第4栏“卷烟类型”为国产卷烟、进口卷烟、罚没卷烟、其他。

5.本表第5栏“销售价格”为卷烟批发企业向零售单位销售卷烟的实际价格，不含增值税。计量单位为“元/条（200支）”，非标准条包装的卷烟应折算成标准条卷烟价格。

6.本表第6栏“销量数量”为卷烟批发企业向零售单位销售卷烟的数量。计量单位为“万支”。

7.本表第7栏“销售额”为卷烟批发企业向零售单位销售卷烟的实际销售额，不含增值税。计量单位为“元”。

8.本表为A4横式，仅报送电子文件，本表所有数字小数点后保留两位。

（八）卷烟生产企业合作生产卷烟消费税情况报告表（卷烟生产环节消费税纳税人适用）及其填表说明

卷烟生产企业合作生产卷烟消费税情况报告表（卷烟生产环节消费税纳税人适用）见表3-13。

表3-13

卷烟生产企业合作生产卷烟消费税情况报告表

（卷烟生产环节消费税纳税人适用）

品牌输出方		品牌输入方		卷烟条包装商品条码	卷烟牌号规格	销量	销售价格	销售额	品牌输入方已缴纳税款
企业名称	统一社会信用代码	企业名称	统一社会信用代码						
1	2	3	4	5	6	7	8	9	10
合计							—		

卷烟生产企业合作生产卷烟消费税情况报告表（卷烟生产环节消费税纳税人适用）

填表说明

1.本表由卷烟生产环节消费税纳税人填报，未发生合作生产卷烟业务的纳税人不填报本表。

2.本表第1栏“企业名称”：填写品牌输出方卷烟生产企业名称。

3.本表第2栏“统一社会信用代码”：填写品牌输出方卷烟生产企业的统一社会信用代码。

4.本表第3栏“企业名称”：填写品牌输入方卷烟生产企业名称。

5.本表第4栏“统一社会信用代码”：填写品牌输入方卷烟生产企业的统一社会信用代码。

6.本表第6栏“卷烟牌号规格”：填写经国家烟草专卖局批准生产的卷烟牌号规格。

7.本表第8栏“销售价格”为品牌输入方卷烟生产企业销售卷烟的实际价格，不含增值税。计量单位为“元/条（200支）”，非标准条包装的卷烟应折算成标准条卷烟价格。

8.本表第9栏“销售额”栏：填写品牌输入方卷烟生产企业卷烟销售额，不含增值税。计量单位为“元”。

9.本表第10栏“品牌输入方已缴纳税款”栏：由品牌输入方卷烟生产企业填写。

10.本表为A4横式，所有数字小数点后保留两位。一式二份，一份纳税人留存，一份税务机关留存。

（九）消费税附加税费计算表及其填表说明

消费税附加税费计算表见表3-14。

表3-14 **消费税附加税费计算表** 金额单位：元

税（费）种	计税（费）依据	税（费）率（%）	本期应纳税（费）额	本期减免税（费）额		本期是否适用增值税小规模纳税人“六税两费”减征政策 □是 □否		本期已缴税（费）额	本期应补（退）税（费）额
	消费税税额			减免性质代码	减免税（费）额	减征比例（%）	减征额		
	1	2	3=1×2	4	5	6	7=（3-5）×6	8	9=3-5-7-8
城市维护建设税									
教育费附加									
地方教育附加									
合计	—	—		—		—			

消费税附加税费计算表填表说明

1.本表由消费税纳税人填报。

2.本表第1栏“消费税税额”：填写主表“本期应补（退）税额”栏数值。

3. 本表第 2 栏"税（费）率"：填写相应税（费）的税（费）率。

4. 本表第 3 栏"本期应纳税（费）额"：填写本期按适用的税（费）率计算缴纳的应纳税（费）额。计算公式为：本期应纳税（费）额=消费税税额×税（费）率。

5. 本表第 4 栏"减免性质代码"：按《减免税政策代码目录》中附加税费适用的减免性质代码填写，增值税小规模纳税人"六税两费"减征政策优惠不在此栏填写。有减免税（费）情况的必填。

6. 本表第 5 栏"减免税（费）额"：填写本期减免的税（费）额。

7. 本表"本期是否适用增值税小规模纳税人'六税两费'减征政策"栏：本期适用增值税小规模纳税人"六税两费"减征政策的，勾选"是"；否则，勾选"否"。增值税一般纳税人按规定转登记为增值税小规模纳税人的，自成为增值税小规模纳税人的当月起适用减征优惠。增值税小规模纳税人按规定登记为增值税一般纳税人的，自增值税一般纳税人生效之日起不再适用减征优惠；纳税人的年增值税应税销售额超过增值税小规模纳税人标准应当登记为增值税一般纳税人而未登记，经税务机关通知，逾期仍不办理登记的，自逾期次月起不再适用减征优惠。

8. 本表第 6 栏"减征比例（%）"：按当地省级政府根据《财政部、税务总局关于实施小微企业普惠性税收减免政策的通知》（财税〔2019〕13 号）确定的减征比例填写。

9. 本表第 7 栏"减征额"：计算公式为：减征额=（本期应纳税（费）额-减免税（费）额）×减征比例。

10. 本表第 8 栏"本期已缴税（费）额"：填写本期应纳税（费）额中已经缴纳的部分。

11. 本表第 9 栏"本期应补（退）税（费）额"：计算公式为：本期应补（退）税（费）额=本期应纳税（费）额-减免税（费）额-减征额-本期已缴税（费）额。

12. 本表为 A4 横式，所有数字小数点后保留两位。一式二份，一份纳税人留存，一份税务机关留存。

第三节　应纳消费税的核算

按照现行《消费税暂行条例》的规定，消费税分别在生产销售环节、委托加工环节、进口环节和零售环节（金银首饰）计算缴纳税款，除此之外，其他流通环节不计算征收消费税。

一、生产销售环节应纳消费税的核算

生产销售环节是指生产者将生产的应税消费品直接销售给购买方或自用于其他方面的行为。按照税法规定，无论是直接对外销售，还是非直接对外销售，都应视同生产销售环节缴纳消费税。

（一）直接对外销售应纳消费税的核算

按照规定，征收消费税的产品一定是征收增值税的应税产品，直接对外销售可分为以下四种情况：

1. 增值税一般纳税人应纳消费税的核算。因为消费税的计税价格不含增值税，增值税一般纳税人销售应税消费品时可能给购买方开具增值税专用发票，也可能开具普通发票。

若开具的是增值税专用发票，发票上注明的销售金额即为消费税的计税金额；若开具的是普通发票，应先将普通发票上注明的含增值税的销售金额换算为不含增值税的销售金额，作为消费税的计税金额。

【例3-1】甲企业2020年9月10日将生产的粮食白酒500箱（每箱10斤）销售给某批发公司，每箱不含增值税的售价为600元。甲企业给批发公司开具增值税专用发票，取得销售金额300 000元、增值税税额39 000元，货款已收存银行。粮食白酒的消费税比例税率为20%，定额税率为0.5元/斤。甲企业应作会计处理如下：

①甲企业收到款项时：

借：银行存款　　339 000

　贷：主营业务收入——销售白酒　　300 000

　　　应交税费——应交增值税（销项税额）　　39 000

②计算应交的消费税时：

应交的消费税税额=300 000×20%+500×10×0.5=62 500（元）

借：税金及附加　　62 500

　贷：应交税费——应交消费税　　62 500

【例3-2】甲企业9月20日将生产的粮食白酒20箱（每箱10斤）销售给某使用单位，每箱含税价格791元。甲企业向使用单位开具普通发票，共收取货款15 820元存入银行。甲企业应作会计处理如下：

①企业收到货款时：

$$增值税销项税额=\frac{15\ 820}{1+13\%}\times13\%=1\ 820（元）$$

借：银行存款　　15 820

　贷：主营业务收入——销售白酒　　14 000

　　　应交税费——应交增值税（销项税额）　　1 820

②计算应纳消费税时：

应纳消费税税额=14 000×20%+20×10×0.5=2 900（元）

借：税金及附加　　2 900

　贷：应交税费——应交消费税　　2 900

2.增值税小规模纳税人应纳消费税的核算。增值税小规模纳税人生产销售应税消费品同样须缴纳消费税。小规模纳税人使用的是普通发票，其销售额均包含增值税税额，在计算消费税时，应先将含增值税的销售额依照其征收率3%换算为不含增值税的销售额，再计算其消费税税额。

【例3-3】乙企业为增值税小规模纳税人，征收率为3%。本期生产销售鞭炮、焰火，给购买方开具普通发票，取得销货款共计12 360元，款已收存银行。鞭炮、焰火的消费税税率为15%。乙企业应作会计处理如下：

①收到销货款时：

$$乙企业应交纳增值税=\frac{12\ 360}{1+3\%}\times3\%=360（元）$$

不含税销售额=12 360-360=12 000（元）

借：银行存款　　12 360

贷：主营业务收入——销售鞭炮、焰火　12 000

应交税费——应交增值税　360

②计算应交的消费税时：

12 000×15%=1 800（元）

借：税金及附加　1 800

贷：应交税费——应交消费税　1 800

③实际上交消费税时：

借：应交税费——应交消费税　1 800

贷：银行存款　1 800

3.对外销售收取价外费用应纳消费税的核算。按照《消费税暂行条例》的规定，销货方向购买方收取的价外费用，除有规定者外，一律计征消费税。在实际生产经营过程中，纳税人为了多获取利益，往往对价外收费进行单独核算，或者直接冲减产品销售费用。在这种情况下，纳税人一般为对方开具普通发票。

【例3-4】某酒厂为增值税一般纳税人，由于原材料价格上升而销售价格未变，向购买方收取价外费用作为补贴。某次销售粮食白酒过程中，该酒厂向购货方收取价外费用22 600元，给购货方开具普通发票，款已收存银行。该酒厂应作会计处理如下：

①收到价外收入时：

价外收入不含税销售额$=\frac{22\,600}{1+13\%}=20\,000$（元）

价外收入的销项税额=20 000×13%=2 600（元）

借：银行存款　22 600

贷：主营业务收入——销售白酒　20 000

应交税费——应交增值税（销项税额）　2 600

②计算价外收入应缴纳的消费税时：

应纳消费税税额=20 000×20%=4 000（元）（此处未考虑从量征收）

借：税金及附加　4 000

贷：应交税费——应交消费税　4 000

4.包装物应纳消费税的核算。根据《消费税暂行条例》及其实施细则的规定，实行从价定率办法计算应纳税额的应税消费品连同包装物销售的，无论包装物是否单独计价，也无论在财务上如何核算，均应并入应税消费品中征收消费税。如果包装物不作价随同产品销售，而是收取押金，此项押金则不并入应税消费品的销售额中征税。但对逾期未收回的包装物不再退还的和已收取一年以上的押金，应并入应税消费品的销售额，按照应税消费品的适用税率征收消费税。

对既作价随同应税消费品销售，又另外收取押金的包装物押金，凡纳税人在规定期限内不予退还的，均应并入应税消费品的销售额，按照应税消费品的适用税率征收消费税。

另外，对酒类产品生产企业销售酒类产品而收取的包装物押金，除黄酒、啤酒外，无论押金是否返还与会计上如何处理，均需并入酒类产品销售额中，依酒类产品的适用税率征收消费税。

（1）包装物随产品销售而单独计价。包装物随产品销售而单独计价，其销售额应记入“其他业务收入”科目，其应纳的消费税税额及有关的支出，应记入“税金及附加”和“其他业务成本”科目。

【例3-5】某酒厂本期销售粮食白酒50箱，除收取白酒价款外，另收取单独计价的包装物销售收入5 650元存入银行，已向购货方开具普通发票。该酒厂应作会计处理如下：

①取得包装物销售收入时：

包装物不含税销售额=$\frac{5\ 650}{1+13\%}$=5 000（元）

包装物应计算的增值税销项税额=5 000×13%=650（元）

借：银行存款	5 650
贷：其他业务收入	5 000
应交税费——应交增值税（销项税额）	650

②计算应纳消费税时：

应纳消费税税额=5 000×20%=1 000（元）（此处未考虑从量征收）

借：税金及附加	1 000
贷：应交税费——应交消费税	1 000

（2）出租、出借包装物而没收的押金。出租、出借包装物逾期未收回而没收的押金收入，应从“其他应付款”科目转入“其他业务收入”科目，应缴纳的增值税和消费税应记入“税金及附加”科目。

【例3-6】某化工厂销售高档成套化妆品，取得出租、出借包装物押金收入3 390元存入银行，已向承租方开具了收款收据。出租、出借期限已过，没收押金。高档成套化妆品的消费税税率为15%。该化工厂应作会计处理如下：

①取得押金收入时：

借：银行存款	3 390
贷：其他应付款——押金	3 390

②没收押金时：

押金不含税销售额=$\frac{3\ 390}{1+13\%}$=3 000（元）

增值税销项税额=3 000×13%=390（元）

借：其他应付款——押金	3 390
贷：其他业务收入	3 000
应交税费——应交增值税（销项税额）	390

③计算消费税时：

应纳消费税税额=3 000×15%=450（元）

借：税金及附加	450
贷：应交税费——应交消费税	450

（3）包装物作价随产品销售而没收的押金。销货方为促使购货方退还包装物以便重复使用，在包装物作价销售时还另收取押金。逾期未退回包装物而没收的押金，按规定要缴纳增值税。按规定计算的增值税销项税额，直接冲减“其他应付款”科目，然后，将冲减后的余额转入“营业外收入”科目。

【例3-7】某工厂销售高尔夫球及球具一批，包装物随货物计价销售后，为促使购货方将包装物退回重复使用，另加收押金1 130元。包装物逾期未收回，没收押金。高尔夫球及球具消费税税率为10%。该工厂应作会计处理如下：

①收取押金时：

借：银行存款　　1 130

　贷：其他应付款——押金　　1 130

②没收押金时，应计算增值税的销项税额：

$$押金的不含税销售额=\frac{1\,130}{1+13\%}=1\,000（元）$$

增值税销项税额=1 000×13%=130（元）

借：其他应付款——押金　　1 130

　贷：应交税费——应交增值税（销项税额）　　130

　　营业外收入　　1 000

③没收押金应缴纳的消费税：

应纳消费税税额=1 000×10%=100（元）

借：税金及附加　　100

　贷：应交税费——应交消费税　　100

（二）非直接对外销售应纳消费税的核算

非直接对外销售是指生产企业生产的应税消费品，自己用于在建工程、管理部门、非生产性机构、捐赠、赞助、集资、广告、样品、职工福利、奖励等方面。按照税法的规定，这应视同对外销售处理，与直接对外销售一样计算缴纳各种税费。其产品的价格参照同期同类产品的市场销售价格计算；没有参照价格的，按组成计税价格计算。由于企业自产自用是一种内部结转关系，不存在具体的销售行为，因此在会计上不作销售处理，而按成本转账。

1.企业将自产的应税消费品用于职工福利。企业将自产的应税消费品用于本企业职工福利，应视同对外销售处理，按产品的销售价格和应缴纳的增值税、消费税等，借记“应付职工薪酬——应付福利费”科目，按应税消费品的成本价格，贷记“库存商品”科目，按计算的增值税税额，贷记“应交税费——应交增值税（销项税额）”科目，按计算的消费税税额，贷记“应交税费——应交消费税”科目。

【例3-8】某酒厂本期将自产白酒10箱（每箱10斤）分给本厂职工作为福利，每箱不含增值税市场销售价格为500元，成本价为300元。酒已移送分配。该酒厂应作会计处理如下：

白酒的市场销售价格=500×10=5 000（元）

自用白酒的增值税销项税额=5 000×13%=650（元）

自用白酒应纳消费税税额=5 000×20%+10×10×0.5=1 050（元）

自用白酒的成本价格=300×10=3 000（元）

借：应付职工薪酬——应付福利费　　5 650

　贷：主营业务收入　　5 000

　　应交税费——应交增值税（销项税额）　　650

借：税金及附加　　1 050

贷：应交税费——应交消费税　　1 050

借：主营业务成本　　3 000

贷：库存商品　　3 000

需要注意的是，本题在会计处理时未考虑城建税、教育费附加、地方教育附加和应缴纳的所得税。

2.企业将自产的应税消费品用于对外投资。企业将自产的应税消费品用于对外投资，应视同对外销售计算缴纳消费税。应税消费品用于投资时，按同类产品的市场销售价格与其应计算的增值税之和，借记"长期股权投资"科目，按结转自产商品的成本，贷记"库存商品"科目，按应计算的增值税、消费税税额，分别贷记"应交税费——应交增值税（销项税额）""应交税费——应交消费税"科目。

【例3-9】某轿车制造企业本期将自产轿车30辆（排气量为2 300毫升）向本市一出租公司进行长期投资。每辆轿车不含增值税作价150 000元、成本120 000元，已移送出租公司。轿车的消费税税率为9%，该企业应作会计处理如下：

不含税销售额=150 000×30=4 500 000（元）

应计算的销项税额=4 500 000×13%=585 000（元）

应纳消费税税额=4 500 000×9%=405 000（元）

轿车成本=120 000×30=3 600 000（元）

借：长期股权投资——投资成本　　5 085 000

贷：主营业务收入　　4 500 000

应交税费——应交增值税（销项税额）　　585 000

借：税金及附加　　405 000

贷：应交税费——应交消费税　　405 000

借：主营业务成本　　3 600 000

贷：库存商品　　3 600 000

3.企业将自产的应税消费品用于广告、对外捐赠。企业将自产的应税产品用于广告、对外捐赠，应视同对外销售处理，按规定计算应缴纳的有关税费，在会计处理上也应作销售收入处理。按不含税销售价加增值税等，借记"销售费用""营业外支出"等科目；按市场价，贷记"主营业务收入"科目，按计算的增值税、消费税，分别贷记"应交税费——应交增值税（销项税额）"和"应交税费——应交消费税"科目。

【例3-10】甲企业试制10辆摩托车，将其中4辆赠送给某电视台做广告，另外6辆捐赠给某体育俱乐部，每辆摩托车成本价4 000元，无同类产品市场销售价格（摩托车消费税税率为10%，全国平均成本利润率为6%）。甲企业应作会计处理如下：

①赠送给电视台做广告：

组成计税价格=$\frac{4\,000\times4\times(1+6\%)}{1-10\%}$=18 844.44（元）

增值税的销项税额=18 844.44×13%=2 449.78（元）

应缴纳的消费税税额=18 844.44×10%=1 884.44（元）

借：销售费用——广告费　　21 294.22

贷：主营业务收入　　18 844.44

应交税费——应交增值税（销项税额）　　2 449.78

借：税金及附加　　1 884.44

　　贷：应交税费——应交消费税　　1 884.44

借：主营业务成本　　16 000

　　贷：库存商品——摩托车　　16 000

②捐赠给某体育俱乐部：

$$组成计税价格=\frac{4\,000\times6\times(1+6\%)}{1-10\%}=28\,266.67（元）$$

增值税的销项税额=28 266.67×13%=3 674.67（元）

应缴纳的消费税税额=28 266.67×10%=2 826.67（元）

借：营业外支出　　31 941.34

　　贷：主营业务收入　　28 266.67

　　　　应交税费——应交增值税（销项税额）　　3 674.67

借：税金及附加　　2 826.67

　　贷：应交税费——应交消费税　　2 826.67

借：主营业务成本　　24 000

　　贷：库存商品——摩托车　　24 000

二、委托加工环节应纳消费税的核算

委托加工环节应纳消费税，是指委托方委托受托方加工应税消费品（除受托方为个体经营者外），由受托方代收代缴消费税的行为。应纳消费税的纳税义务人为委托方，受托方为代收代缴义务人。委托加工环节应纳消费税的核算涉及委托方和受托方的会计处理。

（一）委托方支付应纳消费税的核算

委托方委托加工的应税消费品有两种情况：一是将委托加工收回后的应税消费品直接出售；二是将委托加工收回后的应税消费品用于连续生产应税消费品。

1.收回后直接用于销售的核算。委托加工应税消费品收回后直接用于销售的，以不高于受托方的计税价格出售的，为直接销售，不再缴纳消费税；委托方以高于受托方的计税价格出售的，不属于直接销售，需按照规定申报缴纳消费税，受托方已代收代缴的消费税可以扣除。因此，委托方应将受托方代收代缴的消费税税额计入委托加工应税消费品的成本中。委托方根据受托方代收代缴消费税所开具的有关凭证，借记“委托加工物资”等科目，贷记“应付账款”“银行存款”等科目。

【例3-11】甲公司为增值税一般纳税人，本期委托乙企业加工鞭炮、焰火一批，发出加工的原材料成本价为14 000元，按合同规定支付受托方加工费3 000元、增值税390元，并取得乙企业开具的增值税专用发票。该批鞭炮、焰火无同类产品市场销售价格。乙企业按规定收取代收代缴的消费税后，向甲公司开具了有关票据。甲公司收回委托加工的鞭炮、焰火后直接对外销售。鞭炮、焰火的消费税税率为15%。甲公司应作会计处理如下：

①发出委托加工材料时：

借：委托加工物资——鞭炮、焰火　　14 000

　　贷：原材料　　14 000

②支付加工费时：

借：委托加工物资——鞭炮、焰火 3 000

应交税费——应交增值税（进项税额） 390

贷：银行存款——加工费 3 390

③支付乙企业代收代缴的消费税时：

$$代收代缴消费税的组成计税价格=\frac{14\,000+3\,000}{1-15\%}=20\,000（元）$$

代收代缴的消费税税额=20 000×15%=3 000（元）

借：委托加工物资——鞭炮、焰火 3 000

贷：应交税费——应交消费税 3 000

④甲公司收回委托加工产品时：

借：库存商品——鞭炮、焰火 20 000

贷：委托加工物资——鞭炮、焰火 20 000

从上例可以看出，委托加工收回的鞭炮、焰火，其组成计税价格为20 000元。甲公司若直接对外销售的价格也为20 000元，则甲公司无增值，不缴纳消费税。作为正常经营者，甲公司对外销售的价格肯定要高于20 000元。按照消费税的相关规定，增值部分应该征收消费税。

2.收回后用于连续生产应税消费品的核算。收回已代收代缴消费税的委托加工产品，又用于连续生产应税消费品的，加工环节已纳税款准予扣除。委托方支付给受托方代收代缴的消费税税额，应借记“应交税费——待扣消费税”科目，待最终应税消费品销售时，在其应交的消费税税额中扣除。

按照已税消费品用于连续生产应税消费品税额扣除的规定，本期应扣除的消费税税额是本期生产领用应税消费品所负担的税额。若本期生产应税消费品未领用已税消费品作原料，已税消费品所负担的消费税税额不得扣除。

【例3-12】甲企业为增值税一般纳税人，本期委托乙企业加工应税消费品（半成品）一批，发出委托加工的原材料成本为30 000元，按合同规定支付受托方加工费6 000元、增值税税额780元，取得乙企业开具的增值税专用发票。该半成品无同类应税消费品市场销售价格。乙企业按规定代收代缴消费税并向甲企业开具了合法票据。甲企业收回委托加工的半成品后，本期生产领用了50%。本期内取得连续生产应税消费品的销售价款50 000元、增值税税额6 500元，已向购货方开具了增值税专用发票。该应税消费品的消费税税率为10%。甲企业应作会计处理如下：

（1）发出委托加工材料时：

借：委托加工物资——半成品 30 000

贷：原材料 30 000

（2）支付委托加工费时：

借：委托加工物资——半成品 6 000

应交税费——应交增值税（进项税额） 780

贷：银行存款 6 780

（3）支付代收代缴的消费税时：

代收代缴消费税的组成计税价格 $=\frac{30\,000+6\,000}{1-10\%}=40\,000$（元）

代收代缴的消费税税额=40 000×10%=4 000（元）

借：应交税费——待扣消费税　　4 000

　贷：银行存款　　4 000

（4）收回委托加工产品时：

借：原材料　　36 000

　贷：委托加工物资——半成品　　36 000

（5）取得销售收入时：

借：银行存款　　56 500

　贷：主营业务收入　　50 000

　　应交税费——应交增值税（销项税额）　　6 500

（6）计算应纳消费税时：

应纳消费税税额=50 000×10%=5 000（元）

借：税金及附加　　5 000

　贷：应交税费——应交消费税　　5 000

（7）本期上交消费税时：

本期应抵扣的消费税税额=4 000×50%=2 000（元）

本期实际应上交消费税税额=5 000−2 000=3 000（元）

借：应交税费——应交消费税　　2 000

　贷：应交税费——待扣消费税　　2 000

借：应交税费——应交消费税　　3 000

　贷：银行存款　　3 000

（二）受托方代收代缴消费税的核算

受托方代收代缴消费税时，有同类产品市场销售价格的，按同类产品市场销售价格计税；无同类产品市场销售价格的，按组成计税价格计税。受托方收到代收代缴的消费税时，借记“银行存款”科目，贷记“应交税费——代收代缴消费税”科目。上交代收代缴消费税时，作相反的会计处理。

承上例，乙企业收到代收代缴甲企业的消费税税额4 000元时：

借：银行存款　　4 000

　贷：应交税费——代收代缴消费税　　4 000

上交代收代缴的消费税时：

借：应交税费——代收代缴消费税　　4 000

　贷：银行存款　　4 000

三、进口环节应纳消费税的核算

进口的应税消费品于报关进口时缴纳消费税，纳税人缴纳的消费税计入该消费品的成本中。根据进口应税消费品的不同情况，将应缴纳的消费税借记“在途物资”“库存商品”“固定资产”等科目，贷记“应付账款”“银行存款”等科目。

【例3-13】某大型商场本期进口一批高档成套化妆品，进口货物的到岸价格为100 000元人民币，关税税率为40%，消费税税率为15%，增值税税率为13%。该商场按规定用银行存款缴纳有关税款，商品已验收入库。该商场应作会计处理如下：

（1）支付进口货物到岸前的有关价款时：

借：在途物资——进口化妆品　　100 000

　贷：银行存款　　100 000

（2）缴纳关税、消费税、增值税时：

应纳进口关税=100 000×40%=40 000（元）

进口消费税的组成计税价格=$\frac{100\ 000+40\ 000}{1-15\%}$=164 706（元）

应纳进口消费税=164 706×15%=24 706（元）

应纳进口增值税=164 706×13%=21 411.78（元）

借：在途物资——进口高档化妆品　　64 706

　贷：应交税费——关税　　40 000

　　　　　　——消费税　　24 706

同时：

借：应交税费——关税　　40 000

　　　　　——消费税　　24 706

　　　　　——应交增值税（进项税额）　　21 411.78

　贷：银行存款　　86 117.78

（3）商品验收入库时：

借：库存商品——进口高档化妆品　　164 706

　贷：在途物资——进口高档化妆品　　164 706

四、零售环节应纳消费税的核算

（一）零售业务的有关规定

金银首饰消费税在零售环节征收，钻石及钻石饰品消费税也在零售环节征收，税率由10%减按5%征收。

《金银首饰消费税征收管理办法》（1994年12月26日国税发〔1994〕267号文件印发，根据2018年6月15日《国家税务总局关于修改部分税务部门规章的决定》修正）规定：

1.金银首饰的范围。金银首饰的范围不包括镀金（银）、包金（银）首饰，以及镀金（银）、包金（银）的镶嵌首饰。

2.应税与非应税的划分。经营单位兼营生产、加工、批发、零售业务的，应分别核算销售额；未分别核算销售额或者划分不清的，一律视同零售征收消费税。

3.纳税地点。固定业户到外县（市）临时销售金银首饰，应当向其机构所在地主管税务局申请开具外出经营活动税收管理证明，回其机构所在地向主管税务局申报纳税。未持有其机构所在地主管税务局核发的外出经营活动税收管理证明的，销售地主管税务局一律按规定征收消费税。其在销售地发生的销售额，回机构所在地后仍应按规定申报纳税，在销售地缴纳的消费税税款不得从应纳税额中扣减。

4.申报资料。纳税人办理纳税申报时，除应按《税收征收管理法》的规定报送有关资料外，还应报送金银饰品购销存月报表。

经营单位兼营生产、加工、批发、零售业务的，应分别核算各自的销售额；未分别核算销售额或者划分不清的，一律视同零售征收消费税。

（二）商品流通企业零售金银首饰应纳消费税的核算

商品流通企业零售金银首饰主要有以下两种方式：

1.采取直接收款零售金银首饰应纳消费税的核算。商品流通企业采取直接收款零售金银首饰，计算应纳的消费税税额，借记“税金及附加”科目，贷记“应交税费——应交消费税”科目。

【例3-14】某商场为增值税一般纳税人，本期取得金银首饰零售收入45 200元，款已收存银行。金银首饰消费税税率为5%。该商场应作会计处理如下：

（1）收到销售收入时：

零售收入的不含税销售额$=\frac{45\ 200}{1+13\%}=40\ 000$（元）

增值税销项税额=40 000×13%=5 200（元）

借：银行存款　　45 200

　贷：主营业务收入　　40 000

　　　应交税费——应交增值税（销项税额）　　5 200

（2）计算应纳消费税时：

应纳消费税税额=40 000×5%=2 000（元）

借：税金及附加　　2 000

　贷：应交税费——应交消费税　　2 000

2.以旧换新销售金银首饰应纳消费税的核算。采用以旧换新方式销售的，按收取旧首饰的协议价格，借记“原材料”“库存商品”科目，按新旧首饰收取的差价和应收取的增值税税额，借记“库存现金”科目，按新首饰不含增值税销项税额的销售价格，贷记“主营业务收入”科目，按实际收取的不含增值税税额的全部价款计算增值税，贷记“应交税费——应交增值税（销项税额）”科目。按实际收取的不含增值税税额的全部价款计算应纳消费税税额，借记“税金及附加”科目，贷记“应交税费——应交消费税”科目。

【例3-15】某金银首饰零售商店，本期采用以旧换新销售方式收回旧金首饰10件，每件作价1 000元，每件新金首饰零售价2 260元（含增值税），顾客以现金补齐差额。增值税税率为13%，消费税税率为5%。该金银首饰零售商店应作会计处理如下：

（1）收回旧金首饰和差价时：

新金首饰不含税销售额$=\frac{22\ 600}{1+13\%}=20\ 000$（元）

增值税销项税额=20 000×13%=2 600（元）

借：原材料——收回旧金首饰　　10 000

　　库存现金　　12 600

　贷：主营业务收入　　20 000

　　　应交税费——应交增值税（销项税额）　　2 600

（2）计算应纳消费税时：

依据以旧换新销售方式销售金银首饰的规定，应以实际收取的不含增值税的价款确定计税依据征收消费税。

应纳消费税税额=（20 000−10 000）×5%=500（元）

借：税金及附加　　500

　贷：应交税费——应交消费税　　500

（三）旅游企业零售金银首饰应纳消费税的核算

1.直接收款销售金银首饰。旅游企业销售金银首饰，取得的销售收入记入“主营业务收入”科目；旅游企业销售金银首饰应缴纳的消费税，借记“税金及附加”科目，贷记“应交税费——应交消费税”科目。

【例3-16】某旅游公司下设一销售部专门销售金银首饰，销售部由当地主管税务机关认定按增值税小规模纳税人计算缴纳增值税。本期取得金银首饰零售收入12 360元，消费税税率为5%。该旅游公司应作会计处理如下：

（1）取得销售收入时：

不含税销售额=$\frac{12\ 360}{1+3\%}$=12 000（元）

应纳增值税税额=12 000×3%=360（元）

借：库存现金　　12 360

　贷：主营业务收入　　12 000

　　　应交税费——应交增值税　　360

（2）计算应缴纳的消费税时：

应纳的消费税税额=12 000×5%=600（元）

借：税金及附加　　600

　贷：应交税费——应交消费税　　600

（3）以银行存款缴纳消费税时：

借：应交税费——应交消费税　　600

　贷：银行存款　　600

2.以旧换新销售金银首饰。采取以旧换新方式销售金银首饰的，销售实现时，按收购旧首饰的协议价，借记“原材料”“库存商品”等科目，按收取的新首饰的销售价格与旧首饰协议价格的差价和应收取的增值税税额，借记“库存现金”科目，按新首饰销售的不含税销售价格，贷记“主营业务收入”科目，按应收取的增值税税额，贷记“应交税费——应交增值税”科目。

【例3-17】某旅游公司下设一门市部专门销售金银首饰和珠宝玉石，由当地主管税务机关认定按小规模纳税人缴纳增值税。本期以旧换新销售金银首饰20件，回收每件旧首饰作价800元，每件新首饰零售价2 060元。消费税税率为5%。该旅游公司应作会计处理如下：

（1）取得销售收入时：

回收旧首饰作价合计金额=800×20=16 000（元）

新首饰不含税销售额=2 060÷（1+3%）×20=40 000（元）

应纳增值税税额=（40 000−16 000）×3%=720（元）

借：原材料——回收旧首饰　16 000

库存现金　24 720

贷：主营业务收入　40 000

应交税费——应交增值税　720

（2）计算应缴纳的消费税时：

应纳消费税税额=（40 000-16 000）×5%=1 200（元）

借：税金及附加　1 200

贷：应交税费——应交消费税　1 200

第四节　出口货物退（免）消费税与减免、返还消费税的核算

一、出口货物退（免）消费税的核算

纳税人出口应税消费品，国家给予退（免）税优惠。

（一）出口应税消费品退（免）消费税的政策规定

出口应税消费品退（免）消费税政策分以下三种情况：

1.出口免税并退税。适用该规定的是有出口经营权的外贸企业购进应税消费品直接出口，以及外贸企业受其他外贸企业委托代理出口应税消费品。需要注意的是，外贸企业只有受其他外贸企业委托、代理出口应税消费品才能办理退税，外贸企业受其他企业（指非生产性的商贸企业）委托、代理出口应税消费品不退（免）税。

2.出口免税但不退税。适用该规定的是有出口经营权的生产企业自营出口或生产企业委托外贸企业代理出口自产的应税消费品，依据其实际出口数量免征消费税，不予办理退还消费税。

3.出口不免税也不退税。适用该规定的是除生产企业、外贸企业外的其他企业，具体是指一般商贸企业。这类企业委托外贸企业代理出口的应税消费品，一律不予退（免）消费税。

（二）出口应税消费品的退税率

计算出口应税消费品应退消费税的退税率或税额，依据《消费税暂行条例》所附“消费税税目税率（税额）表”的规定执行。企业在会计处理上应将不同消费税税率的出口应税消费品分开核算和申报；凡划分不清适用税率的，一律从低适用税率计算应退消费税税额。

（三）出口应税消费品应退税额的计算

外贸企业从生产企业购进货物直接出口或受其他外贸企业委托、代理出口应税消费品的应退消费税税款，分两种方法计算：

1.属于从价定率计征消费税的应税消费品，应依照外贸企业从工厂购进货物时的购进价格计算。其基本计算公式为：

应退消费税税额=出口货物的工厂销售额×出口应税消费品的适用税率

公式中的出口货物的工厂销售额不包含增值税税额，对含增值税的销售额应先换算为不含增值税的销售额才能计算。

2.属于从量定额计征消费税的应税消费品，依货物报关出口的实际数量计算。其基本计算公式为：

应退消费税税额=报关出口的实际数量×出口应税消费品的单位税额

（四）应退消费税税额的会计处理

1.生产企业直接出口应税消费品。有进出口经营权的生产企业直接出口货物，给予免税，其应税消费品出口时，不作税务会计处理。出口的应税消费品若发生退关或退货，可暂不办理补税，待其转为国内销售时，再计算申报应缴纳的消费税。其税务会计处理与国内销售应税消费品相同。

2.生产企业委托外贸企业代理出口应税消费品。生产企业委托外贸企业代理出口应税消费品，应先缴纳消费税。所缴纳的消费税在其应税消费品出口后，由代理出口的外贸企业将出口的有关凭据交生产企业，由委托方（生产企业）申请办理退税事项。生产企业将出口货物移送外贸企业出口时，视同销售收入实现，按规定计算应缴纳的消费税税额，借记“税金及附加”科目，贷记“应交税费——应交消费税”科目。待收到申请退还的消费税时，借记“银行存款”科目，贷记“应交税费——应交消费税”科目；同时，借记“应交税费——应交消费税”科目，贷记“税金及附加”科目。

【例3-18】甲企业本期将生产的一批摩托车（不含增值税销售额为500 000元、增值税税额为65 000元）委托某外贸公司代理出口，并向外贸公司开具增值税专用发票。摩托车的消费税税率为3%，外贸公司将货物出口后把有关退税凭据转给甲企业，甲企业按规定退回15 000元消费税税款。甲企业应作会计处理如下：

（1）将货物移送外贸公司时：

借：应收账款——外贸公司	565 000	
贷：主营业务收入		500 000
应交税费——应交增值税（销项税额）		65 000

（2）计算应缴纳的消费税时：

应纳消费税税额=500 000×3%=15 000（元）

借：税金及附加	15 000	
贷：应交税费——应交消费税		15 000

（3）上交消费税时：

借：应交税费——应交消费税	15 000	
贷：银行存款		15 000

（4）申请退回消费税税款时：

借：银行存款	15 000	
贷：应交税费——应交消费税		15 000

同时：

借：应交税费——应交消费税	15 000	
贷：税金及附加		15 000

需要注意的是，应退的增值税税额，按第二章中应退增值税的有关方法处理。

3.外贸企业自营出口应税消费品。外贸企业从生产企业购进应税消费品自营出口，购入商品时按不含增值税（含消费税）的金额，借记“在途物资”科目，贷记“应付账款”“银行存款”等科目；商品验收入库时，借记“库存商品”科目，贷记“在途物资”科目。

商品出口后，按取得的外汇收入折合为人民币，借记“银行存款”科目，贷记“主营业务收入”科目；同时结转出口货物的销售成本，借记“主营业务成本”科目，贷记“库存商品”科目；申请应退的消费税时，借记“应收出口退税款”科目，贷记“主营业务成本”科目；待收到退税款时，借记“银行存款”科目，贷记“应收出口退税款”科目。

【例3-19】某外贸公司本期从甲企业购进用于出口的应税消费品一批，取得甲企业开具的增值税专用发票，以银行存款支付购货金额200 000元、增值税税额26 000元，货物已验收入库。本期内该外贸公司将该批货物出口，取得销售收入40 000美元，假定美元与人民币的汇率为1∶7，款已收存银行。该外贸公司将货物出口后按规定申请退回消费税税款。应税消费品的消费税税率为15%。该外贸公司应作会计处理如下：

（1）支付购货款时：

借：在途物资——出口商品　200 000

　　应交税费——应交增值税（进项税额）　26 000

　贷：银行存款　226 000

（2）货物验收入库时：

借：库存商品——出口商品　200 000

　贷：在途物资——出口商品　200 000

（3）货物出口实现收入时：

40 000×7=280 000（元）

借：银行存款　280 000

　贷：主营业务收入　280 000

（4）结转出口货物销售成本时：

借：主营业务成本　200 000

　贷：库存商品——出口商品　200 000

（5）申请应退的消费税时：

应退的消费税税额=200 000×15%=30 000（元）

借：应收出口退税款——退回消费税税款　30 000

　贷：主营业务成本　30 000

（6）收到退回的消费税税款时：

借：银行存款　30 000

　贷：应收出口退税款——退回消费税税款　30 000

二、减免、返还消费税的核算

消费税的征税对象是少数需要进行调节的特定消费品，除特殊情况外，一律不给予减免税优惠。《消费税暂行条例》第十一条规定，除国务院另有规定外，对纳税人出口的应税消费品免征消费税。

1.企业对法定直接减免的消费税，不作会计处理。

2. 企业实际收到即征即退、先征后退、先征税后返还的消费税，借记“银行存款”科目，贷记“税金及附加”科目。

即测即评

第三章单选题

第三章多选题

第三章判断题

第四章

资源税、城市维护建设税、教育费附加的核算

学习目标

熟悉资源税、城市维护建设税、教育费附加的基本规定；掌握资源税、城市维护建设税、教育费附加的核算方法。

思政小课堂

2020年9月1日，《中华人民共和国资源税法》正式实施。国家税务总局财产和行为税司副司长刘宜认为，资源税法的立法思路主要体现在三个方面：

1. 落实税收法定原则，将资源税改革成果上升为法律。制定资源税法是“落实税收法定原则”的重要任务和具体体现，有利于提升资源税政策的科学性、稳定性、权威性，更好地促进资源全面节约和高效利用，助推绿色发展。资源税法充分吸取了资源税改革的经验做法，既巩固了改革成果、拓展了改革效应，又为正在进行的水资源税改革试点提供了法律依据。

2. 完善税收调节机制，促进资源节约高效利用。立法固化的从价计征制度构建了更为合理的资源收益调节机制，弥补了从量定额机制下资源税负与矿价不挂钩的不足。从价计征机制下，资源税负随着矿价的升降而自动增减，规范了资源开发收益分配秩序，有利于促进资源节约集约利用。

3. 优化征管操作，提升纳税人办税便利度。资源税法吸收了近年来税收征管与服务上的有效做法，践行了以纳税人为中心的服务理念，体现了深化“放管服”改革的要求。例如，简并了征收期限，简化了纳税申报，强化了部门协同，让纳税人办税更便利，遵从度更高。

资料来源　张均斌. 资源税法的立法思路［N］. 中国青年报，2020-09-01.

第一节　资源税的核算

资源税是以各种自然资源为征税对象所征收的税种。目前我国资源税的征税范围仅限于矿产品和盐，对其他自然资源暂不征收资源税。从2010年起我国开始实施资源税从价计征改革，分品目、分地区逐步推开。2010年6月率先在新疆开展原油、天然气资源税从

价计征改革试点，同年12月起推广到其他西部地区，2011年11月起推广到全国，2014年12月起在全国范围实施煤炭资源税从价计征改革，2015年5月起在全国范围实施稀土、钨、钼资源税从价计征改革，并清理相关收费基金。为深化财税制度改革，促进资源节约集约利用，加快生态文明建设，自2016年7月1日起全面推进资源税改革。2019年8月26日第十三届全国人民代表大会常务委员会第十二次会议通过《中华人民共和国资源税法》（以下简称《资源税法》），自2020年9月1日起施行。

一、资源税核算的基本规定

（一）资源税纳税义务人

在中华人民共和国领域和中华人民共和国管辖的其他海域开发应税资源的单位和个人，为资源税的纳税人，应当依照《资源税法》的规定缴纳资源税。

中外合作开采陆上、海上石油资源的企业依法缴纳资源税。2011年11月1日前已依法订立中外合作开采陆上、海上石油资源合同的，在该合同有效期内，继续依照国家有关规定缴纳矿区使用费，不缴纳资源税；合同期满后，依法缴纳资源税。

（二）资源税的征税范围与税率

应税资源的具体征税范围，以资源税税目税率表（见表4-1）确定。

表4-1 **资源税税目税率表**

税目			征税对象	税率
能源矿产	原油		原矿	6%
	天然气、页岩气、天然气水合物		原矿	6%
	煤		原矿或者选矿	2%~10%
	煤成（层）气		原矿	1%~2%
	铀、钍		原矿	4%
	油页岩、油砂、天然沥青、石煤		原矿或者选矿	1%~4%
	地热		原矿	1%~20%或者每立方米1~30元
金属矿产	黑色金属	铁、锰、铬、钒、钛	原矿或者选矿	1%~9%
	有色金属	铜、铅、锌、锡、镍、锑、镁、钴、铋、汞	原矿或者选矿	2%~10%
		铝土矿	原矿或者选矿	2%~9%
		钨	选矿	6.5%
		钼	选矿	8%
		金、银	原矿或者选矿	2%~6%
		铂、钯、钌、铱、铑	原矿或者选矿	5%~10%
		轻稀土	选矿	7%~12%
		中重稀土	选矿	20%
		铍、锂、锆、锶、铷、铯、铌、钽、锗、镓、铟、铊、铪、铼、镉、硒、碲	原矿或者选矿	2%~10%

续表

税目			征税对象	税率
非金属矿产	矿物类	高岭土	原矿或者选矿	1%~6%
		石灰岩		1%~6%或者每吨（每立方）1~10元
		磷		3%~8%
		石墨		3%~12%
		萤石、硫铁矿、自然硫		1%~8%
		天然石英砂、脉石英、粉石英、水晶、工业用金刚石、冰洲石、蓝晶石、硅线石（矽线石）、长石、滑石、刚玉、菱镁矿、颜料矿物、天然碱、芒硝、钠硝石、明矾石、砷、硼、碘、溴、膨润土、硅藻土、陶瓷土、耐火黏土、铁矾土、凹凸棒石黏土、海泡石黏土、伊利石黏土、累托石黏土	原矿或者选矿	1%~12%
		叶蜡石、硅灰石、透辉石、珍珠岩、云母、沸石、重晶石、毒重石、方解石、蛭石、透闪石、工业用电气石、白垩、石棉、蓝石棉、红柱石、石榴子石、石膏	原矿或者选矿	2%~12%
		其他黏土（铸型用黏土、砖瓦用黏土、陶粒用黏土、水泥配料用黏土、水泥配料用红土、水泥配料用黄土、水泥配料用泥岩、保温材料用黏土）		1%~5%或者每吨（每立方）0.1~5元
	岩石类	大理岩、花岗岩、白云岩、石英岩、砂岩、辉绿岩、安山岩、闪长岩、板岩、玄武岩、片麻岩、角闪岩、页岩、浮石、凝灰岩、黑曜岩、霞石正长岩、蛇纹岩、麦饭原石、泥灰岩、含钾岩石、含钾砂页岩、天然油石、橄榄岩、松脂岩、粗面岩、辉长岩、辉石岩、正长岩、火山灰、火山渣、泥炭	原矿或者选矿	1%~10%
		砂石		1%~5%或者每吨（每立方）0.1~5元
	宝玉石类	宝石、玉石、宝石级金刚石、玛瑙、黄玉、碧玺	原矿或者选矿	4%~20%
水气矿产		二氧化碳气、硫化氢气、氦气、氡气	原矿	2%~5%
		矿泉水	原矿	1%~20%或者每平方米1~30元
盐		钠盐、钾盐、镁盐、锂盐	选矿	3%~15%
		天然卤水	原矿	3%~15%或者每平方米1~10元
		海盐		2%~5%

资源税税目税率表中规定实行幅度税率的，其具体适用税率由省、自治区、直辖市人民政府统筹考虑该应税资源的品位、开采条件以及对生态环境的影响等情况，在资源税税目税率表规定的税率幅度内提出，报同级人民代表大会常务委员会决定，并报全国人民代表大会常务委员会和国务院备案。资源税税目税率表中规定征税对象为原矿或者选矿的，应当分别确定具体适用税率。

国务院根据国民经济和社会发展需要，依照《资源税法》的原则，对取用地表水或者地下水的单位和个人试点征收水资源税。征收水资源税的，停止征收水资源费。

水资源税根据当地水资源状况、取用水类型和经济发展等情况实行差别税率。

水资源税试点实施办法由国务院规定，报全国人民代表大会常务委员会备案。

国务院自《资源税法》施行之日起5年内，就征收水资源税试点情况向全国人民代表大会常务委员会报告，并及时提出修改法律的建议。

（三）资源税的计税依据

资源税的计税依据按照资源税税目税率表的规定，可以选择从价计征或者从量计征的，具体计征方式由省、自治区、直辖市人民政府提出，报同级人民代表大会常务委员会决定，并报全国人民代表大会常务委员会和国务院备案。

1.实行从价计征的，应纳税额按照应税资源产品（以下称应税产品）的销售额乘以具体适用税率计算。计算公式：

从价计征应纳税额=应税产品销售额×适用税率

2.实行从量计征的，应纳税额按照应税产品的销售数量乘以具体适用税率计算。计算公式：

从量计征应纳税额=应税产品销售数量×适用税率

应税产品为矿产品的，包括原矿和选矿产品。

纳税人开采或者生产不同税目应税产品的，应当分别核算不同税目应税产品的销售额或者销售数量；未分别核算或者不能准确提供不同税目应税产品的销售额或者销售数量的，从高适用税率。

纳税人开采或者生产应税产品自用的，应当依照规定缴纳资源税，但是，自用于连续生产应税产品的，不缴纳资源税。

（四）资源税的免减优惠

1.有下列情形之一的，免征资源税：

（1）开采原油以及在油田范围内运输原油过程中用于加热的原油、天然气；

（2）煤炭开采企业因安全生产需要抽采的煤成（层）气。

2.有下列情形之一的，减征资源税：

（1）从低丰度油气田开采的原油、天然气，减征20%资源税；

（2）高含硫天然气、三次采油和从深水油气田开采的原油、天然气，减征30%资源税；

（3）稠油、高凝油减征40%资源税；

（4）从衰竭期矿山开采的矿产品，减征30%资源税。

根据国民经济和社会发展需要，国务院对有利于促进资源节约集约利用、保护环境等情形可以规定免征或者减征资源税，报全国人民代表大会常务委员会备案。

3.有下列情形之一的，省、自治区、直辖市可以决定免征或者减征资源税：

（1）纳税人开采或者生产应税产品过程中，因意外事故或者自然灾害等原因遭受重大损失；

（2）纳税人开采共伴生矿、低品位矿、尾矿。

上述免征或者减征资源税的具体办法，由省、自治区、直辖市人民政府提出，报同级人民代表大会常务委员会决定，并报全国人民代表大会常务委员会和国务院备案。

4.纳税人的免税、减税项目，应当单独核算销售额或者销售数量；未单独核算或者不能准确提供销售额或者销售数量的，不予免税或者减税。

（五）资源税的征收管理

资源税由税务机关依照《资源税法》和《税收征收管理法》的规定征收管理。税务机关与自然资源等相关部门应当建立工作配合机制，加强资源税征收管理。

1.纳税义务发生时间。纳税人销售应税产品，纳税义务发生时间为收讫销售款或者取得索取销售款凭据的当日；自用应税产品，纳税义务发生时间为移送应税产品的当日。

2.纳税地点。纳税人应当向应税产品开采地或者生产地的税务机关申报缴纳资源税。

3.纳税申报。资源税按月或者按季申报缴纳；不能按固定期限计算缴纳的，可以按次申报缴纳。

纳税人按月或者按季申报缴纳的，应当自月度或者季度终了之日起15日内，向税务机关办理纳税申报并缴纳税款；按次申报缴纳的，应当自纳税义务发生之日起15日内，向税务机关办理纳税申报并缴纳税款。

4.纳税人、税务机关及其工作人员违反《资源税法》规定的，依照《税收征收管理法》和有关法律法规的规定追究法律责任。

二、资源税核算的会计科目与报表

（一）会计科目的设置

为了反映和监督应纳资源税税额的计算和缴纳过程，纳税人开采或者生产并销售应税产品，应设置以下会计科目进行核算：

1.企业缴纳资源税应设置“应交税费——应交资源税”会计科目，该科目贷方登记纳税人应缴纳的资源税税额，借方登记纳税人实际上交或准予抵扣的资源税税额，期末贷方余额，表示纳税人应交而未交的资源税税额。

2.企业计算出销售应税产品应交的资源税税额时，借记“税金及附加”等科目，贷记“应交税费——应交资源税”科目；上交资源税时，借记“应交税费——应交资源税”科目，贷记“银行存款”科目。

3.企业计算出自产自用应税产品应交的资源税时，借记“生产成本”“制造费用”等科目，贷记“应交税费——应交资源税”科目；上交资源税时，借记“应交税费——应交资源税”科目，贷记“银行存款”科目。

4.独立矿山、联合企业和其他单位收购未税矿产品时，按实际支付的收购款，借记“在途物资”或“原材料”科目，贷记“银行存款”“库存现金”等科目；按应代扣代缴的资源税，借记“在途物资”或“原材料”等科目，贷记“应交税费——应交资源税”科目；上交资源税时，借记“应交税费——应交资源税”科目，贷记“银行存款”科目。

5.企业外购液体盐加工固体盐，在购入液体盐时，按所允许抵扣的资源税，借记“应交税费——应交资源税”科目，按外购价款扣除允许抵扣资源税后的余额，借记“在途物资”或“原材料”等科目，按应支付的全部价款，贷记“银行存款”“应付账款”等科目。企业加工成固体盐后，在销售时，按计算出的销售固体盐应交的资源税，借记“税金及附加”科目，贷记“应交税费——应交资源税”科目；将销售固体盐应交资源税抵扣液体盐已交资源税后的差额上交时，借记“应交税费——应交资源税”科目，贷记“银行存款”科目。

6.纳税人期末与税务机关结算税款时，若补交税款，按其补交的数额，借记“应交税费——应交资源税”科目，贷记“银行存款”科目；若退回多交的税款，借记“银行存款”科目，贷记“应交税费——应交资源税”科目，同时，借记“应交税费——应交资源税”科目，贷记“税金及附加”科目；若企业未按规定期限缴纳税款，向税务机关缴纳滞纳金和罚款时，借记“营业外支出”科目，贷记“银行存款”科目。

（二）会计账户的设置

资源税的核算账户是根据“应交税费——应交资源税”科目来设置的，其基本格式见表4-2。

表4-2　**应交税费——应交资源税**

时间	摘要	借方	贷方	余额
合计				

纳税人根据当期编制的会计分录发生额，在上述账户的借方或者贷方逐笔登记，期末分别计算出借方和贷方的合计数，将其进行比较。若为贷方余额，则为当期应交或应补交的资源税税额；若为借方余额，则为当期多交或应退的资源税税额。

（三）资源税纳税申报表及其附表

资源税纳税申报表是应交资源税的纳税人在税务机关规定的纳税期限内必须申报的一种报表。纳税人根据当期生产经营的应税项目、销售明细账的销售数量或自用数量、适用税率，以及“应交税费——应交资源税”明细账的有关数据如实填列并申报。纳税申报表既是纳税人报交税款时履行的法定手续，又是基层税务机关办理征收业务、核实应纳税额、填用税票的主要依据。资源税纳税申报表的基本格式见表4-3。

资源税纳税申报表填表说明

1.本表为资源税纳税申报表主表，适用于缴纳资源税的纳税人填报（另有规定者除外）。本表包括三个附表，分别为资源税纳税申报表附表（一）、资源税纳税申报表附表（二）、资源税纳税申报表附表（三），由开采或生产原矿类、精矿类税目的纳税人以及发生减免税事项的纳税人填写。除“本期已缴税额”需要填写外，纳税人提交附表后，本表由系统自动生成，无须纳税人手工填写，仅需签章确认（特殊情况下需要手工先填写附表、再填写主表的例外）。

表4-3　　　　　　　　　　　　　　　　**资源税纳税申报表**

根据国家税收法律法规及资源税有关规定制定本表。纳税人不论有无销售额，均应按照税务机关核定的纳税期限填写本表，并向当地税务机关申报。

税款所属时间：自　　年　月　日至　　年　月　日　填表日期：　　年　月　日 金额单位：元至角分

纳税人识别号：□□□□□□□□□□□□□□□□□□□□

<table>
<tr><td>纳税人名称</td><td colspan="2">（公章）</td><td colspan="3">法定代表人姓名</td><td></td><td>注册地址</td><td colspan="2"></td><td>生产经营地址</td><td></td></tr>
<tr><td>开户银行及账号</td><td colspan="3"></td><td colspan="4">登记注册类型</td><td colspan="2"></td><td>电话号码</td><td></td></tr>
<tr><td>税目</td><td>子目</td><td>折算率或换算比</td><td>计量单位</td><td>计税销售量</td><td>计税销售额</td><td>适用税率</td><td>本期应纳税额</td><td>本期减免税额</td><td>本期已缴税额</td><td colspan="2">本期应补（退）税额</td></tr>
<tr><td>1</td><td>2</td><td>3</td><td>4</td><td>5</td><td>6</td><td>7</td><td>8①=6×7；
8②=5×7</td><td>9</td><td>10</td><td colspan="2">11=8-9-10</td></tr>
<tr><td></td><td></td><td></td><td></td><td></td><td></td><td></td><td></td><td></td><td></td><td colspan="2"></td></tr>
<tr><td></td><td></td><td></td><td></td><td></td><td></td><td></td><td></td><td></td><td></td><td colspan="2"></td></tr>
<tr><td></td><td></td><td></td><td></td><td></td><td></td><td></td><td></td><td></td><td></td><td colspan="2"></td></tr>
<tr><td></td><td></td><td></td><td></td><td></td><td></td><td></td><td></td><td></td><td></td><td colspan="2"></td></tr>
<tr><td colspan="2">合　计</td><td>—</td><td>—</td><td></td><td></td><td>—</td><td></td><td></td><td></td><td colspan="2"></td></tr>
<tr><td>授权声明</td><td colspan="5">如果你已委托代理人申报，请填写下列资料：
为代理一切税务事宜，现授权＿＿＿＿＿（地址）＿＿＿为本纳税人的代理申报人，任何与本申报表有关的往来文件，都可寄予此人。
授权人签字：</td><td colspan="2">申报人声明</td><td colspan="4">本纳税申报表是根据国家税收法律法规及相关规定填写的，我确定它是真实的、可靠的、完整的。
声明人签字：</td></tr>
</table>

主管税务机关：　　　　　接收人：　　　　接收日期：　　年　月　日

本表一式两份，一份纳税人留存，一份税务机关留存。

2.“纳税人识别号”：即税务登记证件号码。“纳税人名称”：即税务登记证件所载纳税人的全称。“填表日期”：即纳税人申报当日日期。“税款所属时间”：即纳税人申报的资源税应纳税额的所属时间，应填写具体的起止年、月、日。

3.第1栏“税目”：指规定的应税产品名称，有多个税目的，可增加行次。第2栏“子目”：反映同一税目下适用税率、折算率或换算比不同的明细项目。子目名称由各省、自治区、直辖市、计划单列市税务机关根据本地区实际情况确定。

4.第3栏“折算率或换算比”：反映精矿销售额折算为原矿销售额或者原矿销售额换算为精矿销售额的比值。除煤炭折算率由纳税人所在省、自治区、直辖市财税部门或其授权地市级财税部门确定外，其他应税产品的折算率或换算比由当地省级财税部门确定。

5.第4栏“计量单位”：反映计税销售量的计量单位，如吨、立方米、千克等。

6.第5栏“计税销售量”：反映计征资源税的应税产品销售数量，包括应税产品实际销售和视同销售两部分。从价计征税目计税销售额对应的销售数量视为计税销售量自动导入到本栏。计税销售量即课税数量。

7.第6栏“计税销售额”：反映计征资源税的应税产品销售收入，包括应税产品实际销售和视同销售两部分。

8.第7栏“适用税率”：从价计征税目的适用税率为比例税率，如原油资源税税率为6%，即填6%；从量计征税目的适用税率为定额税率，如某税目每立方米3元，即填3。

9.第8栏“本期应纳税额”：反映本期按适用税率计算缴纳的应纳税额。从价计征税目应纳税额的计算公式为8①=6×7；从量计征税目应纳税额的计算公式为8②=5×7。

10.第9栏“本期减免税额”：反映本期减免的资源税税额。如不涉及减免税事项，纳税人不需填写资源税纳税申报表附表（三），系统会将其“本期减免税额”默认为0。

11.第10栏“本期已缴税额”：填写本期应纳税额中已经缴纳的部分。

12.第11栏“本期应补（退）税额”：本期应补（退）税额=本期应纳税额-本期减免税额-本期已缴税额。

13.中外合作及海上自营油气田按照《国家税务总局关于发布〈中外合作及海上自营油气田资源税纳税申报表〉的公告》（2012年第3号）进行纳税申报。

资源税纳税申报表附表（一）（原矿类税目适用）、资源税纳税申报表附表（二）（精矿类税目适用）、资源税纳税申报表附表（三）（减免税明细）见表4-4、表4-5和表4-6。

表4-4 **资源税纳税申报表附表（一）**

（原矿类税目适用）

纳税人识别号：□□□□□□□□□□□□□□□□□□□□

纳税人名称：（公章）

税款所属时间：自　　年　月　日至　　年　月　日　　　　金额单位：元至角分

序号	税目	子目	原矿销售额	精矿销售额	折算率	精矿折算为原矿的销售额	允许扣减的运杂费	允许扣减的外购矿购进金额	计税销售额	计量单位	原矿销售量	精矿销售量	平均选矿比	精矿换算为原矿的销售量	计税销售量
	1	2	3	4	5	6=4×5	7	8	9=3+6-7-8	10	11	12	13	14=12×13	15=11+14
1															
2															
3															
4															
5															
6															
7															
8															
合计															

资源税纳税申报表附表（一）（原矿类税目适用）填表说明

1.凡开采以原矿为征税对象的应税产品的纳税人需填写此表。原矿类税目是指以原矿为征税对象的各种应税产品品目。此表反映计税销售额、计税销售量的计算过程，并自动导入主表。表中各栏如有发生数额，从价计征资源税纳税人均应如实填写；无发生数额的，应填写0。如不涉及折算，从价计征资源税纳税人应将其折算率和平均选矿比填写1；不涉及运杂费、外购矿购进金额扣减的，第7、8栏填写0。从量计征资源税纳税人只需填写原矿销售量、精矿销售量和计量单位、平均选矿比（不需要换算的，平均选矿比应填写1），系统将自动计算出计税销售量，本表第3栏到第9栏不需要填写。

2.“税目”：填写规定的应税产品名称。有多个税目的，可增加行次。煤炭、原油、天然气、井矿盐、湖盐、海盐等视同原矿类税目填写本表。“子目”：同一税目适用税率、折算率不同的，作为不同的子目分行填写。子目名称由各省、自治区、直辖市、计划单列市税务机关根据本地区实际情况确定。

3.第3栏“原矿销售额”：填写纳税人当期应税原矿产品的销售额，包括实际销售和视同销售两部分。

4.第4栏“精矿销售额”：填写纳税人当期应税精矿产品的销售额，包括实际销售和视同销售两部分。

5.第7栏“允许扣减的运杂费”、第8栏“允许扣减的外购矿购进金额”：填写根据资源税现行规定准予扣减的运杂费用、外购矿（即外购已税产品）购进金额。允许扣减的运杂费和允许扣减的外购矿购进金额，可按当期发生额根据有关规定扣减。当期不足扣减或未扣减的，可结转下期扣减。

运杂费和外购矿购进金额需要进行折算的，应按规定折算后作为允许扣减的运杂费和允许扣减的外购矿购进金额。

6.第10栏“计量单位”：填写计税销售量的计量单位，如吨、立方米、千克等。

7.本表各应税产品的销售量均包括视同销售数量，但不含外购矿的购进量。应税产品的销售量按其增值税发票等票据注明的数量填写或计算填写；发票上未注明数量的，填写与应税产品销售额相应的销售量。

8.除煤炭折算率由省级财税部门或其授权地市级财税部门确定外，本表中的折算率、平均选矿比均按当地省级财税部门确定的数值填写。在用市场法计算折算率时需用到平均选矿比。平均选矿比=加工精矿耗用的原矿数量÷精矿数量。煤炭平均选矿比的计算公式为：平均选矿比=1÷平均综合回收率。平均综合回收率=洗选煤数量÷入洗前原煤数量×100%。

9.通过本表计算的计税销售额、计税销售量，即为主表相应栏次的计税销售额、计税销售量。

资源税纳税申报表附表（二）（精矿类税目适用）填表说明

1.凡开采以精矿为征税对象的应税产品的纳税人需填写此表。精矿类税目是指以精矿为征税对象的各种应税产品品目。此表反映计税销售额、计税销售量的计算过程，并自动导入主表。表中各栏如有发生数额，从价计征资源税纳税人均应如实填写；无发生数额的，应填写0。如不涉及换算，从价计征资源税纳税人应将其换算比和平均选矿比填写1；不涉及运杂费、外购矿购进金额扣减的，第7、8栏填写0。从量计征资源税纳税人只需填写原矿销售量、精矿销售量和计量单位、平均选矿比（不需要换算的，平均选矿比应填写1），系统将自动计算出计税销售量，本表第3栏到第9栏不需要填写。

表4-5　　　　　　　　　　**资源税纳税申报表附表（二）**

（精矿类税目适用）

纳税人识别号：□□□□□□□□□□□□□□□□□□□□

纳税人名称：（公章）

税款所属时间：自　　年　月　日至　　年　月　日　　　　　　　　　　　金额单位：元至角分

序号	税目	子目	原矿销售额	精矿销售额	换算比	原矿换算为精矿的销售额	允许扣减的运杂费	允许扣减的外购矿购进金额	计税销售额	计量单位	原矿销售量	精矿销售量	平均选矿比	原矿换算为精矿的销售量	计税销售量
	1	2	3	4	5	6=3×5	7	8	9=4+6-7-8	10	11	12	13	14=11÷13	15=12+14
1															
2															
3															
4															
5															
6															
7															
8															
合计															

2.“税目”：填写规定的应税产品名称。有多个税目的，可增加行次。“子目”：同一税目适用税率、换算比不同的，作为不同的子目分行填写。子目名称由各省、自治区、直辖市、计划单列市税务机关根据本地区实际情况确定。以金锭、原矿加工品等为征税对象的税目视同精矿类税目填写本表。金锭销售在栏次4、12填写，金原矿或金精矿销售均在栏次3、11填写（纳税人既销售自采金原矿，又销售自采原矿加工的金精矿或粗金，应当分为两个子目填写）。单位金锭需要耗用的金精矿或金原矿数量在栏次13填写。

3.第3栏“原矿销售额”：填写纳税人当期应税原矿产品的销售额，包括实际销售和视同销售两部分。

4.第4栏“精矿销售额”：填写纳税人当期应税精矿产品的销售额，包括实际销售和视同销售两部分。

5.第7栏“允许扣减的运杂费”、第8栏“允许扣减的外购矿购进金额”：填写根据资源税现行规定准予扣减的运杂费用、外购矿（即外购已税产品）购进金额。允许扣减的运杂费和允许扣减的外购矿购进金额，可按当期发生额根据有关规定扣减。当期不足扣减或未扣减的，可结转下期扣减。

运杂费和外购矿购进金额需要进行换算的，应按规定换算后作为允许扣减的运杂费和允许扣减的外购矿购进金额。

6.第10栏“计量单位”：填写计税销售量的计量单位，如吨、立方米、千克等。

7.本表各应税产品的销售量均包括视同销售数量，但不含外购矿的购进量。应税产品的销售量按其增值税发票等票据注明的数量填写或计算填写；发票上未注明数量的，填写与应税产品销售额相应的销售量。

8.本表中的换算比、平均选矿比按当地省级财税部门确定的数值填写。在用市场法计算换算比时需用到平均选矿比。平均选矿比=加工精矿耗用的原矿数量÷精矿数量。

9.通过本表计算的计税销售额、计税销售量，即为主表相应栏次的计税销售额、计税销售量。

表4-6

资源税纳税申报表附表（三）

（减免税明细）

纳税人识别号：□□□□□□□□□□□□□□□□□□□□

纳税人名称：（公章）

税款所属时间：自　　年　月　日至　　年　月　日　　　　金额单位：元至角分

序号	税目	子目	减免项目名称	计量单位	减免税销售量	减免税销售额	适用税率	减免性质代码	减征比例	本期减免税额
	1	2	3	4	5	6	7	8	9	10①=6×7×9；10②=5×7×9
1										
2										
3										
4										
5										
6										
7										
8										
合计			—	—			—	—	—	

资源税纳税申报表附表（三）（减免税明细）填表说明

1.本附表适用于有减免资源税项目的纳税人填写。如不涉及减免税事项，纳税人不需填写本附表，系统会将其“本期减免税额”默认为0。

2.“纳税人识别号”填写税务登记证件号码。“纳税人名称”填写税务登记证件所载纳税人的全称。

3.第1栏“税目”：填写规定的应税产品名称。有多个税目的，可增加行次。

4.第2栏“子目”：同一税目适用的减免性质代码、税率不同的，视为不同的子目，按相应的计税销售额分行填写。

5.第3栏“减免项目名称”：填写现行资源税规定的减免项目名称，如符合条件的衰竭期矿山、低品位矿等。

6.第4栏“计量单位”：填写计税销售量的计量单位，如吨、立方米、千克等。

7.第5栏“减免税销售量”：填写减免资源税项目对应的应税产品销售数量，由从量定额计征资源税的纳税人填写。减免税销售量需要通过平均选矿比换算的，应在换算后填写。

8. 第6栏“减免税销售额”：填写减免资源税项目对应的应税产品销售收入，由从价定率计征资源税的纳税人填写。减免税销售额需要折算或换算的，应在折算或换算后填写。

9. 第7栏“适用税率”：从价计征税目的适用税率为比例税率，如原油资源税税率为6%，即填6%；从量计征税目的适用税率为定额税率，如某税目每立方米3元，即填3。

10. 第8栏“减免性质代码”：填写规定的减免性质代码。

11. 第9栏“减征比例”：填写减免税额占应纳税额的比例。免税项目的减征比例按100%填写。原油、天然气资源税按综合减征比例填写，其减征比例计算公式为：减征比例=（综合减征率÷适用税率）×100%；综合减征率=适用税率-实际征收率。

12. 第10栏“本期减免税额”：填写本期应纳税额中按规定应予减免的部分。从价定率计征资源税的纳税人适用的计算公式为：本期减免税额=减免税销售额×适用税率×减征比例。从量定额计征资源税的纳税人适用的计算公式为：本期减免税额=减免税销售量×适用税率×减征比例。本期减免税额由系统自动导入资源税纳税申报表。

三、应纳资源税税额的核算

（一）销售应税产品应纳资源税的核算

按照《资源税法》的规定，对外销售资源税应税产品，以实际销售额或销售量为课税依据。具体核算如下：

1. 油田对外销售应税产品。

【例4-1】某油田本期开采原油10 000吨，附加开采天然气5 000千立方米，对外销售原油8 000吨、天然气4 000千立方米，分别取得销售额3 200万元、480万元。原油适用税率6%，天然气适用税率6%，有关税款已上交入库。该油田应作会计处理如下：

（1）计算销售原油应纳资源税时：

销售原油应纳资源税=3 200×6%=192（万元）

借：税金及附加　　1 920 000

　贷：应交税费——应交资源税　　1 920 000

（2）计算销售天然气应纳资源税时：

销售天然气应纳资源税=480×6%=28.8（万元）

借：税金及附加　　288 000

　贷：应交税费——应交资源税　　288 000

（3）该油田上交本期资源税时：

借：应交税费——应交资源税　　2 208 000

　贷：银行存款　　2 208 000

2. 铁矿对外销售应税矿产品。

【例4-2】某铁矿本期销售铁矿石原矿60 000吨，取得收入1 800万元；销售铜矿石原矿15 000吨，取得收入450万元。铁矿石原矿税率5%，铜矿石原矿税率6%。该铁矿应作会计处理如下：

（1）计算应纳资源税时：

销售铁矿石原矿应纳资源税=18 000 000×5%=900 000（元）

销售铜矿石原矿应纳资源税=4 500 000×6%=270 000（元）

借：税金及附加　　1 170 000

　贷：应交税费——应交资源税　　1 170 000

（2）上交资源税时：

借：应交税费——应交资源税　　1 170 000

　贷：银行存款　　1 170 000

（二）自产自用应税产品应纳资源税的核算

自产自用应税产品有两种情况：一是用于非生产领域的消耗，如用于本企业的基本生产、生活福利等方面；二是用于生产领域，如将原煤加工成选煤、洗煤等。将应税产品用于非生产领域应视同对外销售，将计算的应纳税额记入“税金及附加”科目；用于生产领域的应税产品，将计算的应纳税额记入相应产品的“生产成本”科目。

【例4-3】某煤矿某月开采原煤50 000吨，该煤矿职工食堂用原煤500吨、职工浴室用原煤300吨；用自产原煤加工选煤30 000吨，当地税务机关核定选煤与原煤的比率为1∶1.5。该煤矿原煤的适用税率为6%，当月原煤每吨400元。经税务机关核定纳税期限为10天，本月内预缴税款3次，每次上交300 000元。该煤矿当月应缴纳资源税的会计处理如下：

1.每次预缴税款时：

借：应交税费——应交资源税　　300 000

　贷：银行存款　　300 000

2.月终结算应纳税额时：

（1）计算食堂、浴室用原煤应纳资源税时：

应纳资源税=（500+300）×400×6%=19 200（元）

借：应付职工薪酬——应付福利费　　19 200

　贷：应交税费——应交资源税　　19 200

（2）计算加工选煤用原煤应纳税额时：

加工选煤的原煤数量=30 000×1.5=45 000（吨）

应纳资源税=45 000×400×6%=1 080 000（元）

借：生产成本　　1 080 000

　贷：应交税费——应交资源税　　1 080 000

（3）月终，该煤矿计算应补交资源税，见表4-7。

表4-7　某煤矿“应交税费——应交资源税”账户　单位：元

时间	凭证号		摘要	借方	贷方	余额
略			略	300 000		
				300 000		
				300 000		
					19 200	
					1 080 000	
合计				900 000	1 099 200	贷方：199 200

月终应补交资源税=1 099 200-900 000=199 200（元）

借：应交税费——应交资源税　　199 200

　贷：银行存款　　199 200

（三）收购未税矿产品应纳资源税的核算

收购未税矿产品，应由收购未税矿产品的单位代扣代缴资源税，并将代扣代缴的资源税记入“在途物资”或“原材料”科目进行核算。

【例4-4】某矿山联合企业本期收购未税铁矿石100 000吨，该铁矿石每吨300元，适用税率5%。联合企业应纳资源税的会计处理如下：

1.代扣代缴资源税时：

应代扣代缴的资源税=100 000×300×5%=1 500 000（元）

借：原材料　　1 500 000

　贷：应交税费——应交资源税　　1 500 000

2.上交资源税时：

借：应交税费——应交资源税　　1 500 000

　贷：银行存款　　1 500 000

（四）外购液体盐加工固体盐应纳资源税的核算

外购液体盐加工固体盐时，外购液体盐已缴纳的资源税税额允许在固体盐销售时应纳的资源税税额中抵扣。

【例4-5】某盐场本月10日、20日分别购进液体盐50 000吨、60 000吨用于加工固体盐，每吨购进价格为160元。本月内共计对外销售加工的固体盐80 000吨，每吨售价900元；另外，用加工的固体盐20 000吨再加工成精盐出售。液体盐税率3%，固体盐税率5%。当地税务机关核定该盐场的纳税期限为10日，本月内预缴资源税3次，每次预缴税款200 000元。该盐场应交税款的有关会计处理如下：

1.每次预缴资源税时：

借：应交税费——应交资源税　　200 000

　贷：银行存款　　200 000

2.本月10日外购液体盐时：

外购液体盐支付的金额=50 000×160=8 000 000（元）

外购液体盐应负担的税额=8 000 000×3%=240 000（元）

外购液体盐不含税金额=8 000 000-240 000=7 760 000（元）

借：原材料——液体盐　　7 760 000

　　应交税费——应交资源税　　240 000

　贷：银行存款　　8 000 000

3.本月20日外购液体盐时：

外购液体盐支付的金额=60 000×160=9 600 000（元）

外购液体盐应负担的税额=9 600 000×3%=288 000（元）

外购液体盐不含税金额=9 600 000-288 000=9 312 000（元）

借：原材料——液体盐　　9 312 000

　　应交税费——应交资源税　　288 000

　贷：银行存款　　9 600 000

4.计算本月对外销售固体盐应纳资源税时：

应纳资源税税额=80 000×900×5%=3 600 000（元）

借：税金及附加　　3 600 000

　　贷：应交税费——应交资源税　　3 600 000

5.计算本月用固体盐加工精盐应纳资源税时：

应纳资源税税额=20 000×900×5%=900 000（元）

借：生产成本　　900 000

　　贷：应交税费——应交资源税　　900 000

6.月终，该盐场计算应补交资源税见表4-8。

表4-8　　**某盐场“应交税费——应交资源税”账户**　　单位：元

时间		凭证号		摘要	借方	贷方	余额
					200 000		
					200 000		
					200 000		
					240 000		
					288 000		
						3 600 000	
						900 000	
合计					1 128 000	4 500 000	贷方：3 372 000

月终应补交资源税税额=4 500 000−1 128 000=3 372 000（元）

借：应交税费——应交资源税　　3 372 000

　　贷：银行存款　　3 372 000

第二节　城市维护建设税的核算

《中华人民共和国城市维护建设税法》（以下简称《城市维护建设税法》）于2020年8月11日第十三届全国人民代表大会常务委员会第二十一次会议通过，自2021年9月1日起施行。

一、城市维护建设税核算的基本规定

城市维护建设税（以下简称城建税）是指在中华人民共和国境内缴纳增值税、消费税

的单位和个人，为城建税的纳税人，应当依照《城市维护建设税法》的规定缴纳城建税。

（一）城建税的征税范围

城建税的征税范围非常广泛，不论是城市、县城、镇，还是其他地区，只要缴纳增值税、消费税的单位和个人，都要缴纳城建税。

对进口货物或者境外单位和个人向境内销售劳务、服务、无形资产缴纳的增值税、消费税税额，不征收城建税。

（二）城建税税率

城建税采用地区差别比例税率，按照纳税人所在地不同，税率规定为三个档次，具体规定为：

1.纳税人所在地在市区的，税率为7%；

2.纳税人所在地在县城、镇的，税率为5%；

3.纳税人所在地不在市区、县城或者镇的，税率为1%。

上述所称纳税人所在地，是指纳税人住所地或者与纳税人生产经营活动相关的其他地点，具体地点由省、自治区、直辖市确定。

（三）城建税的计税依据

城建税以纳税人依法实际缴纳的增值税、消费税税额为计税依据。城建税的计税依据应当按照规定扣除期末留抵退税退还的增值税税额。城建税计税依据的具体确定办法，由国务院依据《城市维护建设税法》和有关税收法律、行政法规的规定，报全国人民代表大会常务委员会备案。

城建税的应纳税额按照计税依据乘以具体适用税率计算。计算公式为：

城建税应纳税额=（实际缴纳的增值税+实际缴纳的消费税）×适用税率

（四）城建税的减免

根据国民经济和社会发展的需要，国务院对重大公共基础设施建设、特殊产业和群体以及重大突发事件应对等情形可以规定减征或者免征城建税，报全国人民代表大会常务委员会备案。财政部、国家税务总局公告（2021年第27号）相关优惠规定如下：

1.对黄金交易所会员单位通过黄金交易所销售且发生实物交割的标准黄金，免征城建税。

2.对上海期货交易所会员和客户通过上海期货交易所销售且发生实物交割并已出库的标准黄金，免征城建税。

3.对国家重大水利工程建设基金，免征城建税。

4.自2019年1月1日至2021年12月31日，对增值税小规模纳税人可以在50%的税额幅度内减征城建税。

5.自2019年1月1日至2021年12月31日，实施扶持自主就业退役士兵创业就业城建税减免。

6.自2019年1月1日至2025年12月31日，实施支持和促进重点群体创业就业城建税减免。

（五）城建税征收管理

1.城建税的纳税义务发生时间与增值税、消费税的纳税义务发生时间一致，分别与增值税、消费税同时缴纳。

2. 城建税的扣缴义务人为负有增值税、消费税扣缴义务的单位和个人，在扣缴增值税、消费税的同时扣缴城建税。

3. 城建税由税务机关依照《城市维护建设税法》和《税收征收管理法》的规定征收管理。

4. 纳税人、税务机关及其工作人员违反《城市维护建设税法》规定的，依照《税收征收管理法》和有关法律法规的规定追究法律责任。

二、城建税核算的会计科目与报表

（一）会计科目的设置

城建税的核算，应设置“应交税费”科目，在“应交税费”科目下再设置“应交城市维护建设税”明细科目，同时设置“税金及附加”科目。

（二）会计账户的设置

企业缴纳城建税，应根据“应交税费——应交城市维护建设税”科目设置会计账户，该账户的贷方登记企业提取的应缴纳的城建税税额，借方登记企业已上交的城建税税额。期末贷方余额表示应交而尚未上交的城建税税额，期末借方余额表示已多交应退而尚未退还的城建税税额。其格式见表4-9。

表4-9 应交税费——应交城建税

时间	摘要	借方	贷方	余额

（三）城建税纳税申报表

城建税纳税申报表自2021年8月1日起与增值税、消费税并表申报。

三、城建税应纳税额的核算

城建税根据纳税人实际缴纳的增值税、消费税税额计算并缴纳。计算提取应缴纳的城建税时，借记“税金及附加”等科目，贷记“应交税费——应交城市维护建设税”科目；上交城建税时，借记“应交税费——应交城市维护建设税”科目，贷记“银行存款”科目。

【例4-6】某工业企业地处某市区，某月实际缴纳增值税80 000元、消费税60 000元。该工业企业应缴纳的城建税计算、处理如下：

1. 计算当月应缴纳的城建税：

应纳城建税=（80 000+60 000）×7%=9 800（元）

2. 应纳城建税的会计处理为：

借：税金及附加　9 800

　贷：应交税费——应交城市维护建设税　9 800

3. 企业上交城建税时：

借：应交税费——应交城市维护建设税　　9 800

　贷：银行存款　　9 800

第三节　教育费附加和地方教育附加的核算

一、教育费附加和地方教育附加核算的基本规定

教育费附加和地方教育附加是国家为了加快教育事业的发展、提高人民的文化素质、扩大我国教育经费的来源而对纳税人缴纳的增值税、消费税所附加征收的一种费用。

（一）教育费附加和地方教育附加的征收范围和征收依据

凡是缴纳增值税、消费税的纳税人都是缴纳教育费附加和地方教育附加的义务人。教育费附加和地方教育附加以纳税人实际缴纳的增值税、消费税之和为计算依据。

（二）教育费附加和地方教育附加的征收率

教育费附加的征收率也叫附加率，为3%；地方教育附加的征收率为2%。

二、应交教育费附加和地方教育附加的核算

（一）会计科目的设置

企业核算教育费附加和地方教育附加，应设置“应交税费”会计科目，并在“应交税费”科目下设置“应交教育费附加”和“应交地方教育附加”明细科目，同时设置“税金及附加”科目。

（二）计算并上交教育费附加和地方教育附加的核算

企业根据实际上交的增值税、消费税税额计算教育费附加和地方教育附加时，借记“税金及附加”等科目，贷记“应交税费——应交教育费附加”“应交税费——应交地方教育附加”科目；上交教育费附加时，借记“应交税费——应交教育费附加”“应交税费——应交地方教育附加”科目，贷记“银行存款”科目。

【例4-7】某工业企业本月实际上交增值税90 000元、消费税80 000元，教育费附加的征收率为3%，地方教育附加的征收率为2%。该企业应交教育费附加的会计处理如下：

1. 计算应交教育费附加和地方教育附加时：

应交教育费附加=（90 000+80 000）×3%=5 100（元）

应交地方教育附加=（90 000+80 000）×2%=3 400（元）

借：税金及附加　　8 500

　贷：应交税费——应交教育费附加　　5 100

　　　　　　——应交地方教育附加　　3 400

2. 上交教育费附加和地方教育附加时：

借：应交税费——应交教育费附加　　5 100

　　　　　——应交地方教育附加　　3 400

　贷：银行存款　　8 500

即测即评

第四章单选题

第四章多选题

第四章判断题

第五章

土地增值税的核算

学习目标

熟悉土地增值税核算的基本规定；掌握土地增值税核算会计科目的使用和报表的填列方法；掌握土地增值税的核算方法。

思政小课堂

2019年7月16日，财政部、国家税务总局发布《中华人民共和国土地增值税法》（征求意见稿）。1993年12月13日，国务院发布了《中华人民共和国土地增值税暂行条例》（以下简称《条例》），自1994年1月1日起对转让国有土地使用权、地上建筑物及附着物的单位和个人征收土地增值税。根据《条例》授权，财政部于1995年1月印发了《中华人民共和国土地增值税暂行条例细则》。《条例》施行至今，税制比较健全，运行平稳，上升为法律的条件和时机已经成熟。

土地增值税立法是贯彻落实税收法定原则的重要步骤，也是健全地方税体系改革的重要内容，有利于完善土地增值税制度，增强权威性和执法刚性，发挥土地增值税筹集财政收入、调节土地增值收益分配、促进房地产市场健康稳定发展的作用，有利于健全我国的房地产税收体系、推进国家治理体系和治理能力现代化。

资料来源　财政部，国家税务总局．制定《中华人民共和国土地增值税法》的必要性和可行性的说明［EB/OL］．（2019-07-16）［2021-08-30］．http：//www.chinatax.gov.cn/chinatax/n810356/n810961/c5136578/content.html.

第一节　土地增值税核算的基本规定

土地增值税是对转让国有土地使用权、地上建筑物及其附着物并取得收入的单位和个人所征收的一种税。征收土地增值税，有利于合理配置资源，提高土地使用效率，抑制炒买炒卖土地投机获取暴利的行为，增加国家财政收入。

一、土地增值税的征税范围

根据《中华人民共和国土地增值税暂行条例》（以下简称《土地增值税暂行条例》）

及其实施细则的规定，土地增值税的征税范围包括：

（一）转让国有土地使用权

国有土地是指按照国家法律规定属于国家所有的土地。根据我国宪法和土地管理法的规定，城市土地属国家所有；农村和城市郊区的土地，除由法律规定属于国家所有的以外，属于集体所有。

（二）地上的建筑物及其附着物

地上的建筑物是指建于土地上的一切建筑物，包括地上、地下的各种附属设施。附着物是指附着于土地上的不能移动或一经移动即遭损坏的物品。土地使用权转让，其地上的建筑物、其他附着物的所有权随之转让，地上的建筑物及其附着物属于土地增值税的征税范围。

（三）土地增值税征税范围的具体规定

1.以出售方式转让国有土地使用权、地上建筑物及其附着物。这分为三种情况：

（1）出售国有土地使用权的，是指土地使用者通过出让方式，向政府缴纳了土地出让金，有偿受让土地使用权后，仅对土地进行通水、通电、通路和平整地面等土地开发，不进行房地产开发，即将“生地变为熟地”，然后直接将空地出售。这属于国有土地使用权有偿转让，属于土地增值税的征税范围。

（2）取得国有土地使用权后进行房屋开发建造然后出售的，即为一般所说的房地产开发。这种情况既发生了产权的转让，又取得了销售收入，属于土地增值税的征税范围。

（3）存量房地产买卖，这种情况是指已经建成并已投入使用的房地产，其房屋所有人将房屋产权和土地使用权一并转让给其他单位和个人。这种行为按照国家有关房地产法规的规定，应当到有关部门办理房产产权和土地使用权的转让变更手续。如原土地使用权属于无偿划拨，还应到土地管理部门补交土地出让金。这种情况既发生了产权的转让，又取得了销售收入，属于土地增值税的征税范围。

2.以继承、赠与方式转让房地产。以继承、赠与方式转让房地产的，没有取得相应的收入，属于无偿转让房地产行为，不属于土地增值税的征税范围。具体分以下两种情况：

（1）房地产的继承。这是指房产的原产权所有人、依照法律规定取得土地使用权的土地使用人死亡，由其继承人依法承受死者房产产权和土地使用权的民事法律行为。这种行为虽然发生了房地产的权属变更，但作为房产产权、土地使用权的原所有人（即被继承人）并没有因权属的转让而取得任何收入，这种房地产的继承不属于土地增值税的征税范围。

（2）房地产的赠与。这是指房产所有人、土地使用权所有人将自己所拥有的房地产无偿交给其他人的民事法律行为。房地产的赠与仅指以下两种情况：第一，房产所有人、土地使用权所有人将房屋产权、土地使用权赠与直系亲属或承担直接赡养义务的人。第二，房产所有人、土地使用权所有人通过中国境内的非营利社会团体、国家机关将房屋产权、土地使用权赠与教育、民政和其他社会福利、公益事业。

3.房地产的出租。这是指房产的产权所有人、依照法律规定取得土地使用权的土地使用人将房产、土地使用权租赁给承租人使用，由承租人向出租人支付租金的行为。房地产的出租虽然取得了收入，但没有发生房产产权、土地使用权的转让，不属于土地增值税的征税范围。

4.房地产的抵押。这是指房产的产权所有人、依法取得土地使用权的土地使用人，作为债务人或第三人向债权人提供不动产作为清偿债务的担保而不转移权属的法律行为。由于房产产权、土地使用权在抵押期间并没有发生权属变更，房产的产权所有人、土地使用权人仍能对房地产行使占有、使用、收益等权利，房产的产权所有人、土地使用权人虽然在抵押期间取得了一定的收入，但实际上这些收入在抵押期满后要偿还给债权人，对房地产的抵押，在抵押期间不征收土地增值税。抵押期满后发生房地产权属转让的，属于土地增值税的征税范围。

5.房地产交换。这是指一方以房地产与另一方的房地产进行交换的行为。这种行为既发生了房产产权、土地使用权的转移，交换双方又取得了实物形态的收入，按照《土地增值税暂行条例》的规定，属于土地增值税的征税范围。对于个人之间互换自有居住用房地产的，经当地税务机关核实，可以免征土地增值税。

6.合作建房。这是指一方出地、另一方出资金，双方合作共建房屋的行为。如合作建成后按比例分房自用，暂免征收土地增值税。如建成后转让，属于土地增值税的征税范围。

企业以本企业为主体联合其他企业、单位、个人合作或合资开发房地产项目，且该项目未成立独立法人公司的，也属于合作开发房地产项目。

7.房地产的代建房行为。这是指房地产开发公司代客户进行房地产开发，开发完成后向客户收取代建收入的行为。房地产开发企业虽然取得了收入，但并未发生房地产权属转移，其收入属于劳务收入性质，不属于土地增值税的征税范围。

8.房地产的重新评估。这是指国有企业在清产核资时对房地产进行重新评估可能发生增值的行为。这种房地产评估的增值，既没有发生房地产权属的转移，房产产权、土地使用权人也未取得收入，不属于土地增值税的征税范围。

9.国家收回国有土地使用权、征用地上的建筑物及其附着物。国家收回国有土地使用权、征用地上的建筑物及其附着物而使房地产产权发生转让的，原房产所有人、土地使用权人也取得了一定的收入（补偿金），但根据《土地增值税暂行条例》的有关规定，可以免征土地增值税。

二、土地增值税税率

我国现行土地增值税适用四级超率累进税率，具体规定见表5-1。

表5-1　土地增值税税率表

级次	增值额与扣除金额的比例	税率（%）	速算扣除系数（%）
1	不超过50%的部分	30	0
2	超过50%～100%的部分	40	5
3	超过100%～200%的部分	50	15
4	超过200%的部分	60	35

三、土地增值税的计税依据

土地增值税的计税依据是转让房地产过程中取得的增值额，即转让房地产取得的全部收入减去按《土地增值税暂行条例》规定的扣除项目金额。其基本计算公式为：

增值额=收入总额-税法规定的扣除项目金额

（一）收入总额

纳税人转让房地产取得的收入额包括转让房地产的全部价款及有关的经济收益。从收入形式来看，包括货币收入、实物收入和其他收入。

1.货币收入，是指纳税人转让房地产时取得的现金、银行存款、支票、银行本票等各种信用票据和国库券、金融债券、企业债券、股票等有价证券。

2.实物收入，是指纳税人转让房地产而取得的各种实物形态的收入，如材料、房屋等。实物收入的实际价值难以确定，一般需要对这些实物形态的财产进行评估。

3.其他收入，是指纳税人转让房地产而取得的除上述两项以外的其他收入，如专利权、商标权、专有技术使用权、土地使用权等。

（二）扣除项目金额

1.取得土地使用权所支付的金额。这是指纳税人取得土地使用权所支付的地价款。如果是以协议、招标、拍卖等出让方式取得土地使用权的，地价款为纳税人所支付的土地出让金；如果是以行政划拨方式取得土地使用权的，地价款为按照国家有关规定补交的土地出让金；如果是以转让方式取得土地使用权的，地价款为向原土地使用权人实际支付的地价款。另外，还包括纳税人在取得土地使用权时按照国家统一规定缴纳的有关费用，如按照规定缴纳的有关登记费用、过户手续费等。

2.房地产开发成本。这是指纳税人房地产开发项目实际发生的成本，包括土地征用及拆迁补偿费、前期工程费、建筑安装工程费、基础设施费、公共配套设施费、开发间接费用等。

（1）土地征用及拆迁补偿费，包括土地征用费、耕地占用税、劳动力安置费、有关地上地下附着物拆迁补偿的净支出、安置动迁用房支出等。

（2）前期工程费，包括规划、设计、项目可行性研究、水文、地质、勘测、“三通一平”等支出。

（3）建筑安装工程费，包括以出包方式支付给承包方的建筑安装工程费，以及以自营方式发生的建筑安装工程费。

（4）基础设施费，包括开发小区内道路、供水、供电、供气、排污、排洪、通信、照明、环卫、绿化等工程发生的支出。

（5）公共配套设施费，包括不能有偿转让的开发小区内公共配套设施发生的支出。

（6）开发间接费用，包括直接组织、管理开发项目发生的费用，如工资、职工福利费、折旧费、修理费、办公费、水电费、劳动保护费、周转房摊销等。

3.房地产开发费用。这是指与房地产开发项目有关的销售费用、管理费用和财务费用。房地产开发费用分为财务费用和其他房地产开发费用两部分。

（1）凡财务费用中的利息支出，能够按转让房地产项目计算分摊且能提供金融机构证明的，允许据实扣除（不包括超过贷款期限的利息部分和加罚的利息部分），但最高不得超过按商业银行同类同期贷款利率计算的金额。其他房地产开发费用，按取得土地使用权所支付的金额和房地产开发成本两项计算的金额之和的5%以内计算扣除。其计算公式为：

$$\text{允许扣除的房地产开发费用}=\text{准予扣除的利息}+(\text{取得土地使用权所支付的金额}+\text{房地产开发成本})\times5\%\text{以内}$$

（2）凡财务费用中的利息支出，不能按转让房地产项目计算分摊或不能提供金融机构证明的，财务费用和其他房地产开发费用不分别单独计算。房地产开发费用按取得土地使用权所支付的金额和房地产开发成本两项之和的10%以内计算扣除。其计算公式为：

允许扣除的房地产开发费用=（取得土地使用权所支付的金额+房地产开发成本）×10%以内

上述两项扣除的具体比例，由各省、自治区、直辖市人民政府规定。

4.与转让房地产有关的税费。这是指转让房地产时应缴纳的城建税、印花税、教育费附加和地方教育附加。

房地产开发企业转让房地产时缴纳的印花税已记入“管理费用”账户，在扣除房地产开发费用时已包括该部分内容，所以房地产开发企业的印花税不再单独扣除。

非房地产开发企业转让房地产时缴纳的印花税，一般未包括在扣除的房地产开发费用中，所以非房地产开发企业转让房地产时应缴纳的印花税可计算扣除。

5.加计扣除项目。对从事房地产开发的纳税人，可按取得土地使用权所支付的金额和房地产开发成本两项之和，加计20%的扣除。其计算公式为：

加计扣除金额=（取得土地使用权所支付的金额+房地产开发成本）×20%

该优惠政策只适用于从事房地产开发的纳税人，非从事房地产开发的纳税人不享受这条优惠规定。即使是从事房地产开发的纳税人，如果在房地产买卖过程中未进行开发，也不享受该优惠政策。

6.旧房及建筑物的评估价格。这是指在转让已使用的房屋及建筑物时，由政府批准设立的房地产评估机构评定的重置成本价乘以成新度折扣率后的价格。评估价格须经当地税务机关确认。根据《财政部、国家税务总局关于土地增值税一些具体问题规定的通知》，转让旧房的，应按房屋及建筑物的评估价格、取得土地使用权所支付的地价款和按国家统一规定缴纳的有关费用及在转让环节缴纳的税金作为扣除项目金额征收土地增值税。对取得土地使用权时未支付地价款或不能提供已支付地价款凭据的，不允许扣除取得土地使用权所支付的金额。

在上述六项扣除范围中，前五项用于新房产的转让，第六项用于旧房产的转让。

四、土地增值税的减免优惠

（一）对建造普通标准住宅的减免优惠

纳税人建造普通标准住宅出售，增值额未超过扣除项目金额20%的，免征土地增值税。增值额超过扣除项目金额20%的，应就其全部增值额按规定计算缴纳土地增值税。普通标准住宅是指按所在地一般民用住宅标准建造的居住用住宅。高级公寓、别墅、度假村等不属于普通标准住宅。普通标准住宅与其他住宅的具体划分界线，2005年5月31日以前由各省、自治区、直辖市人民政府规定。2005年6月1日起，普通标准住宅应同时满足以下条件：住宅小区建筑容积率在1.0以上；单套建筑面积在120平方米以下；实际成交价格低于同级别土地上住房平均交易价格的1.2倍。各省、自治区、直辖市可根据实际情况，制定本地区享受优惠政策普通标准住宅的具体标准，允许单套建筑面积和价格适当浮动，但向上浮动的比例不得超过上述标准的20%。

对于纳税人既建造普通标准住宅又搞其他房地产开发的，应分别核算各自的增值额；不分别核算增值额或不能准确核算增值额的，其建造的普通标准住宅不能适用上述免税规定。

（二）对国家收回的房地产的减免税优惠

因国家建设需要依法征用、收回的房地产，免征土地增值税。因国家建设需要依法征用、收回的房地产，是指因城市实施规划、国家建设的需要而被政府批准征用的房产或收回的土地使用权。因城市实施规划、国家建设的需要而搬迁，由纳税人自行转让原房地产的，比照有关规定免征土地增值税。

（三）对个人转让房地产的减免优惠

个人转让原自用住房，经向税务机关申报核准，凡居住满5年或5年以上的，免予征收土地增值税；居住满3年未满5年的，减半征收土地增值税；居住未满3年的，按规定计征土地增值税。

五、土地增值税的征收管理

（一）土地增值税的纳税申报时间

土地增值税的纳税人应在转让房地产合同签订后7日内，到房地产所在地主管税务机关办理纳税申报，并向税务机关提交房屋及建筑物产权、土地使用权证书，土地使用权转让、房产买卖合同，房地产评估报告及其他与转让房地产有关的资料。纳税人因经常发生房地产转让而难以在每次转让后申报的，经税务机关审核同意后，可以定期进行纳税申报，具体期限由当地主管税务机关根据实际情况决定。

（二）土地增值税的纳税地点

土地增值税的纳税人应向房地产所在地主管税务机关办理纳税申报，并在税务机关规定的期限内缴纳土地增值税。房地产所在地是指房地产的坐落地。如纳税人转让的房地产坐落在两个或两个以上地区，应分别向房地产所在地税务机关申报纳税。

在实际工作中，纳税地点的确定又可分为以下两种情况：

1.纳税人是法人的，当转让的房地产坐落地与其机构所在地或经营所在地一致时，在办理税务登记的原管辖税务机关申报纳税即可；如果转让的房地产坐落地与其机构所在地或经营所在地不一致，则应在房地产坐落地的税务机关申报纳税。

2.纳税人是自然人的，当转让的房地产坐落地与其居住所在地一致时，在其居住所在地税务机关申报纳税；当转让的房地产坐落地与其居住所在地不一致时，在办理过户手续所在地的税务机关申报纳税。

（三）房地产开发企业土地增值税清算

1.土地增值税的清算条件。

（1）符合下列情形之一的，纳税人应进行土地增值税的清算：①房地产开发项目全部竣工、完成销售的；②整体转让未竣工决算房地产开发项目的；③直接转让土地使用权的。

（2）符合下列情形之一的，主管税务机关可要求纳税人进行土地增值税清算：①已竣工验收的房地产开发项目，已转让的房地产建筑面积占整个项目可售建筑面积的比例在85%以上，或该比例虽未超过85%，但剩余的可售建筑面积已经出租或自用的；②取得销售（预售）许可证满3年仍未销售完毕的；③纳税人申请注销税务登记但未办理土地增值税清算手续的；④省级税务机关规定的其他情况。

2.非直接销售和自用房地产的收入确定。

（1）房地产开发企业将开发产品用于职工福利、奖励、对外投资、分配给股东或投资人、抵偿债务、换取其他单位和个人的非货币性资产等，发生所有权转移时应视同销售房地产，其收入按下列方法和顺序确认：①按本企业在同一地区、同一年度销售的同类房地产的平均价格确定；②由主管税务机关参照当地当年、同类房地产的市场价格或评估价格确定。

（2）房地产开发企业将开发的部分房地产转为企业自用或用于出租等商业用途时，如果产权未发生转移，不征收土地增值税，在税款清算时不列收入，不扣除相应的成本和费用。

3.土地增值税的扣除项目。

（1）房地产开发企业办理土地增值税清算时计算与清算项目有关的扣除项目金额，应根据《土地增值税暂行条例》及其实施细则的规定执行。除另有规定外，扣除取得土地使用权所支付的金额、房地产开发成本、房地产开发费用及与转让房地产有关的税金，须提供合法有效凭证；不能提供合法有效凭证的，不予扣除。

（2）房地产开发企业办理土地增值税清算所附送的前期工程费、建筑安装工程费、基础设施费、开发间接费用的凭证或资料不符合清算要求或不实的，税务机关可参照当地建设工程造价管理部门公布的建筑安装造价定额资料，结合房屋结构、用途、区位等因素，核定上述四项开发成本的单位面积金额标准，并据以计算扣除。具体核定方法由省级税务机关确定。

（3）房地产开发企业开发建造的与清算项目配套的居委会和派出所用房、会所、停车场（库）、物业管理场所、变电站、热力站、水厂、文体场馆、学校、幼儿园、托儿所、医院、邮电通信等公共设施，按以下原则处理：①建成后产权属于全体业主所有的，其成本、费用可以扣除；②建成后无偿移交给政府、公用事业单位用于非营利性社会公共事业的，其成本、费用可以扣除；③建成后有偿转让的，应计算收入，并准予扣除成本、费用。

（4）房地产开发企业销售已装修的房屋，其装修费用可以计入房地产开发成本。房地产开发企业的预提费用，除另有规定外，不得扣除。

（5）属于多个房地产项目共同的成本费用，应按清算项目可售建筑面积占多个项目可售总建筑面积的比例或其他合理的方法，计算确定清算项目的扣除金额。

4.土地增值税清算应报送的资料。符合上述“土地增值税的清算条件”第（1）项规定的纳税人，须在满足清算条件之日起90日内到主管税务机关办理清算手续；符合上述“土地增值税的清算条件”第（2）项规定的纳税人，须在主管税务机关限定的期限内办理清算手续。

纳税人办理土地增值税清算应报送以下资料：

（1）房地产开发企业清算土地增值税书面申请、土地增值税纳税申报表；

（2）项目竣工决算报表、取得土地使用权所支付的地价款凭证、国有土地使用权出让合同、银行贷款利息结算通知单、项目工程合同结算单、商品房购销合同统计表等与转让房地产的收入、成本和费用有关的证明资料；

（3）主管税务机关要求报送的其他与土地增值税清算有关的证明资料等。

纳税人委托税务中介机构审核鉴证的清算项目，还应报送中介机构出具的《土地增值税清算税款鉴证报告》。

5.土地增值税清算项目的审核鉴证。税务中介机构受托对清算项目审核鉴证时，应按税务机关规定的格式对审核鉴证情况出具鉴证报告。对符合要求的鉴证报告，税务机关可以采信。

税务机关要对从事土地增值税清算鉴证工作的税务中介机构在准入条件、工作程序、鉴证内容、法律责任等方面提出明确要求，并做好必要的指导和管理工作。

6.土地增值税的核定征收。房地产开发企业有下列情形之一的，税务机关可以参照与其开发规模和收入水平相近的当地企业的土地增值税税负情况，按不低于预征率的征收率核定征收土地增值税：

（1）依照法律、行政法规的规定应当设置但未设置账簿的；

（2）擅自销毁账簿或者拒不提供纳税资料的；

（3）虽设置账簿，但账目混乱或者成本资料、收入凭证、费用凭证残缺不全，难以确定转让收入或扣除项目金额的；

（4）符合土地增值税清算条件，未按照规定的期限办理清算手续，经税务机关责令限期清算，逾期仍不清算的；

（5）申报的计税依据明显偏低，又无正当理由的。

第二节　土地增值税核算的会计科目与报表

一、会计科目的设置

1.缴纳土地增值税的企业应设置“应交税费”科目，并在“应交税费”科目下增设“应交土地增值税”明细科目进行核算。

2.转让国有土地使用权、地上建筑物及其附着物并取得收入的企业，按规定计算出应缴纳的土地增值税，分别按以下情况进行会计处理：

（1）主营房地产业务的企业，应由当期营业收入负担的土地增值税，借记“税金及附加”科目，贷记“应交税费——应交土地增值税”科目。

（2）兼营房地产业务的企业，应由当期营业收入负担的土地增值税，借记“税金及附加”或“其他业务成本”科目，贷记“应交税费——应交土地增值税”科目。

（3）企业转让国有土地使用权连同地上建筑物及其附着物一并在“固定资产清理”或“在建工程”等科目核算。转让时，应缴纳的土地增值税，借记“固定资产清理”“在建工程”等科目，贷记“应交税费——应交土地增值税”科目。

3.企业缴纳土地增值税时，借记“应交税费——应交土地增值税”科目，贷记“银行存款”科目。

4.企业在项目全部竣工决算前转让房地产取得的收入，按税法规定预缴的土地增值税，借记“应交税费——应交土地增值税”科目，贷记“银行存款”科目；待该房地产营业收入实现时，再按上文的有关规定进行会计处理；项目全部竣工、办理结算后进行清算，若收到退回多交的土地增值税，借记“银行存款”等科目，贷记“应交税费——应交土地增值税”科目；若补交土地增值税，作相反的会计分录。

预缴土地增值税的企业，“应交税费——应交土地增值税”科目的借方余额，包括预缴的土地增值税。

5.为了提供土地增值税的计算依据，企业应将取得土地使用权时所支付的金额、开发土地和新建房及配套设施的成本、费用等，在有关会计科目或备查簿中详细登记。

二、土地增值税核算账户

土地增值税核算账户应根据“应交税费——应交土地增值税”总账科目进行设置。其账户基本格式见表5-2。

表5-2　　应交税费——应交土地增值税

时间	凭证	摘要	借方	贷方	余额

账户的贷方登记当期计算应缴纳的土地增值税税额，借方登记当期预缴和当期已交的土地增值税税额。期末贷方余额表示应交而尚未缴纳的土地增值税税额，期末借方余额表示当期多交或预缴的土地增值税税额。

三、土地增值税纳税申报表

土地增值税纳税申报表分为两种：一种适用于从事房地产开发的纳税人；另一种适用于非从事房地产开发的纳税人。

（一）土地增值税纳税申报表（一）和（二）

土地增值税纳税申报表适用于从事房地产开发及转让的土地增值税纳税人，包括其转让已完成开发的房地产取得收入，或预售正在开发的房地产并取得预售收入。其格式见表5-3和表5-4。

土地增值税纳税申报表（一）（从事房地产开发的纳税人预征适用）填表说明

1.本表适用于从事房地产开发并转让的土地增值税纳税人，在每次转让时填报，也可按月或按各省、自治区、直辖市和计划单列市税务局规定的期限汇总填报。

2.凡从事新建房及配套设施开发的纳税人，均应在规定的期限内，据实向主管税务机关填报本表所列内容。

3.本表栏目的内容如果没有，可以空置不填。

4.纳税人在填报土地增值税预征申报表时，应同时向主管税务机关提交土地增值税项目登记表等有关资料。

5.项目编号是在进行房地产项目登记时，税务机关按照一定的规则赋予的编号，此编号会跟随项目的预征、清算全过程。

表5-3

土地增值税纳税申报表（一）

（从事房地产开发的纳税人预征适用）

税款所属时间：　年　月　日至　年　月　日　　　　填表日期：　年　月　日

项目名称：　　　　项目编号：　　　　金额单位：元至角分；面积单位：平方米

纳税人识别号

<table>
<tr><td rowspan="2">房产类型</td><td rowspan="2">房产类型子目</td><td colspan="4">收　入</td><td rowspan="2">预征率（%）</td><td rowspan="2">应纳税额</td><td colspan="2">税款缴纳</td></tr>
<tr><td>应税收入</td><td>货币收入</td><td>实物收入及其他收入</td><td>视同销售收入</td><td>本期已缴税额</td><td>本期应缴税额计算</td></tr>
<tr><td></td><td>1</td><td>2=3+4+5</td><td>3</td><td>4</td><td>5</td><td>6</td><td>7=2×6</td><td>8</td><td>9=7-8</td></tr>
<tr><td rowspan="2">普通住宅</td><td></td><td></td><td></td><td></td><td></td><td></td><td></td><td></td><td></td></tr>
<tr><td></td><td></td><td></td><td></td><td></td><td></td><td></td><td></td><td></td></tr>
<tr><td rowspan="2">非普通住宅</td><td></td><td></td><td></td><td></td><td></td><td></td><td></td><td></td><td></td></tr>
<tr><td></td><td></td><td></td><td></td><td></td><td></td><td></td><td></td><td></td></tr>
<tr><td rowspan="2">其他类型房地产</td><td></td><td></td><td></td><td></td><td></td><td></td><td></td><td></td><td></td></tr>
<tr><td></td><td></td><td></td><td></td><td></td><td></td><td></td><td></td><td></td></tr>
<tr><td>合　计</td><td>—</td><td></td><td></td><td></td><td></td><td>—</td><td></td><td></td><td></td></tr>
<tr><td colspan="10">以下由纳税人填写：</td></tr>
<tr><td colspan="2">纳税人声明</td><td colspan="8">此纳税申报表是根据《中华人民共和国土地增值税暂行条例》及其实施细则和国家有关税收规定填报的，是真实的、可靠的、完整的。</td></tr>
<tr><td colspan="2">纳税人签章</td><td colspan="2"></td><td colspan="2">代理人签章</td><td colspan="1"></td><td>代理人身份证号</td><td colspan="2"></td></tr>
<tr><td colspan="10">以下由税务机关填写：</td></tr>
<tr><td colspan="2">受理人</td><td colspan="2"></td><td colspan="2">受理日期</td><td>年　月　日</td><td>受理税务机关签章</td><td colspan="2"></td></tr>
</table>

本表一式两份，一份纳税人留存，一份税务机关留存。

6.表第1列“房产类型子目”是主管税务机关规定的预征率类型，每一个子目对应一个房产类型。

7.表第3栏“货币收入”，按纳税人转让房地产开发项目所取得的货币形态的收入额（不含增值税）填写。

8.表第4栏“实物收入及其他收入”，按纳税人转让房地产开发项目所取得的实物形态的收入和无形资产等其他形式的收入额（不含增值税）填写。

9.表第5栏“视同销售收入”，纳税人将开发产品用于职工福利、奖励、对外投资、分配给股东或投资人、抵偿债务、换取其他单位和个人的非货币性资产等，发生所有权转移时应视同销售房地产，其收入不含增值税。

10.本表一式两份，送主管税务机关审核盖章后，一份由税务机关留存，一份退纳税人。

表5-4

土地增值税纳税申报表（二）

（从事房地产开发的纳税人清算适用）

税款所属时间：　年　月　日至　年　月　日　填表日期：　年　月　日

金额单位：元至角分；面积单位：平方米

纳税人识别号 □□□□□□□□□□□□□□□□□□

纳税人名称		项目名称		项目编号		项目地址	
所属行业		登记注册类型		纳税人地址		邮政编码	
开户银行		银行账号		主管部门		电　话	

总可售面积			自用和出租面积				
已售面积		其中：普通住宅已售面积		其中：非普通住宅已售面积		其中：其他类型房地产已售面积	

项目		行次	金额			
			普通住宅	非普通住宅	其他类型房地产	合计
一、转让房地产收入总额　1 = 2+3+4		1				
其中	货币收入	2				
	实物收入及其他收入	3				
	视同销售收入	4				
二、扣除项目金额合计　5 = 6+7+14+17+21+22		5				
1.取得土地使用权所支付的金额		6				
2.房地产开发成本　7 = 8+9+10+11+12+13		7				
其中	土地征用及拆迁补偿费	8				
	前期工程费	9				
	建筑安装工程费	10				
	基础设施费	11				
	公共配套设施费	12				
	开发间接费用	13				

续表

3.房地产开发费用　14＝15+16			14				
其中	利息支出		15				
	其他房地产开发费用		16				
4.与转让房地产有关的税金等　17＝19+20			17				
其中	—		18				
	城市维护建设税		19				
	教育费附加		20				
5.财政部规定的其他扣除项目			21				
6.代收费用			22				
三、增值额　23＝1−5			23				
四、增值额与扣除项目金额之比（%）24＝23÷5			24				
五、适用税率（%）			25				
六、速算扣除系数（%）			26				
七、应缴土地增值税税额　27＝23×25−5×26			27				
八、减免税额　28＝30+32+34			28				
其中	减免税（1）	减免性质代码（1）	29				
		减免税额（1）	30				
	减免税（2）	减免性质代码（2）	31				
		减免税额（2）	32				
	减免税（3）	减免性质代码（3）	33				
		减免税额（3）	34				
九、已缴土地增值税税额			35				
十、应补（退）土地增值税税额　36＝27−28−35			36				

以下由纳税人填写					
纳税人声明	此纳税申报表是根据《中华人民共和国土地增值税暂行条例》及其实施细则和国家有关税收规定填报的，是真实的、可靠的、完整的。				
纳税人签章		代理人签章		代理人身份证号	
以下由税务机关填写					
受理人		受理日期	年 月 日	受理税务机关签章	

本表一式两份，一份纳税人留存，一份税务机关留存。

土地增值税纳税申报表（二）（从事房地产开发的纳税人清算适用）填表说明

一、适用范围

土地增值税纳税申报表（二）适用于从事房地产开发并转让的土地增值税纳税人。

二、土地增值税纳税申报表

（一）表头项目

1.税款所属期是项目预征开始的时间，截止日期是税务机关规定（通知）申报期限的最后一日（应清算项目达到清算条件起90天的最后一日、可清算项目税务机关通知书送达起90天的最后一日）。

2.纳税人识别号：填写税务机关为纳税人确定的识别号。

3.项目名称：填写纳税人所开发并转让的房地产开发项目全称。

4.项目编号：是在进行房地产项目登记时，税务机关按照一定的规则赋予的编号，此编号会跟随项目的预征、清算全过程。

5.所属行业：根据《国民经济行业分类》（GB/T 4754-2011）填写。该项可由系统根据纳税人识别号自动带出，无须纳税人填写。

6.登记注册类型：单位，根据税务登记证或组织机构代码证中登记的注册类型填写；纳税人是企业的，根据国家统计局《关于划分企业登记注册类型的规定》填写。该项可由系统根据纳税人识别号自动带出，无须纳税人填写。

7.主管部门：按纳税人隶属的管理部门或总机构填写。外商投资企业不填。

8.开户银行：填写纳税人开设银行账户的银行名称；如果纳税人在多个银行开户，填写其主要经营账户的银行名称。

9.银行账号：填写纳税人开设的银行账户的号码；如果纳税人拥有多个银行账户，填写其主要经营账户的号码。

（二）表中项目

1.表第1栏“转让房地产收入总额”，按纳税人转让房地产开发项目所取得的全部收入额（不含增值税）填写。

2.表第2栏“货币收入”，按纳税人转让房地产开发项目所取得的货币形态的收入额（不含增值税）填写。

3.表第3栏“实物收入及其他收入”，按纳税人转让房地产开发项目所取得的实物形态的收入和无形资产等其他形式的收入额（不含增值税）填写。

4.表第4栏“视同销售收入”，纳税人将开发产品用于职工福利、奖励、对外投资、分配给股东或投资人、抵偿债务、换取其他单位和个人的非货币性资产等，发生所有权转移时应视同销售房地产，其收入不含增值税。

5.表第6栏“取得土地使用权所支付的金额”，按纳税人为取得该房地产开发项目所需要的土地使用权而实际支付（补交）的土地出让金（地价款）及按国家统一规定交纳的有关费用的数额填写。

6.表第8栏至表第13栏，应根据《中华人民共和国土地增值税暂行条例实施细则》（以下简称《细则》）规定的从事房地产开发所实际发生的各项开发成本的具体数额填写。

7.表第15栏“利息支出”，按纳税人进行房地产开发实际发生的利息支出中符合《细则》第七条（三）规定的数额填写。如果不单独计算利息支出，则本栏数额填写为“0”。

8.表第16栏“其他房地产开发费用”，应根据《细则》第七条（三）的规定填写。

9.表第18栏至表第20栏，按纳税人转让房地产时所实际缴纳的税金数额（不包括增值税）填写。

10.表第21栏“财政部规定的其他扣除项目”，是指根据《中华人民共和国土地增值税暂行条例》（国务院令第138号，以下简称《条例》）和《细则》等有关规定所确定的财政部规定的扣除项目的合计数。

11.表第22栏“代收费用”，应根据《财政部、国家税务总局关于土地增值税一些具体问题规定的通知》（财税字〔1995〕48号）规定“对于县级及县级以上人民政府要求房地产开发企业在售房时代收的各项费用，如果代收费用是计入房价中向购买方一并收取的，可作为转让房地产所取得的收入计税；如果代收费用未计入房价中，而是在房价之外单独收取的，可以不作为转让房地产的收入。对于代收费用作为转让收入计税的，在计算扣除项目金额时，可予以扣除，但不允许作为加计20%扣除的基数；对于代收费用未作为转让房地产的收入计税的，在计算增值额时不允许扣除代收费用”填写。

12.表第25栏“适用税率”，应根据《条例》规定的四级超率累进税率，按所适用的最高一级税率填写。

13.表第26栏“速算扣除系数”，应根据《细则》第十条的规定找出相关速算扣除系数来填写。

14.表第29、31、33栏“减免性质代码”：按照税务机关最新制发的减免税政策代码表中最细项减免性质代码填报。表第30、32、34栏“减免税额”填写相应“减免性质代码”对应的减免税金额，纳税人同时享受多个减免税政策应分别填写，不享受减免税的不填写此项。

15.表第35栏“已缴土地增值税税额”，按纳税人已经缴纳的土地增值税的数额填写。

16.表中每栏按照“普通住宅、非普通住宅、其他类型房地产”分别填写。

（二）土地增值税纳税申报表（三）

本表适用于非从事房地产开发的纳税人向税务机关填报。其格式见表5-5。

表5-5

土地增值税纳税申报表（三）

（非从事房地产开发的纳税人适用）

税款所属时间：　年　月　日至　年　月　日　　　　填表日期：　年　月　日

金额单位：元至角分　面积单位：平方米

纳税人识别号																				

纳税人名称		项目名称		项目地址			
所属行业		登记注册类型		纳税人地址		邮政编码	
开户银行		银行账号		主管部门		电　话	

项　目		行次	金　额
一、转让房地产收入总额　1 = 2+3+4		1	
其中	货币收入	2	
	实物收入	3	
	其他收入	4	

续表

二、扣除项目金额合计 （1）5=6+7+10+15 （2）5=11+12+14+15			5	
提供评估价格	1.取得土地使用权所支付的金额		6	
	2.旧房及建筑物的评估价格 7 = 8×9		7	
	其中	旧房及建筑物的重置成本价	8	
		成新度折扣率	9	
	3.评估费用		10	
提供购房发票	1.购房发票金额		11	
	2.发票加计扣除金额 12=11×5%×13		12	
	其中：房产实际持有年数		13	
	3.购房契税		14	
4.与转让房地产有关的税金等 15 = 17+18+19			15	
其中	—		16	
	城市维护建设税		17	
	印花税		18	
	教育费附加		19	
三、增值额 20 = 1−5			20	
四、增值额与扣除项目金额之比（%）21 = 20÷5			21	
五、适用税率（%）			22	
六、速算扣除系数（%）			23	
七、应缴土地增值税税额 24 = 20×22−5×23			24	
八、减免税额（减免性质代码：）			25	
九、已缴土地增值税税额			26	
十、应补（退）土地增值税税额 27=24−25−26			27	

以下由纳税人填写					
纳税人声明	此纳税申报表是根据《中华人民共和国土地增值税暂行条例》及其实施细则和国家有关税收规定填报的，是真实的、可靠的、完整的。				
纳税人签章		代理人签章		代理人身份证号	
以下由税务机关填写					
受理人		受理日期	年 月 日	受理税务机关签章	

本表一式两份，一份纳税人留存，一份税务机关留存。

土地增值税纳税申报表（三）（非从事房地产开发的纳税人适用）填表说明

一、适用范围

土地增值税纳税申报表（三）适用于非从事房地产开发的纳税人。该纳税人应在签订房地产转让合同后的7日内，向房地产所在地主管税务机关填报土地增值税纳税申报表（三）。

土地增值税纳税申报表（三）还适用于以下从事房地产开发的纳税人：将开发产品转为自用、出租等用途且已达到主管税务机关旧房界定标准后，又将该旧房对外出售的。

二、土地增值税纳税申报表（三）主要项目填表说明

（一）表头项目

1.纳税人识别号：填写税务机关为纳税人确定的识别号。

2.项目名称：填写纳税人转让的房地产项目全称。

3.登记注册类型：单位，根据税务登记证或组织机构代码证中登记的注册类型填写；纳税人是企业的，根据国家统计局《关于划分企业登记注册类型的规定》填写。该项可由系统根据纳税人识别号自动带出，无须纳税人填写。

4.所属行业：根据《国民经济行业分类》（GB/T 4754-2011）填写。该项可由系统根据纳税人识别号自动带出，无须纳税人填写。

5.主管部门：按纳税人隶属的管理部门或总机构填写。外商投资企业不填。

（二）表中项目

土地增值税纳税申报表（三）的各主要项目内容，应根据纳税人转让的房地产项目作为填报对象。纳税人如果同时转让两个或两个以上房地产的，应分别填报。

1.表第1栏“转让房地产收入总额”，按纳税人转让房地产所取得的全部收入额（不含增值税）填写。

2.表第2栏“货币收入”，按纳税人转让房地产所取得的货币形态的收入额（不含增值税）填写。

3.表第3、4栏“实物收入”“其他收入”，按纳税人转让房地产所取得的实物形态的收入和无形资产等其他形式的收入额（不含增值税）填写。

4.表第6栏“取得土地使用权所支付的金额”，按纳税人为取得该房地产开发项目所需要的土地使用权而实际支付（补交）的土地出让金（地价款）及按国家统一规定交纳的有关费用的数额填写。

5.表第7栏“旧房及建筑物的评估价格”，是指根据《中华人民共和国土地增值税暂行条例》（国务院令第138号，以下简称《条例》）和《中华人民共和国土地增值税暂行条例实施细则》（以下简称《细则》）等有关规定，按重置成本法评估旧房及建筑物并经当地税务机关确认的评估价格的数额。本栏由第8栏与第9栏相乘得出。如果本栏数额能够直接根据评估报告填报，则本表第8、9栏可以不必再填报。

6.表第8栏“旧房及建筑物的重置成本价”，是指按照《条例》和《细则》规定，由政府批准设立的房地产评估机构评定的重置成本价。

7.表第9栏“成新度折扣率”，是指按照《条例》和《细则》规定，由政府批准设立的房地产评估机构评定的旧房及建筑物的新旧程度折扣率。

8.表第10栏“评估费用”，是指纳税人转让旧房及建筑物时因计算纳税的需要而对房

地产进行评估，其支付的评估费用允许在计算增值额时予以扣除。

9.表第11栏“购房发票金额”，区分以下情形填写：提供增值税专用发票的，按发票所载金额与不允许抵扣进项税额合计金额数填写；提供增值税普通发票的，按照发票所载价税合计金额数填写。

10.表第12栏“发票加计扣除金额”，是指购房发票金额乘以房产实际持有年数乘以5%的积数。

11.表第13栏“房产实际持有年数”，是指按购房发票所载日期起至售房发票开具之日止，每满12个月计一年；未满12个月但超过6个月的，可以视同为一年。

12.表第14栏“购房契税”，是指购房时支付的契税。

13.表第15栏“与转让房地产有关的税金等”为表第16栏至表第19栏的合计数。

14.表第16栏至表第19栏，按纳税人转让房地产时实际缴纳的有关税金的数额填写。

15.表第22栏“适用税率”，应根据《条例》规定的四级超率累进税率，按所适用的最高一级税率填写。

16.表第23栏“速算扣除系数”，应根据《细则》第十条的规定找出相关速算扣除系数填写。

第三节　应纳土地增值税的核算

一、主营房地产业务的企业应纳土地增值税的核算

主营房地产业务是指在企业的经营业务中以房地产经营业务为主，其房地产营业收入在企业总收入中占较大比重，并且直接影响企业的经济效益。主营房地产业务的企业既有房地产开发企业，也有股份制企业、外商投资企业、对外经济合作企业等。根据房地产转让的不同形式，具体核算如下：

（一）开发房地产销售应纳土地增值税的核算

在房地产转让业务中，新开发房地产业务的销售占有绝对比重。房地产开发业务的特点是周期较长，少则几个月，多则几年。按照土地增值税的有关规定，一般采取预缴和营业收入实现或项目全部竣工、办理结算后进行清算的征管办法。

【例5-1】某房地产开发公司某年度开发房地产100 000平方米对外销售，按签订的购销合同共取得不含增值税销售收入150 000万元。在开发过程中，支付取得土地使用权的费用30 000万元；支付开发房地产的成本60 000万元；支付开发房地产的借款利息支出800万元，并能提供金融机构的证明，利率未超过商业银行同类同期贷款利率的规定标准；当地政府规定其他房地产开发费用的扣除比例为5%；假定转让房地产缴纳的增值税、城建税、教育费附加和地方教育附加分别为8 000万元、560万元、240万元和160万元。该房地产开发公司按照当地主管税务机关的规定，在第一到第四季度分别预缴了土地增值税80万元。该房地产开发公司应缴纳的土地增值税及会计处理如下：

1.每季度预缴土地增值税时：

借：应交税费——应交土地增值税　　800 000

　贷：银行存款　　800 000

2.计算共计应缴纳的土地增值税税额：

第一步：计算应扣除的项目金额。

扣除项目金额 = 取得土地使用权所支付的金额 + 房地产开发成本 + 房地产开发费用 + 与转让房地产有关的税金 + 加计扣除费用

房地产开发费用=800+（30 000+60 000）×5%=5 300（万元）

加计扣除费用=（30 000+60 000）×20%=18 000（元）

合计扣除项目金额=30 000+60 000+5 300+560+240+160+18 000=114 260（万元）

第二步：计算增值额。

增值额=收入总额-扣除项目金额=150 000-114 260=35 740（万元）

第三步：计算增值额占扣除项目金额的比例。

$$增值率=\frac{增值额}{扣除项目金额}\times 100\%=\frac{35\ 740}{114\ 260}\times 100\%=31.28\%$$

第四步：确定适用税率。该房地产转让应征收土地增值税的适用税率为30%。

第五步：计算应纳土地增值税税额。

应纳土地增值税税额=增值额×适用税率-扣除项目金额×速算扣除系数

=35 740×30%-114 260×0=10 722（万元）

3.提取应交土地增值税时：

借：税金及附加　　107 220 000

　贷：应交税费——应交土地增值税　　107 220 000

本年度该房地产开发公司“应交税费——应交土地增值税”账户登记见表5-6。

表5-6　某房地产开发公司“应交税费——应交土地增值税”账户　单位：元

时间	凭证	摘要	借方	贷方	余额
略	略		800 000		
			800 000		
			800 000		
			800 000		
				107 220 000	
合计			3 200 000	107 220 000	贷方：104 020 000

4.年末结算应补交土地增值税时：

应补交土地增值税=107 220 000-3 200 000=104 020 000（元）

上交土地增值税时：

借：应交税费——应交土地增值税　　104 020 000

　贷：银行存款　　104 020 000

（二）存量房地产转让应纳土地增值税的核算

存量房地产转让是指企业转让国有土地使用权连同地上已使用建筑物及其附着物一并转让的行为，按规定应一并在“固定资产”科目进行核算。转让房地产取得的收入，记入“固定资产清理”科目的贷方；计算应纳的土地增值税，记入“固定资产清理”科目的借方。

【例 5-2】某工业企业转让10年前建造的办公楼一栋，依据转让合同取得转让含税收入1 260万元，10年前建造时的造价为300万元，按转让时的建材及人工费用计算，建造同样的新房需耗费1 000万元，该房还有六成新。由于办公楼所占土地面积的原使用权是国家无偿划拨的，企业在转让办公楼时补交土地出让金200万元。企业转让该存量房缴纳增值税、城建税、教育费附加和地方教育附加分别为60万元、4.2万元、1.8万元和1.2万元，土地增值税及有关账务处理如下（增值税按简易计税法计算，城建税税率7%，印花税税率0.5‰，契税税率5%）：

1. 转让时冲减固定资产和累计折旧：

借：持有待售资产	1 800 000	
累计折旧（1 260 000÷（1+5%））	1 200 000	
贷：固定资产		3 000 000

2. 取得转让收入时：

借：银行存款	12 000 000	
贷：持有待售资产		12 000 000

3. 支付土地出让金时：

借：持有待售资产	2 000 000	
贷：银行存款		2 000 000

4. 计算应缴纳的增值税、城建税、教育费附加、印花税、契税时：

应交增值税=12 600 000÷（1+5%）×5%=600 000（元）

应交城市维护建设税=600 000×7%=42 000（元）

应交教育费附加=600 000×3%=18 000（元）

应交地方教育附加=600 000×2%=12 000（元）

应交印花税=12 000 000×0.5‰=6 000（元）

应交契税=2 000 000×5%=100 000（元）

借：持有待售资产	778 000	
贷：应交税费——应交增值税		600 000
——应交城市维护建设税		42 000
——应交教育费附加		18 000
——应交地方教育附加		12 000
——应交印花税		6 000
——应交契税		100 000

5. 计算应缴纳的土地增值税：

第一步：计算增值额。

办公楼的评估价格=10 000 000×60%=6 000 000（元）

增值额=12 000 000−（6 000 000+2 000 000+178 000）=3 822 000（元）

第二步：计算增值额占扣除项目金额的比例。

3 822 000÷8 178 000×100%=46.74%

第三步：计算应纳土地增值税税额。增值额占扣除项目金额的比重在50%以内，适用税率为30%，速算扣除系数为0。

应纳土地增值税税额=3 822 000×30%=1 146 600（元）

提取土地增值税时：

借：持有待售资产　　1 146 600

　贷：应交税费——应交土地增值税　　1 146 600

6.上交土地增值税时：

借：应交税费——应交土地增值税　　1 146 600

　贷：银行存款　　1 146 600

二、兼营房地产业务的企业应纳土地增值税的核算

兼营房地产业务的企业是指虽然经营房地产业务，但不是以此为主，而是兼营或附带经营房地产业务的企业。

【例5-3】兼营房地产业务的某商业企业，本期以银行存款200万元购入1 000平方米土地的使用权进行房地产开发。在开发过程中，支付开发成本1 000万元；开发过程中的借款利息不能提供金融机构的有效证明，当地政府规定开发费用的扣除率为8%。房地产开发完工后，按签订的购销合同共取得转让收入（含税）2 205万元。增值税征收率5%，城建税税率7%，教育费附加征收率3%，地方教育附加征收率2%，印花税税率0.5‰。该商业企业应纳土地增值税及有关会计处理如下：

1.计算扣除项目金额：

应纳增值税=2 205÷（1+5%）×5%=105（万元）

应纳城建税=105×7%=7.35（万元）

应纳教育费附加=105×3%=3.15（万元）

应纳地方教育附加=105×2%=2.1（万元）

应纳印花税=2 205÷（1+5%）×0.5‰=1.05（万元）

扣除项目金额=200+1 000+（200+1 000）×8%+7.35+3.15+2.1+1.05=1 309.65（万元）

2.计算增值额：

增值额=2 205÷（1+5%）−1 309.65=790.35（万元）

3.增值额占扣除项目金额的比重：

790.35÷1 309.65×100%=60.35%

4.计算应纳土地增值税税额：增值额占扣除项目金额的比重为60.35%，土地增值税的适用税率为40%，速算扣除系数为5%。

应纳土地增值税=790.35×40%−1 309.65×5%=250.66（万元）

提取土地增值税时：

借：税金及附加（或其他业务成本）　　2 506 600

　贷：应交税费——应交土地增值税　　2 506 600

5.上交土地增值税时：

借：应交税费——应交土地增值税　　2 506 600

　贷：银行存款　　2 506 600

即测即评

第五章单选题

第五章多选题

第五章判断题

第六章

印花税、房产税、城镇土地使用税、车船税的核算

学习目标

熟悉印花税、房产税、城镇土地使用税和车船税的基本规定；掌握印花税、房产税、城镇土地使用税和车船税的核算方法。

思政小课堂

又到了申报期，宁波甬燃冶金燃料有限公司会计李燕飞登录宁波市电子税务局网站，进入“财产和行为税合并纳税申报”模块进行申报。

“这个月有2笔印花税要缴。”李燕飞仔细核对着资料，8月3日公司签订了数份货物运输合同，运费合计为91 061 995.25元，要按运输费用的0.5‰缴纳货物运输合同印花税45 531元；8月7日又签订了财产租赁合同合计2 742 857.22元，要按财产租赁收入的1‰缴纳财产租赁合同印花税2 742.86元。经过尾数四舍五入，合计应缴纳印花税48 273.9元。

接着，李燕飞通过电子税务局财产和行为税合并申报中的印花税“税源采集”模块，分别选择货物运输合同、财产租赁合同税目，输入对应的税款所属期和计税金额，然后系统自动跳出了相应税率和应纳税额。申报保存成功后，他根据提示进行了缴款。

资料来源　佚名.《中华人民共和国印花税法》日前出台，印花税征管更科学规范［N］. 人民日报，2021-08-23.

印花税、房产税、城镇土地使用税和车船税都有一个共同的特点，纳税人负担并缴纳的税款直接记入“税金及附加”科目核算，待期末一并转入“本年利润”的借方。

第一节　印花税的核算

一、印花税核算的基本规定

印花税是对经济活动和经济交往中书立、领受的凭证所征收的一种税。在中华人民共和国境内书立《中华人民共和国印花税法》（以下简称《印花税法》）所列举应税凭证、进行证券交易的单位和个人，均为印花税的纳税人。在中华人民共和国境外书立在境内使

用的应税凭证的单位和个人，也应当依照《印花税法》的规定缴纳印花税。

（一）印花税的征税范围

《印花税法》规定，印花税应纳税凭证包括以下4大类，共17个税目：

1.合同（指书面合同）。这包括买卖合同、承揽合同、建设工程合同、租赁合同、运输合同、仓储合同、保管合同、借款合同、融资租赁合同、财产保险合同、技术合同，共11个税目。

2.产权转移书据。这包括土地所有权出让书据，土地使用权、房屋等建筑物和构筑物所有权转让书据，股权转让书据，商标专用权、著作权、专利权、专有技术使用权转让书据。

3.营业账簿。以实收资本和资本公积合计金额为依据。

4.证券交易。以成交金额为依据。

（二）印花税税率

印花税的税目、税率，依照印花税税目税率表（见表6-1）执行。

（三）印花税的纳税人

在中华人民共和国境内书立应税凭证、进行证券交易的单位和个人，为印花税的纳税人。根据不同纳税对象，具体规定如下：

1.各类合同的纳税义务人。各类合同的纳税义务人为立合同的当事人。当事人是指对合同有直接权利和义务关系的单位和个人，不包括保人、证人、鉴定人。当事人的代理人有代理纳税的义务。如果一份合同由两方或两方以上当事人共同签订，签订合同的各方都是纳税义务人。

2.营业账簿的纳税义务人。营业账簿的纳税义务人为立账簿人。立账簿人是指开立并使用营业账簿的单位和个人。如企业因生产的需要，设立了若干营业账簿，该企业为印花税的纳税义务人。

3.产权转移书据的纳税义务人。产权转移书据的纳税义务人为立据人。立据人是指书立产权转移书据的单位和个人。如果该产权转移书据是由两方或两方以上单位和个人共同书立的，各方都是纳税义务人。

4.证券交易的纳税义务人。证券交易印花税对证券交易的出让方征收，不对受让方征收。

（四）印花税的计税依据

1.计税金额。计税金额是指各类应税合同和资金账簿上记载的金额。如甲、乙两企业签订一份购销合同，甲企业销售原材料100吨给乙企业，每吨材料售价为1 000元，共计金额100 000元。合同签订后，甲企业和乙企业分别以100 000元为计税依据，计算缴纳印花税。

2.计税金额的具体规定。

（1）应税合同的计税依据，为合同所列的金额，不包括列明的增值税税款。

（2）应税产权转移书据的计税依据，为产权转移书据所列的金额，不包括列明的增值税税款。

（3）应税营业账簿的计税依据，为账簿记载的实收资本（股本）、资本公积合计金额；已缴纳印花税的营业账簿，以后年度记载的实收资本（股本）、资本公积合计金额比已缴纳印花税的实收资本（股本）、资本公积合计金额增加的，按照增加部分计算应纳税额。

表6-1　　　　　　　　　　　**印花税税目税率表**

税目		税率	备注
合同（指书面合同）	借款合同	借款金额的0.5‰	指银行业金融机构、经国务院银行业监督管理机构批准设立的其他金融机构与借款人（不包括同业拆借）的借款合同
	融资租赁合同	租金的0.5‰	
	买卖合同	价款的3‰	指动产买卖合同（不包括个人书立的动产买卖合同）
	承揽合同	报酬的3‰	
	建设工程合同	价款的3‰	
	运输合同	运输费用的3‰	指货运合同和多式联运合同（不包括管道运输合同）
	技术合同	价款、报酬或者使用费的3‰	不包括专利权、专有技术使用权转让书据
	租赁合同	租金的1‰	
	保管合同	保管费的1‰	
	仓储合同	仓储费的1‰	
	财产保险合同	保险费的1‰	不包括再保险合同
产权转移书据	土地使用权出让书据	价款的5‰	转让包括买卖（出售）、继承、赠与、互换、分割
	土地使用权、房屋等建筑物和构筑物所有权转让书据（不包括土地承包经营权和土地经营权转移）	价款的5‰	
	股权转让书据（不包括应缴纳证券交易印花税的）	价款的5‰	
	商标专用权、著作权、专利权、专有技术使用权转让书据	价款的3‰	
营业账簿		实收资本（股本）、资本公积合计金额的2.5‰	
证券交易		成交金额的1‰	

（4）证券交易的计税依据，为成交金额。证券交易无转让价格的，按照办理过户登记手续时该证券前一个交易日收盘价计算确定计税依据；无收盘价的，按照证券面值计算确定计税依据。

应税合同、产权转移书据未列明金额的，印花税的计税依据按照实际结算的金额确定。

（5）同一应税凭证载有两个以上税目事项并分别列明金额的，按照各自适用的税目税率分别计算应纳税额；未分别列明金额的，从高适用税率。

（6）对少数合同无法确定计税金额的具体规定。计税依据按照前款规定仍不能确定的，按照书立合同、产权转移书据时的市场价格确定；依法应当执行政府定价或者政府指导价的，按照国家有关规定确定。

（五）印花税的减免优惠

根据《印花税法》的规定，下列凭证免纳印花税：

1.应税凭证的副本或者抄本；

2.依照法律规定应当予以免税的外国驻华使馆、领事馆和国际组织驻华代表机构为获得馆舍书立的应税凭证；

3.中国人民解放军、中国人民武装警察部队书立的应税凭证；

4.农民、家庭农场、农民专业合作社、农村集体经济组织、村民委员会购买农业生产资料或者销售农产品书立的买卖合同和农业保险合同；

5.无息或者贴息借款合同、国际金融组织向中国提供优惠贷款书立的借款合同；

6.财产所有权人将财产赠与政府、学校、社会福利机构、慈善组织书立的产权转移书据；

7.非营利性医疗卫生机构采购药品或者卫生材料书立的买卖合同；

8.个人与电子商务经营者订立的电子订单。

根据国民经济和社会发展的需要，国务院对居民住房需求保障、企业改制重组、破产、支持小型微型企业发展等情形可以规定减征或者免征印花税，报全国人民代表大会常务委员会备案。

9.企业改制过程中有关印花税征免的规定。

（1）资金账簿的印花税。

①实行公司制改造的企业在改制过程中成立的新企业（重新办理法人登记的），其新启用的资金账簿记载的资金或因企业建立资本纽带关系而增加的资金，凡原已贴花的部分可不再贴花，未贴花的部分和以后新增加的资金按规定贴花。公司制改造包括国有企业依《中华人民共和国公司法》整体改造成国有独资有限责任公司；企业通过增资扩股或者转让部分产权，实现他人对企业的参股，将企业改造成有限责任公司或股份有限公司；企业以其部分财产和相应债务与他人组建新公司；企业将债务留在原企业，而以其优质财产与他人组建新公司。

②以合并或分立方式成立的新企业，其新启用的资金账簿记载的资金，凡原已贴花的部分可不再贴花，未贴花的部分和以后新增加的资金按规定贴花。合并包括吸收合并和新设合并，分立包括存续分立和新设分立。

③企业债权转股权新增加的资金按规定贴花。

④企业改制中经评估增加的资金按规定贴花。

⑤企业其他会计科目记载的资金转为实收资本或资本公积的资金按规定贴花。

（2）各类应税合同的印花税。企业改制前签订但尚未履行完的各类应税合同，改制后需要变更执行主体的，对仅改变执行主体，其余条款未作变动且改制前已贴花的，不再贴花。

（3）产权转移书据的印花税。企业因改制签订的产权转移书据免予贴花。

（4）股权分置试点改革转让的印花税。股权分置改革过程中因非流通股股东向流通股股东支付对价而发生的股权转让，暂免征收印花税。

10. 对个人销售或购买住房暂免征收印花税。

（六）印花税的征收管理

1. 印花税的纳税办法。

印花税可以采用粘贴印花税票或者由税务机关依法开具其他完税凭证的方式缴纳。印花税票粘贴在应税凭证上的，由纳税人在每枚税票的骑缝处盖戳注销或者画销。印花税票由国务院税务主管部门监制。印花税的纳税义务发生时间为纳税人书立应税凭证或者完成证券交易的当日。证券交易印花税扣缴义务发生时间为证券交易完成的当日。

印花税按季、按年或者按次计征。实行按季、按年计征的，纳税人应当自季度、年度终了之日起15日内申报缴纳税款；实行按次计征的，纳税人应当自纳税义务发生之日起15日内申报缴纳税款。

证券交易印花税按周解缴。证券交易印花税扣缴义务人应当自每周终了之日起5日内申报解缴税款以及银行结算的利息。

2. 对违反印花税管理规定的处罚。

为了加强印花税的稽查管理，依法处理违章案件，纳税人、扣缴义务人和税务机关及其工作人员违反《印花税法》规定的，依照《税收征收管理法》和有关法律、行政法规的规定追究法律责任。

（1）在应纳税凭证上未贴或者少贴印花税票的或者已粘贴在应税凭证上的印花税票未注销或者未画销的，由税务机关追缴其不缴或者少缴的税款、滞纳金，并处不缴或者少缴的税款50%以上5倍以下的罚款。

（2）已贴用的印花税票揭下重用造成未缴或少缴印花税的，由税务机关追缴其不缴或者少缴的税款、滞纳金，并处不缴或者少缴的税款50%以上5倍以下的罚款；构成犯罪的，依法追究刑事责任。

（3）伪造印花税票的，由税务机关责令改正，处以2 000元以上1万元以下的罚款；情节严重的，处以1万元以上5万元以下的罚款；构成犯罪的，依法追究刑事责任。

（4）按期汇总缴纳印花税的纳税人，超过税务机关核定的纳税期限，未缴或少缴印花税款的，由税务机关追缴其不缴或者少缴的税款、滞纳金，并处不缴或者少缴的税款50%以上5倍以下的罚款；情节严重的，同时撤销其汇缴许可证；构成犯罪的，依法追究刑事责任。

（5）纳税人违反以下规定的，由税务机关责令限期改正，可处以2 000元以下的罚款；情节严重的，处以2 000元以上1万元以下的罚款：

①凡汇总缴纳印花税的凭证，应加注税务机关指定的汇缴戳记，编号并装订成册，将已贴印花或者缴款书的一联粘附册后，盖章注销，保存备查。

②纳税人对纳税凭证应妥善保存。凭证的保存期限，凡国家已有明确规定的，按规定办，没有明确规定的其余凭证均应在履行完毕后保存一年。

（6）代售户对取得的税款逾期不缴或者挪作他用，或者违反合同将所领印花税票转托他人代售或者转至其他地区销售，或者未按规定详细提供领、售印花税票情况的，税务机关可视其情节轻重，给予警告或者取消其代售资格的处罚。

二、印花税应纳税额的核算

（一）印花税核算的会计科目与纳税申报表

企业缴纳的印花税，通过“应交税费——应交印花税”科目核算，在“税金及附加”科目中列支。如果一次购买印花税票或一次缴纳税额较大，需要分期摊入成本费用的，可先通过“待摊费用”科目处理。企业预提印花税时，借记“税金及附加”科目，贷记“应交税费——应交印花税”科目；上交印花税时，借记“应交税费——应交印花税”科目，贷记“银行存款”或“库存现金”科目。

如纳税人缴纳印花税数额较大、贴花次数较频繁，经当地主管税务机关批准，可定期汇总缴纳。在此情况下，企业应缴纳的印花税可通过“应交税费——应交印花税”科目核算，在规定的期限内向税务机关填报财产和行为税纳税申报表、印花税税源明细表（见表6-2），并办理印花税有关缴纳手续。

表6-2　**印花税税源明细表**

纳税人识别号（统一社会信用代码）：□□□□□□□□□□□□□□□□□□□□

纳税人名称：　　金额单位：人民币元（列至角分）

序号	*税目	*税款所属期起	*税款所属期止	应纳税凭证编号	应纳税凭证书立（领受）日期	*计税金额或件数	核定比例	*税率	减免性质代码和项目名称
按期申报									
1									
2									
3									
按次申报									
1									
2									
3									

印花税税源明细表填表说明

1.税目：必填。可填项：购销合同、加工承揽合同、建设工程勘察设计合同、建筑安装工程承包合同、财产租赁合同、货物运输合同、仓储保管合同、借款合同、财产保险合同、技术合同、产权转移书据、营业账簿（记载资金的账簿）、营业账簿（其他账簿），以及权利、许可证照。

2.税款所属期起：按期申报的，填写所属期的起始时间，应填写具体的年、月、日。按次申报的，如填写了应纳税凭证书立（领受）日期，则为应纳税凭证书立（领受）日期；否则，为填表当日。

3.税款所属期止：按期申报的，填写所属期的终止时间，应填写具体的年、月、日。按次申报的，如填写了应纳税凭证书立（领受）日期，则为应纳税凭证书立（领受）日期；否则，为填表当日。

4.应纳税凭证编号：申报购销合同、加工承揽合同、建设工程勘察设计合同、建筑安装工程承包合同、财产租赁合同、货物运输合同、仓储保管合同、借款合同、财产保险合同、技术合同、产权转移书据等税目的，填写合同或者凭证编号。各省、区、市根据税源管理需要，设置该项是否为必填项，默认为选填。

5.应纳税凭证书立（领受）日期：申报购销合同、加工承揽合同、建设工程勘察设计合同、建筑安装工程承包合同、财产租赁合同、货物运输合同、仓储保管合同、借款合同、财产保险合同、技术合同、产权转移书据等税目的，填写合同或者凭证书立（领受）日期。各省、区、市根据税源管理需要，设置该项是否为必填项，默认为选填。

6.计税金额或件数：必填。营业账簿（其他账簿）和权利、许可证照税目填写件数，其他税目填写金额。

7.核定比例：实行核定征收的，填写核定比例。根据各省、区、市确定的核定比例填写。

8.税率：按照规定，填写税目对应的适用税率。

9.减免性质代码和项目名称：有减免税情况的，必填。按照税务机关最新制发的减免税政策代码表中最细项减免性质代码填写。

（二）应纳印花税的计算和会计处理

【例6-1】某公司本期有关缴纳印花税的业务如下：

（1）签订房屋出租合同数份，所载金额50 000元。

（2）起用非资金账簿8本。

（3）订立财产保险合同1份，所载收取保费金额100 000元。

该公司印花税的计算和会计处理如下：

1.应纳印花税税额的计算：

（1）房屋出租合同所载金额应纳印花税税额=50 000×1‰=50（元）

（2）按件征收的其他账簿免征印花税，资金账簿按0.25‰税率征收印花税。

（3）财产保险合同应纳印花税税额=100 000×1‰=100（元）

本期共计应纳印花税税额=50+0+100=150（元）

2.提取印花税时：

借：税金及附加　　150

　　贷：应交税费——应交印花税　　150

上交税金时：

借：应交税费——应交印花税　　150

　　贷：银行存款（或库存现金）　　150

第二节　房产税的核算

一、房产税核算的基本规定

房产税是以房屋为课税对象，以房产的余值或租金收入为计税依据所征收的一种税。

（一）房产税的纳税人

按照《中华人民共和国房产税暂行条例》的规定，凡在中华人民共和国境内拥有房屋产权的单位和个人，均为房产税的纳税义务人。其中，产权属于全民所有的，其经营管理单位为纳税义务人；产权出典的，承典人为纳税义务人；产权所有人、承典人不在房产所在地，或者产权未确定或租典纠纷未解决的，房产代管人或者使用人为纳税义务人。

（二）房产税的征税范围

房产税的征税范围为城市、县城、建制镇和工矿区的房屋。城市是指国务院批准设立的市，其征税范围为市区、郊区和市辖县县城，不包括农村；县城是指未设立建制镇的县人民政府所在地的地区；建制镇是指经省、自治区、直辖市人民政府批准设立的建制镇，其征税范围为镇人民政府所在地的地区，不包括镇政府所辖的行政村；工矿区是指工商业比较发达、人口比较集中、符合国务院规定的建制镇标准，但尚未设立建制镇的大中型工矿企业所在地。

加油站罩棚不属于房产，不征收房产税。

（三）房产税的税率

房产税采用比例税率，税率分为两档，即1.2%和12%。以房产的余值为计税依据的，税率为1.2%；以租金收入为计税依据的，税率为12%。从2008年3月起，对个人出租住房不区分用途，按4%的税率征收房产税。

（四）房产税的计税依据

房产税以房产的余值或房屋的租金收入为计税依据，具体规定如下：

1.房产余值。房产余值是指纳税人按规定记载的房屋造价或原值，减除税法规定的10%～30%后的余额。房产的原值包括与房屋不可分割的各种附属设备或一般不单独计算价值的配套设施，如暖气、卫生、通风、照明、煤气、中央空调等设备。对房产原值扣除的比例，在规定的幅度内由省、自治区、直辖市人民政府确定。

2.租金收入。房产的租金收入是指房屋产权所有人出租房产使用权所取得的报酬，包括货币收入和实物收入。对以劳务或其他形式为报酬抵付房租收入的，应根据当地同类房产的租金水平，确定其租金收入，并予以征税。

（五）房产税的减免优惠

1.国家机关、人民团体、军队自用的房产免税。人民团体是指经国务院授权的政府部门批准设立或登记备案，并由国家拨付事业经费的各种社会团体。对这些单位自身的办公用房和公务用房免征房产税，但这些单位将房产用于出租或非本身业务用房，应按规定征收房产税。

2.国家财政部门拨付事业经费的单位自用的房产免税。

3.宗教寺庙、公园、名胜古迹自用的房产免税。

4.个人拥有的非营业用房产免税。

5.经财政部批准免税的其他房产。

（六）房产税的征收管理

房产税实行按年计征、分期缴纳的征收管理办法，具体纳税期限由省、自治区、直辖市人民政府规定。房产税在房产所在地的税务机关申报纳税。房产和纳税人不在同一地方时，应在房产坐落地的税务机关申报纳税。

1.纳税人将原有房产用于生产经营，从生产经营之月起缴纳房产税。

2.纳税人自行新建房屋用于生产经营，从建成之次月起缴纳房产税。

3. 纳税人委托施工企业建设的房屋，从办理验收手续之次月起缴纳房产税。

4. 纳税人购置新建商品房，自房屋交付使用之次月起缴纳房产税。

5. 纳税人购置存量房，自办理房屋权属转移、变更登记手续，房地产权属登记机关签发房屋权属证书之次月起，缴纳房产税。

6. 纳税人出租、出借房产，自交付出租、出借房产之次月起，缴纳房产税。

7. 房地产开发企业自用、出租、出借本企业建造的商品房，自房屋使用或交付之次月起，缴纳房产税。

8. 纳税人因房产的实物或权利状态发生变化而依法终止房产税纳税义务的，其应纳税款的计算应截止到房产的实物或权利状态发生变化的当月末。

二、房产税应纳税额的核算

（一）房产税核算的会计科目和纳税申报表

企业按规定缴纳的房产税，应设置“应交税费——应交房产税”科目进行核算。由于房产税一般是按季或半年交一次，因此，房产税在上交前的每个月要进行预提，将其分摊在各月的费用之中。每月企业预提房产税时，借记“税金及附加”科目，贷记“应交税费——应交房产税”科目；上交房产税时，借记“应交税费——应交房产税”科目，贷记“银行存款”科目。

城镇土地使用税、房产税税源明细表格式见表6-3。

表6-3　　　　城镇土地使用税　房产税税源明细表

纳税人识别号（统一社会信用代码）：□□□□□□□□□□□□□□□□□□□□□□

纳税人名称：　　　　　　　　　　　　金额单位：人民币元（列至角分）；面积单位：平方米

<table>
<tr><td colspan="13">一、城镇土地使用税税额明细</td></tr>
<tr><td colspan="2">*纳税人类型</td><td colspan="3">土地使用权人□ 集体土地使用人□
无偿使用人□　代管人□　实际使用人□
（必选）</td><td colspan="2">土地使用权人纳税人识别号
（统一社会信用代码）</td><td colspan="2"></td><td colspan="2">土地使用权人名称</td><td colspan="2"></td></tr>
<tr><td colspan="2">*土地编号</td><td colspan="3"></td><td colspan="2">土地名称</td><td colspan="2"></td><td colspan="2">不动产权证号</td><td colspan="2"></td></tr>
<tr><td colspan="2">不动产单元代码</td><td colspan="3"></td><td colspan="2">宗地号</td><td colspan="2"></td><td colspan="2">*土地性质</td><td colspan="2">国有□　集体□（必选）</td></tr>
<tr><td colspan="2">*土地取得方式</td><td colspan="3">划拨□　出让□　租赁□　其他□
（必选）</td><td colspan="2">*土地用途</td><td colspan="6">工业□　商业□　居住□　综合□　房地产开发企业的开发用地□　其他□
（必选）</td></tr>
<tr><td colspan="2">*土地坐落地址
（详细地址）</td><td colspan="11">省（自治区、直辖市）　市（区）　县（区）　乡镇（街道）　（必填）</td></tr>
<tr><td colspan="2">*土地所属主管税务所
（科、分局）</td><td colspan="11"></td></tr>
<tr><td colspan="2">*土地取得时间</td><td>年　月</td><td>变更类型</td><td colspan="6">纳税义务终止（权属转移□　其他□）
信息项变更（土地面积变更□　土地等级变更□　减免税变更□　其他□）</td><td>变更时间</td><td colspan="2">年　月</td></tr>
<tr><td colspan="2">*占用土地面积</td><td></td><td>地价</td><td colspan="2"></td><td>*土地等级</td><td colspan="3"></td><td>*税额标准</td><td colspan="2"></td></tr>
<tr><td rowspan="5">减免税部分</td><td rowspan="2">序号</td><td colspan="5" rowspan="2">减免性质代码和项目名称</td><td colspan="3">减免起止时间</td><td rowspan="2">减免税土地面积</td><td colspan="2" rowspan="2">月减免税金额</td></tr>
<tr><td>减免起始月份</td><td colspan="2">减免终止月份</td></tr>
<tr><td>1</td><td colspan="5"></td><td>年　月</td><td colspan="2">年　月</td><td></td><td colspan="2"></td></tr>
<tr><td>2</td><td colspan="5"></td><td></td><td colspan="2"></td><td></td><td colspan="2"></td></tr>
<tr><td>3</td><td colspan="5"></td><td></td><td colspan="2"></td><td></td><td colspan="2"></td></tr>
</table>

续表

二、房产税税额明细						
(一)从价计征房产税明细						
*纳税人类型	产权所有人□ 经营管理人□ 承典人□ 房屋代管人□ 房屋使用人□ 融资租赁承租人□ （必选）		所有权人纳税人识别号 （统一社会信用代码）		所有权人名称	
*房产编号			房产名称			
不动产权证号			不动产单元代码			
*房产坐落地址 （详细地址）	省（自治区、直辖市） 市（区） 县（区） 乡镇（街道） （必填）					
*房产所属主管税务所 （科、分局）						
房屋所在土地编号		*房产用途	工业□ 商业及办公□ 住房□ 其他□ （必选）			
*房产取得时间	年 月	变更类型	纳税义务终止（权属转移□ 其他□） 信息项变更（房产原值变更□ 出租房产值变更□ 减免税变更□ 申报租金收入变更□ 其他□）		变更时间	年 月
*建筑面积		其中：出租房产面积				
*房产原值		其中：出租房产原值			计税比例	
减免税部分	序号	减免性质代码和项目名称	减免起止时间		减免税土地面积	月减免税金额
			减免起始月份	减免终止月份		
	1		年 月	年 月		
	2					
	3					

(二)从租计征房产税明细						
*房产编号			房产名称			
*房产所属主管税务所(科、分局)						
承租方纳税人识别号(统一社会信用代码)			承租方名称			
*出租面积			*申报租金收入			
*申报租金所属租赁期起			*申报租金所属租赁期止			
减免税部分	序号	减免性质代码和项目名称	减免起止时间		减免税土地面积	月减免税金额
			减免起始月份	减免终止月份		
	1					
	2					
	3					

（二）应纳房产税的计算和会计处理

【例6-2】某企业上年度12月31日“固定资产”明细账中应税房产原值为600万元，从本年度4月1日起，将房产原值中的100万元房产租给其他单位使用，按合同规定每年收取租金24万元。当地政府规定，按房产原值扣除20%后作为房产原值，以1.2%的税率缴纳房产税；对出租的房屋，按租金收入12%计算缴纳房产税。该企业经当地主管税务机关核定，房产税按年计算，分季上交。该企业本年第一、二季度应缴纳的房产税计算处理如下：

1.第一季度每月应缴纳的房产税：

年应纳税额=6 000 000×（1-20%）×1.2%=57 600（元）

月应纳税额=57 600÷12=4 800（元）

（1）第一季度每月预提房产税时：

借：税金及附加——应交房产税　　4 800

　贷：应交税费——应交房产税　　4 800

（2）上交第一季度房产税时：

借：应交税费——应交房产税　　14 400

　贷：银行存款　　14 400

2.第二季度每月应缴纳的房产税：

按房产余值计算：

年应纳税额=（6 000 000-1 000 000）×（1-20%）×1.2%=48 000（元）

每月应纳税额=48 000÷12=4 000（元）

按租金收入计算：

年应纳税额=240 000×12%=28 800（元）

月应纳税额=28 800÷12=2 400（元）

第二季度每月应纳税额=4 000+2 400=6 400（元）

（1）第二季度每月预提房产税时：

借：税金及附加——应交房产税　　6 400

　贷：应交税费——应交房产税　　6 400

（2）上交第二季度的房产税时：

借：应交税费——应交房产税　　19 200

　贷：银行存款　　19 200

第三节　城镇土地使用税的核算

一、城镇土地使用税核算的基本规定

城镇土地使用税是以国有土地为征税对象，对拥有土地使用权的单位和个人征收的一种税。

（一）城镇土地使用税的纳税人

在城市、县城、建制镇和工矿区范围内使用土地的单位和个人，为城镇土地使用税的纳税义务人。拥有土地使用权的纳税人不在土地所在地的，由土地代管人或实际使用人缴纳；土地使用权未确定或权属纠纷未解决的，由实际使用人缴纳；土地使用权为多方共有的，由共有各方分别纳税。

单位包括国有企业、集体企业、私营企业、股份制企业、外商投资企业、外国企业以及其他企业和事业单位、社会团体、国家机关、军队以及其他单位；个人包括个体工商户

以及其他个人。城镇土地使用税的纳税人通常包括以下几类：

1.拥有土地使用权的单位和个人。

2.拥有土地使用权的单位和个人不在土地所在地的，其土地的实际使用人和代管人为纳税人。

3.土地使用权未确定或权属纠纷未解决的，其实际使用人为纳税人。

4.土地使用权共有的，共有各方都是纳税人，由共有各方分别纳税。

（二）城镇土地使用税的征税范围

城镇土地使用税的征税范围为城市、县城、建制镇和工矿区。城市是指经国务院批准设立的市；县城是指县人民政府所在地；建制镇是指经过省、自治区、直辖市人民政府批准设立的建制镇；工矿区是指工商业比较发达、人口比较集中、符合国务院规定的建制镇标准，但尚未设立建制镇的大中型工矿企业所在地。工矿区的设立必须经省、自治区、直辖市人民政府批准。

公园、名胜古迹内的索道公司经营用地，应按规定缴纳城镇土地使用税。

（三）城镇土地使用税的税率

城镇土地使用税采用定额税率。土地因地理位置不同而造成的土地级差收益也不同，因此，城镇土地使用税采用的是有幅度的差别税额。每平方米土地年税额为：

1.大城市1.5~30元；

2.中等城市1.2~24元；

3.小城市0.9~18元；

4.县城、建制镇、工矿区0.6~12元。

上述大、中、小城市的区分如下：市区与郊区非农业人口在50万以上的，为大城市；市区与郊区非农业人口在20万~50万的，为中等城市；市区与郊区非农业人口在20万以下的，为小城市。

（四）城镇土地使用税的计税依据

城镇土地使用税以纳税人实际占用的土地面积为计税依据，土地面积计量标准为每平方米，即税务机关根据纳税人实际占用的土地面积，按照规定的税额计算应纳税额，向纳税人征收城镇土地使用税。纳税人实际占用的土地面积按下列办法确定：

1.由省、自治区、直辖市人民政府确定的单位组织测定土地面积的，以测定的面积为准。

2.尚未组织测量，但纳税人持有政府部门核发的土地使用证书的，以证书确认的土地面积为准。

3.尚未核发土地使用证书的，应由纳税人申报土地面积，据以纳税，待核发土地使用证以后再作调整。

（五）城镇土地使用税的减免优惠

1.国家机关、人民团体、军队自用的土地免税。这部分土地是指这些单位本身的办公用地和业务用地。

2.由国家财政部门拨付事业经费的单位自用的土地免税。这部分土地是指这些单位本身的业务用地，如学校的教学楼、操场、食堂等占用的土地。

3.宗教寺庙、公园、名胜古迹自用的土地免税。

4.市政街道、广场、绿化地带等公共用地免税。

5.直接用于农、林、牧、渔业的生产用地免税。

6.经批准开山填海整治的土地和改造的废弃土地，从使用的月份起免缴城镇土地使用税5~10年。

7.对非营利性医疗机构、疾病控制机构和妇幼保健机构等卫生机构自用的土地免税。

8.企业办的学校、医院、托儿所、幼儿园自用的土地，凡能够与企业其他用地明确区分开的，可以免税。

9.免税单位无偿使用纳税单位的土地，免征城镇土地使用税。纳税单位无偿使用免税单位的土地，纳税单位应照章缴纳城镇土地使用税。纳税单位与免税单位共同使用、共有使用权土地上的多层建筑，对纳税单位可按其占用的建筑面积占建筑总面积的比例计征城镇土地使用税。

10.对行使国家行政管理职能的中国人民银行总行（含国家外汇管理局）所属分支机构自用的土地免税。

11.为了体现国家的产业政策，支持重点产业的发展，对石油、电力、煤炭等能源用地，民用港口、铁路等交通用地和水利设施用地，三线调整企业、盐业、采矿场、邮电等一些特殊用地划分了征免税界限和给予政策性减免税照顾。

（六）纳税义务发生时间

1.纳税人购置新建商品房，自房屋交付使用之次月起，缴纳城镇土地使用税。

2.纳税人购置存量房，自办理房屋权属转移、变更登记手续，房地产权属登记机关签发房屋权属证书之次月起，缴纳城镇土地使用税。

3.纳税人出租、出借房产，自交付出租、出借房产之次月起，缴纳城镇土地使用税。

4.以出让或转让方式有偿取得土地使用权的，应由受让方从合同约定交付土地时间的次月起缴纳城镇土地使用税；合同未约定交付时间的，由受让方从合同签订的次月起缴纳城镇土地使用税。

5.纳税人新征用的耕地，自批准征用之日起满一年时开始缴纳城镇土地使用税。

6.纳税人新征用的非耕地，自批准征用次月起缴纳城镇土地使用税。

7.纳税人因土地的权利发生变化而依法终止城镇土地使用税纳税义务的，其应纳税款的计算应截止到土地权利发生变化的当月末。

二、城镇土地使用税应纳税额的核算

（一）城镇土地使用税核算的会计科目与纳税申报表

缴纳城镇土地使用税的企业，应设置“应交税费——应交城镇土地使用税”科目，对应缴纳的城镇土地使用税进行核算。纳税人根据当地主管税务机关核定的纳税期限，如实计算应纳税额并按期申报缴纳。企业计算或预缴城镇土地使用税时，借记“税金及附加——应交城镇土地使用税”科目，贷记“应交税费——应交城镇土地使用税”科目；企业上交城镇土地使用税时，借记“应交税费——应交城镇土地使用税”科目，贷记“银行存款”科目。城镇土地使用税、房产税税源明细表格式见表6-3。

（二）应纳城镇土地使用税的计算和会计处理

【例6-3】某大型工业企业占用土地20 000平方米，其中自办子弟学校占地2 000平方米、幼儿园占地500平方米。当地政府核定的单位税额为每平方米3元，该企业经当地主管税务机关核定，每半年缴纳一次城镇土地使用税。本年度该企业应缴纳的城镇土地使用税计算处理如下：

1.计算每月应缴纳的城镇土地使用税：

全年应纳城镇土地使用税=（20 000-2 000-500）×3=52 500（元）

每月应纳税额=52 500÷12=4 375（元）

借：税金及附加——应交城镇土地使用税　　4 375

　贷：应交税费——应交城镇土地使用税　　4 375

2.每半年缴纳城镇土地使用税时：

半年应纳税额=4 375×6=26 250（元）

借：应交税费——应交城镇土地使用税　　26 250

　贷：银行存款　　26 250

第四节　车船税的核算

一、车船税核算的基本规定

在中华人民共和国境内属于《中华人民共和国车船税法》所附车船税税目税额表规定的车辆、船舶（以下简称车船）的所有人或者管理人，为车船税的纳税人。

（一）车船税的征税范围

车船税的征税范围包括车辆和船舶两大类。

车辆包括机动车辆和非机动车辆。机动车辆是指依靠燃油、电力等能源作为动力运行的车辆，如汽车、拖拉机、无轨电车等；非机动车辆是指依靠人力、畜力运行的车辆，如三轮车、自行车、畜力驾驶车等。

船舶包括机动船舶和非机动船舶。机动船舶是指依靠燃料等能源作为动力运行的船舶，如客轮、货船、气垫船等；非机动船舶是指依靠人力或者其他力量运行的船舶，如木船、帆船、舢板等。

（二）车船税的税率

车船税采用定额税率，即对征税的车船规定单位固定税额。车船税确定税额总的原则是：非机动车船的税负轻于机动车船；人力车的税负轻于畜力车；小吨位船舶的税负轻于大吨位船舶。由于车辆与船舶的行驶情况不同，车船税的税目税额也不同，详见表6-4。

1.乘用车，是指在设计和技术特性上主要用于载运乘客及随身行李，核定载客人数包括驾驶员在内不超过9人的汽车，不包括纯电动乘用车和燃料电池乘用车。

2.商用车，是指除乘用车外，在设计和技术特性上用于载运乘客、货物的汽车，划分为客车和货车。

3.半挂牵引车，是指装备有特殊装置用于牵引半挂车的商用车。

4.三轮汽车，是指最高设计车速不超过每小时50公里，具有三个车轮的货车。

5.低速载货汽车，是指以柴油机为动力，最高设计车速不超过每小时70公里，具有四个车轮的货车。

表6-4　　**车船税税目税额表**

税目		计税单位	年基准税额	备注
乘用车按发动机气缸容量（排气量）分档	1.0升（含）以下的	每辆	60~360元	核定载客人数9人（含）以下
	1.0升（含）以上至1.6升（含）的		300~540元	
	1.6升以上至2.0升（含）的		360~660元	
	2.0升以上至2.5升（含）的		660~1 200元	
	2.5升以上至3.0升（含）的		1 200~2 400元	
	3.0升以上至4.0升（含）的		2 400~3 600元	
	4.0升以上的		3 600~5 400元	
商用车	客车	每辆	480~1 440元	核定载客人数9人，包括电车
	货车	整备质量每吨	16~120元	1.包括半挂牵引车、挂车、客货两用汽车、三轮汽车和低速载货汽车等。 2.挂车按照货车税额的50%计算
其他车辆	专用作业车	整备质量每吨	16~120元	不包括拖拉机
	轮式专用机械车	整备质量每吨	16~120元	
摩托车		每辆	36~180元	
船舶	机动船舶	净吨位每吨	3~6元	拖船、非机动驳船分别按照机动船舶税额的50%计算
	游艇	艇身长度每米	600~2 000元	

6.挂车，是指就其设计和技术特性需由汽车或者拖拉机牵引，才能正常使用的一种无动力的道路车辆。

7.专用作业车，是指在其设计和技术特性上用于特殊工作的车辆。

8.轮式专用机械车，是指有特殊结构和专门功能，装有橡胶车轮可以自行行驶，最高设计车速大于每小时20公里的轮式工程机械车。

9.摩托车，是指无论采用何种驱动方式，最高设计车速大于每小时50公里，或者使用内燃机，其排量大于50毫升的两轮或者三轮车辆。

10.船舶，是指各类机动、非机动船舶以及其他水上移动装置，但是船舶上装备的救生艇筏和长度小于5米的艇筏除外。其中，机动船舶是指用机器推进的船舶；拖船是指专门用于拖（推）动运输船舶的专业作业船舶；非机动驳船，是指在船舶登记管理部门登记为驳船的非机动船舶；游艇是指具备内置机械推进动力装置，长度在90米以下，主要用于游览观光、休闲娱乐、水上体育运动等活动，并应当具有船舶检验证书和适航证书的船舶。

机动船舶具体适用税额为：（1）净吨位不超过200吨的，每吨3元。（2）净吨位超过200吨但不超过2 000吨的，每吨4元。（3）净吨位超过2 000吨但不超过10 000吨的，每吨5元。（4）净吨位超过10 000吨的，每吨6元。（5）拖船、非机动驳船分别按照机动船舶税额的50%计算，拖船按照发动机功率每1千瓦折合净吨位0.67吨计算征收车船税。

游艇适用税额的确定：（1）艇身长度不超过10米的，每米600元。（2）艇身长度超过10米但不超过18米的，每米900元。（3）艇身长度超过18米但不超过30米的，每米1 300元。（4）艇身长度超过30米的，每米2 000元。（5）辅助动力帆艇，每米600元。

（三）车船税的减免优惠

1.法定减免。

（1）捕捞、养殖渔船；

（2）军队、武装警察部队专用的车船；

（3）警用车船；

（4）悬挂应急救援专用号牌的国家综合性消防救援车辆和国家综合性消防救援专用船舶；

（5）依照法律规定应当予以免税的外国驻华使领馆、国际组织驻华代表机构及其有关人员的车船。

2.特定减免。

（1）对节约能源、使用新能源的车船可以减征或者免征车船税；对受严重自然灾害影响纳税困难以及有其他特殊原因确需减税、免税的，可以减征或者免征车船税。具体办法由国务院规定，并报全国人民代表大会常务委员会备案。

（2）省、自治区、直辖市人民政府根据当地实际情况，可以对公共交通车船，农村居民拥有并主要在农村地区使用的摩托车、三轮汽车和低速载货汽车定期减征或者免征车船税。

（四）车船税的征收管理

车船税的纳税义务发生时间，为车船管理部门核发的车船登记证书或者行驶证书所记载日期的当月。纳税人未按照规定到车船管理部门办理应税车船登记手续的，以车船购置发票所载开具时间的当月作为车船税的纳税义务发生时间。对未办理车船登记手续且无法提供车船购置发票的，由主管税务机关核定纳税义务发生时间。

车船税按年申报缴纳。纳税年度自公历1月1日起至12月31日止。具体申报纳税期限由省、自治区、直辖市人民政府确定。

二、车船税应纳税额的核算

（一）车船税核算的会计科目

企业按规定缴纳的车船税，应设置“应交税费——应交车船税”科目进行核算。企业预提车船税时，借记“税金及附加——应交车船税”科目，贷记“应交税费——应交车船税”科目；企业上交车船税时，借记“应交税费——应交车船税”科目，贷记“银行存款”科目。

（二）车船税的计算和会计处理

【例6-4】某公司本年度拥有乘人车4辆，每辆年税额为640元；载货车5辆，每辆净吨位5吨，年每吨税额为60元；小轿车2辆，每辆年税额为1 800元。该公司经当地主管税务机关核定，按季预缴车船税。该公司应纳车船税的计算和会计处理如下：

1.每季预缴车船税的计算：

乘人车年应纳税额=640×4=2 560（元）

载货车年应纳税额=60×5×5=1 500（元）

小轿车年应纳税额=1 800×2=3 600（元）

公司每季应预缴车船税=（2 560+1 500+3 600）÷4=1 915（元）

2.每季预提车船税时：

借：税金及附加——应交车船税　　1 915

　　贷：应交税费——应交车船税　　1 915

3.每季上交车船税时：

借：应交税费——应交车船税　　1 915

　　贷：银行存款　　1 915

即测即评

第六章单选题　　第六章多选题　　第六章判断题

第七章

车辆购置税、契税、耕地占用税的核算

学习目标

熟悉车辆购置税、契税和耕地占用税的基本规定；掌握车辆购置税、契税和耕地占用税的会计处理方法。

思政小课堂

党中央、国务院高度重视减税降费工作，在以前年度推出一系列减税降费举措基础上，2018年年底的中央经济工作会议对2019年实施更大规模减税和更明显降费提出了明确要求。

“1月9日，国务院常务会议确定新推出小微企业普惠性减税措施，这是2019年减税降费的‘先手棋’，对深化供给侧结构性改革，减轻企业负担，激发市场活力，推动形成积极的社会预期，促进‘六稳’具有重要作用。”税务总局收入规划核算司司长蔡自力介绍，总体上看，这次新推出的小微企业普惠性减税措施主要体现了“三扩大三加力两统筹”的特点。其中，“三加力”就是增加相关优惠税种、实行减半再减半优惠政策和叠加享受优惠政策。对增值税小规模纳税人，在增值税免税标准提高的同时，最高可以按50%比例减征6个地方税种和2个附加，即资源税、城市维护建设税、房产税、城镇土地使用税、印花税、耕地占用税和教育费附加、地方教育附加；对小型微利企业，年应纳税所得额不超过100万元的部分，在原减半征收企业所得税的基础上可以再减半，年应纳税所得额100万元至300万元的部分，减半征收；已享受资源税、城市维护建设税等地方税及附加优惠政策的增值税小规模纳税人，还可以叠加享受本次地方新出台的减征优惠。

资料来源 佚名．国家税务总局召开新闻发布会，用实实在在的硬举措确保减税降费政策措施落地生根［EB/OL］．（2019-01-29）［2020-08-30］．http://www.gov.cn/xinwen/2019-01/29/content_5362046.htm#1.

车辆购置税、契税和耕地占用税都有共同的特点，纳税人负担并缴纳的税款直接计入相关资产的成本中，待资产折旧或摊销时一并折旧或摊销。

第一节　车辆购置税的核算

车辆购置税是以在中国境内购置规定车辆为课税对象、在特定的环节向车辆购置者征收的一种税。就其性质而言，属于直接税的范畴。

车辆购置税于2001年1月1日在我国开征，是在原交通部门收取的车辆购置附加费的基础上，通过“费改税”方式改革而来的。车辆购置税基本保留了原车辆附加费的特点。

一、车辆购置税的基本规定

（一）纳税义务人

在中华人民共和国境内购置汽车、有轨电车、汽车挂车、排气量超过150毫升的摩托车（以下统称应税车辆）的单位和个人，为车辆购置税的纳税人。购置是指以购买、进口、自产、受赠、获奖或者其他方式取得并自用应税车辆的行为。

所称单位，包括国有企业、集体企业、私营企业、股份制企业、外商投资企业、外国企业以及其他企业，事业单位、社会团体、国家机关、部队以及其他单位。

所称个人，包括个体工商户及其他个人，既包括中国公民又包括外国公民。

（二）征税范围

车辆购置税以列举的车辆作为征税对象，未列举的车辆不纳税。其征税范围包括汽车、有轨电车、汽车挂车、排气量超过150毫升的摩托车，具体规定如下：

1.汽车：包括各类汽车。

2.摩托车。

3.电车。

（1）无轨电车：以电能为动力，由专用输电电缆供电的轮式公共车辆；

（2）有轨电车：以电能为动力，在轨道上行驶的公共车辆。

4.挂车。

（1）全挂车：无动力设备，独立承载，由牵引车辆牵引行驶的车辆；

（2）半挂车：无动力设备，与牵引车共同承载，由牵引车辆牵引行驶的车辆。

为了体现税法的统一性、固定性、强制性和法律的严肃性特征，车辆购置税征收范围的调整由国务院决定，其他任何部门、单位和个人无权擅自扩大或缩小车辆购置税的征税范围。

（三）税率与计税依据

1.税率。车辆购置税实行统一比例税率，税率为10%。

2.计税依据。车辆购置税以应税车辆为课税对象，考虑到我国车辆市场的供求矛盾、价格差异变化，计量单位不规范以及以前征收车辆购置附加费的做法，实行从价定率、价外征收的方法计算应纳税额，应税车辆的价格即计税价格就成为车辆购置税的计税依据。但是，由于应税车辆购置的来源不同，应税行为的发生不同，计税价格的组成也就不一样。车辆购置税的计税依据有以下几种情况：

（1）纳税人购买自用应税车辆的计税依据，为纳税人实际支付给销售者的全部价款，不包括增值税税款。

购买的应税自用车辆包括购买自用的国产应税车辆和购买自用的进口应税车辆，比如从国内汽车市场、汽车贸易公司购买自用的进口应税车辆。

（2）纳税人进口自用的应税车辆，计税依据为关税完税价格加上关税和消费税。

进口自用的应税车辆是指纳税人直接从境外进口或委托代理进口自用的应税车辆，即非贸易方式进口自用的应税车辆。进口自用的应税车辆的计税依据，应根据纳税人提供的、经海关审查确认的有关完税证明资料确定。

（3）纳税人自产自用应税车辆的计税价格，按照纳税人生产的同类应税车辆的销售价格确定，不包括增值税税款。

（4）纳税人以受赠、获奖或者其他方式取得自用应税车辆的计税价格，按照购置应税车辆时相关凭证载明的价格确定，不包括增值税税款

（5）纳税人申报的应税车辆计税价格明显偏低，又无正当理由的，由税务机关依照《税收征收管理法》的规定核定其应纳税额。

（四）税收优惠

1.车辆购置税减免税规定。我国车辆购置税实行法定减免，减免税范围的具体规定是：

（1）依照法律规定应当予以免税的外国驻华使馆、领事馆和国际组织驻华机构及其有关人员自用车辆免税；

（2）中国人民解放军和中国人民武装警察部队列入装备订货计划的车辆免税；

（3）悬挂应急救援专用号牌的国家综合性消防救援车辆免税；

（4）设有固定装置的非运输专用作业车辆免税；

（5）城市公交企业购置的公共汽电车辆免税。

根据国民经济和社会发展的需要，国务院可以规定减征或者其他免征车辆购置税的情形，报全国人民代表大会常务委员会备案。这主要包括：①防汛部门和森林消防部门用于指挥、检查、调度、报汛（警）、联络的设有固定装置的指定型号的车辆。②回国服务的留学人员用现汇购买一辆自用国产小汽车。③长期来华定居专家的一辆自用小汽车。

2.车辆购置税的退税。纳税人已经缴纳车辆购置税但在办理车辆登记手续前，因下列原因需要办理退还车辆购置税的，由纳税人申请，征收机构审查后办理退还车辆购置税手续：

（1）公安机关车辆管理机构不予办理车辆登记注册手续的，凭公安机关车辆管理机构出具的证明办理退税手续。

（2）因质量等原因发生退回所购车辆的，凭经销商的退货证明办理退税手续。

（五）征收管理

1.纳税申报。车辆购置税实行一车一申报制度。纳税人在办理纳税申报时应如实填写“车辆购置税纳税申报表”，同时提供车主身份证明、车辆价格证明、车辆合格证明及税务机关要求提供的其他资料的原件和复印件。主管税务机关应对纳税申报资料进行审核，确定计税依据，征收税款，核发完税证明。征税车辆在完税证明征税栏加盖车辆购置税征税专用章，免税车辆在完税证明免税栏加盖车辆购置税征税专用章。完税后，由税务机关保存有关复印件，并对已经办理纳税申报的车辆建立车辆购置税征收管理档案。

主管税务机关在为纳税人办理纳税申报手续时，对设有固定装置的非运输车辆应当实

地验车。

2.纳税环节。车辆购置税的征税环节为使用环节，即最终消费环节。具体而言，纳税人应当在向公安机关交通管理部门办理车辆登记注册手续前，缴纳车辆购置税。

购买二手车时，购买者应当向原车主索要“车辆购置税完税证明”。购买已经办理车辆购置税免税手续的二手车，购买者应当到税务机关重新办理申报缴税或免税手续。未按规定办理的，按《税收征收管理法》的规定处理。

3.纳税地点。纳税人购置应税车辆，应当向车辆登记地的主管税务机关申报纳税；购置不需办理车辆登记的应税车辆，应当向纳税人所在地主管税务机关申报纳税。车辆登记注册地是指车辆的上牌落籍地或落户地。

4.纳税期限。纳税人购买自用的应税车辆，自购买之日起60日内申报纳税；进口自用的应税车辆，应当自进口之日起60日内申报纳税；自产、受赠、获奖和以其他方式取得并自用的应税车辆，应当自取得之日起60日内申报纳税。

这里的“购买之日”是指车辆相关价格凭证的开具日期；“进口之日”是指海关进口增值税专用缴款书或者其他有效凭证的开具日期。

（六）车辆购置税的退税制度

1.已经缴纳车辆购置税的车辆，发生下列情形之一的，纳税人应到车购办申请退税：

（1）因质量原因，车辆被退回生产企业或者经销商的；

（2）应当办理车辆登记注册的车辆，公安机关车辆管理机构不予办理车辆登记注册的。

2.纳税人在车购办申请办理退税手续时，应如实填写“车辆购置税退税申请表”。车辆退回生产企业或者销售企业的，提供生产企业或者销售企业开具的退车证明和退车发票；其他依据法律法规规定应当退税的，根据具体情形提供相关资料。

二、车辆购置税的会计处理

《企业会计准则第4号——固定资产》规定，外购固定资产的成本，包括购买价款、相关税费、使固定资产达到预定可使用状态前所发生的可归属于该项资产的运输费、装卸费、安装费和专业人员服务费等。企业缴纳车辆购置税，应设置“应交税费——应交车辆购置税”科目进行核算。该科目贷方反映企业应缴纳的税额，借方反映企业已缴纳的税额，期末贷方余额表示企业应交而未交的车辆购置税。企业计算提取应纳车辆购置税时，借记“固定资产”科目，贷记“应交税费——应交车辆购置税”科目。上交车辆购置税时，借记“应交税费——应交车辆购置税”科目，贷记“银行存款”科目。

（一）企业购置车辆应纳税额的计算和会计处理

车辆购置税实行从价定率的方法计算应纳税额，企业购买自用应税车辆应纳税额的计算公式为：

应纳税额=计税依据×税率

由于应税车辆的来源、应税行为的发生以及计税依据组成不同，因而，车辆购置税应纳税额的计算方法也有区别。在应纳税额的计算当中，应注意以下费用的计税规定：

1.购买者随购买车辆支付的工具件和零部件价款应作为购车价款的一部分，并入计税依据中征收车辆购置税。

2.支付的车辆装饰费应作为价外费用并入计税依据中计税。

3.代收款项应区别征税。凡使用代收单位（受托方）票据收取的款项应视作代收单位价外收费，购买者支付的价费款应并入计税依据中一并征税；凡使用委托方票据收取，受托方只履行代收义务和收取代收手续费的款项，应按其他税收政策规定征税。

4.销售单位开给购买者的各种发票金额中包含增值税税款，因此，计算车辆购置税时，应换算为不含增值税的计税价格。

5.购买者支付的控购费，是政府部门的行政性收费，不属于销售者的价外费用范围，不应并入计税价格计税。

6.销售单位开展优质销售活动所开票收取的有关费用，应属于经营性收入，企业在代理过程中按规定支付给有关部门的费用，企业已作经营性支出列支核算，其收取的各项费用在一张发票上难以划分的，应作为价外收入计算征税。

【例 7-1】甲企业2020年7月份从某汽车有限公司购买3辆小汽车自己使用，共计支付价款600 000元、增值税税款78 000元，另支付购买工具件和零配件价款3 000元、增值税税款390元，车辆装饰费20 000元、增值税税款2 600元。所支付的款项均由该汽车有限公司开具“机动车销售统一发票”和有关票据。请计算应缴纳的车辆购置税并作会计处理。

（1）计税依据=600 000+3 000+20 000=623 000（元）

（2）应缴纳车辆购置税税额=623 000×10%=62 300（元）

（3）购车的增值税进项税额=78 000+390+2 600=80 990（元）

（4）计算车辆购置税时：

借：固定资产——小轿车	685 300	
应交税费——应交增值税（进项税额）	80 990	
贷：应交税费——应交车辆购置税		62 300
银行存款		703 990

（5）上交车辆购置税时：

借：应交税费——应交车辆购置税	62 300	
贷：银行存款		62 300

需要注意的是，一般情况下，车辆购置税由销售方代收代缴，所以，企业一般不做“上交车辆购置税时”的会计分录，而是直接在“银行存款”的贷方支付。

（二）进口自用应税车辆应纳税额的计算和会计处理

纳税人进口自用的应税车辆应纳税额的计算公式为：

应纳税额=（关税完税价格+关税+消费税）×税率

【例 7-2】某外贸进出口公司2020年8月份从国外进口12辆奥迪公司生产的某型号小轿车。该公司报关进口这批小轿车时，经报关地海关对有关报关资料的审查，确定关税完税价格为每辆285 000元人民币，海关按关税政策规定每辆征收了关税128 250元，并按消费税、增值税有关规定分别代征了每辆小轿车的进口消费税66 120元和增值税747 817.2元。该公司将2辆小轿车留单位使用，其余10辆用于销售。请计算应缴纳的车辆购置税并作会计处理。

（1）每辆小轿车计税依据=285 000+128 250+66 120=479 370（元）

（2）自用2辆小轿车金额=479 370×2=958 740（元）

（3）自用2辆应缴纳车辆购置税=479 370×10%×2=95 874（元）

（4）入库10辆小轿车金额=479 370×10=4 793 700（元）

（5）10辆进口小轿车入库和2辆自用时：

借：库存商品——小轿车　　4 793 700

　　固定资产——小轿车　　1 054 614

　　应交税费——应交增值税（进项税额）　　747 817.2

　贷：银行存款　　6 500 284.2

　　　应交税费——应交车辆购置税　　95 874

（6）上交车辆购置税时：

借：应交税费——应交车辆购置税　　95 874

　贷：银行存款　　95 874

第二节　契税的核算

契税是以所有权或使用权发生转移变动为征税对象，向产权承受人所征收的一种税。契税在我国有着悠久的历史，最早起源于东晋的“估税”。中华人民共和国成立以后，1950年4月，政务院公布了《契税暂行条例》。1997年7月7日，国务院发布了《中华人民共和国契税暂行条例》，并于1997年10月1日开始施行。现行契税实行一次性征收，并且普遍适用于内、外资企业和本、外国公民。2021年9月1日开始施行《中华人民共和国契税法》的相关规定。

一、契税的基本规定

（一）契税的征税对象

契税的征税对象是境内转移的土地、房屋权属，具体包括以下内容：

1.土地使用权出让。土地使用权出让是指土地使用者向国家交付土地使用权出让费用，国家将国有土地使用权在一定年限内让与土地使用者的行为。

2.土地使用权的转让，包括出售、赠与、互换。土地使用权的转让不包括农村集体土地承包经营权的转移。

3.房屋买卖、赠与、互换。房屋买卖是以货币为媒介，出卖者向购买者让渡房产所有权的行为。以下几种特殊情况，视同买卖房屋：一是以房产抵债或以实物交换房屋；二是以房产作投资或作股权转让；三是买房拆料或翻建新房。房屋赠与是指房屋所有者将其房屋无偿转让给受赠者的行为。房屋互换是指房屋所有者之间互相交换房屋的行为。

（二）契税的纳税人

在中华人民共和国境内转移土地、房屋权属，承受的单位和个人为契税的纳税人。境内是指中华人民共和国实际税收行政管辖范围内。土地、房屋权属是指土地使用权和房屋所有权。单位是指企业单位、事业单位、国家机关、军事单位和社会团体以及其他组织。个人是指个体经营者及其他个人，包括中国公民和外籍人员。

（三）契税的税率

契税实行3%~5%的幅度税率，由省、自治区、直辖市人民政府在规定的税率幅度内提出，报同级人民代表大会常务委员会决定，并报全国人民代表大会常务委员会和国务院备案。从2008年11月1日起，对个人首次购买90平方米及以下住房，契税税率下调到1%。

（四）计税依据

契税的计税依据为不动产的价格。由于土地、房屋权属转移方式不同，计税依据有以下规定：

1.土地使用权出让、出售，房屋买卖，为土地、房屋权属转移合同确定的成交价格，包括应交付的货币以及实物、其他经济利益对应的价款；

2.土地使用权互换、房屋互换，为所互换的土地使用权、房屋价格的差额；

3.土地使用权赠与、房屋赠与以及其他没有价格的转移土地、房屋权属行为，为税务机关参照土地使用权出售、房屋买卖的市场价格依法核定的价格。

纳税人申报的成交价格、互换价格差额明显偏低且无正当理由的，由税务机关依照《税收征收管理法》的规定核定。

（五）契税的减免优惠

1.有下列情形之一的，免征契税：

（1）国家机关、事业单位、社会团体、军事单位承受土地、房屋权属用于办公、教学、医疗、科研、军事设施；

（2）非营利性的学校、医疗机构、社会福利机构承受土地、房屋权属用于办公、教学、医疗、科研、养老、救助；

（3）承受荒山、荒地、荒滩土地使用权用于农、林、牧、渔业生产；

（4）婚姻关系存续期间夫妻之间变更土地、房屋权属；

（5）法定继承人通过继承承受土地、房屋权属；

（6）依照法律规定应当予以免税的外国驻华使馆、领事馆和国际组织驻华代表机构承受土地、房屋权属。

根据国民经济和社会发展的需要，国务院对居民住房需求保障、企业改制重组、灾后重建等情形可以规定免征或者减征契税，报全国人民代表大会常务委员会备案。

2.省、自治区、直辖市可以决定对下列情形免征或者减征契税：

（1）因土地、房屋被县级以上人民政府征收、征用，重新承受土地、房屋权属；

（2）因不可抗力灭失住房，重新承受住房权属。

前款规定的免征或者减征契税的具体办法，由省、自治区、直辖市人民政府提出，报同级人民代表大会常务委员会决定，并报全国人民代表大会常务委员会和国务院备案。

以上经批准减免税的纳税人改变有关土地、房屋的用途，不再属于减免税范围的，应当补交已经减免的税款。

（六）契税的计算和征收管理

1.应纳契税的计算。

契税采用的是比例税率，当计税依据确定后，应纳税额的计算比较简单。其计算公式为：

应纳税额=计税依据×税率

应纳税额以人民币为计算单位，若以外币结算的，可按照纳税义务发生之日中国人民银行公布的人民币市场汇率中间价折合成人民币进行计算。

2. 契税的征收管理。

纳税人在签订土地、房屋权属转移合同的当天，或者取得其他具有土地、房屋权属转移合同性质凭证的当天，为纳税义务发生时间。取得其他具有土地、房屋权属转移合同性质凭证是指具有合同效力的契约、协议、和约、单据、确认书以及由省、自治区、直辖市人民政府确定的其他凭证。

纳税人应当自纳税义务发生之日起10日内，向土地、房屋所在地的契税征收机关办理纳税申报，并在契税征收机关核定的期限内缴纳税款，索取完税凭证。

纳税人出具契税完税凭证，土地管理部门、房产管理部门才能给予办理变更登记手续。

二、契税的会计处理

《企业会计准则第6号——无形资产》规定，外购无形资产的成本，包括购买价款、相关税费以及直接归属于使该项资产达到预定用途所发生的其他支出。

企业缴纳契税，应设置“应交税费——应交契税”科目进行核算。该科目贷方反映企业应缴纳的税额，借方反映企业已缴纳的税额，期末贷方余额表示企业应交而未交的契税。企业计算提取应纳契税时，借记“固定资产”“无形资产”等科目，贷记“应交税费——应交契税”科目。上交契税时，借记“应交税费——应交契税”科目，贷记“银行存款”科目。

【例7-3】2020年7月8日，某公司购进办公楼一栋，支付金额2 000万元、增值税180万元，已办完各种相关手续。契税税率为3%。该公司应纳契税计算和会计处理如下：

1. 应纳契税=2 000×3%=60（万元）

2. 缴纳的契税应计入固定资产的价值中：

（1）购房和计提税款时：

借：固定资产——办公楼	20 600 000	
应交税费——应交增值税（进项税额）	1 800 000	
贷：银行存款		21 800 000
应交税费——应交契税		600 000

（2）上交契税时：

借：应交税费——应交契税	600 000	
贷：银行存款		600 000

【例7-4】2020年8月6日，某房地产开发公司购买一宗土地使用权，支付金额5 000万元，已办完各种相关手续并取得土地使用证。契税税率为4%。该公司计算契税并作会计分录如下：

1. 应纳契税=5 000×4%=200（万元）

2. 缴纳的契税应计入土地的价值中：

（1）购地和计提税款时：

借：开发成本（或“无形资产”）——土地　　52 000 000

贷：银行存款　　50 000 000

应交税费——应交契税　　2 000 000

（2）上交契税时：

借：应交税费——应交契税　　2 000 000

贷：银行存款　　2 000 000

第三节　耕地占用税的核算

耕地占用税是在中华人民共和国境内占用耕地建设建筑物、构筑物或者从事非农业建设的单位和个人，就其实际占用的耕地面积为计税依据所征收的一种税。它属于对特定土地资源占用课税。

耕地是土地资源中最重要的组成部分，是农业生产最基本的生产资料。我国人口众多，耕地资源相对较少，人多地少的矛盾十分突出。因此，我们必须十分注意保护耕地。为了遏制并逐步改变这种状况，国家决定开征耕地占用税，运用税收经济杠杆与法律、行政等手段相配合，有效保护耕地。

一、耕地占用税的基本规定

（一）纳税义务人

耕地占用税的纳税义务人，是占用耕地建房或从事非农业建设的单位和个人。

所称单位，包括国有企业、集体企业、私营企业、股份制企业、外商投资企业、外国企业以及其他企业，事业单位、社会团体、国家机关、军队以及其他单位；所称个人，包括个体工商户以及其他个人。

（二）征税范围

耕地占用税的征税范围包括纳税人为建房或从事其他非农业建设而占用的国家所有和集体所有的耕地。

所谓耕地，是指种植农业作物的土地，包括菜地、园地。其中，园地包括花圃、苗圃、茶园、果园、桑园和其他种植经济林木的土地。

占用鱼塘及其他农用土地建房或从事其他非农业建设，也视同占用耕地，必须依法征收耕地占用税。占用已开发从事种植、养殖的滩涂、草场、水面和林地等从事非农业建设，由省、自治区、直辖市本着有利于保护土地资源和生态平衡的原则，结合具体情况确定是否征收耕地占用税。

此外，在占用之前3年内属于上述范围的耕地或农用土地，也视为耕地。

（三）税率

由于在我国的不同地区之间，人口和耕地资源的分布极不均衡，有些地区人烟稠密，耕地资源相对匮乏；而有些地区则人烟稀少，耕地资源比较丰富。各地区之间的经济发展水平也有很大差异。考虑到不同地区之间客观条件的差别以及与此相关的税收调节力度和纳税人负担能力方面的差别，耕地占用税在税率设计上采用了地区差别定额税率。税率规定如下：

1. 人均耕地不超过1亩的地区（以县级行政区域为单位，下同），每平方米为10~50元；

2. 人均耕地超过1亩但不超过2亩的地区，每平方米为8~40元；

3. 人均耕地超过2亩但不超过3亩的地区，每平方米为6~30元；

4. 人均耕地超过3亩的地区，每平方米为5~25元。

各地区耕地占用税的适用税额，由省、自治区、直辖市人民政府根据人均耕地面积和经济发展等情况，在规定的税额幅度内提出，报同级人民代表大会常务委员会决定，并报全国人民代表大会常务委员会和国务院备案。

在人均耕地低于0.5亩的地区，省、自治区、直辖市可以根据当地经济发展情况，适当提高耕地占用税的适用税额，但提高的部分不得超过上述规定的50%。

占用基本农田的，应当按照《中华人民共和国耕地占用税法》第四条第二款或者第五条确定的当地适用税额，加按150%征收。

各省、自治区、直辖市耕地占用税平均税额见表7-1。

表7-1 **各省、自治区、直辖市耕地占用税平均税额** 单位：元

地　区	每平方米平均税额
上海	45
北京	40
天津	35
江苏、浙江、福建、广东	30
辽宁、湖北、湖南	25
河北、安徽、江西、山东、河南、重庆、四川	22.5
广西、海南、贵州、云南、陕西	20
山西、吉林、黑龙江	17.5
内蒙古、西藏、甘肃、青海、宁夏、新疆	12.5

（四）计税依据及税额的计算

耕地占用税以纳税人实际占用的耕地面积为计税依据，以每平方米土地为计税单位，按适用的定额税率计税。其计算公式为：

应纳税额=实际占用耕地面积（平方米）×适用定额税率

（五）耕地占用税的税收优惠

1. 军事设施、学校、幼儿园、社会福利机构、医疗机构占用耕地，免征耕地占用税。

2. 铁路线路、公路线路、飞机场跑道、停机坪、港口、航道、水利工程占用耕地，减按每平方米2元的税额征收耕地占用税。

3. 农村居民在规定用地标准以内占用耕地新建自用住宅，按照当地适用税额减半征收耕地占用税。其中，农村居民经批准搬迁，新建自用住宅占用耕地不超过原宅基地面积的

部分，免征耕地占用税。

4.农村烈士遗属、因公牺牲军人遗属、残疾军人以及符合农村最低生活保障条件的农村居民，在规定用地标准以内新建自用住宅，免征耕地占用税。

根据国民经济和社会发展的需要，国务院可以规定免征或者减征耕地占用税的其他情形，报全国人民代表大会常务委员会备案。

免征或者减征耕地占用税后，纳税人改变原占地用途，不再属于免征或者减征耕地占用税情形的，应当按照当地适用税额补缴耕地占用税。

（六）耕地占用税的征收管理

1.耕地占用税由税务机关负责征收。土地管理部门在通知单位或者个人办理占用耕地手续时，应当同时通知耕地所在地同级税务机关。获准占用耕地的单位或者个人应当在收到土地管理部门的通知之日起30日内缴纳耕地占用税。土地管理部门凭耕地占用税完税凭证或者免税凭证和其他有关文件发放建设用地批准书。

2.纳税人临时占用耕地，也应当依照规定缴纳耕地占用税。纳税人在批准临时占用耕地的期限内恢复所占用耕地原状的，全额退还已经缴纳的耕地占用税。

3.占用林地、牧草地、农田水利用地、养殖水面以及渔业水域滩涂等其他农用地建房或者从事非农业建设的，比照税法规定征收耕地占用税。建设直接为农业生产服务的生产设施占用前款规定的农用地的，不征收耕地占用税。

二、耕地占用税的会计处理

企业缴纳耕地占用税，应设置“应交税费——应交耕地占用税”科目进行核算。该科目贷方反映企业应缴纳的税额，借方反映企业已缴纳的税额，期末贷方余额表示企业应交而未交的耕地占用税。企业计算提取应纳耕地占用税时，借记“无形资产”“在建工程”等科目，贷记“应交税费——应交耕地占用税”科目。上交耕地占用税时，借记“应交税费——应交耕地占用税”科目，贷记“银行存款”科目。

【例7-5】2020年7月10日，某生产企业购买一宗耕地使用权用于扩建厂房，该宗耕地共计60亩，支付金额1 200万元，已办完各种相关手续并取得土地使用证，厂房正在建设过程中。当地耕地占用税每平方米为20元。请计算该企业应缴纳的耕地占用税并作会计分录。

（1）应缴纳耕地占用税=60×666.67×20=800 004（元）

（2）购买耕地和计提税款时：

借：在建工程（或“无形资产”）——土地使用权	12 000 000	
在建工程——厂房	800 004	
贷：应交税费——应交耕地占用税		800 004
银行存款		12 000 000

（3）上交耕地占用税时：

借：应交税费——应交耕地占用税	800 004	
贷：银行存款		800 004

即测即评 ☑

第七章单选题

第七章多选题

第七章判断题

第八章

关税的核算

学习目标

熟悉关税核算的基本规定；掌握进口货物和出口货物应缴纳关税的核算方法。

思政小课堂

2021年伊始，中国出台了力度更大的降低进口关税措施，不仅适用的暂定税率低于最惠国税率，而且覆盖范围更广，总计涉及883项商品。在降税的同时，调整税则税目，涉及8位税目8 580个，使税目跟中国产业发展与科技进步更加适应。新年第一天，商务领域一批新规落地，彰显了中国高水平扩大开放新气象，也为推动新发展格局迈出了新年第一步。

根据世贸组织预测，受新冠肺炎疫情影响，2020年全球商品贸易将下降9.2%，全球贸易规模将远远低于新冠肺炎疫情大流行前。在全球贸易低迷的背景下，中国出口增长远超预期，2020年11月，不仅连续8个月正增长，表现出很强的韧性，增速更是达到了14.9%这个年度最高水平。但是，在进口方面，继9月单月进口额创出1.4万亿元历史新高后，11月进口额增速跌回到负增长区间。

经过40多年的改革开放，中国社会生产力、综合国力、人民生活水平实现了历史性跨越，人民对美好生活的向往更加强烈。为促进消费水平升级，更好地满足人民日益增长的美好生活需要，海关不断完善关税制度，落实扩大消费品进口举措，进一步增进人民福祉，有力提升了百姓获得感。

资料来源　赵萍．持续降关税　畅通双循环［N］．人民日报海外版，2021-01-12.

第一节　关税核算的基本规定

一、关税的类型

由于各国的政治、经济情况各不相同，关税制度的规定也不相同。按照国际通行做法，可将关税分为以下几种类型：

（一）以货物的流向为标准

以货物的流向为标准，可分为进口关税、出口关税和过境关税。

1.进口关税。进口关税是海关对进口货物或物品所征收的一种税，通常在外国货物或物品进入关境或国境时征收，或者外国货物从保税仓库提出运往国内市场时征收。现今世界各国的关税，主要是进口关税。国家征收进口关税的目的在于保护国内市场和增加财政收入，如有的国家对工业制成品采用高税率政策，以削弱外国商品的竞争能力。

2.出口关税。出口关税是海关对出口货物或物品所征收的一种税。经济发达国家为了提高本国货物在国际市场的竞争能力，一般不征收出口关税。大部分发展中国家出于增加财政收入、保持垄断商品的垄断价格、保护本国资源或保证本国市场供应的考虑，还征收适量的出口关税，但有逐步减少的趋势。

3.过境关税。过境关税亦称“通过税”，是指对通过本国国境或关境输往第三国的外国商品所征收的一种税。过境关税最早产生并流行于欧洲各国，征税的主要目的是增加国家的财政收入。由于过境货物对被通过国家的市场和生产并无任何影响，征收过境关税不利于国家间商品的交往和流通，因此，目前绝大多数国家都不征收过境关税，仅在外国货物通过时征收少量的准许费、签证费或统计费。

（二）以征税的目的为标准

以征税的目的为标准，可分为财政关税和保护关税。

1.财政关税。财政关税又称“收入关税”，是以增加国家财政收入为主要目的而征收的一种关税。封建社会早、中期的关税大多属于此种类型，随着社会生产力和经济的不断发展，财政关税的地位已被保护关税所代替。财政关税税率一般低于保护关税的税率，否则就会阻碍进出口贸易的发展，达不到增加财政收入的目的。

2.保护关税。保护关税是财政关税的对称，是指一个国家以保护本国经济发展为主要目的而征收的一种关税。保护关税以进口税为主，一般税率较高，通过征收高额进口税，使进口商品成本增大，以削弱其在进口国市场上的竞争能力。保护关税甚至能阻碍某些商品进口，以达到保护本国经济发展的目的。

（三）以进口货物的输出国的差别待遇为标准

以进口货物的输出国的差别待遇为标准，可分为互惠关税、普惠关税、特惠关税、报复关税。

1.互惠关税。互惠关税是指两国在平等互利的基础上，相互给予优惠待遇的关税。根据两国签订的关税、贸易协定，一方对从对方进口的货物，给予免征关税待遇或采用较低的进口关税税率。

2.普惠关税。普惠关税简称普惠制，是指在国际贸易中经济发达国家单方面对来自发展中国家的制成品和半成品普遍给予优惠待遇的一种关税制度。实行普惠关税的目的是扩大发展中国家向经济发达国家出口制成品、半成品，增加发展中国家的财政收入，促进经济的发展。

3.特惠关税。特惠关税是指两个或两个以上国家或地区缔结协定，单方提供或相互给予特定优惠关税待遇，其他国家不得享受的一种关税制度。

4.报复关税。报复关税是指为报复他国对本国出口货物的关税歧视待遇而对相关国家进口货物征收的一种进口附加税。实行报复关税的范围常与对方实行歧视性关税的范围相当，一般在下列三种情况下采用：（1）在认为他国对本国货物或由本国船只运输的货物所征关税不恰当时；（2）在他国对另一些国家给予比本国优惠的待遇时；（3）在贸易条约或协定期届满，他国对续约或订立的新约提出不正当的要求时。一旦对方取消歧视待遇或撤回不正当要求，报复关税往往也随之取消。

二、关税的征税范围

关税的征税范围是指进出我国国境的货物和物品。货物是指贸易性商品；物品是指入境旅客随身携带的行李和物品，个人邮递物品，各种运输工具上的服务人员携带进口的自用物品、馈赠物品，以及以其他方式进入我国境内的其他物品。关税的具体征税范围是按关税税则、税目的规定执行的。

关税税则又称海关税则，是指一国根据其经济政策和关税政策，通过一定的国家立法程序制定、公布、实施的，对进出口商品计征关税的规章和对进出口的应税与免税商品加以系统分类的一览表。它是关税政策的具体体现，海关凭海关税则征收关税。

关税税则包括以下内容：（1）国家实施该税则的法令，即该税则的实施细则以及使用税则的有关说明；（2）税则的归类总规则，说明该税则中商品归类的原则；（3）各类、各章和税目的注释，说明它们各自应包括和不应包括的商品以及对一些商品的形态、功能、用途等方面的说明；（4）税目表，包括商品分类目录和税率栏两大部分。

我国的关税税则几乎每年都有不同程度的变化和调整，《进出口税则》是以《商品名称及编码协调制度》为基础，结合我国进出口商品的实际情况而编制的。自2012年1月1日起，我国进出口关税进行部分调整。调整后，我国2012年进出口税目总数由2011年的7 977个增至8 194个，2013年增至8 238个，2014年增至8 277个，2015年增至8 285个。2016年1月1日起，我国对《进出口税则》中的部分税目进行了调整，进出口税目总数增至8 294个。2018年年底，国务院关税税则委员会公布《进出口税则（2019）》，自2019年1月1日起实施。其中，进口税则涉及8 549个税目，出口税则涉及102个税目。

三、关税税率

（一）税率制定的原则

我国的关税税率是根据促进和保护国内生产、调节对外经济往来和为国家建设积累资金等基本政策制定的。根据这些基本政策制定关税税率时，应遵循以下各项原则：

1.对进口国家建设和人民生活是必需的，而国内不能生产或供应不足的动植物良种、肥料、饲料、药剂、精密仪器、仪表、关键机器设备和粮食等，制定低税率或免税。

2.原材料的进口税率一般比半成品、成品低，特别是对受自然条件制约，国内生产短期内不能迅速发展的原材料，制定的税率更低。

3.国内不能生产的或质量不过关的机器设备和仪器、仪表的零件、部件，其进口税率比整机低，这有利于国内产品质量和生产技术水平的提高。

4.对国内已能生产和非国计民生必需的物品制定较高的税率，以限制进口。

5.对国内需要保护的和国内外差价大的商品制定较高的税率，以保护国内产品与国外产品的竞争。

6.为鼓励出口，对于一般出口商品不征收出口税。对国内外差价大、在国际市场上容量有限、竞争性强的商品，以及需要限制出口的极少数原料和半成品，征收适当的出口税。

（二）进口货物的税率

《进出口税则》所列的全部税目中，除规定免税的之外，都要征收进口关税。为了进一步扩大对外开放，促进对外贸易和国民经济的发展，鼓励企业参与国际竞争，我国在很大范围内调整了税率。2013年我国对780多种进口商品实施低于最惠国税率的年度进口暂定税率；2014年我国对760多种进口商品实施低于最惠国税率的年度进口暂定税率，平均优惠幅度达60%。2016年进口关税税率调整包括对冻格陵兰庸鲽鱼等787种进口商品实施暂定税率、对冻的整只鸡等46种商品继续实施从量税或复合税、对小麦等8类47个税目的商品实施关税配额管理等多项规定。自2018年7月1日起，降低汽车整车及零部件进口关税。2019年12月，国务院关税税则委员会发布《关于2020年进口暂定税率等调整方案的通知》，调整了最惠国税率、关税配额税率、协定税率和特惠税率。

（三）出口关税税率

出口关税税率没有普通和优惠之分，是一种差别比例税率。2014年，我国对出口关税进行部分调整。其中，适当降低了化肥出口关税税率。2016年，我国主要是降低高纯生铁等商品出口关税，对磷酸、氨和氨水等商品不再征收出口关税。2017年取消氮肥、磷肥和天然石墨等商品的出口关税，适当降低三元复合肥、钢坯、硅铁等商品的出口关税。自2020年1月1日起继续对铬铁等107项商品征收出口关税，适用出口税率或出口暂定税率，征收商品范围和税率维持不变。

四、关税的完税价格

按照《中华人民共和国海关审定进出口货物完税价格办法》的规定，海关以进出口货物的实际成交价格为基础审定完税价格，实际成交价格是一般贸易项目下进口或出口货物的买方为购买该项货物向卖方实际支付或应当支付的价格。纳税人向海关申报的价格并不一定等于完税价格，只有经过海关审核并接受的申报价格才能作为完税价格。对于不真实或申报不准确的申报价格，海关有权不予接受，并可依照税法规定对有关进出口货物的申报价格进行调整或另行估定完税价格。

（一）进口货物完税价格的确定

按照《进出口税则》的规定，进口货物以海关审定的成交价格为基础的到岸价格为完税价格。到岸价格（CIF）包括货物的买价以及货物运抵我国关境内输入地起卸前的包装、运输、保险和其他劳务费用。

1.成交价格的调整。

进口货物成交价格中未包括下列费用的，应将其计入关税的完税价格：（1）进口人以在境内制造、使用、出版、发行或播映为目的而向境外卖方支付的与该进口货物有关的专利、商标、著作权、专有技术、计算机软件等费用。（2）货物成交过程中，进口人向卖方支付的佣金。（3）进口前发生的由买方支付的包装、运输、保险和其他劳务费用。

进口货物成交价格中已包括下列费用，且能单独分列的，可从完税价格中扣除：（1）进口人向其境外代理人支付的佣金。（2）卖方付给买方的正常价格回扣。（3）工业设施、机械设备类货物进口后发生的基建、安装、调试、技术指导等费用。

2.进口货物运费和保险费的计算。

以境外口岸离岸价格（FOB）成交的，应该另加该项货物从境外发货口岸或境外交货口岸运达我国境内目的口岸前实际支付的运费、保险费。其计算公式为：

$$完税价格=\frac{FOB（离岸价格）+运费}{1-保险费率}$$

【例 8-1】某进出口公司从美国进口一批货物1 000吨，进口时申报价格（FOB）60 000美元，运费每吨30美元，保险费率2%，外汇牌价为100美元=650元人民币。完税价格计算如下：

（1）将申报的美元离岸价格折算成人民币：

60 000×6.5=390 000（元）

（2）计算运费并将其折算成人民币：

1 000×30×6.5=195 000（元）

（3）该批进口货物的完税价格为：

$$进口货物的完税价格=\frac{390\,000+195\,000}{1-2\%}=596\,938.78（元）$$

以运抵我国境内口岸的货价加运费价格成交的（C&F），应另加保险费。其计算公式为：

$$完税价格=\frac{C\&F（货价+运费）}{1-保险费率}$$

3.特殊进口货物的完税价格。

（1）国内电视台从境外购进或租用在国内播映的，内容为故事片、连续剧一类的录像制品，应以为获得使用、播映权而对外支付的版权费、租用费、播映费等作为完税价格。境外向国内电视台提供的电视广告制品，进口时应以对外收取的广告费作为完税价格。

（2）受海关监管的减免税进口货物，在管理年限内，经海关批准出售、转让或移作他用时，按其使用年限折旧作为完税价格补税。其计算公式为：

$$完税价格=原进口到岸价×（1-\frac{实际使用月份}{管理年限×12}）$$

（3）运往境外加工的货物，出境时向海关报明，并在海关规定期限内复运进境的，应当以加工后的货物进境时的到岸价格，与原出境货物或者与原出境货物相同的或类似的货物在进境时的到岸价格之间的差额，确定完税价格。

（4）对于运往境外修理的机械器具、运输工具或者其他货物，出境时已向海关报明并在海关规定期限内复运进境的，应当以审查确定的修理费和料件费作为完税价格。

（5）以租赁和租借方式进境的货物，以海关审查确定的货物的租金作为完税价格。

（6）准予暂时进口的施工机械、工程车辆、供安装使用的仪器和工具、电视或电影摄制机械，以及盛装货物的容器，如果超过半年仍留在境内使用的，应自第7个月起，按月征收进口关税，其完税价格按原货物进口时的到岸价格确定。

4.进口货物海关估价的确定。

进口货物的成交价格无法确定的，以下列价格为基础依次估定完税价格：

（1）按该项货物的同一出口国或地区购进的成交价格确定。

（2）按该项货物的同一出口国或地区购进的类似进口货物的成交价格确定。

（3）按进口货物的相同或类似货物在国内市场的批发价格，减去进口关税和进口环节其他税费以及进口后的正常运输、储存、营业费用及利润后的价格确定。

（二）出口货物完税价格的确定

出口货物以海关审定的成交价格为基础的销售给境外的离岸价格（FOB），扣除出口关税后作为完税价格。其基本计算公式为：

$$完税价格=\frac{出口货物的离岸价格}{1+出口关税税率}$$

出口货物成交价格中含有支付给国外的佣金，如与货物的离岸价格分列，应扣除；如未单独列明，则不扣除。出口货物在离岸价格以外，如果买方还另行支付包装费，则应将其计入完税价格。

出口货物的离岸价格，应以该项货物运离关境前的最后一个口岸的离岸价格为实际离岸价格。如果该项货物从内地起运，则从内地口岸至最后出境口岸所支付的国内段运输费用应扣除。

出口货物成交价格如为境外口岸的到岸价或货价加运费，应先扣除运费、保险费后，再按规定公式计算完税价格。

五、关税的减免优惠

《中华人民共和国海关法》规定，减免进出口关税的权限属于中央。在未经中央许可的情况下，各地海关不得擅自减免关税。关税的减免主要有法定减免、特定减免和临时减免三种类型。

（一）法定减免

法定减免是指依照关税基本法规的规定，对列举的课税对象给予的减免规定。这主要包括以下减免内容：

1.下列货物经海关审查无讹，可以免税：（1）关税税额在人民币50元以下的一票货物；（2）无商业价值的广告品和货样；（3）外国政府、国际组织无偿赠送的物资；（4）进出境运输工具装载的途中必需的燃料、物料和饮食用品。

2.有下列情形之一的进口货物，海关可以酌情减免关税：（1）在境外运输途中或者起卸时，遭受损坏或者损失的；（2）起卸后海关放行前，因不可抗力遭受损坏或者损失的；（3）海关查验时已经破漏、损坏或者腐烂，经证明不是保管不慎造成的。

3.为境外厂商加工、装配成品和为制造外销产品而进口的原材料、辅料、零件、部件、配套件和包装物料，海关按照实际加工出口的成品数量免征进口关税，或者对进口料件先征进口关税，再按照实际加工出口的成品数量予以退税。

4.经海关核准暂时进境或者暂时出境并在6个月内复运出境或者复运进境的货样、展览品、施工机械、工程车辆、工程船舶、供安装设备时使用的仪器和工具、电视或者电影摄制器械、盛装货物的容器以及剧团服装道具，在货物收发货人向海关缴纳相当于税款的保证金或者提供担保后，准予暂时免纳关税。

（二）特定减免

特定减免是指在关税基本法规确定的法定减免以外，由国务院或国务院授权的机关颁布法规、规章特别规定的减免税。例如，对进口科技教育用品和残疾人专用物品、外国驻华使领馆和有关国际机构及人员所需物品减免关税等。

（三）临时减免

临时减免是指在以上两项减免税以外，对某个纳税人由于特殊原因临时给予的减免。临时减免一般必须在货物进出口前，向所在地海关提出书面申请，并随附必要的证明资料，经所在地海关审核后，转报海关总署或海关总署会同国家税务总局、财政部审核批准。

六、关税的征收管理

（一）关税缴纳

关税缴纳是指关税的纳税人或其代理人应在规定的报关期限内向货物进（出）境地海关申报，经海关对实际货物进行查验后，根据货物的归类原则和完税价格计算应纳关税和进口环节代征税费，填发税款缴纳证。纳税义务人或其代理人应在海关填发税款缴纳证的次日起7日内，向指定银行缴纳，并由当地银行解交中央金库。

（二）关税缓缴

关税缓缴是指经海关批准的纳税人将其部分或全部应缴税款的纳税期限延长的一种制度。这项关税制度是针对纳税人缺乏纳税资金或由于其他原因而造成缴纳关税有困难，不能在关税缴纳期限内履行纳税义务等情况实施的。按照现行规定，关税缓缴仅适用于关税纳税义务人确有暂时的经济困难而不能按期缴纳关税的情况。

申请关税缓缴的纳税义务人应于有关货物申报进口前或于申报进口之日起7日内（星期日或法定节假日除外），向主管海关提出书面申请，并递交关税缴纳计划和由其开户银行或上级主管机关出具的纳税担保函件。经海关审核批准关税缓缴的纳税义务人，应按海关批准的关税缴纳计划如期缴纳关税，并按月支付10‰的利息。逾期不缴纳关税，构成关税滞纳的，除依法追缴外，由海关按照关税滞纳的规定征收滞纳金。关税滞纳金自缴纳期限届满之日的次日起，至缴清税款之日止，按日征收所欠税款的0.5‰。其计算公式为：

关税滞纳金=滞纳税额×0.5‰×滞纳天数

（三）关税追征和补征

关税追征和补征是海关在纳税义务人按海关核定的税额缴纳关税后，发现核定征收税额少于应征税额时，责令纳税义务人补缴所差税款的规定。根据造成少征关税原因的不同，可分为关税的追征和补征。

由于关税纳税义务人违反海关规定少缴税款而补税的，称为关税的追征。按照我国海关现行规定，进出口货物完税后，如果发现少征或漏征税款因收发货人或者其代理人违反规定而造成，海关应当自缴纳税款或者货物放行之日起，在3年内向收发货人或其代理人追征税款。

非因纳税义务人违反海关规定少缴税款而补税的，称为关税的补征。按照我国海关现行规定，进出口货物完税后，如果发现少征或漏征税款非因收发货人或者其代理人违反规定而造成，海关应当自缴纳税款或货物放行之日起，在一年内向收发货人或其代理人补征税款。

（四）关税退还

关税退还是关税纳税义务人按海关核定的税额缴纳关税后，因某种原因，海关将已缴纳关税的部分或全部退还给关税纳税义务人的一种规定。

按照《进出口税则》的规定，有下列情形之一的，进出口货物的收发货人或者其代理人，可以自缴纳税款之日起一年内，书面声明理由，连同原纳税收据向海关申请退税，逾期不予受理：

1.因海关误征，多缴纳税款的；

2.海关核准免验的货物，在缴纳税款后，发现有短缺情况，经海关审查认可的；

3.已征出口关税的货物，因故未装运出口，申报退关，经海关查验属实的。

进出口货物的收发货人或其代理人，申请退还关税时，海关应当自受理退税申请之日起，在30天内作出书面答复并通知退税申请人。

第二节　进口货物应纳关税的核算

一、工业企业进口货物应纳关税的核算

工业企业直接从国外进口原材料及其他设备，或者是通过外贸企业代理从国外进口原材料或其他设备，应缴纳的进口关税不通过“应交税费——应交关税”科目核算，而是将其与进口原材料或设备的价款、国外运输费、保险费以及国内有关费用一并直接计入进口原材料或设备的采购成本。

（一）直接进口原材料

工业企业直接进口原材料，按照规定将应缴纳的关税借记“材料采购”科目，贷记“银行存款”等科目。

【例8-2】某工业企业本期进口一批甲材料，国外买价及运抵我国海关前的有关运输费、保险费等共计100 000美元，假定人民币汇价为100美元=700元人民币。甲材料的关税税率为10%，已验收入库。该企业进口甲材料应缴纳的关税（代扣代缴的税金此处不予考虑）会计处理如下：

1.以人民币支付进口材料的价款和有关费用时：

借：材料采购——甲材料　　700 000

　贷：银行存款　　700 000

2.计算并缴纳关税时：

应纳关税=700 000×10%=70 000（元）

借：材料采购——甲材料　　70 000

　贷：银行存款　　70 000

3.进口甲材料验收入库时：

借：原材料——甲材料　　770 000

　贷：材料采购——甲材料　　770 000

（二）工业企业委托外贸企业代理进口原材料

工业企业委托外贸企业代理进口原材料时，除了应负担进口材料的价款、相关费用和关税外，还要支付代理进口业务的手续费。支付的代理手续费也应计入进口材料的采购成本。

【例 8-3】某工业企业委托某外贸进出口公司从国外进口一批乙材料，该批进口材料入关前的买价和相关费用为50 000美元，假定人民币汇价为100美元=700元人民币，关税税率为20%。支付代理手续费为买价和相关费用的4%。该企业已将全部款项支付给外贸公司，乙材料已验收入库。有关会计处理如下：

1.支付进口乙材料的买价和有关费用时：

借：材料采购——乙材料　350 000

　贷：银行存款　350 000

2.支付应负担的进口关税时：

应纳关税=350 000×20%=70 000（元）

借：材料采购——乙材料　70 000

　贷：银行存款　70 000

3.支付代理手续费时：

应支付手续费=350 000×4%=14 000（元）

借：材料采购——乙材料　14 000

　贷：银行存款　14 000

4.进口的乙材料验收入库时：

借：原材料——乙材料　434 000

　贷：材料采购——乙材料　434 000

（三）工业企业进口设备或固定资产

工业企业从国外引进设备或购进固定资产，如引进设备需要安装，其应负担的关税记入“在建工程——引进设备”科目；如外购的固定资产不需要安装，将其应负担的关税记入“固定资产”科目。

【例 8-4】某工业企业本期与某外商签订合同，引进专用设备一套，进入我国海关前的价款和相关费用为300 000美元，假定人民币汇价为100美元=700元人民币，设备已运抵该企业，正在安装，买价和相关费用的款项按合同规定2年后支付。该设备的关税税率为20%，另外支付国内运杂费20 000元。该企业应作会计处理如下：

1.计算引进设备的价款时：

借：在建工程——引进设备　2 100 000

　贷：长期应付款——外商　2 100 000

2.计算并支付关税时：

应纳关税=2 100 000×20%=420 000（元）

借：在建工程——引进设备　420 000

　贷：银行存款　420 000

3.支付国内的运杂费时：

借：在建工程——引进设备（运费）　20 000

　贷：银行存款　20 000

二、商品流通企业进口货物应纳关税的核算

商品流通企业主要包括商业、粮食、外贸、物资供销、医药商业、供销合作社等，按

其经营方式不同，其进出口业务可分为自营进口和代理进口两大类。

（一）自营进口业务应纳关税的核算

商品流通企业自营进出口业务应缴纳的关税，应设置“应交税费——进口关税”科目进行核算，同时，将应缴纳的关税计入进口商品的成本之中。计算应纳关税时，借记“材料采购”科目，贷记“应交税费——进口关税”科目；实际上交进口关税时，借记“应交税费——进口关税”科目，贷记“银行存款”科目。

【例 8-5】某外贸企业本期从国外自营进口商品一批，进口商品经海关审定的完税价格为 CIF 60 000 美元，假定人民币汇价为 100 美元=700 元人民币，关税税率为 30%，有关款项以人民币付清，商品已验收入库。该外贸企业应作会计处理如下：

1. 支付进口商品的价款及有关费用时：

借：材料采购——进口商品　　420 000

　贷：银行存款　　420 000

2. 计算应纳进口关税时：

应纳进口关税=420 000×30%=126 000（元）

借：材料采购——进口商品　　126 000

　贷：应交税费——进口关税　　126 000

3. 上交进口关税时：

借：应交税费——进口关税　　126 000

　贷：银行存款　　126 000

4. 进口商品验收入库时：

借：库存商品——进口商品　　546 000

　贷：材料采购——进口商品　　546 000

（二）代理进口业务应纳关税的核算

受托代理进口业务，一般由委托方出具资金，受托方不垫付货款，而只向委托方收取一定的代理手续费。因此，代理进口业务应缴纳的关税由委托方负担，受托方向海关缴纳的关税也只是代垫或代付，随后仍要从委托方收回。

受托方收到委托方给予的购货款时，借记“银行存款”科目，贷记“应付账款”科目；受托方计算应纳关税时，借记“应付账款”科目，贷记“应交税费——进口关税”科目。

以委托方的款项支付进口商品的价款和有关费用时，借记“应付账款”科目，贷记“银行存款”科目；向委托方收取代理手续费时，借记“应付账款”科目，贷记“代购代销收入”科目；将委托方多付的款项退回时，借记“应付账款”科目，贷记“银行存款”科目。

【例 8-6】甲企业委托某进出口外贸公司进口商品一批，预付外贸公司货款 2 000 000 元。该批进口商品在我国口岸 CIF 价为 180 000 美元，假定人民币汇价为 100 美元=700 元人民币，关税税率为 20%，代理手续费按 CIF 价的 3% 收取，该外贸公司将进口货物转交甲企业并办清相关款项结算手续。该外贸公司应作会计处理如下：

1. 收到甲企业预付款项时：

借：银行存款　　2 000 000

贷：应付账款——甲企业　　2 000 000

2.支付该批进口商品货款时：

180 000×7=1 260 000（元）

借：应付账款——甲企业　　1 260 000

贷：银行存款　　1 260 000

3.计算并上交应纳关税时：

应纳关税=1 260 000×20%=252 000（元）

借：应付账款——甲企业　　252 000

贷：应交税费——进口关税　　252 000

同时：

借：应交税费——进口关税　　252 000

贷：银行存款　　252 000

4.将商品交付委托方（甲企业）应收取代理手续费时：

应收代理手续费=1 260 000×3%=37 800（元）

借：应付账款——甲企业　37 800

贷：代购代销收入——代理手续费　37 800

5.将甲企业多付的购货款退回时：

2 000 000−1 260 000−252 000−37 800=450 200（元）

借：应付账款——甲企业　　450 200

贷：银行存款　　450 200

第三节　出口货物应纳关税的核算

一、工业企业自营出口业务应纳关税的核算

工业企业出口销售产品与国内销售产品相同，取得的均为产品销售收入，因此，工业企业出口销售产品应缴纳的出口关税，应记入“税金及附加”科目进行核算。计算出口销售产品的应纳关税时，借记“税金及附加”科目，贷记“应交税费——出口关税”科目；上交出口关税时，借记“应交税费——出口关税”科目，贷记“银行存款”科目。

【例8−7】甲工业企业出口销售产品一批，国内港口FOB价为300 000美元，假定人民币汇价为100美元=700元人民币，产品出口关税税率为20%，出口销售货款和出口关税已结算完毕。甲工业企业应作会计处理如下：

1.取得销售收入时：

借：银行存款　　2 100 000

贷：产品销售收入——出口产品销售收入　　2 100 000

2.计算并缴纳出口关税时：

应纳出口关税$=\frac{2\ 100\ 000}{1+20\%}\times 20\%=350\ 000$（元）

借：税金及附加　　350 000

贷：应交税费——出口关税　350 000

同时：

借：应交税费——出口关税　350 000

贷：银行存款　350 000

工业企业自营出口业务应纳的出口关税，也可以不通过“应交税费——出口关税”科目核算，而直接在“银行存款”科目核算，如例8-7应缴纳的出口关税可作会计处理如下：

借：税金及附加　350 000

贷：银行存款　350 000

二、商品流通企业自营出口业务应纳关税的核算

商品流通企业自营出口业务应缴纳的出口关税，应通过“应交税费——出口关税”科目和“税金及附加”科目核算。计算应缴纳的出口关税时，借记“税金及附加”科目，贷记“应交税费——出口关税”科目；上交出口关税时，借记“应交税费——出口关税”科目，贷记“银行存款”科目。

【例8-8】某外贸进出口公司本期自营出口商品一批，我国口岸FOB价为120 000美元，假定人民币汇价为100美元=700元人民币，出口关税税率为20%，出口商品货款已收并按规定缴纳了出口关税。该外贸公司应作会计处理如下：

1.收到出口销售款时：

借：银行存款　840 000

贷：主营业务收入——出口销售收入　840 000

2.计算并缴纳出口关税时：

$$应纳出口关税=\frac{840\ 000}{1+20\%}\times 20\%=140\ 000（元）$$

借：税金及附加　140 000

贷：应交税费——出口关税　140 000

上交入库时：

借：应交税费——出口关税　140 000

贷：银行存款　140 000

即测即评

第八章单选题　　第八章多选题　　第八章判断题

第九章

企业所得税的核算

学习目标

熟悉企业所得税核算的基本规定；掌握企业所得税核算会计科目的使用和相关报表的填列方法；掌握企业所得税的核算方法和特殊事项的税务处理。

思政小课堂

习近平总书记多次强调，中国开放的大门不会关闭，只会越开越大。党的十九届五中全会部署，“十四五”时期要加快建设现代化经济体系，加快构建以国内大循环为主体、国内国际双循环相互促进的新发展格局，坚持实施更大范围、更宽领域、更深层次对外开放，依托我国大市场优势，促进国际合作，实现互利共赢。为了贯彻落实好党中央的部署，建设更高水平开放型经济新体制，要求实现高质量的引进来，提高利用外资的质量和水平。在修订《鼓励外商投资产业目录（2020年版）》过程中，我们坚持以习近平新时代中国特色社会主义思想为指导，认真学习领会党的十九大和十九届二中、三中、四中、五中全会精神，坚持通过扩大开放、吸引外资，促增量、稳存量、提质量并举，进一步扩大鼓励外商投资范围，引导外资投向，提振外资信心，助力构建新发展格局。

资料来源 佚名.商务部有关负责人就《鼓励外商投资产业目录（2020年版）》答记者问［EB/OL］.（2020-12-28）［2020-08-30］. http://www.gov.cn/zhengce/2020-12/28/content_5574304.htm.

第一节 企业所得税核算的基本规定

2007年3月16日，第十届全国人民代表大会审议通过了《中华人民共和国企业所得税法》[①]（以下简称《企业所得税法》），自2008年1月1日起施行。企业所得税是以企业取得的生产经营所得和其他所得为征税对象的一种税，它是规范和处理国家与企业分配关系的重要形式。

① 根据2017年2月24日第十二届全国人民代表大会常务委员会第二十六次会议《关于修改〈中华人民共和国企业所得税法〉的决定》第一次修正，根据2018年12月29日第十三届全国人民代表大会常务委员会第七次会议《关于修改〈中华人民共和国电力法〉等四部法律的决定》第二次修正。

一、税率及应纳税所得额

按照《企业所得税法》及其实施条例的规定，企业所得税实行比例税率，分为两档：

1.基本税率为25%。它适用于居民企业和在中国境内设有机构、场所且所得与该机构、场所有关联的非居民企业。现行企业所得税基本税率设定为25%，这与其他国家和地区相比还是偏低的。有资料显示，全世界近160个实行企业所得税的国家（地区）平均税率为28.6%，我国周边18个国家（地区）的平均税率为26.7%。现行税率的确定既考虑了我国财政承受能力，又考虑了企业负担水平。

2.低税率为20%。它适用于在中国境内未设立机构、场所，或者虽设立机构、场所但取得的所得与其所设机构、场所没有实际联系的非居民企业。但实际征税时适用10%的税率。

此外，我国还设置了两档优惠税率：（1）国家需要重点扶持的高新技术企业减按15%的税率征收企业所得税；（2）小型微利企业减按20%的税率征收企业所得税。

应纳税所得额是企业所得税的计税依据，能否正确计算直接关系到国家财政收入和企业的税收负担，并且同企业的成本、费用核算关系密切。其计算公式为：

应纳税所得额=收入总额-不征税收入-免税收入-各项扣除-以前年度亏损

或 应纳税所得额=会计利润总额±纳税调整项目金额

因为企业所得税是按年计征的，当每一纳税年度进行所得税汇算清缴时，企业的会计年度核算已经结束，因此，应纳税所得额的计算一般是在企业会计利润总额的基础上进行调整后确定。纳税调整项目金额包括两方面内容：一是企业的财务会计处理和税收规定不一致的应予以调整的金额；二是企业按税法规定准予扣除的税收金额。

这样，应纳企业所得税税额的计算公式为：

应纳税额=应纳税所得额×适用税率-减免税额-抵免税额

可见，应纳税所得额的确定是计算企业应纳企业所得税税额的重心。

应纳税所得额的计算以权责发生制为原则，属于当期的收入和费用，不论款项是否收付，均作为当期的收入和费用；不属于当期的收入和费用，即使款项已经在当期收付，也不作为当期的收入和费用。

二、收入总额

企业的收入总额包括以货币形式和非货币形式从各种来源取得的收入。纳税人以货币形式取得的收入包括现金、存款、应收账款、应收票据、准备持有至到期的债券投资以及债务的豁免等；以非货币形式取得的收入包括固定资产、生物资产、无形资产、股权投资、存货、不准备持有至到期的债券投资、劳务以及有关权益等，这些非货币资产和劳务应当按照公允价值确定收入额。

（一）一般收入及确认

1.销售货物收入，是指企业销售商品、产品、原材料、包装物、低值易耗品以及其他存货取得的收入。

2.提供劳务收入，是指企业从事建筑安装、修理修配、交通运输、仓储租赁、金融保险、邮电通信、咨询经纪、文化体育、科学研究、技术服务、教育培训、餐饮住宿、中介代理、卫生保健、社区服务、旅游、娱乐、加工以及其他劳务、服务活动取得的收入。

3.财产转让收入，是指企业转让固定资产、生物资产、无形资产、股权、债权等财产取得的收入。

4.股息、红利等权益性投资收益，是指企业因权益性投资从被投资方取得的收入。股息、红利等权益性投资收益，除国务院财政、税务主管部门另有规定外，按照被投资方作出利润分配决定的日期确认收入的实现。

5.利息收入，是指企业将资金提供给他人使用但不构成权益性投资，或者因他人占用本企业资金取得的收入，包括存款利息、贷款利息、债券利息、欠款利息等收入。利息收入，按照合同约定的债务人应付利息的日期确认收入的实现。

6.租金收入，是指企业提供固定资产、包装物或者其他有形资产的使用权取得的收入。租金收入，按照合同约定的承租人应付租金的日期确认收入的实现。

7.特许权使用费收入，是指企业提供专利权、非专利技术、商标权、著作权以及其他特许权的使用权取得的收入。特许权使用费收入，按照合同约定的特许权使用人应付特许权使用费的日期确认收入的实现。

8.接受捐赠收入，是指企业接受的来自其他企业、组织或者个人无偿给予的货币性资产、非货币性资产。接受捐赠收入，按照实际收到捐赠资产的日期确认收入的实现。

9.其他收入，是指上述收入以外的其他收入，包括企业资产溢余收入、逾期未退包装物押金收入、确实无法偿付的应付款项、已作坏账损失处理后又收回的应收款项、债务重组收入、补贴收入、违约金收入、汇兑收益等。

（二）特殊收入及确认

1.分期确认收入。以分期收款方式销售货物的，按合同约定的收款日期确认收入的实现；企业受托加工制造大型机械设备、船舶、飞机，以及从事建筑、安装、装配工程业务或者提供其他劳务等，若持续时间超过12个月，按纳税年度内完工进度或完成的工作量确认收入的实现。

2.采取产品分成方式取得的收入。按照产品的公允价值确定收入额，按照企业分得产品的日期确认收入的实现。

3.企业发生非货币性资产交换，以及将货物、财产、劳务用于捐赠、偿债、赞助、集资、广告、样品、职工福利或者利润分配等用途，应视同销售货物、转让财产或提供劳务。

4.企业以买一赠一等方式组合销售本企业商品的，“赠一”行为不属于捐赠，应将总销售额按各项商品的公允价值的比例来分摊确认各项销售收入。

5.根据《企业所得税法实施条例》第二十条，对于供热企业取得的一次性入网费收入，按照合同约定的使用人支付一次性入网费的日期确认收入的实现；使用人提前付款或未约定付款日期的，以实际收到的一次性入网费的日期确认收入实现。

三、不征税收入和免税收入

国家为了扶持和鼓励某些特殊的纳税人和特定的项目，或者避免因征税影响企业的正常经营，对企业取得的某些收入予以不征税或免税的特殊政策，以减轻企业负担，促进经济协调发展。

（一）不征税收入

1.财政拨款。这是指各级人民政府对纳入预算管理的事业单位、社会团体等组织拨付的财政资金。

2.依法收取并纳入财政管理的行政事业性收费、政府性基金。企业按规定缴纳的、由国务院或财政部批准设立的政府性基金，由国务院和省、自治区、直辖市人民政府及其财政、价格主管部门批准设立的行政事业性收费，准予在计算应纳税所得额时扣除。

3.国务院规定的其他不征税收入。这包括财政补助、补贴、贷款贴息、直接减免的增值税和即征即退、先征后退、先征后返的各种税收（不包括企业按规定取得的出口退税款）以及其他各类财政专项资金。

需要注意的是，不征税收入用于支出所形成的费用或所形成的资产的折旧额、摊销额，均不得在计算应纳税所得额时扣除。

（二）免税收入

1.国债利息收入。为鼓励企业积极购买国债，支援国家建设，税法规定，企业因购买国债获得的利息收入，免征企业所得税。

2.符合条件的居民企业之间的股息、红利等权益性投资收益。它是指居民企业直接投资于其他居民企业取得的投资收益，不包括连续持有居民企业公开发行并上市流通的股票不足12个月取得的投资收益。

3.在中国境内设立机构、场所的非居民企业从居民企业取得与该机构、场所有实际联系的股息、红利等权益性投资收益，不包括连续持有居民企业公开发行并上市流通的股票不足12个月取得的投资收益。

4.符合条件的非营利组织的收入，但一般不包括非营利组织从事营利性活动取得的收入。

四、准予扣除的项目

（一）税前扣除的原则

企业申报的扣除项目和金额要真实、合法。真实是指能提供证明有关支出确属已经实际发生的适当凭据；合法是指符合国家税法的规定，若其他法规规定与税收法规规定不一致，以税收法规的规定为准。税前扣除一般应遵循以下原则：

1.权责发生制原则，即企业应在费用发生的所属期扣除，而不是实际支付时确认扣除。

2.配比原则，即企业发生的费用应与收入相配比。除特殊规定外，企业发生的费用不得提前或滞后申报扣除。

3.相关性原则，即企业可扣除的费用从性质和根源上必须与取得的应税收入相关。

4.确定性原则，即企业可扣除的费用不论何时支付，其金额必须是确定的。

5.合理性原则，即企业可扣除费用的计算和分配方法应符合生产经营活动常规，应当是计入当期损益或者有关资产成本的必要和正常的支出。

（二）扣除项目的范围

《企业所得税法》规定，准予在计算应纳税所得额时扣除的是企业实际发生的与取得收入有关的、合理的支出，包括成本、费用、税金、损失和其他支出。

1.成本。它是指企业在生产经营活动中发生的销售成本、销货成本、业务支出以及其他耗费，即企业销售商品（产品、材料、下脚料、废料、废旧物资等）、提供劳务、转让固定资产和无形资产（包括技术转让）的成本。

2.费用。它是指企业在生产经营活动中发生的销售费用、管理费用和财务费用。

3.税金。纳税人在生产经营活动中，按照税法规定缴纳的消费税、城建税、资源税、土地增值税，准予扣除。教育费附加和地方教育附加，视同税金扣除。

4.损失。它是指企业在生产经营活动中发生的固定资产和存货的盘亏、毁损、报废损失，转让财产损失，呆账损失，坏账损失，自然灾害等不可抗力因素造成的损失以及其他损失。

5.其他支出。它是指除成本、费用、税金、损失外，企业在生产经营活动中发生的与取得收入有关的、合理的支出。

（三）扣除项目及其标准

1.工资、薪金支出。企业发生的合理的工资、薪金支出，准予据实扣除。工资、薪金支出是企业每一纳税年度支付给在本企业任职或与其有雇佣关系的员工的所有现金或非现金形式的劳动报酬，包括基本工资、奖金、津贴、补贴、年终加薪、加班工资，以及与任职或者受雇有关的其他支出。

合理的工资、薪金是指企业按照股东大会、董事会、薪酬委员会或相关管理机构制定的工资、薪金制度规定实际发放给员工的工资、薪金。其金额是企业实际发放的工资、薪金总和，不包括企业的职工福利费、职工教育经费、工会经费以及养老保险费、医疗保险费、失业保险费、工伤保险费、生育保险费等社会保险费和住房公积金。

属于国有性质的企业，其工资、薪金不得超过政府有关部门给予的限定数额，超过部分不得计入企业工资、薪金总额，也不得在计算企业应纳税所得额时扣除。

2.职工福利费、工会经费、职工教育经费。企业发生的职工福利费、工会经费、职工教育经费按标准扣除，未超过标准的按实际数扣除，超过标准的只能按标准扣除。

（1）企业发生的职工福利费支出，不超过工资、薪金总额14%的部分准予扣除。企业发生的职工福利费，应该单独设置账册，进行准确核算。没有单独设置账册准确核算的，税务机关应责令企业在规定的期限内改正。逾期仍未改正的，税务机关可对企业发生的职工福利费进行合理的核定。

（2）企业拨缴的工会经费，不超过工资、薪金总额2%的部分准予扣除。

（3）除国务院财政、税务主管部门另有规定外，企业发生的职工教育经费支出，不超过工资、薪金总额8%的部分准予扣除，超过部分准予结转以后纳税年度扣除。软件生产企业发生的职工教育经费中的职工培训费用，可以全额在企业所得税税前扣除。

3.社会保险费。

（1）企业依照国务院有关主管部门或者省级人民政府规定的范围和标准为职工缴纳的“五险一金”，即基本养老保险费、基本医疗保险费、失业保险费、工伤保险费、生育保险费五种基本社会保险费和住房公积金，准予扣除。

（2）企业为投资者或者职工支付的补充养老保险费、补充医疗保险费，在国务院财政、税务主管部门规定的范围和标准内，准予扣除。

4.利息费用。企业在生产经营活动中发生的利息费用，按下列规定扣除：

（1）非金融企业向金融企业借款的利息支出、金融企业的各项存款利息支出和同业拆借利息支出、企业经批准发行债券的利息支出可据实扣除。

（2）非金融企业向非金融企业借款的利息支出，不超过按照金融企业同期同类贷款利率计算的数额的部分可据实扣除，超过部分不允许扣除。

（3）企业接受关联方债权性投资利息支出，税前扣除标准为：

①企业如果能够按照《企业所得税法》及其实施条例的有关规定提供相关资料，并证明相关交易活动符合独立交易原则，或者企业实际税负不高于境内关联方的，该企业支付给境内关联方的利息支出，在计算应纳税所得额时准予扣除。

②如果不满足第一条，则金融企业接受关联方债权性投资与其权益性投资比例不超过5：1，其他企业接受关联方债权性投资与其权益性投资比例不超过2：1，并且企业实际支付给关联方的利息支出在《企业所得税法》及其实施条例规定的扣除标准内的部分，准予扣除，超过部分不得在发生当期及以后年度扣除。

（4）企业向自然人借款的利息支出在企业所得税税前的扣除：

①企业向股东或其他与企业有关联关系的自然人借款的利息支出，应根据《企业所得税法》第四十六条及《财政部、国家税务总局关于企业关联方利息支出税前扣除标准有关税收政策问题的通知》（财税〔2008〕121号）规定的条件，计算企业所得税扣除额。

②企业向除①规定以外的内部职工或其他人员借款的利息支出，其借款情况同时符合以下条件的，其利息支出在不超过按照金融企业同期同类贷款利率计算的数额的部分，准予扣除：条件一：企业与个人之间的借贷是真实、合法、有效的，并且不具有非法集资目的或其他违反法律法规的行为；条件二：企业与个人之间签订了借款合同。

5.借款费用。

（1）企业在生产经营活动中发生的合理的不需要资本化的借款费用，准予扣除。

（2）企业为购置、建造固定资产、无形资产和经过12个月以上的建造才能达到预定可销售状态的存货发生借款的，在有关资产购置、建造期间发生的合理的借款费用，应予以资本化，作为资本性支出计入有关资产的成本；有关资产交付使用后发生的借款利息，可在发生当期扣除。

6.汇兑损失。企业在货币交易中，以及纳税年度终了时将人民币以外的货币性资产、负债按照期末即期人民币汇率中间价折算为人民币时产生的汇兑损失，除已经计入有关资产成本以及与向所有者进行利润分配相关的部分外，准予扣除。

7.业务招待费。企业发生的与生产经营活动有关的业务招待费支出，按照发生额的60%扣除，但最高不得超过当年销售（营业）收入的5‰。销售（营业）收入额应包括视同销售（营业）收入额。

对从事股权投资业务的企业（包括集团公司总部、创业投资企业等），其从被投资企业所分配的股息、红利以及股权转让收入，可以按规定的比例计算业务招待费扣除限额。

8.广告费和业务宣传费。符合条件的广告费和业务宣传费支出，除国务院财政、税务主管部门另有规定外，不超过当年销售（营业）收入15%的部分，准予扣除；超过部分，准予结转以后纳税年度扣除。销售（营业）收入额应包括视同销售（营业）收入额。

9.环境保护专项资金。企业依照法律、行政法规有关规定提取的用于环境保护、生态恢复等方面的专项资金，准予扣除。提取后改变用途的，不得扣除。

10.保险费。

（1）企业依照国家有关规定为特殊工种职工支付的人身安全保险费和符合国务院财政、税务主管部门规定可以扣除的商业保险费，准予扣除。

（2）企业参加财产保险，按照规定缴纳的保险费，准予扣除。

（3）企业为投资者或者职工支付的商业保险费，不得扣除。

11.租赁费。

（1）以经营租赁方式租入固定资产发生的租赁费支出，按照租赁期限均匀扣除。

（2）以融资租赁方式租入固定资产发生的租赁费支出，按照规定构成融资租入固定资产价值的部分应当提取折旧费用，分期扣除。融资租赁是指与一项资产所有权有关的全部风险和报酬在实质上发生转移的一种租赁方式。

12.劳动保护费。企业发生的合理的劳动保护支出，准予扣除。

13.公益性捐赠支出。公益性捐赠是指企业通过公益性社会团体或者县级以上人民政府及其部门，用于《中华人民共和国公益事业捐赠法》规定的公益事业的捐赠。具体范围包括：（1）救助灾害、救济贫困、扶助残疾人等困难的社会群体和个人的活动；（2）教育、科学、文化、卫生、体育事业；（3）环境保护、社会公共设施建设；（4）促进社会发展和进步的其他社会公共和福利事业。

企业发生的公益性捐赠支出，不超过年度利润总额12%的部分，准予扣除。年度利润总额是指企业依照国家统一会计制度的规定计算的年度会计利润。超过利润总额12%的部分，可结转以后3年内扣除。在以后3个年度内先扣除以前年度结转的，再扣除当年的。

14.有关资产的费用。企业转让各类固定资产发生的费用，允许扣除。企业按规定计算的固定资产折旧费、无形资产和递延资产的摊销费，准予扣除。

15.总机构分摊的费用。非居民企业在中国境内设立的机构、场所，就其中国境外总机构发生的与该机构、场所生产经营有关的费用，能够提供总机构出具的费用汇集范围、定额、分配依据和方法等证明文件，并合理分摊的，准予扣除。

16.资产损失。资产损失是指企业在生产经营活动中实际发生的，与取得应税收入有关的资产损失，包括现金损失，存款损失，坏账损失，贷款损失，股权投资损失，固定资产和存货的盘亏、毁损、报废、被盗损失，自然灾害等不可抗力因素造成的损失以及其他损失。

17.依照有关法律、行政法规和国家有关税法规定准予扣除的其他项目，如会员费、合理的会议费、差旅费、违约金、诉讼费用等。

（四）税前扣除凭证

企业所得税税前扣除凭证（以下简称税前扣除凭证），是指企业（居民企业和非居民企业）在计算企业所得税应纳税所得额时，证明与取得收入有关的、合理的支出实际发生，并据以税前扣除的各类凭证。依据《企业所得税税前扣除凭证管理办法》（国家税务总局公告2018年第28号），自2018年7月1日起，按如下规定执行：

1.税前扣除凭证在管理中遵循真实性、合法性、关联性原则。真实性是指税前扣除凭证反映的经济业务真实，且支出已经实际发生；合法性是指税前扣除凭证的形式、来源符合国家法律法规等相关规定；关联性是指税前扣除凭证与其反映的支出相关联且有证明力。

2.企业发生支出，应取得税前扣除凭证，作为计算企业所得税应纳税所得额时扣除相关支出的依据。企业应在当年度《企业所得税法》规定的汇算清缴期结束前取得税前扣除凭证。

3.企业应将与税前扣除凭证相关的资料，包括合同、协议、支出依据、付款凭证等留存备查，以证实税前扣除凭证的真实性。

4.税前扣除凭证按照来源分为内部凭证和外部凭证。

内部凭证是指企业自制的，用于成本、费用、损失和其他支出核算的会计原始凭证。内部凭证的填制和使用应当符合国家会计法律法规的相关规定。

外部凭证是指企业发生经营活动和其他事项时，从其他单位、个人取得的用于证明其支出发生的凭证，包括但不限于发票（包括纸质发票和电子发票）、财政票据、完税凭证、收款凭证、分割单等。

5.企业在境内发生的支出项目属于增值税应税项目（以下简称应税项目）的，对方为已办理税务登记的增值税纳税人，其支出以发票（包括按照规定由税务机关代开的发票）作为税前扣除凭证；对方为依法无须办理税务登记的单位或者从事小额零星经营业务的个人，其支出以税务机关代开的发票或者收款凭证及内部凭证作为税前扣除凭证，收款凭证应载明收款单位名称、个人姓名及身份证号、支出项目、收款金额等相关信息。

小额零星经营业务的判断标准是个人从事应税项目经营业务的销售额不超过增值税相关政策规定的起征点。

国家税务总局对应税项目开具发票另有规定的，以规定的发票或者票据作为税前扣除凭证。

6.企业在境内发生的支出项目不属于应税项目的，对方为单位的，以对方开具的发票以外的其他外部凭证作为税前扣除凭证；对方为个人的，以内部凭证作为税前扣除凭证。

企业在境内发生的支出项目虽不属于应税项目，但按国家税务总局规定可以开具发票的，可以发票作为税前扣除凭证。

7.企业从境外购进货物或者劳务发生的支出，以对方开具的发票或者具有发票性质的收款凭证、相关税费缴纳凭证作为税前扣除凭证。

8.企业取得私自印制、伪造、变造、作废、开票方非法取得、虚开、填写不规范等不符合规定的发票（以下简称不合规发票），以及取得不符合国家法律法规等相关规定的其他外部凭证（以下简称不合规其他外部凭证），不得作为税前扣除凭证。

9.企业应当取得而未取得发票、其他外部凭证或者取得不合规发票、不合规其他外部凭证的，若支出真实且已实际发生，应当在当年度汇算清缴期结束前，要求对方补开、换开发票、其他外部凭证。补开、换开后的发票、其他外部凭证符合规定的，可以作为税前扣除凭证。

10.企业在补开、换开发票、其他外部凭证过程中，因对方注销、撤销、依法被吊销营业执照、被税务机关认定为非正常户等特殊原因无法补开、换开发票、其他外部凭证的，可凭以下资料证实支出真实性后，其支出允许税前扣除：（1）无法补开、换开发票、其他外部凭证原因的证明资料（包括工商注销、机构撤销、列入非正常经营户、破产公告等证明资料）；（2）相关业务活动的合同或者协议；（3）采用非现金方式支付的付款凭证；（4）货物运输的证明资料；（5）货物入库、出库内部凭证；（6）企业会计核算记录以及其他资料。其中，第（1）至（3）项为必备资料。

11.汇算清缴期结束后，税务机关发现企业应当取得而未取得发票、其他外部凭证或者取得不合规发票、不合规其他外部凭证并且告知企业的，企业应当自被告知之日起60日内补开、换开符合规定的发票、其他外部凭证。其中，因对方特殊原因无法补开、换开发票、其他外部凭证的，企业应当按照上述第10条的规定，自被告知之日起60日内提供可以证实其支出真实性的相关资料。

12.企业在前述税务机关规定的期限未能补开、换开符合规定的发票、其他外部凭证，并且未能按照上述第10条的规定提供相关资料证实其支出真实性的，相应支出不得在发生年度税前扣除。

13.除发生上述第11条规定的情形外，企业以前年度应当取得而未取得发票、其他外部凭证，且相应支出在该年度没有税前扣除的，在以后年度取得符合规定的发票、其他外部凭证或者按照上述第10条的规定提供可以证实其支出真实性的相关资料，相应支出可以追补至该支出发生年度税前扣除，但追补年限不得超过5年。

14.企业与其他企业（包括关联企业）、个人在境内共同接受应纳增值税劳务（以下简称应税劳务）发生的支出，采取分摊方式的，应当按照独立交易原则进行分摊，企业以发票和分割单作为税前扣除凭证，共同接受应税劳务的其他企业以企业开具的分割单作为税前扣除凭证。

企业与其他企业、个人在境内共同接受非应税劳务发生的支出，采取分摊方式的，企业以发票外的其他外部凭证和分割单作为税前扣除凭证，共同接受非应税劳务的其他企业以企业开具的分割单作为税前扣除凭证。

15.企业租用（包括企业作为单一承租方租用）办公、生产用房等资产发生的水、电、燃气、冷气、暖气、通信线路、有线电视、网络等费用，出租方作为应税项目开具发票的，企业以发票作为税前扣除凭证；出租方采取分摊方式的，企业以出租方开具的其他外部凭证作为税前扣除凭证。

（五）不得扣除的项目

1.由企业税后利润承担的支出，包括向投资者支付的股息、红利等权益性投资收益款项和企业所得税税款。

2.不合法或违法支出，包括税收滞纳金、罚金、罚款和被没收财物的损失。

3.与企业生产经营无关或超标准的支出，包括赞助支出、超过规定标准的捐赠支出以及未经核定的准备金支出。

4.有可能涉及关联交易的支出，包括企业之间支付的管理费、企业内营业机构之间支付的租金和特许权使用费，以及非银行企业内营业机构之间支付的利息。

5.与取得收入无关的其他支出。

五、亏损弥补

亏损是企业依照《企业所得税法》及其实施条例的规定，将每一纳税年度的收入总额减去不征税收入、免税收入和各项扣除后小于零的数额。税法规定，企业某一纳税年度发生的亏损可以用下一年度的所得弥补，下一年度的所得不足以弥补的，可以逐年延续弥补，但最长不得超过5年。此外，企业在汇总计算缴纳企业所得税时，其境外营业机构的亏损不得抵减境内营业机构的盈利。自2018年1月1日起，具备高新技术企业或科技型中小企业资格的，弥补期限由5年延长到10年。

税务机关对企业以前年度纳税情况进行检查时调增的应纳税所得额，凡企业以前年度发生亏损，且该亏损属于《企业所得税法》规定允许弥补的，应允许调增的应纳税所得额弥补该亏损。弥补该亏损后仍有余额的，按照《企业所得税法》的规定计算缴纳企业所得税。对检查调增的应纳税所得额，应根据其情节，依照《税收征收管理法》有关规定进行处理或处罚。

第二节 企业所得税核算的会计科目与报表

一、会计科目的设置

税收法规的规定与财务会计制度的规定在计算口径或计算时间上的差异产生了会计所得（即会计利润）与应税所得两个概念。会计所得是指按照财务会计制度的规定和计算方法在一定期间内计算的所得；应税所得是指按照税收法规的规定和计算方法在一定期间内计算的所得。在一定期间内两种所得往往不相等，按照税法的规定，在缴纳企业所得税时，企业应当按照税收法规对税前会计所得进行调整，并按照调整后的数额（即应纳税所得额）申报纳税。在所得税会计的处理上，需设置以下会计科目：

1.“应交税费——应交所得税”科目，属于负债类科目，贷方登记按税法规定计算的当期应缴纳的所得税税额，借方登记已经缴纳的所得税税额。期末余额在贷方，表示当期应缴而尚未缴纳的所得税；期末余额在借方，表示当期多缴纳的所得税。

2.“所得税费用”科目，属于损益类科目，核算应计入企业利润表中的所得税税额数。期末将“所得税费用”科目的借方余额转入“本年利润”科目，以反映期末企业生产经营所获得的净利润，结转后“所得税费用”科目应无余额。

3.“递延所得税负债”科目，属于负债类科目，核算资产负债表债务法下，企业应纳税暂时性差异所产生的递延所得税负债数额。期末余额在贷方，反映企业已确认的递延所得税负债。

4.“递延所得税资产”科目，属于资产类科目，核算资产负债表债务法下，企业可抵扣暂时性差异所产生的递延所得税资产数额。期末余额在借方，反映企业已确认的递延所得税资产。

5.“资本公积——其他资本公积”明细科目，属于所有者权益类科目，核算与直接计入所有者权益的交易或事项相关的递延所得税负债。

6.“以前年度损益调整”科目，属于损益类科目，核算企业本年度发生的调整以前年度损益的事项。“以前年度损益调整”科目的借方发生额，反映企业以前年度多计收益、少计费用而调整本年度损益的数额；贷方发生额，反映企业以前年度少计收益、多计费用而调整本年度损益的数额。期末，企业应将“以前年度损益调整”科目的余额转入“利润分配——未分配利润”科目，结转后该科目应无余额。调整企业以前年度损益影响企业缴纳所得税的，可视为当年损益，按照规定计算缴纳企业所得税并进行所得税会计处理。

二、企业所得税的纳税申报表

中华人民共和国企业所得税年度纳税申报表（A类，2017年版）（以下简称申报表）

适用于实行查账征收企业所得税的居民纳税人（以下简称纳税人）填报。

（一）企业所得税年度纳税申报表填报表单（见表9-1）

表9-1　企业所得税年度纳税申报表填报表单

表单编号	表单名称	是否填报
A000000	企业所得税年度纳税申报基础信息表	√
A100000	中华人民共和国企业所得税年度纳税申报表(A类)	√
A101010	一般企业收入明细表	□
A101020	金融企业收入明细表	□
A102010	一般企业成本支出明细表	□
A102020	金融企业支出明细表	□
A103000	事业单位、民间非营利组织收入、支出明细表	□
A104000	期间费用明细表	□
A105000	纳税调整项目明细表	□
A105010	视同销售和房地产开发企业特定业务纳税调整明细表	□
A105020	未按权责发生制确认收入纳税调整明细表	□
A105030	投资收益纳税调整明细表	□
A105040	专项用途财政性资金纳税调整明细表	□
A105050	职工薪酬支出及纳税调整明细表	□
A105060	广告费和业务宣传费跨年度纳税调整明细表	□
A105070	捐赠支出及纳税调整明细表	□
A105080	资产折旧、摊销及纳税调整明细表	□
A105090	资产损失税前扣除及纳税调整明细表	□
A105100	企业重组及递延纳税事项纳税调整明细表	□
A105110	政策性搬迁纳税调整明细表	□
A105120	特殊行业准备金及纳税调整明细表	□
A106000	企业所得税弥补亏损明细表	□
A107010	免税、减计收入及加计扣除优惠明细表	□
A107011	符合条件的居民企业之间的股息、红利等权益性投资收益优惠明细表	□
A107012	研发费用加计扣除优惠明细表	□
A107020	所得减免优惠明细表	□
A107030	抵扣应纳税所得额明细表	□
A107040	减免所得税优惠明细表	□
A107041	高新技术企业优惠情况及明细表	□
A107042	软件、集成电路企业优惠情况及明细表	□
A107050	税额抵免优惠明细表	□
A108000	境外所得税收抵免明细表	□
A108010	境外所得纳税调整后所得明细表	□
A108020	境外分支机构弥补亏损明细表	□
A108030	跨年度结转抵免境外所得税明细表	□
A109000	跨地区经营汇总纳税企业年度分摊企业所得税明细表	□
A109010	企业所得税汇总纳税分支机构所得税分配表	□
说明：企业应当根据实际情况选择需要填报的表单。		

企业所得税年度纳税申报表填报表单填报说明

本表列示申报表全部表单名称及编号。纳税人在填报申报表之前，请仔细阅读这些表单的填报信息，并根据企业的涉税业务，选择“是否填报”。选择“填报”的，在“□”内打“√”，并完成该表单内容的填报。未选择“填报”的表单，无需向税务机关报送。各表单有关情况如下：

1.企业所得税年度纳税申报基础信息表（A000000）。本表为必填表，填报内容包括基本经营情况、有关涉税事项情况、主要股东及分红情况三部分。纳税人填报申报表时，首先填报此表，为后续申报提供指引。

2.中华人民共和国企业所得税年度纳税申报表（A类）（A100000）。本表为必填表，是纳税人计算申报缴纳企业所得税的主表。

3.一般企业收入明细表（A101010）。本表适用于除金融企业、事业单位和民间非营利组织外的纳税人填报，反映一般企业按照国家统一会计制度规定取得收入情况。

4.金融企业收入明细表（A101020）。本表仅适用于金融企业（包括银行、信用社、保险公司、证券公司等金融企业）填报，反映金融企业按照企业会计准则规定取得收入情况。

5.一般企业成本支出明细表（A102010）。本表适用于除金融企业、事业单位和民间非营利组织外的纳税人填报，反映一般企业按照国家统一会计制度规定发生成本支出情况。

6.金融企业支出明细表（A102020）。本表仅适用于金融企业（包括银行、信用社、保险公司、证券公司等金融企业）填报，反映金融企业按照企业会计准则规定发生支出情况。

7.事业单位、民间非营利组织收入、支出明细表（A103000）。本表适用于事业单位和民间非营利组织填报，反映事业单位、社会团体、民办非企业单位、非营利组织等按照有关会计制度规定取得收入，发生支出、费用情况。

8.期间费用明细表（A104000）。本表适用于除事业单位和民间非营利组织外的纳税人填报，反映纳税人根据国家统一会计制度发生的期间费用明细情况。

9.纳税调整项目明细表（A105000）。本表反映纳税人财务、会计处理办法（以下简称“会计处理”）与税收法律、行政法规的规定（以下简称“税收规定”）不一致，需要进行纳税调整的项目和金额情况。

10.视同销售和房地产开发企业特定业务纳税调整明细表（A105010）。本表反映纳税人发生视同销售行为、房地产开发企业销售未完工产品、未完工产品转完工产品，会计处理与税收规定不一致，需要进行纳税调整的项目和金额情况。

11.未按权责发生制确认收入纳税调整明细表（A105020）。本表反映纳税人会计处理按照权责发生制确认收入，而税收规定不按照权责发生制确认收入，需要进行纳税调整的项目和金额情况。

12.投资收益纳税调整明细表（A105030）。本表反映纳税人发生投资收益，由于会计处理与税收规定不一致，需要进行纳税调整的项目和金额情况。

13.专项用途财政性资金纳税调整明细表（A105040）。本表反映纳税人取得符合不征税收入条件的专项用途财政性资金，由于会计处理与税收规定不一致，需要进行纳税调整的金额情况。

14.职工薪酬支出及纳税调整明细表（A105050）。本表反映纳税人发生的职工薪酬（包括工资、薪金，职工福利费，职工教育经费，工会经费，各类基本社会保障性缴款，住房公积金，补充养老保险，补充医疗保险等支出）情况，以及由于会计处理与税收规定不一致，需要进行纳税调整的项目和金额情况。纳税人只要发生职工薪酬支出，均需填报本表。

15.广告费和业务宣传费跨年度纳税调整明细表（A105060）。本表反映纳税人发生的广告费和业务宣传费支出，会计处理与税收规定不一致，需要进行纳税调整的金额情况。纳税人发生以前年度广告费和业务宣传费未扣除完毕的，应填报以前年度累计结转情况。

16.捐赠支出及纳税调整明细表（A105070）。本表反映纳税人发生捐赠支出的情况，以及由于会计处理与税收规定不一致，需要进行纳税调整的项目和金额情况。纳税人发生以前年度捐赠支出未扣除完毕的，应填报以前年度累计结转情况。

17.资产折旧、摊销及纳税调整明细表（A105080）。本表反映纳税人资产折旧、摊销情况，以及由于会计处理与税收规定不一致，需要进行纳税调整的项目和金额情况。纳税人只要发生资产折旧、摊销，均需填报本表。

18.资产损失税前扣除及纳税调整明细表（A105090）。本表反映纳税人发生的资产损失的项目及金额情况，以及由于会计处理与税收规定不一致，需要进行纳税调整的项目和金额情况。

19.企业重组及递延纳税事项纳税调整明细表（A105100）。本表反映纳税人发生企业重组、非货币性资产对外投资、技术入股等业务所涉及的所得或损失情况，以及由于会计处理与税收规定不一致，需要进行纳税调整的项目和金额情况。

20.政策性搬迁纳税调整明细表（A105110）。本表反映纳税人发生政策性搬迁所涉及的所得或损失，由于会计处理与税收规定不一致，需要进行纳税调整的项目和金额情况。

21.特殊行业准备金及纳税调整明细表（A105120）。本表适用于保险、证券、期货、金融、担保、小额贷款公司等特殊行业纳税人填报，反映发生特殊行业准备金情况，以及由于会计处理与税收规定不一致，需要进行纳税调整的项目和金额情况。

22.企业所得税弥补亏损明细表（A106000）。本表反映纳税人以前年度发生的亏损需要在本年度结转弥补的金额、本年度可弥补的金额以及可继续结转以后年度弥补的亏损额情况。

23.免税、减计收入及加计扣除优惠明细表（A107010）。本表反映纳税人本年度所享受免税收入、减计收入、加计扣除等优惠政策的项目和金额情况。

24.符合条件的居民企业之间的股息、红利等权益性投资收益优惠明细表（A107011）。本表反映纳税人本年度享受居民企业之间的股息、红利等权益性投资收益免税优惠政策的项目和金额情况。

25.研发费用加计扣除优惠明细表（A107012）。本表反映纳税人享受研发费用加计扣除优惠政策情况。纳税人以前年度有销售研发活动直接形成产品（包括组成部分）对应材料部分未扣减完毕的，应填报以前年度未扣减情况。

26.所得减免优惠明细表（A107020）。本表反映纳税人本年度享受减免所得额优惠政策（包括农、林、牧、渔项目和国家重点扶持的公共基础设施项目、环境保护项目、节能节水项目、集成电路生产项目以及符合条件的技术转让项目等）项目和金额情况。

27.抵扣应纳税所得额明细表（A107030）。本表反映纳税人本年度享受创业投资企业抵扣应纳税所得额优惠政策的项目和金额情况。纳税人有以前年度结转的尚未抵扣的股权投资余额的，应填报以前年度累计结转情况。

28.减免所得税优惠明细表（A107040）。本表反映纳税人本年度享受减免所得税优惠政策（包括小型微利企业、高新技术企业、民族自治地方企业、其他专项优惠等）的项目和金额情况。

29.高新技术企业优惠情况及明细表（A107041）。本表反映高新技术企业基本情况和享受优惠政策的有关情况。高新技术企业资格证书在有效期内的纳税人需要填报本表。

30.软件、集成电路企业优惠情况及明细表（A107042）。本表反映纳税人本年度享受软件、集成电路企业优惠政策的有关情况。

31.税额抵免优惠明细表（A107050）。本表反映纳税人享受购买专用设备投资额抵免税额优惠政策的项目和金额情况。纳税人有以前年度结转的尚未抵免的专用设备投资额的，应填报以前年度已抵免情况。

32.境外所得税收抵免明细表（A108000）。本表反映纳税人本年度来源于或发生于其他国家、地区的境外所得，按照我国税收规定计算应缴纳和应抵免的企业所得税税额情况。

33.境外所得纳税调整后所得明细表（A108010）。本表反映纳税人本年度来源于或发生于其他国家、地区的境外所得，按照我国税收规定计算调整后的所得情况。

34.境外分支机构弥补亏损明细表（A108020）。本表反映纳税人境外分支机构本年度及以前年度发生的税前尚未弥补的非实际亏损额和实际亏损额、结转以后年度弥补的非实际亏损额和实际亏损额情况。

35.跨年度结转抵免境外所得税明细表（A108030）。本表反映纳税人本年度来源于或发生于其他国家或地区的境外所得按照我国税收规定可以抵免的所得税税额情况。

36.跨地区经营汇总纳税企业年度分摊企业所得税明细表（A109000）。本表适用于跨地区经营汇总纳税企业的总机构填报，反映按照规定计算的总机构、分支机构本年度应缴的企业所得税情况，以及总机构、分支机构应分摊的企业所得税情况。

37.企业所得税汇总纳税分支机构所得税分配表（A109010）。本表适用于跨地区经营汇总纳税企业的总机构填报，反映总机构本年度实际应纳所得税税额以及所属分支机构本年度应分摊的所得税税额情况。

（二）企业所得税年度纳税申报基础信息表（见表9-2）

表9-2　　　　**企业所得税年度纳税申报基础信息表（表A000000）**

基本经营情况（必填项目）			
101纳税申报企业类型（填写代码）		102分支机构就地纳税比例（%）	
103资产总额（填写平均值，单位：万元）		104从业人数（填写平均值，单位：人）	
105所属国民经济行业（填写代码）		106从事国家限制或禁止行业	□是□否
107适用会计准则或会计制度（填写代码）		108采用一般企业财务报表格式（2019年版）	□是□否
109小型微利企业	□是□否	110上市公司	是（□境内□境外）□否
有关涉税事项情况（存在或者发生下列事项时必填）			
201从事股权投资业务	□是	202存在境外关联交易	□是
203境外所得信息	203-1选择采用的境外所得抵免方式	□分国（地区）不分项 □不分国（地区）不分项	
203境外所得信息	203-2海南自由贸易港新增境外直接投资信息	□是（产业类别：□旅游业□现代服务业□高新技术产业）	
204有限合伙制创业投资企业的法人合伙人	□是	205创业投资企业	□是
206技术先进型服务企业类型（填写代码）		207非营利组织	□是
208软件、集成电路企业类型（填写代码）		209集成电路生产项目类型	□130纳米 □65纳米 □28纳米
210科技型中小企业	210-1__年（申报所属期年度）入库编号1	210-2入库时间1	
210科技型中小企业	210-3__年（所属期下一年度）入库编号2	210-4入库时间2	
211高新技术企业申报所属期年度有效的高新技术企业证书	211-1证书编号1	211-2发证时间1	
211高新技术企业申报所属期年度有效的高新技术企业证书	211-3证书编号2	211-4发证时间2	
212重组事项税务处理方式	□一般性□特殊性	213重组交易类型（填写代码）	
214重组当事方类型（填写代码）		215政策性搬迁开始时间	_年_月
216发生政策性搬迁且停止生产经营无所得年度	□是	217政策性搬迁损失分期扣除年度	□是
218发生非货币性资产对外投资递延纳税事项	□是	219非货币性资产对外投资转让所得递延纳税年度	□是
220发生技术成果投资入股递延纳税事项	□是	221技术成果投资入股递延纳税年度	□是
222发生资产（股权）划转特殊性税务处理事项	□是	223债务重组所得递延纳税年度	□是

主要股东及分红情况（必填项目）					
股东名称	证件种类	证件号码	投资比例（%）	当年（决议日）分配的股息、红利等权益性投资收益金额	国籍（注册地址）
其余股东合计	—	—			—

企业基础信息表表（A000000）填报说明

纳税人在企业所得税年度纳税申报时应当向税务机关申报或者报告与确定应纳税额相关的信息。本表包括基本经营情况、有关涉税事项情况、主要股东及分红情况三部分内容。有关项目填报说明如下：

一、基本经营情况

本部分所列项目为纳税人必填（必选）内容。

1. “101纳税申报企业类型”：纳税人根据申报所属期年度的企业经营方式情况，从跨地区经营企业类型代码表中选择相应的代码填入本项。

2. “102分支机构就地纳税比例”：“101纳税申报企业类型”为“分支机构（须进行完整年度申报并按比例纳税）”需要同时填报本项。分支机构填报年度纳税申报时应当就地缴纳企业所得税的比例。

3. “103资产总额”：纳税人填报资产总额的全年季度平均值，单位为万元，保留小数点后2位。具体计算公式如下：

季度平均值=（季初值+季末值）÷2

全年季度平均值=全年各季度平均值之和÷4

年度中间开业或者终止经营活动的，以其实际经营期作为一个纳税年度确定上述相关指标。

4. “104从业人数”：纳税人填报从业人数的全年季度平均值，单位为人。从业人数是指与企业建立劳动关系的职工人数和企业接受的劳务派遣用工人数之和，依据和计算方法同“103资产总额”。

5. “105所属国民经济行业”：按照国民经济行业分类标准，纳税人填报所属的国民经济行业明细代码。

6. “106从事国家限制或禁止行业”：纳税人从事行业为国家限制和禁止行业的，选择“是”；其他选择“否”。

7. “107适用会计准则或会计制度”：纳税人根据会计核算采用的会计准则或会计制度从会计准则或会计制度类型代码表中选择相应的代码填入本项。

8. “108采用一般企业财务报表格式（2019年版）”：纳税人根据《财政部关于修订印发2019年度一般企业财务报表格式的通知》（财会〔2019〕6号）和《财政部关于修订印发2018年度金融企业财务报表格式的通知》（财会〔2018〕36号）规定的格式编制财务报表的，选择“是”，其他选择“否”。

9. “109小型微利企业”：纳税人符合《中华人民共和国企业所得税法》及其实施条例、《财政部、税务总局关于进一步扩大小型微利企业所得税优惠政策范围的通知》（财税〔2018〕77号）等文件规定的小型微利企业条件的，选择“是”，其他选择“否”。

10. “110上市公司”：纳税人在中国境内上市的选择“境内”；在中国境外上市的选择“境外”；在境内外同时上市的可同时选择；其他选择“否”。纳税人在中国香港上市的，参照境外上市相关规定选择。

二、有关涉税事项情况

本部分所列项目为条件必填（必选）内容，当纳税人存在或发生下列事项时，必须填报。纳税人未填报的，视同不存在或未发生下列事项。

1.“201从事股权投资业务”：纳税人从事股权投资业务的（包括集团公司总部、创业投资企业等），选择“是”。

2.“202存在境外关联交易”：纳税人存在境外关联交易的，选择“是”。

3.“203境外所得信息”：填报纳税人与来源于中国境外所得相关的信息。

（1）“203-1选择采用的境外所得抵免方式”：纳税人适用境外所得税收抵免政策，且根据《财政部、国家税务总局关于企业境外所得税收抵免有关问题的通知》（财税〔2009〕125号）、《财政部、税务总局关于完善企业境外所得税收抵免政策问题的通知》（财税〔2017〕84号）文件规定选择按国（地区）别分别计算其来源于境外的应纳税所得额，即“分国（地区）不分项”的，选择“分国（地区）不分项”；纳税人适用境外所得税收抵免政策，且根据财税〔2009〕125号、财税〔2017〕84号文件规定选择不按国（地区）别汇总计算其来源于境外的应纳税所得额，即“不分国（地区）不分项”的，选择“不分国（地区）不分项”。境外所得抵免方式一经选择，5年内不得变更。

（2）“203-2海南自由贸易港新增境外直接投资信息”：填报纳税人符合享受境外所得免征企业所得税优惠政策条件的相关信息。本项目由在海南自由贸易港设立的旅游业、现代服务业、高新技术产业且新增境外直接投资的企业填报。“产业类别”填报纳税人经营的产业类别，按“旅游业”“现代服务业”“高新技术产业”选择填报。

4.“204有限合伙制创业投资企业的法人合伙人”：纳税人投资于有限合伙制创业投资企业且为其法人合伙人的，选择“是”。本项目中的有限合伙制创业投资企业的法人合伙人是指符合《中华人民共和国合伙企业法》、《创业投资企业管理暂行办法》（国家发展和改革委员会令第39号）、《外商投资创业投资企业管理规定》（外经贸部、科技部、工商总局、税务总局、外汇管理局令2003年第2号发布，商务部令2015年第2号修改）、《私募投资基金监督管理暂行办法》（证监会令第105号）关于创业投资基金的特别规定等规定的创业投资企业法人合伙人。有限合伙制创业投资企业的法人合伙人无论是否享受企业所得税优惠政策，均应填报本项。

5.“205创业投资企业”：纳税人为创业投资企业的，选择“是”。本项目中的创业投资企业是指依照《创业投资企业管理暂行办法》（国家发展和改革委员会令第39号）和《外商投资创业投资企业管理规定》（外经贸部、科技部、工商总局、税务总局、外汇管理局令2003年第2号发布，商务部令2015年第2号修改）、《私募投资基金监督管理暂行办法》（证监会令第105号）关于创业投资基金的特别规定等规定，在中华人民共和国境内设立的专门从事创业投资活动的企业或其他经济组织。创业投资企业无论是否享受企业所得税优惠政策，均应填报本项。

6.“206技术先进型服务企业类型”：纳税人为经认定的技术先进型服务企业的，从技术先进型服务企业类型代码表中选择相应的代码填报本项。本项目中的经认定的技术先进型服务企业是指符合《财政部、税务总局、商务部、科技部、国家发展改革委关于将技术先进型服务企业所得税政策推广至全国实施的通知》（财税〔2017〕79号）、《财政部、税务总局、商务部、科技部、国家发展改革委关于将服务贸易创新发展试点地区技术先进型服务企业所得税政策推广至全国实施的通知》（财税〔2018〕44号）等文件规定的企业。经认定的技术先进型服务企业无论是否享受企业所得税优惠政策，均应填报本项。

7.“207非营利组织”：纳税人为非营利组织的，选择“是”。

8.“208软件、集成电路企业类型”：适用纳税人根据企业所得税年度纳税申报基础信息表（A000000）“208软件、集成电路企业类型”填报的企业类型和实际经营情况，从软件、集成电路企业优惠方式代码表“代码”列中选择相应代码填报。软件、集成电路企业若符合相关企业所得税优惠政策条件的，无论是否享受企业所得税优惠，均应填报本项，且仅可从中选择一项填列。

9.“209集成电路生产项目类型”：纳税人投资集成电路线宽小于130纳米（含）、集成电路线宽小于65纳米（含）或投资额超过150亿元、线宽小于28纳米（含）的集成电路生产项目，项目符合有关文件规定的税收优惠政策条件，且按照项目享受企业所得税优惠政策的，应填报本项。纳税人投资线宽小于130纳米（含）的集成电路生产项目的，选择“130纳米（含）”，投资线宽小于65纳米（含）或投资额超过150亿元的集成电路生产项目的，选择“65纳米”；投资线宽小于28纳米（含）的集成电路生产项目的，选择“28纳米”；同时投资上述两类以上项目的，可同时选择。

纳税人既符合“208软件、集成电路企业类型”项目又符合“209集成电路生产项目类型”项目填报条件的，应当同时填报。

10.“210科技型中小企业”：纳税人根据申报所属期年度和申报所属期下一年度取得的科技型中小企业入库登记编号情况，填报本项目下的“210-1”“210-2”“210-3”“210-4”。例如，纳税人在进行2018年度企业所得税汇算清缴纳税申报时，“210-1（申报所属期年度）入库编号”首先应当填列“2018年（申报所属期年度）入库编号”，“210-3（所属期下一年度）入库编号”首先应当填列“2019年（所属期下一年度）入库编号”。若纳税人在2018年1月1日至2018年12月31日之间取得科技型中小企业入库登记编号，将相应的“编号”及“入库时间”分别填入“210-1”和“210-2”项目中；若纳税人在2019年1月1日至2018年度汇算清缴纳税申报日之间取得科技型中小企业入库登记编号，将相应的“编号”及“入库时间”分别填入“210-3”和“210-4”项目中。纳税人符合上述填报要求的，无论是否享受企业所得税优惠政策，均应填报本项。

11.“211高新技术企业申报所属期年度有效的高新技术企业证书”：纳税人根据申报所属期年度拥有的有效期内的高新技术企业证书情况，填报本项目下的“211-1”“211-2”“211-3”“211-4”。在申报所属期年度，如企业同时拥有两个高新技术企业证书，则两个证书情况均应填报。例如，纳税人2015年10月取得高新技术企业证书，有效期3年，2018年再次参加认定并于2018年11月取得新高新技术企业证书，纳税人在进行2018年度企业所得税汇算清缴纳税申报时，应将两个证书的“编号”及“发证时间”分别填入“211-1”“211-2”“211-3”“211-4”项目中。纳税人符合上述填报要求的，无论是否享受企业所得税优惠政策，均应填报本项。

12.“212重组事项税务处理方式”：纳税人在申报所属期年度发生重组事项的，应填报本项。纳税人重组事项按一般性税务处理的，选择“一般性”；重组事项按特殊性税务处理的，选择“特殊性”。

13.“213重组交易类型”和“214重组当事方类型”：填报“212重组事项税务处理方式”的纳税人，应当同时填报“213重组交易类型”和“214重组当事方类型”。纳税人根据重组情况从重组交易类型和当事方类型代码表中选择相应代码分别填入对应项目中。重组交易类型和当事方类型根据《财政部、国家税务总局关于企业重组业务企业所得税处理若干问题的通知》（财税〔2009〕59号）、《财政部、国家税务总局关于促进企业重组有关企业所得税处理问题的通知》（财税〔2014〕109号）、《国家税务总局关于企业重组业务企业所得税征收管理若干问题的公告》（2015年第48号发布，国家税务总局公告2018年第31号修改）等文件规定判断。

14.“215政策性搬迁开始时间”：纳税人发生政策性搬迁事项且申报所属期年度处在搬迁期内的，填报政策性搬迁开始的时间。

15“216发生政策性搬迁且停止生产经营无所得年度”：纳税人的申报所属期年度处于政策性搬迁期内，且停止生产经营无所得的，选择“是”。

16.“217政策性搬迁损失分期扣除年度”：纳税人发生政策性搬迁事项出现搬迁损失，按照《企业政策性搬迁所得税管理办法》（2012年第40号发布）等有关规定选择自搬迁完成年度起分3个年度均匀在税前扣除的，且申报所属期年度处在分期扣除期间的，选择“是”。

17.“218发生非货币性资产对外投资递延纳税事项”：纳税人在申报所属期年度发生非货币性资产对外投资递延纳税事项的，选择“是”。

18.“219非货币性资产对外投资转让所得递延纳税年度”：纳税人以非货币性资产对外投资确认的非货币性资产转让所得，按照《财政部、国家税务总局关于非货币性资产投资企业所得税政策问题的通知》（财税〔2014〕116号）、《国家税务总局关于非货币性资产投资企业所得税有关征管问题的公告》（2015年第33号）等文件规定，在不超过5年期限内分期均匀计入相应年度的应纳税所得额的，且申报所属期年度处在递延纳税期间的，选择“是”。

19.“220发生技术成果投资入股递延纳税事项”：纳税人在申报所属期年度发生技术入股递延纳税事项的，选择“是”。

20.“221技术成果投资入股递延纳税年度”：纳税人发生技术入股事项，按照《财政部、国家税务总局关于完善股权激励和技术入股有关所得税政策的通知》（财税〔2016〕101号）、《国家税务总局关于股权激励和技术入股所得税征管问题的公告》（2016年第62号）等文件规定选择适用递延纳税政策，即在投资入股当期暂不纳税，递延至转让股权时按股权转让收入减去技术成果原值和合理税费后的差额计算缴纳所得税的，且申报所属期年度为转让股权年度的，选择“是”。

21.“222发生资产（股权）划转特殊性税务处理事项”：纳税人在申报所属期年度发生《财政部、国家税务总局关于促进企业重组有关企业所得税处理问题的通知》（财税〔2014〕109号）、《国家税务总局关于资产（股权）划转企业所得税征管问题的公告》（2015年第40号）等文件规定的资产（股权）划转特殊性税务处理事项的，选择“是”。

22.“223债务重组所得递延纳税年度”：纳税人债务重组确认的应纳税所得额按照《财政部、国家税务总局关于企业重组业务企业所得税处理若干问题的通知》（财税〔2009〕59号）、《财政部、国家税务总局关于促进企业重组有关企业所得税处理问题的通知》（财税〔2014〕109号）等文件规定，在5个纳税年度的期间内均匀计入各年度的应纳税所得额的，且申报所属期年度处在递延纳税期间的，选择“是”。

三、主要股东及分红情况

纳税人填报本企业投资比例位列前10位的股东情况，包括股东名称，证件种类（营业执照、税务登记证、组织机构代码证、身份证、护照等），证件号码（统一社会信用代码、纳税人识别号、组织机构代码号、身份证号、护照号等），投资比例，当年（决议日）分配的股息、红利等权益性投资收益金额，国籍（注册地址）。纳税人股东数量超过10位的，应将其余股东有关数据合计后填入“其余股东合计”行次。

纳税人股东为非居民企业的，证件种类和证件号码可不填报。

（三）中华人民共和国企业所得税年度纳税申报表（A类）（见表9-3）

表9-3　　中华人民共和国企业所得税年度纳税申报表（A类）（表A100000）

行次	类别	项　目	金　额
1	利润总额计算	一、营业收入(填写A101010\101020\103000)	
2		减:营业成本(填写A102010\102020\103000)	
3		减:税金及附加	
4		减:销售费用(填写A104000)	
5		减:管理费用(填写A104000)	
6		减:财务费用(填写A104000)	
7		减:资产减值损失	
8		加:公允价值变动收益	
9		加:投资收益	
10		二、营业利润(1-2-3-4-5-6-7+8+9)	
11		加:营业外收入(填写A101010\101020\103000)	
12		减:营业外支出(填写A102010\102020\103000)	
13		三、利润总额(10+11-12)	
14	应纳税所得额计算	减:境外所得(填写A108010)	
15		加:纳税调整增加额(填写A105000)	
16		减:纳税调整减少额(填写A105000)	
17		减:免税、减计收入及加计扣除(填写A107010)	
18		加:境外应税所得抵减境内亏损(填写A108000)	
19		四、纳税调整后所得(13-14+15-16-17+18)	
20		减:所得减免(填写A107020)	
21		减:弥补以前年度亏损(填写A106000)	
22		减:抵扣应纳税所得额(填写A107030)	
23		五、应纳税所得额(19-20-21-22)	
24	应纳税额计算	税率(25%)	
25		六、应纳所得税税额(23×24)	
26		减:减免所得税税额(填写A107040)	
27		减:抵免所得税税额(填写A107050)	
28		七、应纳税额(25-26-27)	
29		加:境外所得应纳所得税税额(填写A108000)	
30		减:境外所得抵免所得税税额(填写A108000)	
31		八、实际应纳所得税税额(28+29-30)	
32		减:本年累计实际已预缴的所得税税额	
33		九、本年应补(退)所得税税额(31-32)	
34		其中:总机构分摊本年应补(退)所得税税额(填写A109000)	
35		财政集中分配本年应补(退)所得税税额(填写A109000)	
36		总机构主体生产经营部门分摊本年应补(退)所得税税额(填写A109000)	

中华人民共和国企业所得税年度纳税申报表（A类）（表A100000）填报说明

本表为企业所得税年度纳税申报表的主表，纳税人应当根据《中华人民共和国企业所得税法》及其实施条例（以下简称税法）、相关税收政策，以及国家统一会计制度（企业会计准则、小企业会计准则、企业会计制度、事业单位会计准则和民间非营利组织会计制度等）的规定，计算填报纳税人利润总额、应纳税所得额和应纳税额等有关项目。

企业在计算应纳税所得额及应纳所得税时，企业会计处理与税收规定不一致的，应当按照税收规定计算。税收规定不明确的，在没有明确规定之前，暂按国家统一会计制度计算。

一、有关项目填报说明

（一）表体项目

本表是在纳税人会计利润总额的基础上，加减纳税调整等金额后计算出“纳税调整后所得”。会计与税法的差异（包括收入类、扣除类、资产类等差异）通过纳税调整项目明细表（A105000）集中填报。

本表包括利润总额计算、应纳税所得额计算、应纳税额计算三个部分。

1.“利润总额计算”中的项目，按照国家统一会计制度规定计算填报。实行企业会计准则、小企业会计准则、企业会计制度、分行业会计制度的纳税人，其数据直接取自利润表；实行事业单位会计准则的纳税人，其数据取自收入支出表；实行民间非营利组织会计制度的纳税人，其数据取自业务活动表；实行其他国家统一会计制度的纳税人，根据本表项目进行分析填报。

2.“应纳税所得额计算”和“应纳税额计算”中的项目，除根据主表逻辑关系计算的外，通过附表相应栏次填报。

（二）行次说明

第1～13行参照国家统一会计制度规定填写。

1.第1行“营业收入”：填报纳税人主要经营业务和其他经营业务取得的收入总额。本行根据“主营业务收入”和“其他业务收入”的数额填报。一般企业纳税人根据一般企业收入明细表（A101010）填报；金融企业纳税人根据金融企业收入明细表（A101020）填报；事业单位、社会团体、民办非企业单位、非营利组织等纳税人根据事业单位、民间非营利组织收入、支出明细表（A103000）填报。

2.第2行“营业成本”项目：填报纳税人主要经营业务和其他经营业务发生的成本总额。本行根据“主营业务成本”和“其他业务成本”的数额填报。一般企业纳税人根据一般企业成本支出明细表（A102010）填报；金融企业纳税人根据金融企业支出明细表（A102020）填报；事业单位、社会团体、民办非企业单位、非营利组织等纳税人，根据事业单位、民间非营利组织收入、支出明细表（A103000）填报。

3.第3行“税金及附加”：填报纳税人经营活动发生的消费税、城市维护建设税、资源税、土地增值税和教育费附加等相关税费。本行根据纳税人相关会计科目填报。纳税人在其他会计科目核算的税金不得重复填报。

4.第4行“销售费用”：填报纳税人在销售商品和材料、提供劳务的过程中发生的各种费用。本行根据期间费用明细表（A104000）中对应的“销售费用”填报。

5.第5行“管理费用”：填报纳税人为组织和管理企业生产经营发生的管理费用。本行根据期间费用明细表（A104000）中对应的“管理费用”填报。

6.第6行“财务费用”：填报纳税人为筹集生产经营所需资金等发生的筹资费用。本行根据期间费用明细表（A104000）中对应的“财务费用”填报。

7.第7行“资产减值损失”：填报纳税人计提各项资产准备发生的减值损失。本行根据企业“资产减值损失”科目的数额填报。实行其他会计制度的比照填报。

8.第8行“公允价值变动收益”：填报纳税人在初始确认时划分为以公允价值计量且其变动计入当期损益的金融资产或金融负债（包括交易性金融资产或负债、直接指定为以公允价值计量且其变动计入当期损益的金融资产或金融负债），以及采用公允价值模式计量的投资性房地产、衍生工具和套期业务中公允价值变动形成的应计入当期损益的利得或损失。本行根据企业“公允价值变动损益”科目的数额填报，损失以“-”号填列。

9.第9行“投资收益”：填报纳税人以各种方式对外投资确认所取得的收益或发生的损失。根据企业“投资收益”科目的数额计算填报，实行事业单位会计准则的纳税人根据“其他收入”科目的投资收益金额分析填报，损失以“-”号填列。实行其他会计制度的纳税人比照填报。

10.第10行“营业利润”：填报纳税人当期的营业利润。根据上述项目计算填列。

11.第11行“营业外收入”：填报纳税人取得的与其经营活动无直接关系的各项收入的金额。一般企业纳税人根据一般企业收入明细表（A101010）填报；金融企业纳税人根据金融企业收入明细表（A101020）填报；实行事业单位会计准则或民间非营利组织会计制度的纳税人根据事业单位、民间非营利组织收入、支出明细表（A103000）填报。

12.第12行“营业外支出”：填报纳税人发生的与其经营活动无直接关系的各项支出的金额。一般企业纳税人根据一般企业成本支出明细表（A102010）填报；金融企业纳税人根据金融企业支出明细表（A102020）填报；实行事业单位会计准则或民间非营利组织会计制度的纳税人根据事业单位、民间非营利组织收入、支出明细表（A103000）填报。

13.第13行“利润总额”：填报纳税人当期的利润总额。根据上述项目计算填列。

14.第14行“境外所得”：填报纳税人取得的境外所得且已计入利润总额的金额。本行根据境外所得纳税调整后所得明细表（A108010）填报。

15.第15行“纳税调整增加额”：填报纳税人会计处理与税收规定不一致，进行纳税调整增加的金额。本行根据纳税调整项目明细表（A105000）“调增金额”列填报。

16.第16行“纳税调整减少额”：填报纳税人会计处理与税收规定不一致，进行纳税调整减少的金额。本行根据纳税调整项目明细表（A105000）“调减金额”列填报。

17.第17行“免税、减计收入及加计扣除”：填报属于税收规定免税收入、减计收入、加计扣除金额。本行根据免税、减计收入及加计扣除优惠明细表（A107010）填报。

18.第18行“境外应税所得抵减境内亏损”：当纳税人选择不用境外所得抵减境内亏损时，填报0；当纳税人选择用境外所得抵减境内亏损时，填报境外所得抵减当年度境内亏损的金额，用境外所得弥补以前年度境内亏损的，填报境外所得税收抵免明细表（A108000）。

19.第19行“纳税调整后所得”：填报纳税人经过纳税调整、税收优惠、境外所得计算后的所得额。

20.第20行“所得减免”：填报属于税收规定所得减免金额。本行根据所得减免优惠明细表（A107020）填报。

21. 第21行“弥补以前年度亏损”：填报纳税人按照税收规定可在税前弥补的以前年度亏损数额，本行根据企业所得税弥补亏损明细表（A106000）填报。

22. 第22行“抵扣应纳税所得额”：填报根据税收规定应抵扣的应纳税所得额。本行根据抵扣应纳税所得额明细表（A107030）填报。

23. 第23行“应纳税所得额”：金额等于本表第19-20-21-22行计算结果。本行不得为负数。按照上述行次顺序计算结果本行为负数，本行金额填零。

24. 第24行“税率”：填报税收规定的税率25%。

25. 第25行“应纳所得税税额”：金额等于本表第23×24行。

26. 第26行“减免所得税税额”：填报纳税人按税收规定实际减免的企业所得税税额。本行根据减免所得税优惠明细表（A107040）填报。

27. 第27行“抵免所得税税额”：填报企业当年的应纳所得税税额中抵免的金额。本行根据税额抵免优惠明细表（A107050）填报。

28. 第28行“应纳税额”：金额等于本表第25-26-27行。

29. 第29行“境外所得应纳所得税税额”：填报纳税人来源于中国境外的所得，按照我国税收规定计算的应纳所得税税额。本行根据境外所得税收抵免明细表（A108000）填报。

30. 第30行“境外所得抵免所得税税额”：填报纳税人来源于中国境外所得依照中国境外税收法律以及相关规定应缴纳并实际缴纳（包括视同已实际缴纳）的企业所得税性质的税款（准予抵免税款）。本行根据境外所得税收抵免明细表（A108000）填报。

31. 第31行“实际应纳所得税税额”：填报纳税人当期的实际应纳所得税税额。金额等于本表第28+29-30行。

32. 第32行“本年累计实际已缴纳的所得税税额”：填报纳税人按照税收规定本纳税年度已在月（季）度累计预缴的所得税税额，包括按照税收规定的特定业务已预缴（征）的所得税税额、建筑企业总机构直接管理的跨地区设立的项目部按规定向项目所在地主管税务机关预缴的所得税税额。

33. 第33行“本年应补（退）的所得税税额”：填报纳税人当期应补（退）的所得税税额。金额等于本表第31-32行。

34. 第34行“总机构分摊本年应补（退）所得税税额”：填报汇总纳税的总机构按照税收规定在总机构所在地分摊本年应补（退）所得税税额。本行根据跨地区经营汇总纳税企业年度分摊企业所得税明细表（A109000）填报。

35. 第35行“财政集中分配本年应补（退）所得税税额”：填报汇总纳税的总机构按照税收规定财政集中分配本年应补（退）所得税税额。本行根据跨地区经营汇总纳税企业年度分摊企业所得税明细表（A109000）填报。

36. 第36行“总机构主体生产经营部门分摊本年应补（退）所得税税额”：填报汇总纳税的总机构所属的具有主体生产经营职能的部门按照税收规定应分摊的本年应补（退）所得税税额。本行根据跨地区经营汇总纳税企业年度分摊企业所得税明细表（A109000）填报。

二、表内、表间关系

（一）表内关系

1. 第10行=第1-2-3-4-5-6-7+8+9行。

2. 第13行=第10+11-12行。

3. 第19行=第13-14+15-16-17+18行。

4. 第23行=第19-20-21-22行。

5. 第25行=第23×24行。

6. 第28行=第25-26-27行。

7. 第31行=第28+29-30行。

8. 第33行=第31-32行。

（二）表间关系

1. 第1行=表A101010第1行或表A101020第1行或表A103000第2+3+4+5+6行或表A103000第11+12+13+14+15行。

2. 第2行=表A102010第1行或表A102020第1行或表A103000第19+20+21+22行或表A103000第25+26+27行。

3. 第4行=表A104000第26行第1列。

4. 第5行=表A104000第26行第3列。

5. 第6行=表A104000第26行第5列。

6. 第9行=表A103000第8行或者第16行（仅限于填报表A103000的纳税人，其他纳税人根据财务核算情况自行填写）。

7. 第11行=表A101010第16行或表A101020第35行或表A103000第9行或第17行。

8. 第12行=表A102010第16行或表A102020第33行或表A103000第23行或第28行。

9. 第14行=表A108010第14列合计-第11列合计。

10. 第15行=表A105000第45行第3列。

11. 第16行=表A105000第45行第4列。

12. 第17行=表A107010第31行。

13. 第18行：

（1）当A100000第13-14+15-16-17行≥0时,第18行=0;

（2）当A100000第13-14+15-16-17＜0且表A108000第5列合计行≥0,表A108000第6列合计行＞0时,第18行=表A108000第5列合计行与表A100000第13-14+15-16-17行绝对值的孰小值;

（3）当A100000第13-14+15-16-17＜0且表A108000第5列合计行≥0,表A108000第6列合计行=0时,第18行=0。

14. 第19行=表A100000第13-14+15-16-17+18行。

15. 第20行：

当第19行≤0时，本行填报0。

当第19行＞0时：

（1）A107020表合计行第11列≤表A100000第19行，本行=表A107020合计行第11列；

（2）A107020表合计行第11列＞表A100000第19行，本行=表A100000第19行。

16. 第21行=表A106000第6行第10列。

17. 第22行=表A107030第15行第1列。

18. 第26行=表A107040第32行。

19. 第27行=表A107050第7行第11列。

20.第29行=表A108000第9列合计。

21.第30行=表A108000第19列合计。

22.第34行=表A109000第12+16行。

23.第35行=表A109000第13行。

24.第36行=表A109000第15行。

（四）一般企业收入明细表（见表9-4）

表9-4　　　　一般企业收入明细表（表A101010）

行次	项　　　　目	金　额
1	一、营业收入(2+9)	
2	（一）主营业务收入(3+5+6+7+8)	
3	1.销售商品收入	
4	其中:非货币性资产交换收入	
5	2.提供劳务收入	
6	3.建造合同收入	
7	4.让渡资产使用权收入	
8	5.其他	
9	（二）其他业务收入(10+12+13+14+15)	
10	1.材料销售收入	
11	其中:非货币性资产交换收入	
12	2.出租固定资产收入	
13	3.出租无形资产收入	
14	4.出租包装物和商品收入	
15	5.其他	
16	二、营业外收入(17+18+19+20+21+22+23+24+25+26)	
17	（一）非流动资产处置利得	
18	（二）非货币性资产交换利得	
19	（三）债务重组利得	
20	（四）政府补助利得	
21	（五）盘盈利得	
22	（六）捐赠利得	
23	（七）罚没利得	
24	（八）确实无法偿付的应付款项	
25	（九）汇兑收益	
26	（十）其他	

一般企业收入明细表（表A101010）填报说明

本表适用于除金融企业、事业单位和民间非营利组织外的企业填报。纳税人应根据国家统一会计制度的规定，填报“主营业务收入”“其他业务收入”“营业外收入”。

一、有关项目填报说明

1.第1行“营业收入”：根据主营业务收入、其他业务收入的数额计算填报。

2.第2行“主营业务收入”：根据不同行业的业务性质分别填报纳税人核算的主营业务收入。

3.第3行“销售商品收入”：填报从事工业制造、商品流通、农业生产以及其他商品销售的纳税人取得的主营业务收入。房地产开发企业销售开发产品（销售未完工开发产品除外）取得的收入也在此行填报。

4.第4行“其中：非货币性资产交换收入”：填报纳税人发生的非货币性资产交换按照国家统一会计制度应确认的主营业务收入。

5. 第5行“提供劳务收入”：填报纳税人从事建筑安装、修理修配、交通运输、仓储租赁、邮电通信、咨询经纪、文化体育、科学研究、技术服务、教育培训、餐饮住宿、中介代理、卫生保健、社区服务、旅游、娱乐、加工以及其他劳务活动取得的主营业务收入。

6. 第6行“建造合同收入”：填报纳税人建造房屋、道路、桥梁、水坝等建筑物，以及生产船舶、飞机、大型机械设备等取得的主营业务收入。

7. 第7行“让渡资产使用权收入”：填报纳税人在主营业务收入核算的，让渡无形资产使用权而取得的使用费收入以及出租固定资产、无形资产、投资性房地产取得的租金收入。

8. 第8行“其他”：填报纳税人按照国家统一会计制度核算、上述未列举的其他主营业务收入。

9. 第9行：“其他业务收入”：根据不同行业的业务性质分别填报纳税人核算的其他业务收入。

10. 第10行“材料销售收入”：填报纳税人销售材料、下脚料、废料、废旧物资等取得的收入。

11. 第11行“其中：非货币性资产交换收入”：填报纳税人发生的非货币性资产交换按照国家统一会计制度应确认的其他业务收入。

12. 第12行“出租固定资产收入”：填报纳税人将固定资产使用权让与承租人获取的其他业务收入。

13. 第13行“出租无形资产收入”：填报纳税人让渡无形资产使用权取得的其他业务收入。

14. 第14行“出租包装物和商品收入”：填报纳税人出租、出借包装物和商品取得的其他业务收入。

15. 第15行“其他”：填报纳税人按照国家统一会计制度核算、上述未列举的其他业务收入。

16. 第16行“营业外收入”：填报纳税人计入本科目核算的与生产经营无直接关系的各项收入。

17. 第17行“非流动资产处置利得”：填报纳税人处置固定资产、无形资产等取得的净收益。

18. 第18行“非货币性资产交换利得”：填报纳税人发生非货币性资产交换应确认的净收益。

19. 第19行“债务重组利得”：填报纳税人发生的债务重组业务确认的净收益。

20. 第20行“政府补助利得”：填报纳税人从政府无偿取得货币性资产或非货币性资产应确认的净收益。

21. 第21行“盘盈利得”：填报纳税人在清查财产过程中查明的各种财产盘盈应确认的净收益。

22. 第22行“捐赠利得”：填报纳税人接受的来自企业、组织或个人无偿给予的货币性资产、非货币性资产捐赠应确认的净收益。

23. 第23行“罚没利得”：填报纳税人在日常经营管理活动中取得的罚款、没收收入应确认的净收益。

24. 第24行“确实无法偿付的应付款项”：填报纳税人因确实无法偿付的应付款项而

确认的收入。

25.第25行“汇兑收益”：填报纳税人取得企业外币货币性项目因汇率变动形成的收益应确认的收入（该项目为执行小企业会计准则企业填报）。

26.第26行“其他”：填报纳税人取得的上述项目未列举的其他营业外收入，包括执行企业会计准则纳税人按权益法核算长期股权投资对初始投资成本调整确认的收益，执行小企业会计准则纳税人取得的出租包装物和商品的租金收入、逾期未退包装物押金收益等。

二、表内、表间关系

（一）表内关系

1.第1行=第2+9行。

2.第2行=第3+5+6+7+8行。

3.第9行=第10+12+13+14+15行。

4.第16行=第17+18+19+20+21+22+23+24+25+26行。

（二）表间关系

1.第1行=表A100000第1行。

2.第16行=表A100000第11行。

（五）一般企业成本支出明细表（见表9-5）

表9-5　　　　一般企业成本支出明细表（表A102010）

行次	项　　目	金　额
1	一、营业成本(2+9)	
2	（一）主营业务成本(3+5+6+7+8)	
3	1.销售商品成本	
4	其中:非货币性资产交换成本	
5	2.提供劳务成本	
6	3.建造合同成本	
7	4.让渡资产使用权成本	
8	5.其他	
9	（二）其他业务成本(10+12+13+14+15)	
10	1.材料销售成本	
11	其中:非货币性资产交换成本	
12	2.出租固定资产成本	
13	3.出租无形资产成本	
14	4.包装物出租成本	
15	5.其他	
16	二、营业外支出(17+18+19+20+21+22+23+24+25+26)	
17	（一）非流动资产处置损失	
18	（二）非货币性资产交换损失	
19	（三）债务重组损失	
20	（四）非常损失	
21	（五）捐赠支出	
22	（六）赞助支出	
23	（七）罚没支出	
24	（八）坏账损失	
25	（九）无法收回的债券股权投资损失	
26	（十）其他	

一般企业成本支出明细表（表A102010）填报说明

本表适用于除金融企业、事业单位和民间非营利组织外的企业填报。纳税人应根据国家统一会计制度的规定，填报“主营业务成本”“其他业务成本”“营业外支出”。

一、有关项目填报说明

1. 第1行“营业成本”：填报纳税人主要经营业务和其他经营业务发生的成本总额。本行根据“主营业务成本”和“其他业务成本”的数额计算填报。

2. 第2行“主营业务成本”：根据不同行业的业务性质分别填报纳税人核算的主营业务成本。

3. 第3行“销售商品成本”：填报从事工业制造、商品流通、农业生产以及其他商品销售企业发生的主营业务成本。房地产开发企业销售开发产品（销售未完工开发产品除外）发生的成本也在此行填报。

4. 第4行“其中：非货币性资产交换成本”：填报纳税人发生的非货币性资产交换按照国家统一会计制度应确认的主营业务成本。

5. 第5行“提供劳务成本”：填报纳税人从事建筑安装、修理修配、交通运输、仓储租赁、邮电通信、咨询经纪、文化体育、科学研究、技术服务、教育培训、餐饮住宿、中介代理、卫生保健、社区服务、旅游、娱乐、加工以及其他劳务活动发生的主营业务成本。

6. 第6行“建造合同成本”：填报纳税人建造房屋、道路、桥梁、水坝等建筑物，以及生产船舶、飞机、大型机械设备等发生的主营业务成本。

7. 第7行“让渡资产使用权成本”：填报纳税人在主营业务成本核算的，让渡无形资产使用权而发生的使用费成本以及出租固定资产、无形资产、投资性房地产发生的租金成本。

8. 第8行“其他”：填报纳税人按照国家统一会计制度核算、上述未列举的其他主营业务成本。

9. 第9行：“其他业务成本”：根据不同行业的业务性质分别填报纳税人按照国家统一会计制度核算的其他业务成本。

10. 第10行“材料销售成本”：填报纳税人销售材料、下脚料、废料、废旧物资等发生的成本。

11. 第11行“非货币性资产交换成本”：填报纳税人发生的非货币性资产交换按照国家统一会计制度应确认的其他业务成本。

12. 第12行“出租固定资产成本”：填报纳税人将固定资产使用权让与承租人形成的出租固定资产成本。

13. 第13行“出租无形资产成本”：填报纳税人让渡无形资产使用权形成的出租无形资产成本。

14. 第14行“包装物出租成本”：填报纳税人出租、出借包装物形成的包装物出租成本。

15. 第15行“其他”：填报纳税人按照国家统一会计制度核算、上述未列举的其他业务成本。

16. 第16行“营业外支出”：填报纳税人计入本科目核算的与生产经营无直接关系的各项支出。

17. 第17行“非流动资产处置损失”：填报纳税人处置非流动资产形成的净损失。

18. 第18行“非货币性资产交换损失”：填报纳税人发生非货币性资产交换应确认的净损失。

19. 第19行“债务重组损失”：填报纳税人进行债务重组应确认的净损失。

20. 第20行“非常损失”：填报纳税人在营业外支出中核算的各项非正常的财产损失。

21. 第21行“捐赠支出”：填报纳税人无偿给予其他企业、组织或个人的货币性资产、非货币性资产的捐赠支出。

22.第22行“赞助支出”：填报纳税人发生的货币性资产、非货币性资产赞助支出。

23.第23行“罚没支出”：填报纳税人在日常经营管理活动中对外支付的各项罚没支出。

24.第24行“坏账损失”：填报纳税人发生的各项坏账损失（该项目为使用小企业准则企业填报）。

25.第25行“无法收回的债券股权投资损失”：填报纳税人各项无法收回的债券股权投资损失（该项目为使用小企业准则企业填报）。

26.第26行“其他”：填报纳税人本期实际发生的在营业外支出核算的其他损失及支出。

二、表内、表间关系

（一）表内关系

1.第1行=第2+9行。

2.第2行=第3+5+6+7+8行。

3.第9行=第10+12+13+14+15行。

4.第16行=第17+18+…+26行。

（二）表间关系

1.第1行=表A100000第2行。

2.第16行=表A100000第12行。

（六）期间费用明细表（见表9-6）

表9-6

期间费用明细表（表A104000）

行次	项目	销售费用	其中：境外支付	管理费用	其中：境外支付	财务费用	其中：境外支付
		1	2	3	4	5	6
1	一、职工薪酬		*		*	*	*
2	二、劳务费					*	*
3	三、咨询顾问费					*	*
4	四、业务招待费		*		*	*	*
5	五、广告费和业务宣传费		*		*	*	*
6	六、佣金和手续费						
7	七、资产折旧摊销费		*		*	*	*
8	八、财产损耗、盘亏及毁损损失		*		*	*	*
9	九、办公费		*		*	*	*
10	十、董事会费		*		*	*	*
11	十一、租赁费					*	*
12	十二、诉讼费		*		*	*	*
13	十三、差旅费		*		*	*	*
14	十四、保险费		*		*	*	*
15	十五、运输、仓储费					*	*
16	十六、修理费					*	*
17	十七、包装费		*		*	*	*
18	十八、技术转让费					*	*
19	十九、研究费用					*	*
20	二十、各项税费		*		*	*	*
21	二十一、利息收支	*	*	*	*		
22	二十二、汇兑差额	*	*	*	*		
23	二十三、现金折扣	*	*	*	*		*
24	二十四、党组织工作经费	*	*		*	*	*
25	二十五、其他						
26	合计（1+2+3+…25）						

期间费用明细表（表A104000）填报说明

本表适用于执行企业会计准则、小企业会计准则、企业会计制度、分行业会计制度的查账征收居民纳税人填报。纳税人应根据企业会计准则、小企业会计准则、企业会计制度、分行业会计制度规定，填报“销售费用”“管理费用”“财务费用”等项目。

一、有关项目填报说明

1.第1列“销售费用”：填报在“销售费用”科目进行核算的相关明细项目的金额，其中金融企业填报在“业务及管理费”科目进行核算的相关明细项目的金额。

2.第2列“其中：境外支付”：填报在“销售费用”科目进行核算的向境外支付的相关明细项目的金额，其中金融企业填报在“业务及管理费”科目进行核算的相关明细项目的金额。

3.第3列“管理费用”：填报在“管理费用”科目进行核算的相关明细项目的金额。

4.第4列“其中：境外支付”：填报在“管理费用”科目进行核算的向境外支付的相关明细项目的金额。

5.第5列“财务费用”：填报在“财务费用”科目进行核算的有关明细项目的金额。

6.第6列“其中：境外支付”：填报在“财务费用”科目进行核算的向境外支付的有关明细项目的金额。

7.第1行至第25行：根据费用科目核算的具体项目金额进行填报，如果贷方发生额大于借方发生额，应填报负数。

8.第26行第1列：填报第1行至第25行第1列的合计数。

9.第26行第2列：填报第1行至第25行第2列的合计数。

10.第26行第3列：填报第1行至第25行第3列的合计数。

11.第26行第4列：填报第1行至第25行第4列的合计数。

12.第26行第5列：填报第1行至第25行第5列的合计数。

13.第26行第6列：填报第1行至第25行第6列的合计数。

二、表内、表间关系

（一）表内关系

1.第26行第1列=第1列第1+2+…+20+25行。

2.第26行第2列=第2列第2+3+6+11+15+16+18+19+25行。

3.第26行第3列=第3列第1+2+…+20+24+25行。

4.第26行第4列=第4列第2+3+6+11+15+16+18+19+25行。

5.第26行第5列=第5列第6+21+22+23+25行。

6.第26行第6列=第6列第6+21+22+25行。

（二）表间关系

1.第26行第1列=表A100000第4行。

2.第26行第3列=表A100000第5行。

3.第26行第5列=表A100000第6行。

（七）纳税调整项目明细表（见表9-7）

表9-7　　　　　　　　纳税调整项目明细表（表A105000）

行次	项　目	账载金额 1	税收金额 2	调增金额 3	调减金额 4
1	一、收入类调整项目(2+3+…8+10+11)	*	*		
2	(一)视同销售收入(填写A105010)	*			*
3	(二)未按权责发生制原则确认的收入(填写A105020)				
4	(三)投资收益(填写A105030)				
5	(四)按权益法核算长期股权投资对初始投资成本调整确认收益	*	*	*	
6	(五)交易性金融资产初始投资调整	*	*		*
7	(六)公允价值变动净损益		*		
8	(七)不征税收入	*	*		
9	其中:专项用途财政性资金(填写A105040)	*	*		
10	(八)销售折扣、折让和退回				
11	(九)其他				
12	二、扣除类调整项目(13+14+…24+26+27+28+29+30)	*	*		
13	(一)视同销售成本(填写A105010)	*		*	
14	(二)职工薪酬(填写A105050)				
15	(三)业务招待费支出				*
16	(四)广告费和业务宣传费支出(填写A105060)	*	*		
17	(五)捐赠支出(填写A105070)				*
18	(六)利息支出				
19	(七)罚金、罚款和被没收财物的损失		*		*
20	(八)税收滞纳金、加收利息		*		*
21	(九)赞助支出		*		*
22	(十)与未实现融资收益相关在当期确认的财务费用				
23	(十一)佣金和手续费支出				*
24	(十二)不征税收入用于支出所形成的费用	*	*		*
25	其中:专项用途财政性资金用于支出所形成的费用(填写A105040)	*	*		*
26	(十三)跨期扣除项目				
27	(十四)与取得收入无关的支出		*		*
28	(十五)境外所得分摊的共同支出	*	*		*
29	(十六)党组织工作经费				
30	(十七)其他				
31	三、资产类调整项目(32+33+34+35)	*	*		
32	(一)资产折旧、摊销(填写A105080)				
33	(二)资产减值准备金		*		
34	(三)资产损失(填写A105090)				
35	(四)其他				
36	四、特殊事项调整项目(37+38+…+42)	*	*		
37	(一)企业重组及递延纳税事项(填写A105100)				
38	(二)政策性搬迁(填写A105110)	*	*		
39	(三)特殊行业准备金(填写A105120)				
40	(四)房地产开发企业特定业务计算的纳税调整额(填写A105010)	*			
41	(五)合伙企业法人合伙方应分得的应纳税所得额				
42	(六)发行永续债利息支出				
43	(七)其他	*	*		
44	五、特别纳税调整应税所得	*	*		
45	六、其他	*	*		
46	合计(1+12+31+36+43+44)	*	*		

纳税调整项目明细表（表A105000）填报说明

本表由纳税人根据税法、相关税收规定以及国家统一会计制度的规定，填报企业所得税涉税事项的会计处理、税务处理以及纳税调整情况。

一、有关项目填报说明

本表纳税调整项目按照“收入类调整项目”“扣除类调整项目”“资产类调整项目”“特殊事项调整项目”“特别纳税调整应税所得”“其他”六大项分类填报汇总，并计算出纳税“调增金额”和“调减金额”的合计数。

数据栏分别设置“账载金额”“税收金额”“调增金额”“调减金额”四个栏次。“账载金额”是指纳税人按照国家统一会计制度规定核算的项目金额。“税收金额”是指纳税人按照税法规定计算的项目金额。

对需填报下级明细表的纳税调整项目，其“账载金额”“税收金额”“调增金额”“调减金额”根据相应附表进行计算填报。

（一）收入类调整项目

1.第1行“一、收入类调整项目”：根据第2行至第11行（不含第9行）进行填报。

2.第2行“（一）视同销售收入”：填报会计处理不确认为销售收入，税法规定确认为应税收入的收入。根据视同销售和房地产开发企业特定业务纳税调整明细表（A105010）填报。第2列“税收金额”为表A105010第1行第1列金额。第3列“调增金额”为表A105010第1行第2列金额。

3.第3行“（二）未按权责发生制原则确认的收入”：根据未按权责发生制确认收入纳税调整明细表（A105020）填报，第1列“账载金额”为表A105020第14行第2列金额；第2列“税收金额”为表A105020第14行第4列金额。表A105020第14行第6列，若≥0，填入本行第3列“调增金额”；若<0，将绝对值填入本行第4列“调减金额”。

4.第4行“（三）投资收益”：根据投资收益纳税调整明细表（A105030）填报，第1列“账载金额”为表A105030第10行第1+8列的金额。第2列“税收金额”为表A105030第10行第2+9列的金额。表A105030第10行第11列，若≥0，填入本行第3列“调增金额”；若<0，将绝对值填入本行第4列“调减金额”。

5.第5行“（四）按权益法核算长期股权投资对初始投资成本调整确认收益”：第4列“调减金额”填报纳税人采取权益法核算，初始投资成本小于取得投资时应享有被投资单位可辨认净资产公允价值份额的差额计入取得投资当期的营业外收入的金额。

6.第6行“（五）交易性金融资产初始投资调整”：第3列“调增金额”填报纳税人根据税法规定确认交易性金融资产初始投资金额与会计核算的交易性金融资产初始投资账面价值的差额。

7.第7行“（六）公允价值变动净损益”：第1列“账载金额”填报纳税人会计核算的以公允价值计量的金融资产、金融负债以及投资性房地产类项目，计入当期损益的公允价值变动金额。若第1列<0，将绝对值填入第3列“调增金额”；若第1列≥0，填入第4列“调减金额”。

8.第8行“（七）不征税收入”：填报纳税人计入收入总额但属于税法规定不征税的财政拨款、依法收取并纳入财政管理的行政事业性收费以及政府性基金和国务院规定的其他不征税收入。第3列“调增金额”填报纳税人以前年度取得财政性资金且已作为不征税收入处理，在5年（60个月）内未发生支出且未缴回财政部门或其他拨付资金的政府部门，应计入应税收入额的金额；第4列“调减金额”填报符合税法规定不征税收入条件并作为不征税收入处理，且已计入当期损益的金额。

9. 第9行“其中：专项用途财政性资金”：根据专项用途财政性资金纳税调整明细表（A105040）填报。第3列“调增金额”为表A105040第7行第14列金额；第4列“调减金额”为表A105040第7行第4列金额。

10. 第10行“（八）销售折扣、折让和退回”：填报不符合税法规定的销售折扣和折让应进行纳税调整的金额，以及发生的销售退回因会计处理与税法规定有差异需纳税调整的金额。第1列“账载金额”填报纳税人会计核算的销售折扣和折让金额及销货退回的追溯处理的净调整额。第2列“税收金额”填报根据税法规定可以税前扣除的折扣和折让的金额及销货退回业务影响当期损益的金额。第1列减第2列，若余额≥0，填入第3列“调增金额”；若余额<0，将绝对值填入第4列“调减金额”，第4列仅为销货退回影响损益的跨期时间性差异。

11. 第11行“（九）其他”：填报其他因会计处理与税法规定有差异需纳税调整的收入类项目金额。若第2列≥第1列，将第2-1列的余额填入第3列“调增金额”；若第2列<第1列，将第2-1列余额的绝对值填入第4列“调减金额”。

（二）扣除类调整项目

12. 第12行“二、扣除类调整项目”：根据第13行至第30行（不含第25行）填报。

13. 第13行“（一）视同销售成本”：填报会计处理不作为销售核算，税法规定作为应税收入的同时，确认的销售成本金额。根据视同销售和房地产开发企业特定业务纳税调整明细表（A105010）填报，第2列“税收金额”为表A105010第11行第1列金额；第4列“调减金额”为表A105010第11行第2列金额的绝对值。

14. 第14行“（二）职工薪酬”：根据职工薪酬纳税调整明细表（A105050）填报。第1列“账载金额”为表A105050第13行第1列金额；第2列“税收金额”为表A105050第13行第4列金额。表A105050第13行第5列，若≥0，填入本行第3列“调增金额”；若<0，将绝对值填入本行第4列“调减金额”。

15. 第15行“（三）业务招待费支出”：第1列“账载金额”填报纳税人会计核算计入当期损益的业务招待费金额；第2列“税收金额”填报按照税法规定允许税前扣除的业务招待费支出的金额，即“本行第1列×60%”与当年销售（营业收入）×5‰的孰小值；第3列“调增金额”为第1-2列金额。

16. 第16行“（四）广告费和业务宣传费支出”：根据广告费和业务宣传费跨年度纳税调整明细表（A105060）填报。表A105060第12行，若≥0，填入第3列“调增金额”；若<0，将绝对值填入第4列“调减金额”。

17. 第17行“（五）捐赠支出”：根据捐赠支出及纳税调整明细表（A105070）填报。第1列“账载金额”为表A105070第8行第1列金额；第2列“税收金额”为表A105070第8行第4列金额；第3列“调增金额”为表A105070第8行第5列金额；第4列“调减金额”为表A105070第8行第6列金额。

18. 第18行“（六）利息支出”：第1列“账载金额”填报纳税人向非金融企业借款，会计核算计入当期损益的利息支出的金额；第2列“税收金额”填报按照税法规定允许税前扣除的利息支出的金额。若第1列≥第2列，将第1列减第2列余额填入第3列“调增金额”；若第1列<第2列，将第1列减第2列余额的绝对值填入第4列“调减金额”。

19. 第19行“（七）罚金、罚款和被没收财物的损失”：第1列“账载金额”填报纳税人会计核算计入当期损益的罚金、罚款和被罚没财物的损失，不包括纳税人按照经济合同规定支付的违约金（包括银行罚息）、罚款和诉讼费；第3列“调增金额”等于第1列金额。

20. 第20行“（八）税收滞纳金、加收利息”：第1列“账载金额”填报纳税人会计核算计入当期损益的税收滞纳金、加收利息；第3列“调增金额”等于第1列金额。

21. 第21行“（九）赞助支出”：第1列“账载金额”填报纳税人会计核算计入当期损益的不符合税法规定的公益性捐赠的赞助支出的金额，包括直接向受赠人的捐赠、赞助支出等（不含广告性的赞助支出，广告性的赞助支出在表A105060中调整）；第3列“调增金额”等于第1列金额。

22. 第22行“（十）与未实现融资收益相关在当期确认的财务费用”：第1列“账载金额”填报纳税人会计核算的与未实现融资收益相关并在当期确认的财务费用的金额。第2列“税收金额”填报按照税法规定允许税前扣除的金额。若第1列≥第2列，将第1-2列余额填入第3列“调增金额”；若第1列<第2列，将第1-2列余额的绝对值填入第4列“调减金额”。

23. 第23行“（十一）佣金和手续费支出”：第1列“账载金额”填报纳税人会计核算计入当期损益的佣金和手续费金额；第2列“税收金额”填报按照税法规定允许税前扣除的佣金和手续费支出金额；第3列“调增金额”为第1-2列的金额。

24. 第24行“（十二）不征税收入用于支出所形成的费用”：第3列“调增金额”填报符合条件的不征税收入用于支出所形成的计入当期损益的费用化支出金额。

25. 第25行“其中：专项用途财政性资金用于支出所形成的费用”：根据专项用途财政性资金纳税调整明细表（A105040）填报。第3列“调增金额”为表A105040第7行第11列金额。

26. 第26行“（十三）跨期扣除项目”：填报维简费、安全生产费用、预提费用、预计负债等跨期扣除项目调整情况。第1列“账载金额”填报纳税人会计核算计入当期损益的跨期扣除项目金额；第2列“税收金额”填报按照税法规定允许税前扣除的金额。若第1列≥第2列，将第1-2列余额填入第3列“调增金额”；若第1列<第2列，将第1-2列余额的绝对值填入第4列“调减金额”。

27. 第27行“（十四）与取得收入无关的支出”：第1列“账载金额”填报纳税人会计核算计入当期损益的与取得收入无关的支出的金额；第3列“调增金额”等于第1列金额。

28. 第28行“（十五）境外所得分摊的共同支出”：第3列“调增金额”为境外所得纳税调整后所得明细表（A108010）第10行第16+17列的金额。

29. 第29行“（十六）党组织工作经费”：填报纳税人根据有关文件规定，为创新基层党建工作、建立稳定的经费保障制度发生的党组织工作经费及纳税调整情况。

30. 第30行“（十七）其他”：填报其他因会计处理与税法规定有差异需纳税调整的扣除类项目金额。若第1列≥第2列，将第1-2列余额填入第3列“调增金额”；若第1列<第2列，将第1-2列余额的绝对值填入第4列“调减金额”。

（三）资产类调整项目

31. 第31行“三、资产类调整项目”：填报资产类调整项目第32行至第35行的合计金额。

32. 第32行“（一）资产折旧、摊销”：根据资产折旧、摊销及纳税调整明细表（A105080）填报。第1列“账载金额”为表A105080第39行第2列金额；第2列“税收金额”为表A105080第39行第5列金额。表A105080第39行第9列，若≥0，填入本行第3列“调增金额”；若＜0，将绝对值填入本行第4列“调减金额”。

33. 第33行“（二）资产减值准备金”：填报坏账准备、存货跌价准备、理赔费用准备金等不允许税前扣除的各类资产减值准备金纳税调整情况。第1列“账载金额”填报纳税人会计核算计入当期损益的资产减值准备金金额（因价值恢复等原因转回的资产减值准备金应予以冲回）。第1列，若≥0，填入第3列“调增金额”；若＜0，将绝对值填入第4列“调减金额”。

34. 第34行“（三）资产损失”：根据资产损失税前扣除及纳税调整明细表（A105090）填报。第1列“账载金额”为表A105090第14行第1列金额；第2列“税收金额”为表A105090第14行第5列金额。表A105090第14行第6列，若≥0，填入本行第3列“调增金额”；若＜0，将绝对值填入本行第4列“调减金额”。

35. 第35行“（四）其他”：填报其他因会计处理与税收规定有差异需纳税调整的资产类项目金额。若第1列≥第2列，将第1−2列余额填入第3列“调增金额”；若第1列＜第2列，将第1−2列余额的绝对值填入第4列“调减金额”。

（四）特殊事项调整项目

36. 第36行“四、特殊事项调整项目”：填报特殊事项调整项目第37行至第42行的合计金额。

37. 第37行“（一）企业重组及递延纳税事项”：根据企业重组及递延纳税事项纳税调整明细表（A105100）填报。第1列“账载金额”为表A105100第16行第1+4列金额；第2列“税收金额”为表A105100第16行第2+5列金额。表A105100第16行第7列，若≥0，填入本行第3列“调增金额”；若＜0，将绝对值填入本行第4列“调减金额”。

38. 第38行“（二）政策性搬迁”：根据政策性搬迁纳税调整明细表（A105110）填报。表A105110第24行，若≥0，填入本行第3列“调增金额”；若＜0，将绝对值填入本行第4列“调减金额”。

39. 第39行“（三）特殊行业准备金”：根据特殊行业准备金及纳税调整明细表（A105120）填报。第1列“账载金额”为表A105120第43行第1列金额；第2列“税收金额”为表A105120第43行第2列金额。表A105120第43行第3列，若≥0，填入本行第3列“调增金额”；若＜0，将绝对值填入本行第4列“调减金额”。

40. 第40行“（四）房地产开发企业特定业务计算的纳税调整额”：根据视同销售和房地产开发企业特定业务纳税调整明细表（A105010）填报。第2列“税收金额”为表A105010第21行第1列金额。表A105010第21行第2列，若≥0，填入本行第3列“调增金额”；若＜0，将绝对值填入本行第4列“调减金额”。

41. 第41行“（五）合伙企业法人合伙方分得的应纳税所得额”：第1列“账载金额”填报有限合伙企业法人合伙方本年会计核算确认的对有限合伙企业的投资所得；第2列“税收金额”填报纳税人按照“先分后税”原则和《财政部、国家税务总局关于合伙企业合伙人所得税问题的通知》（财税〔2008〕159号）第四条规定计算的从合伙企业分得的法人合伙方应纳税所得额。若第1列≤第2列，将第2−1列余额填入第3列“调增金额”，若第1列＞第2列，将第2−1列余额的绝对值填入第4列“调减金额”。

42. 第42行“（六）发行永续债利息支出”：本行填报企业发行永续债采取的税收处理办法与会计核算方式不一致时的纳税调整情况。当永续债发行方会计上按照债务核算，税收上适用股息、红利企业所得税政策时，第1列“账载金额”填报支付的永续债利息支出计入当期损益的金额；第2列“税收金额”填报0。永续债发行方会计上按照权益核算、税收上按照债券利息适用企业所得税政策时，第1列“账载金额”填报0；第2列“税收金额”填报永续债发行方支付的永续债利息支出准予在企业所得税税前扣除的金额。若第2列≤第1列，第3列“调增金额”填报第1-2列金额；若第2列＞第1列，第4列“调减金额”填报第1-2列金额的绝对值。

43. 第43行“（七）其他”：填报其他因会计处理与税收规定有差异需纳税调整的特殊事项金额。

（五）特别纳税调整所得项目

44. 第44行“五、特别纳税调整应税所得”：第3列“调增金额”填报纳税人按特别纳税调整规定自行调增的当年应税所得；第4列“调减金额”填报纳税人依据双边预约定价安排或者转让定价相应调整磋商结果的通知，需要调减的当年应税所得。

（六）其他

45. 第45行“六、其他”：其他会计处理与税收规定存在差异需纳税调整的项目金额。

46. 第46行“合计”：填报第1+12+31+36+43+44行的合计金额。

二、表内、表间关系

（一）表内关系

1. 第1行=第2+3+4+5+6+7+8+10+11行。

2. 第12行=第13+14+…+23+24+26+27+28+29+30行。

3. 第31行=第32+33+34+35行。

4. 第36行=第37+38+39+40+41+42行。

5. 第45行=第1+12+31+36+43+44行。

（二）表间关系

1. 第2行第2列=表A105010第1行第1列；第2行第3列=表A105010第1行第2列。

2. 第3行第1列=表A105020第14行第2列；第3行第2列=表A105020第14行第4列。若表A105020第14行第6列≥0，第3行第3列=表A105020第14行第6列；若表A105020第14行第6列＜0，第3行第3列=表A105020第14行第6列的绝对值。

3. 第4行第1列=表A105030第10行第1+8列；第4行第2列=表A105030第10行第2+9列。若表A105030第10行第11列≥0，第4行第3列=表A105030第10行第11列；若表A105030第10行第11列＜0，第4行第4列=表A105030第10行第11列的绝对值。

4. 第9行第3列=表A105040第7行第14列；第9行第4列=表A105040第7行第4列。

5. 第13行第2列=表A105010第11行第1列；第13行第4列=表A105010第11行第2列的绝对值。

6. 第14行第1列=表A105050第13行第1列；第14行第2列=表A105050第13行第5列。若表A105050第13行第6列≥0，第14行第3列=表A105050第13行第6列；若表A105050第13行第6列＜0，第14行第4列=表A105050第13行第6列的绝对值。

7. 若表A105060第12行≥0，第16行第3列=表A105060第12行；若表A105060第12

行＜0，第16行第4列=表A105060第12行的绝对值。

8. 第17行第1列=表A105070第8行第1列；第17行第2列=表A105070第8行第4列；第17行第3列=表A105070第8行第5列；第17行第4列=表A105070第8行第6列。

9. 第25行第3列=表A105040第7行第11列。

10. 第28行第3列=表A108010第10行第16+17列。

11. 第32行第1列=表A105080第39行第2列；第32行第2列=表A105080第39行第5列。若表A105080第39行第9列≥0，第32行第3列=表A105080第39行第9列；若表A105080第39行第9列＜0，第32行第4列=表A105080第39行第9列的绝对值。

12. 第34行第1列=表A105090第14行第1列；第34行第2列=表A105090第14行第5列。若表A105090第14行第6列≥0，第34行第3列=表A105090第14行第6列；若表A105090第14行第6列＜0，第34行第4列=表A105090第14行第6列的绝对值。

13. 第37行第1列=表A105100第16行第1+4列；第37行第2列=表A105100第16行第2+5列。若表A105100第16行第7列≥0，第37行第3列=表A105100第16行第7列；若表A105100第16行第7列＜0，第37行第4列=表A105100第16行第7列的绝对值。

14. 若表A105110第24行≥0，第38行第3列=表A105110第24行；若表A105110第24行＜0，第38行第4列=表A105110第24行的绝对值。

15. 第39行第1列=表A105120第43行第1列；第39行第2列=表A105120第43行第2列。若表A105120第43行第3列≥0，第39行第3列=表A105120第43行第3列；若表A105120第43行第3列＜0，第39行第4列=表A105120第43行第3列的绝对值。

16. 第40行第2列=表A105010第21行第1列。若表A105010第21行第2列≥0，第40行第3列=表A105010第21行第1列；若表A105010第21行第2列＜0，第40行第4列=表A105010第21行第1列的绝对值。

17. 第45行第3列=表A100000第15行；第45行第4列=表A100000第16行。

（八）核定征收企业所得税纳税申报表（见表9-8）

表9-8　企业所得税纳税申报表（适用于核定征收企业）

税款所属期间：　　年　　月至　　年　　月

纳税人识别号：　　　　　　　　　　金额单位：元（列至角分）

纳税人名称			
纳税申报栏			
项　目	行次	本期数	累计数
收入总额	1		
成本费用	2		
应税所得率	3		
应纳税所得额	4		
适用税率	5		
应缴所得税税额（4×5）	6		
减：实际已预缴的所得税税额	7		
应补（退）的所得税税额（8=6-7）	8		
纳税人公章： 经办人（签章）： 申报日期：　　年　　月　　日			主管税务机关受理专用章： 受理人： 受理日期：　　年　　月　　日

本表一式三份，主管税务机关受理后退还纳税人保存一份，由主管税务机关留存两份。

企业所得税纳税申报表（适用于核定征收企业）填报说明

一、本表为按照核定征收办法（包括核定应税所得率和核定税额征收方式）缴纳企业所得税的纳税人在季度（月）和年度申报缴纳企业所得税时使用

二、具体项目填报说明

1.第1行“收入总额”：填报当期取得的各项收入的合计金额（按照收入总额核定应税所得率的纳税人填报）。

2.第2行“成本费用”：填报计入当期的成本费用的合计金额（按照成本费用核定应税所得率的纳税人填报）。

3.第3行“应税所得率”：填报主管税务机关核定的应税所得率。

4.第4行：“应纳税所得额”：

（1）按照收入总额核定应税所得率的纳税人，计算公式为：

应纳税所得额=收入总额×应税所得率

（2）按照成本费用核定应税所得率的纳税人，计算公式为：

应纳税所得额=成本费用支出额÷（1-应税所得率）×应税所得率

5.第5行“适用税率”：根据第4行“应纳税所得额”金额确定的适用税率或者所得税政策规定的适用税率填报。

6.第7行“实际已预缴的所得税税额”：填报当年累计已预缴的企业所得税税额。

7.实行核定应纳所得税税额的纳税人，可填第6行、第7行、第8行。其中，第6行填报主管税务机关核定的当期累计应纳所得税税额。

第三节 企业所得税核算

一、企业所得税核算的一般程序

我国企业所得税会计的发展历程见证了税法与企业会计准则的分离。1994年以前，税法与会计制度在收入、费用、利润等方面的确认与计量基本一致。1994年以后，两者之间产生了较大差异。1994年，财政部专门公布了《财政部关于企业所得税会计处理的暂行规定》，对企业所得税会计处理方法进行了如下规定：一是企业可以选择采用应付税款法或纳税影响会计法，采用纳税影响会计法的企业，可以选择采用递延法或债务法；二是明确了企业所得税的性质是一项费用，可以在计算净利润时扣除；三是企业采用纳税影响会计法核算时，要确认时间性差异对未来纳税的影响，并反映于资产负债表中。2006年企业会计准则颁布，进一步明确了我国企业所得税会计处理实行资产负债表债务法。至此，我国企业所得税会计核算基本与国际接轨。

在资产负债表债务法下，企业一般应于每一资产负债表日进行所得税的核算。企业合并等特殊交易或事项发生时，在确认因交易或事项取得的资产、负债时也应确认相关的所得税影响。企业所得税核算一般程序如图9-1所示。

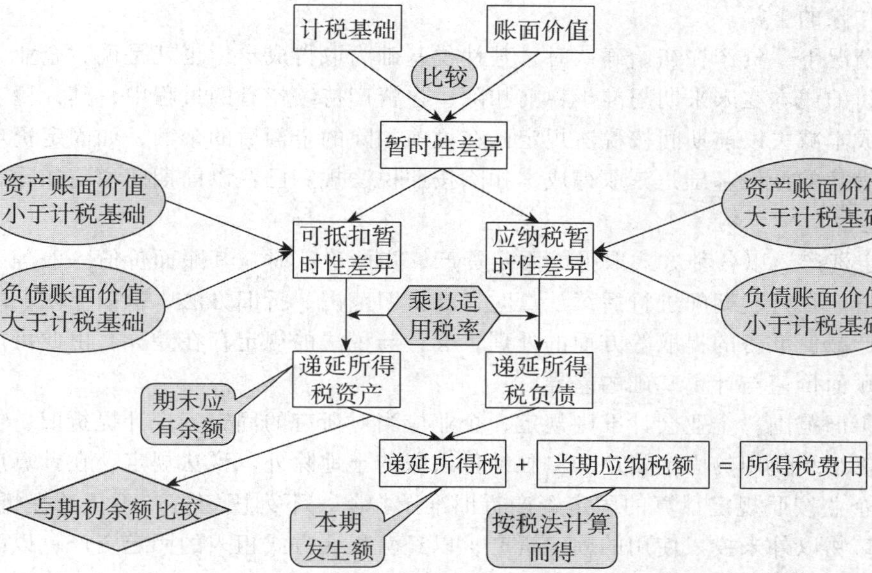

图9-1 企业所得税核算一般程序

1.按照相关会计准则的规定确定资产负债表中除递延所得税资产和递延所得税负债以外的其他资产和负债项目的账面价值。资产、负债的账面价值，是指企业按照相关会计准则的规定进行核算后在资产负债表中列示的金额。对于计提了减值准备的各项资产，是指其账面余额减去已计提的减值准备后的金额。例如，企业持有的应收账款账面余额为1 000万元，企业对该应收账款计提了50万元的坏账准备，其账面价值为950万元。

2.以税收法规为基础，确定资产负债表中有关资产、负债项目的计税基础。需要说明的是，计税基础是会计上的定义，但其确定应当遵循税法的规定进行。

3.比较资产、负债的账面价值与计税基础，对于两者之间存在差异的，分析其性质，除相关会计准则中规定的特殊情况外，将差异分为应纳税暂时性差异和可抵扣暂时性差异，乘以适用所得税税率，分别得到资产负债表日递延所得税资产和递延所得税负债的应有金额，与期初递延所得税负债和递延所得税资产的余额相比，确定当期应予进一步确认的递延所得税资产和递延所得税负债金额或应予转销的金额，作为递延所得税。

4.按照税法规定计算确定当期应纳税所得额，将应纳税所得额乘以适用的所得税税率计算的结果确认为当期应交所得税。

5.将当期应交所得税和递延所得税之和确认为利润表中的所得税费用。

二、资产、负债的计税基础

所得税会计的关键在于确定资产、负债的计税基础。在确定资产、负债的计税基础时，应严格遵循税法中关于资产的税务处理以及税前准予扣除的费用等规定。下面介绍资产、负债计税基础确定的一般方法，以及几种主要的资产、负债计税基础的确定。

（一）资产的计税基础

资产的计税基础，是指企业收回资产账面价值过程中，计算应纳税所得额时按照税法规定可以从应税经济利益中抵扣的金额，也即某一项资产在未来期间计税时按照税法规定可以税前扣除的金额。

一般情况下，资产在初始确认时，其计税基础为取得成本，也就是说，企业为取得某项资产支付的成本在未来期间准予税前扣除；在资产持续持有的过程中，其计税基础是资产的取得成本减去以前期间按税法规定已在税前扣除的金额后的余额，如固定资产在某一资产负债表日的计税基础是其取得成本扣除按照税法规定已在以前期间税前扣除的累计折旧额后的金额。

1. 固定资产。以各种方式取得的固定资产，初始确认时，其账面价值一般等于计税基础。固定资产在持有期间进行后续计量时，在折旧范围、折旧方法、折旧年限、净残值以及固定资产减值准备的提取等方面的处理，会计与税法的规定存在差异，由此可能造成固定资产的账面价值与计税基础的差异。

（1）折旧范围。企业会计准则规定，企业应当对所有的固定资产计提折旧，但是，已提足折旧仍继续使用的固定资产和单独计价入账的土地除外。税法规定，在计算应纳税所得额时，企业按照规定计算的固定资产折旧准予扣除，下列固定资产不得计提折旧扣除：房屋、建筑物以外未投入使用的固定资产；以经营租赁方式租入的固定资产；以融资租赁方式租出的固定资产；已足额提取折旧但仍继续使用的固定资产；与经营活动无关的固定资产；单独估价作为固定资产入账的土地；其他不得计算折旧扣除的固定资产。

（2）折旧方法。企业会计准则规定，企业应当根据与固定资产有关的经济利益的预期实现方式合理选择折旧方法，可以选用的折旧方法包括年限平均法、工作量法、双倍余额递减法和年数总和法。《企业所得税法》中则强调固定资产应按照直线法计提折旧，同时，在企业所得税税收优惠政策中规定，对于技术进步、产品更新换代较快的固定资产和常年处于强震动、高腐蚀状态的固定资产，可以采取双倍余额递减法或年数总和法的加速折旧方法。

（3）折旧年限。会计处理时，固定资产折旧年限是企业根据固定资产的性质和使用情况合理确定的，并且企业至少应于每年年度终了，对固定资产使用寿命进行复核。税法则就每一类固定资产的最低折旧年限作出具体规定：房屋、建筑物，为20年；飞机、火车、轮船、机器、机械和其他生产设备，为10年；与生产经营活动有关的器具、工具、家具等，为5年；飞机、火车、轮船以外的运输工具，为4年；电子设备，为3年。

（4）净残值。在会计处理中，企业应根据固定资产所处的经济环境、技术环境等，按照一定的程序，确定净残值，报有关方面备案。每年年末，对净残值应进行复核与调整。税法规定，企业应根据固定资产的性质和使用情况，合理确定固定资产的预计净残值，并且一经确定，不得变更。

（5）固定资产减值准备。持有固定资产的期间内，会计上可以对固定资产计提减值准备，但税法规定企业计提的资产减值准备在发生实质性损失前不允许税前扣除。

【例9-1】某企业于2018年12月22日取得一项生产用固定资产，原价为750万元，预计使用年限为10年，采用年限平均法计提折旧，净残值为零。按税法规定，该类固定资产由于技术进步、产品更新换代快，可采用加速折旧法计提折旧。该企业在计税时采用双倍余额递减法，净残值为零。2020年12月31日，该企业估计该项固定资产的可收回金额为550万元。2020年资产负债表日，该项固定资产的账面余额为600万元（750-750÷10×2），大于其可收回金额550万元，两者之间的差额应计提50万元的固定资产减值准备。会计分录为：

借：资产减值损失——固定资产减值损失　　500 000

　贷：固定资产减值准备　　500 000

2020年12月31日，该项固定资产的账面价值调整为550万元。其计税基础为480万元（750−750×20%−（750−750×20%）×20%）。该项固定资产的账面价值550万元与其计税基础480万元之间产生70万元的差额，将对企业未来应纳企业所得税税额产生影响。

2.无形资产。除内部研究开发形成的无形资产以外，以其他方式（外购、接受捐赠等）取得的无形资产初始确认时，入账价值与计税基础之间一般不存在差异。

（1）内部研究开发形成的无形资产。企业会计准则规定，开发阶段符合资本化条件以后至达到预定用途前发生的支出应予以资本化，其他支出应予以费用化计入损益。税法规定，自行开发的无形资产，以开发过程中符合资本化条件后至达到预定用途前发生的支出为计税基础；此外税法中还有加计扣除的规定，企业为开发新技术、新产品、新工艺发生的研究开发费用，按照无形资产成本的175%摊销。

从无形资产初始确认时账面价值和计税基础的定义看，两者的界定一致，不存在差异，但是，对于享受税收优惠的研究开发支出，其计税基础应在账面价值的基础上多计75%，这就产生了账面价值与计税基础在初始确认上的差异。不过，如果该无形资产的确认不是产生于合并交易，同时在确认时既不影响会计利润（损益）也不影响应纳税所得额，则不需确认有关暂时性差异的所得税影响。

【例9-2】某企业某年为开发新工艺的研发支出共计1 000万元，其中研究阶段支出400万元，开发阶段符合资本化条件后至达到预定用途前发生的支出为600万元。假定开发形成的无形资产在当年年末已达到预定用途，则年末所形成无形资产的账面价值为600万元，所形成无形资产在未来期间可以税前扣除的金额为1 050万元（600×175%），其计税基础为1 050万元，形成暂时性差异450万元。如果该无形资产的确认不是在合并交易时产生，同时在确认时不影响损益、不影响应纳税所得额，则不需确认暂时性差异的所得税影响。

（2）使用寿命不确定的无形资产。会计上根据无形资产的使用寿命，将无形资产区分为使用寿命有限的无形资产与使用寿命不确定的无形资产。对于使用寿命不确定的无形资产，不要求摊销，但持有期间每年应进行减值测试。税法规定，企业取得的无形资产（除外购商誉外），其成本均应在不低于10年的期限内采用直线法进行摊销，按照税法规定确定的摊销额允许税前扣除，因此该类无形资产账面价值与计税基础会存在差异。

（3）无形资产减值准备。企业会计准则规定企业可以计提无形资产减值准备，税法规定计提的减值准备在转变为实质性损失前不允许税前扣除，从而可能造成无形资产账面价值与计税基础的差异。

【例9-3】乙企业于2020年1月1日取得某项无形资产，取得成本为1 500万元。取得该项无形资产后，根据各方面情况判断，乙企业无法合理预计其使用期限，将其作为使用寿命不确定的无形资产。2020年12月31日，对该项无形资产进行减值测试，发现其未发生减值。乙企业在计税时，对该项无形资产按照10年的期限采用直线法摊销，摊销金额允许税前扣除。

会计处理时，乙企业将该项无形资产作为使用寿命不确定的无形资产，因未发生减值，其在2020年12月31日的账面价值为取得成本1 500万元。该项无形资产在2020年12月31日的计税基础为1 350万元（成本1 500万元－按照税法规定可予税前扣除的摊销额150万元）。该项无形资产的账面价值1 500万元与其计税基础1 350万元之间的差额150万元将计入未来期间企业的应纳税所得额。

3.以公允价值计量且其变动计入当期损益的金融资产以及企业持有的可供出售金融资产。企业会计准则规定，上述两种金融资产在某一会计期末的账面价值是其在该时点的公允价值。税法规定，该类金融资产持有期间市价的波动在计税时不予考虑，即在某一会计期末，其计税基础仍为取得成本。在公允价值变动的情况下，该类金融资产账面价值与计税基础之间会产生差异。

【例9-4】2020年9月10日，某公司在公开市场进行一项基金投资，支付价款1 000万元，作为可供出售金融资产核算。2020年12月31日，该投资的市价为1 500万元。按照企业会计准则的规定，该项金融资产在会计期末账面价值为1 500万元，但其计税基础等于取得时的成本1 000万元，产生了500万元的暂时性差异，将会增加未来该资产处置期间的应纳税所得额。

4.其他资产。

（1）投资性房地产。企业持有的投资性房地产可以采用两种模式进行后续计量：一种是成本模式，其账面价值与计税基础的确定与固定资产、无形资产相同；另一种是公允价值模式，其计税基础的确定类似于以公允价值计量且其变动计入当期损益的金融资产。税法则规定，以资产的历史成本作为计税基础。

【例9-5】甲公司2016年12月建成一套房屋，成本为600万元，预计使用年限20年，按照年限平均法计提折旧，预计净残值为零。2020年1月1日，甲公司将其对外出租，成为投资性房地产。该公司采用公允价值模式对该投资性房地产进行后续计量。税法规定的折旧方法、折旧年限及净残值与会计规定相同，该投资性房地产在2020年12月31日公允价值为650万元。在2020年资产负债表日，该投资性房地产账面价值为650万元，计税基础为480万元（600-600÷20×4），该投资性房地产的账面价值与计税基础之间产生了170万元的暂时性差异，会增加企业未来期间的应纳税所得额。

（2）其他计提了减值准备的资产。会计上确认计提的减值准备（如存货跌价准备、坏账准备等），税法规定在发生实质性损失之前，减值准备不允许税前扣除，造成资产的账面价值与计税基础产生差异。

（二）负债的计税基础

负债的计税基础的计算公式是：

负债的计税基础=账面价值-未来期间按照税法规定可予以税前扣除的金额

一般情况下，负债的确认与偿还既不影响企业损益，也不影响应纳税所得额，因此未来期间计算应纳税所得额时可予以税前抵扣的金额为零，计税基础等于账面价值。但是，某些情况除外。

1.预计负债。企业会计准则规定，企业对于预计提供售后服务将发生的支出在满足有关确认条件时，销售当期确认为费用，同时确认预计负债。如果税法规定，与销售产品相关的支出应于未来实际发生时扣除，则该预计负债未来期间可税前扣除的金额等于账面价值，计税基础为零；如果税法规定，费用支出按照权责发生制原则确定，则未来期间可税前扣除的金额为零，计税基础等于账面价值。对于税法规定其支出无论是否实际发生均不允许税前扣除的预计负债，如债务担保，其未来期间按照税法规定可予以税前扣除的金额为零，账面价值等于计税基础。

【例9-6】甲企业2020年因销售产品承诺提供3年的保修服务，在当年利润表中确认了500万元的销售费用，同时确认为预计负债，当年未发生任何保修支出。按照税法规定，与产品售后服务相关的费用在实际发生时允许税前扣除。该项预计负债在甲企业2020年12月31日资产负债表中的账面价值为500万元，该项预计负债的计税基础=账面价值-未来期间计算应纳税所得额时按照税法规定可予抵扣的金额=500-500=0。该项负债的账面价值500万元与其计税基础零之间产生的500万元暂时性差异会减少企业未来期间的应纳税所得额。

2.预收账款。会计处理中预收账款因不符合收入确认条件，一般确认为负债。税法中对于收入的确认原则与会计基本相同，但在某些情况下，会计上未确认为收入的预收款项应确认为应税收入，计入当期应纳税所得额。那么，该预收账款当期作为收入计税，未来期间可全额税前扣除，其计税基础为零。

【例9-7】甲企业2020年12月20日收到客户一笔合同预付款，金额为2 500万元，作为预收账款核算。按照税法规定，该款项应计入取得当期应纳税所得额计算缴纳企业所得税。该预收账款在甲企业2020年12月31日资产负债表中的账面价值为2 500万元，该预收账款的计税基础=账面价值2 500万元-未来期间计算应纳税所得额时按照税法规定可予抵扣的金额2 500万元=0。该项负债的账面价值2 500万元与其计税基础零之间产生的2 500万元暂时性差异会减少企业未来期间的应纳税所得额。

3.应付职工薪酬。企业会计准则规定，企业为获得职工提供的服务给予的各种形式的报酬以及其他相关支出均应在未支付之前确认为负债。税法中对于合理的职工薪酬允许税前扣除，超过部分应进行纳税调整，但是，超过部分在未来期间也不能税前扣除，即未来期间税前扣除的金额为零，因此，应付职工薪酬的计税基础等于账面价值，不形成暂时性差异，超过部分实质上形成永久性差异。

【例9-8】甲企业2020年12月计入成本费用的职工工资总额为4 000万元，至2020年12月31日尚未支付。按照税法规定，当期计入成本费用的4 000万元工资支出中，可予以税前扣除的部分为3 000万元。该项应付职工薪酬负债2020年12月31日的账面价值为4 000万元，该项应付职工薪酬负债2020年12月31日的计税基础=账面价值4 000万元-未来期间计算应纳税所得额时按照税法规定可予以抵扣的金额0=4 000万元。该项负债的账面价值4 000万元与其计税基础4 000万元相同，不形成暂时性差异。

4.其他负债。企业应交未交的罚款和滞纳金等，按照企业会计准则的规定应确认为费用，同时确认为负债。而税法规定，罚款和滞纳金不得在税前扣除，即未来期间可予以税前扣除的金额为零，计税基础等于账面价值。其他交易或事项产生的负债，计税基础的确定应当按照适用税法的相关规定确定。

【例9-9】甲企业2020年12月因违反当地有关环保法规的规定，接到环保部门的处罚通知，要求其支付罚款500万元。税法规定，企业因违反国家有关法律法规支付的罚款和滞纳金，计算应纳税所得额时不允许税前扣除。至2020年12月31日，该项罚款尚未支付。应支付罚款产生的负债账面价值为500万元，该项负债的计税基础=账面价值500万元-未来期间计算应纳税所得额时按照税法规定可予以抵扣的金额0=500万元。该项负债的账面价值500万元与其计税基础500万元相同，不形成暂时性差异。

三、暂时性差异

资产、负债的账面价值与其计税基础不同所产生的差额形成暂时性差异，根据暂时性差异对未来期间应纳税所得额的影响，分为应纳税暂时性差异和可抵扣暂时性差异。

（一）应纳税暂时性差异

应纳税暂时性差异，是指在确定未来收回资产或清偿负债期间的应纳税所得额时，将导致产生应税金额的暂时性差异，即在未来期间转回该暂时性差异，会进一步增加转回期间的应纳税所得额。应纳税暂时性差异的产生原因有以下两个：

1.资产的账面价值大于计税基础。资产的账面价值代表企业在持续使用或最终出售该项资产时将取得的经济利益的总和，计税基础代表资产在未来期间可予以税前扣除的金额。资产的账面价值大于计税基础，表明该资产未来期间产生的经济利益不能全部予以税前抵扣，两者间的差额需要缴税，产生应纳税暂时性差异。

2.负债的账面价值小于计税基础。负债的账面价值代表企业预计在未来期间清偿该负债时的经济利益流出，而计税基础代表账面价值在扣除未来期间允许税前扣除的金额之后的差额。两者之间的暂时性差异实质上是税法规定与该负债相关的费用支出在未来期间可以税前扣除的金额。负债的账面价值小于其计税基础，表明该负债在未来期间可以税前抵扣的金额为负数，即增加未来期间的应纳税所得额和应交所得税税额，产生应纳税暂时性差异。

（二）可抵扣暂时性差异

可抵扣暂时性差异，是指在确定未来收回资产或清偿负债期间的应纳税所得额时，将导致产生可抵扣金额的暂时性差异，该差异在未来期间转回时会减少转回期间的应纳税所得额。可抵扣暂时性差异的产生原因有以下两个：

1.资产的账面价值小于计税基础。

2.负债的账面价值大于计税基础。负债产生的暂时性差异实质上就是按照税法规定就该负债可以在未来期间税前扣除的金额。

（三）特殊项目产生的暂时性差异

1.未作为资产、负债确认的项目所产生的暂时性差异。某些项目虽然不是资产负债表中的资产或负债，但按照税法规定能够确定其计税基础，这时可以将其账面价值确认为零，账面价值与计税基础之间的差异形成暂时性差异。例如，企业发生的符合条件的广告费和业务宣传费支出，会计上在发生时计入当期损益，不形成资产负债表中的资产或负债。税法则规定不超过当年销售收入15%的部分准予扣除，超过部分准予在以后纳税年度结转扣除。该类费用结转以后纳税年度扣除的部分，将会增加未来期间准予税前扣除的金额，形成可抵扣暂时性差异。

2.亏损及税款抵减产生的暂时性差异。税法规定可以结转以后年度弥补的亏损及税款抵减，虽然不是由资产、负债的账面价值与计税基础不同产生的，但会减少未来期间的应纳税所得额，形成可抵扣暂时性差异。

四、递延所得税负债及递延所得税资产

应纳税暂时性差异会增加未来期间的应纳税所得额，在发生当期，应当确认为递延所得税负债；可抵扣暂时性差异会减少未来期间的应纳税所得额，在发生当期，应当确认为递延所得税资产。不过，确认因可抵扣暂时性差异产生的递延所得税资产应以未来期间可能取得的应纳税所得额为限。在可抵扣暂时性差异转回的未来期间内，企业无法产生足够的应纳税所得额的，不应确认递延所得税资产。资产负债表日，应当根据税法的规定，以相关暂时性差异转回期间的适用税率计量。在适用税率变动的情况下，应对原已确认的递延所得税资产及递延所得税负债的金额进行调整，调整金额应确认为税率变化当期的所得税费用或收益。下面我们通过一个例题进行说明。

【例9-10】某公司于2015年12月底外购一台机器设备，成本为600 000元，预计使用年限为5年，预计净残值为0。会计上按直线法计提折旧，计税时因该设备符合税法规定的税收优惠条件采用双倍余额递减法计提折旧，税法规定的使用年限及净残值均与会计相同。该公司各会计期间均未对该固定资产计提减值准备。

不考虑其他事项会计与税收的差异，该公司因该固定资产账面价值与计税基础不同应予确认的递延所得税情况见表9-9。

表9-9　　某公司递延所得税情况　　金额单位：元

项目＼年份	2016	2017	2018	2019	2020
实际成本	600 000	600 000	600 000	600 000	600 000
折旧累计(会计)	120 000	240 000	360 000	480 000	600 000
账面价值	480 000	360 000	240 000	120 000	0
折旧累计(税收)	240 000	384 000	470 400	535 200	600 000
计税基础	360 000	216 000	129 600	64 800	0
暂时性差异	120 000	144 000	110 400	55 200	0
适用税率(%)	25	25	25	25	25
递延所得税负债余额	30 000	36 000	27 600	13 800	0

(1) 2016年资产负债表日：

账面价值=实际成本-会计折旧=600 000-120 000=480 000（元）

计税基础=实际成本-税法规定的折旧额=600 000-240 000=360 000（元）

账面价值大于计税基础，两者之间产生120 000元的应纳税暂时性差异，确认递延所得税负债为30 000元（120 000×25%），账务处理如下：

借：所得税费用　　30 000

　贷：递延所得税负债　　30 000

(2) 2017年资产负债表日，账面价值360 000元，计税基础216 000元，两者之间产生144 000元的应纳税暂时性差异，确认递延所得税负债36 000元，但递延所得税负债的期初余额为30 000元，当期只需进一步确认递延所得税负债6 000元，账务处理如下：

借：所得税费用　　6 000

贷：递延所得税负债 6 000

（3）2018年资产负债表日，账面价值240 000元，计税基础129 600元，账面价值大于计税基础，产生110 400元的应纳税暂时性差异，应确认递延所得税负债27 600元，但递延所得税负债的期初余额为36 000元，当期应转回原已确认的递延所得税负债8 400元，账务处理如下：

借：递延所得税负债 8 400

贷：所得税费用 8 400

（4）2019年资产负债表日，账面价值120 000元，计税基础64 800元，应纳税暂时性差异55 200元，确认递延所得税负债13 800元，但递延所得税负债的期初余额为27 600元，当期应转回原已确认的递延所得税负债13 800元，账务处理如下：

借：递延所得税负债 13 800

贷：所得税费用 13 800

（5）2020年资产负债表日，账面价值及计税基础均为零，两者之间不存在暂时性差异，原已确认的与该资产相关的递延所得税负债应予全额转回，账务处理如下：

借：递延所得税负债 13 800

贷：所得税费用 13 800

五、所得税费用

在资产负债表债务法下，利润表中的“所得税费用”包括当期所得税和递延所得税两个部分。用公式表示为：

所得税费用=当期所得税+递延所得税

递延所得税=（递延所得税负债的期末余额－递延所得税负债的期初余额）－（递延所得税资产的期末余额－递延所得税资产的期初余额）

当期所得税即当期应交所得税税额，是企业按照税法规定计算确定的针对当期发生的交易和事项，应缴纳给税务部门的所得税金额。递延所得税是按照《企业会计准则第18号——所得税》规定当期应予确认的递延所得税资产和递延所得税负债金额，但不包括计入所有者权益的交易或事项的所得税。

企业因确认递延所得税资产和递延所得税负债产生的递延所得税，一般应记入“所得税费用”科目，但有两种情况除外：一是某项交易或事项按照企业会计准则的规定应计入所有者权益的，由该交易或事项产生的递延所得税资产或递延所得税负债及其变化也应计入所有者权益，对利润表中的所得税费用不产生影响；二是企业合并中取得的资产、负债，与之相关的递延所得税的确认影响合并中产生的商誉或是计入当期损益的金额，也不影响所得税费用。

对于第一种情况，举个简单的例子：某公司持有某项可供出售金融资产，成本为100万元，会计期末公允价值为120万元，该企业适用的所得税税率为25%。假设递延所得税资产和递延所得税负债不存在期初余额。会计期末，应确认20万元的公允价值变动，账务处理如下：

借：可供出售金融资产 200 000

贷：资本公积——其他综合收益 200 000

应纳税暂时性差异20万元，应确认递延所得税负债50 000元，账务处理如下：

借：资本公积——其他综合收益　　50 000

　贷：递延所得税负债　　50 000

对于整个所得税会计处理程序，我们通过一个综合例题予以说明。

【例9-11】某公司2020年度利润总额1 500万元，该公司适用的所得税税率为25%。递延所得税资产期初余额25万元，递延所得税负债期初余额50万元。本年度发生的交易和事项中，会计处理与税收处理存在差异的有五项：

（1）本年度1月份开始计提折旧的一项固定资产，成本为600万元，使用年限为5年，净残值为0。会计上按双倍余额递减法计提折旧，不符合固定资产折旧的税收优惠条件。税法规定的使用年限及净残值与会计规定相同。

（2）期末对持有的存货计提了50万元的存货跌价准备，未经核定。

（3）取得作为交易性金融资产核算的股票投资，成本为500万元，12月31日公允价值为800万元。

（4）向关联企业捐赠现金100万元。

（5）违反有关规定应支付罚款50万元。

注意：（1）计算2020年应交所得税。按照税法规定，以公允价值计量且其变动计入当期损益的金融资产持有期间市价变动不计入应纳税所得额，企业向关联方的捐赠、罚款、未经核定的准备金支出不允许税前扣除。

应纳税所得额=1 500+120+50−300+100+50=1 520（万元）

应交所得税=1 520×25%=380（万元）

（2）确认暂时性差异。2020年资产负债表日，固定资产账面价值360万元，计税基础480万元，产生120万元的可抵扣暂时性差异；计提存货跌价准备，产生50万元的可抵扣暂时性差异；交易性金融资产账面价值800万元，计税基础500万元，两者之间存在300万元的应纳税暂时性差异；向关联企业捐赠现金涉及损益，在资产负债表债务法下，不考虑暂时性差异；应付未付的罚款在“其他应付款”科目中核算，由于罚款在税前不得扣除，账面价值等于计税基础，暂时性差异为0。综合起来，应纳税暂时性差异为300万元，可抵扣暂时性差异为170万元。

（3）确认当期递延所得税资产和递延所得税负债。

递延所得税资产余额=170×25%=42.5（万元）

当期递延所得税资产=42.5−25=17.5（万元）

递延所得税负债余额=300×25%=75（万元）

当期递延所得税负债=75−50=25（万元）

递延所得税=25−17.5=7.5（万元）

（4）利润表中应确认的所得税费用为387.5万元（380+7.5），确认所得税费用的账务处理如下：

借：所得税费用　　3 875 000

　　递延所得税资产　　175 000

　贷：应交税费——应交所得税　　3 800 000

　　　递延所得税负债　　250 000

第四节 特殊事项的税务处理

近年来，随着企业会计制度及相关会计准则（简称“会计制度及相关准则”）的陆续发布实施，有关会计要素的确认和计量原则发生了一些变化，同时，《企业所得税法》的公布实施，使得会计制度及相关准则中就收益、费用和损失的确认、计量标准与《企业所得税法》的规定产生了某些差异。这些差异要求纳税人在纳税过程中进行纳税调整。对于因会计制度及相关准则导致有关收益、费用或损失的确认、计量标准与税法规定的差异，处理原则为：企业在会计核算时，应当按照会计制度及相关准则的规定对各项会计要素进行确认、计量、记录和报告，会计制度及相关准则规定的确认、计量标准与税法不一致的，不得调整会计账簿记录和会计报表相关项目的金额。企业在计算当期应交所得税时，应在按照会计制度及相关准则计算的利润总额（即利润表中的“利润总额”，下同）的基础上，加上或减去会计制度及相关准则与税法规定就某项收益、费用或损失确认和计量等的差异后，调整为应纳税所得额，并据以计算当期应交所得税。

一、或有事项的税务处理

（一）或有事项概述

或有事项，是指过去的交易或者事项形成的，其结果须由某些未来事项的发生或不发生才能决定的不确定事项。常见的或有事项有未决诉讼、未决仲裁、债务担保、产品质量保证（含产品安全保证）、亏损合同、重组义务、承诺、环境污染治理等。

1.或有事项的基本特征有以下四个：

（1）或有事项是过去的交易或事项形成的一种状况。

（2）或有事项的结果具有不确定性。

（3）或有事项的结果须由未来发生的事项决定。

（4）影响或有事项结果的不确定因素不能由企业控制。

2.会计上或有事项的确认。或有事项的确认所涉及的问题是，与或有事项相关的义务应在什么条件下确认为负债。根据相关规定，如果与或有事项相关的义务同时符合以下条件，企业应将其确认为负债：

（1）该义务是企业承担的现时义务而非潜在义务。

（2）该义务的履行很可能导致经济利益流出企业。“很可能”指发生的可能性为“大于50%但小于或等于95%”。与可能性相关的含义还有：“基本确定”指发生的可能性为“大于95%但小于100%”；“可能”指发生的可能性为“大于5%但小于或等于50%”；“极小可能”指发生的可能性为“大于0但小于或等于5%”。

（3）该义务的金额能够可靠地计量。这句话的含义是指因或有事项产生的现时义务的金额能够合理地估计。

（二）或有事项的会计处理与税务处理

1.或有事项的会计处理。《企业会计准则第13号——或有事项》规定，与或有事项相关的义务符合确认为负债的条件时，应当将其确认为预计负债，并按清偿该负债所需支出的最佳估计数进行初始计量，企业因履行或有事项所形成的义务，还可能从第三方或其他方获得补偿。因此，或有事项的会计处理主要涉及两个问题：

（1）最佳估计数的确定。所需支出存在一个连续范围，且在该范围内各种结果发生的可能性是相同的，最佳估计数应当按照该范围内的中间值确定。在其他情况下，最佳估计数应当分别下列情况处理：①或有事项涉及单个项目的，按照最可能发生金额确定；②或有事项涉及多个项目的，按照各种可能结果及相关概率计算确定。

（2）预期可获得补偿的处理。会计制度规定，如果清偿因或有事项而确认的负债所需支出全部或部分预期由第三方或其他方补偿，则补偿金额只能在基本确定能收到时，作为资产单独确认，且确认的补偿金额不应超过所确认负债的账面价值。可能获得补偿的情况通常有：①发生交通事故等情况时，企业通常可以从保险公司获得合理的赔偿；②在某些索赔中，企业可以通过反诉的方式对索赔人或第三方提出赔偿要求；③在债务担保业务中，企业在履行担保义务的同时，通常可以向被担保企业提出追偿要求。

会计上确认或有事项时，可以借记“管理费用——诉讼费”“管理费用——赔偿支出”“销售费用——产品质量保证”“营业外支出——罚息支出”“营业外支出——赔偿支出”等科目，贷记“预计负债——未决诉讼”“预计负债——产品质量保证”等科目。

2.或有事项的税务处理。按照税法规定，税前扣除项目应遵循真实合法原则，估计的、尚未发生的损失、支出不能在税前扣除，因此，对纳税人按企业会计准则确认的预计负债，应相应调整所得税，借记“所得税费用”科目，贷记“应交税费——应交所得税”科目。

【例9-12】2019年11月10日，某银行批准甲房地产公司的贷款（无担保、无抵押）申请，同意向其贷款1 000万元，期限为一年，年利率为8%。2020年11月10日，甲房地产公司的借款到期。甲房地产公司具有还款能力，但因与该银行存在其他经济纠纷，未按时归还借款。该银行遂与甲房地产公司协商，但没有达成协议。2020年12月22日，该银行向法院提起诉讼。截至2020年12月31日，法院尚未对该银行提起的诉讼进行审理。如无特殊情况，甲房地产公司很可能败诉。为此，甲房地产公司不仅须偿还贷款本金和利息，还需支付罚息、诉讼费等费用。假定甲房地产公司预计要支付的罚息、诉讼费等费用估计数为27万元，其中支付的诉讼费为5万元。2020年12月31日，甲房地产公司应确认一项预计负债27万元，同时在附注中进行披露。有关账务处理如下：

（1）会计处理：

借：管理费用——诉讼费	50 000	
营业外支出——罚息支出	220 000	
贷：预计负债——未决诉讼		270 000

（2）税务处理：计提的预计负债不得在税前扣除，应调增所得税6.75万元（27×25%）。

借：所得税费用	67 500	
贷：应交税费——应交所得税		67 500

【例9-13】乙公司为空调生产和销售企业。某年度销售柜式空调10 000台，每台售价1万元。该公司对消费者的服务质量承诺如下：空调售出后5年内如出现非意外事件造成的空调故障和质量问题，乙公司负责免费维修（含零部件更换）。根据以往的经验，发生的维修费一般为销售额的1%~1.8%。乙公司该年度实际发生的维修费用为120万元，该公

司“预计负债——产品质量保证”科目上年年末无余额。

（1）会计处理。发生产品质量保证费用（维修费）时：

借：预计负债——产品质量保证　　1 200 000

　贷：银行存款（或原材料等）　　1 200 000

该年度应确认的产品质量保证负债金额为140万元（10 000×1×（1%+1.8%）÷2）。

借：销售费用——产品质量保证　　1 400 000

　贷：预计负债——产品质量保证　　1 400 000

（2）税务处理：

应调增所得税=（预计负债期末余额-预计负债期初余额）×适用税率

预计负债期末余额为20万元（140-120），期初余额为0，故应调增所得税5万元（20×25%）。

借：所得税费用　　50 000

　贷：应交税费——应交所得税　　50 000

二、债务重组的税务处理

（一）债务重组概述

债务重组，是指在债务人发生财务困难的情况下，债权人按照其与债务人达成的协议或者法院的裁定作出让步的事项。债务重组的定义表明只有债务人发生财务困难时，债权人才会考虑作出让步。债务重组主要有以下四种方式：（1）以资产清偿债务；（2）债务转为资本；（3）修改其他债务条件，如减少债务人部分债务本金或减免应付未付的利息、降低利率等；（4）以上三种方式的组合。

（二）债务重组的会计处理与税务处理

对于债务重组的会计处理，从债务人角度看，债务人应将重组债务的账面价值超过清偿债务的现金、转让的非现金资产的公允价值、所转让股份的公允价值、重组后债务账面价值的部分，确认为债务重组利得，记入“营业外收入”科目。相关重组债务在满足金融负债终止确认条件时终止确认。

从债权人角度看：（1）债务人以现金清偿债务的，债权人应将重组债权的账面余额与收到的现金之间的差额确认为债务重组损失，记入“营业外支出”科目。（2）债务人转让非现金资产清偿债务的，债权人应将重组债权的账面余额与受让的非现金资产公允价值之间的差额确认为债务重组损失，记入“营业外支出”科目。（3）债务人将债务转为资本的，债权人应将重组债权的账面价值与受让股权的公允价值之间的差额确认为债务重组损失，记入“营业外支出”科目。（4）修改其他债务条件的，当不附或有条件时，债权人以重组债权的账面余额与重组后债权账面价值之间的差额确认为债务重组损失，记入“营业外支出”科目；当附加或有条件时，只有在或有应收金额实际发生时，才计入当期损益。

注意区别两个概念：账面价值和账面余额。账面价值是指某科目的账面余额减去相关备抵项目后的净额；账面余额是指某科目的账面实际余额，不扣除作为该科目备抵的项目。备抵项目指累计折旧、坏账准备、各类资产的减值准备等。

为了加强对企业债务重组业务的所得税管理，财政部、国家税务总局发布了《关于企业重组业务企业所得税处理若干问题的通知》（财税〔2009〕59号），规定从2010年1月1

日起执行，同时具有追溯力。其中，债务重组的定义、方式、税务处理和企业会计准则基本一致，差别在于会计处理淡化公允价值，突出账面价值，强调在债务重组日以账面价值为入账基准。税法处理中重视收入和所得的确认，使用计税基础来确定债务重组中非货币性资产的税收属性。

下面我们对债务重组的几种方式，分别比较说明每种方式下的会计处理和税务处理。

（1）以资产清偿债务。税法规定，在债务重组业务中，债务人应当将重组债务的计税成本与支付的现金金额或非现金资产的公允价值（包括与转让非现金资产相关的税费）的差额，确认为债务重组利得，计入企业当期的应纳税所得额；债权人应当将重组债权的计税成本与收到的现金或非现金资产的公允价值之间的差额，确认为当期的债务重组损失，冲减应纳税所得额。如果债务重组所得数额较大，一次性纳税有困难的，经主管税务机关核准，可以在不超过5个纳税年度的期间内均匀计入各年度的应纳税所得额。

以现金清偿债务的过程中，会计和税法的规定基本一致。债务人按照应付债务的计税成本（即债务的账面余额）借记“应付账款——×公司”科目，按照支付的现金贷记“银行存款”或“库存现金”科目，将重组债务的账面余额与支付的现金之间的差额，记入“营业外收入”科目。债权人借记“银行存款”或“库存现金”“营业外支出——债务重组损失”“坏账准备”科目，贷记“应收账款”科目。

【例9-14】2018年3月，甲企业因购进商品而欠乙企业货款及税款合计110万元。因甲企业发生财务困难不能按时支付货款，于2018年4月10日经协商，乙企业同意甲企业支付100万元货款，余款不再偿还。甲企业随即用银行存款支付了100万元货款。乙企业已对该项应收账款计提8万元的坏账准备。

①甲企业的会计处理及纳税调整：

借：应付账款——乙企业	1 100 000	
贷：银行存款		1 000 000
其他收益——债务重组收益		100 000

甲企业应将10万元债务重组所得计入当年应纳税所得额，因会计和税法的规定一致，不用进行纳税调整。

②乙企业的会计处理及纳税调整：

借：银行存款	1 000 000	
坏账准备	80 000	
投资收益——债务重组损失	20 000	
贷：应收账款——甲企业		1 100 000

乙企业将重组债权的计税成本（账面价值）与收到的现金之间的差额2万元，在报经主管税务机关批准后，确认为当期的债务重组损失，冲减应纳税所得额。由于《企业所得税法》规定，企业实际发生的坏账在报主管税务机关批准后才可扣除，因此，在年终进行纳税申报时，还需对坏账准备的金额进行纳税调整。

债务人以非现金资产清偿债务，应区分不同种类的非现金资产进行会计处理：

①以库存材料、商品抵偿债务。债务人可将该业务分为两项业务：一是视同正常销售业务进行会计核算；二是以取得的货款清偿债务。借记“应付账款”科目，贷记“库存商品”“应交税费——应交增值税（销项税额）”“其他收益——债务重组收益”科目，同

时，按成本结转存货。注意，“库存商品”科目的入账金额为该存货的账面价值。

债权人应放弃债权的公允价值，以及使该资产达到当前位置和状态所发生的可直接归属于该资产的税金、运输费、装卸费、保险费等其他成本借记“库存商品”科目，按可抵扣的增值税税额借记“应交税费——应交增值税（进项税额）”科目，按计提的坏账准备金额借记“坏账准备”科目，放弃债权的公允价值与账面价值之间的差额，记入“投资收益”科目，按应收账款的账面余额贷记“应收账款”科目。

②以固定资产抵偿债务。债务人应先将固定资产进行清理，借记“固定资产清理”“累计折旧”科目，贷记“固定资产”科目；再按债务账面价值转销债务，将债务账面价值扣除固定资产净值和清理费用（减去残值收入）等之后的余额确认为损益，借记“应付账款”科目，贷记“固定资产清理”“营业外收入——债务重组利得”等科目。债权人借记“固定资产”“坏账准备”“营业外支出——债务重组损失”等科目，贷记“应收账款”科目。

③以无形资产清偿债务。债务人应按债务账面价值转销债务，同时按无形资产的账面净值结转无形资产，将债务账面价值扣除无形资产账面净值与相关税费之和后的余额确认为当期损益。借记“应付账款”科目，贷记“无形资产”“应交税费——应交增值税”“其他收益”等科目。债权人借记“无形资产”“坏账准备”等科目，贷记“应收账款”等科目。

④以金融资产抵偿债务。债务人以单项或多项金融资产清偿债务的，债务的账面价值与偿债金融资产账面价值的差额，记入“投资收益”科目。偿债金融资产已计提减值准备的，应结转已计提的减值准备。对于以分类为以公允价值计量且其变动计入其他综合收益的债务工具投资清偿债务的，之前计入其他综合收益的累计利得或损失应当从其他综合收益中转出，记入“投资收益”科目。对于以指定为以公允价值计量且其变动计入其他综合收益的非交易性权益工具投资清偿债务的，之前计入其他综合收益的累计利得或损失应当从其他综合收益中转出，记入“盈余公积”“利润分配——未分配利润”等科目。

债务人以单项或多项非金融资产（如固定资产、日常活动产出的商品或服务等）清偿债务，或者以包括金融资产和非金融资产在内的多项资产清偿债务的，不需要区分资产处置损益和债务重组损益，也不需要区分不同资产的处置损益，而应将所清偿债务账面价值与转让资产账面价值之间的差额，记入“其他收益——债务重组收益”科目。偿债资产已计提减值准备的，应结转已计提的减值准备。

债务人以包含非金融资产的处置组清偿债务的，应当将所清偿债务和处置组中负债的账面价值之和，与处置组中资产的账面价值之间的差额，记入“其他收益——债务重组收益”科目。处置组所属的资产组或资产组组合按照《企业会计准则第8号——资产减值》分摊了企业合并中取得的商誉的，该处置组应当包含分摊至处置组的商誉。处置组中的资产已计提减值准备的，应结转已计提的减值准备。

【例9-15】2020年6月18日，甲公司向乙公司销售商品一批，应收乙公司款项的入账金额为95万元。甲公司将该应收款项分类为以摊余成本计量的金融资产，乙公司将该应付账款分类为以摊余成本计量的金融负债。2020年10月18日，双方签订债务重组合同，乙公司以一批存货偿还该欠款。该批存货的账面价值为50万元，不含税公允价值为70万元。10月22日，双方办理完成债务重组。当日，甲公司应收款项的公允价值为85万元，已计提坏账准备4万元；乙公司应付款项的账面价值仍为95万元。假设不考虑除增值税外其他相关税费。

1.债权人的会计处理。

2020年10月22日，债权人甲公司取得该批存货的成本为债权公允价值（87万元）。

甲公司的账务处理如下：

借：库存商品　850 000

　　应交税费——应交增值税（进项税额）　91 000

　　坏账准备　40 000

　贷：应收账款　950 000

　　　投资收益　31 000

2.债务人的会计处理。

乙公司10月22日的账务处理如下：

借：应付账款　950 000

　贷：库存商品　600 000

　　　应交税费——应交增值税（销项税额）　91 000

　　　其他收益——债务重组收益　259 000

在企业所得税处理上，乙公司一方面确认资产转让所得20万元（70万−50万），另一方面按规定确认实现债务重组所得15.9万元（95万−（70万+9.1万））。

甲公司取得乙公司的产品，其计税成本为不含税的公允价值70万元。在债务重组日，乙企业债务重组损失15.9万元，冲减当期应纳税所得额。

（2）以债务转化为资本方式清偿债务。在这种情况下，债务人和债权人的会计处理分别为：

①债务重组采用将债务转为权益工具方式进行的，债务人初始确认权益工具时，应当按照权益工具的公允价值计量，权益工具的公允价值不能可靠计量的，应当按照所清偿债务的公允价值计量。所清偿债务账面价值与权益工具确认金额之间的差额，记入“投资收益”科目。债务人因发行权益工具而支出的相关税费等，应当依次冲减资本溢价、盈余公积、未分配利润等。

②债权人受让包括现金在内的单项或多项金融资产的，应当按照《企业会计准则第22号——金融工具确认和计量》的规定进行确认和计量。金融资产初始确认时应当以其公允价值计量。金融资产确认金额与债权终止确认日账面价值之间的差额，记入“投资收益”科目，但收取的金融资产的公允价值与交易价格（即放弃债权的公允价值）存在差异的，应当按照《企业会计准则第22号——金融工具确认和计量》第三十四条的规定处理。

【例9-16】2019年2月10日，甲公司从乙公司购买一批材料，约定6个月后甲公司应结清款项100万元（假定无重大融资成分）。乙公司将该应收款项分类为以公允价值计量且其变动计入当期损益的金融资产，甲公司将该应付款项分类为以摊余成本计量的金融负债。

2019年8月12日，甲公司因无法支付货款与乙公司协商进行债务重组，双方商定乙公司将该债权转为对甲公司的股权投资。10月20日，乙公司办结了对甲公司的增资手续，甲公司和乙公司分别支付手续费等相关费用1.5万元和1.2万元。债转股后甲公司总股本为

100万元，乙公司持有的抵债股权占甲公司总股本的25%，对甲公司具有重大影响，甲公司股权公允价值不能可靠计量。甲公司应付款项的账面价值仍为100万元。

2019年10月20日，应收款项和应付款项的公允价值仍为76万元。

假定不考虑其他相关税费。

1.债权人的会计处理。

乙公司的账务处理如下：

（1）6月30日：

借：公允价值变动损益　　150 000

　贷：交易性金融资产——公允价值变动　　150 000

（2）8月12日：

借：公允价值变动损益　　90 000

　贷：交易性金融资产——公允价值变动　　90 000

（3）10月20日，乙公司对甲公司长期股权投资的成本为应收款项公允价值（76万元）与相关税费（1.2万元）的合计77.2万元。

借：长期股权投资——甲公司　　772 000

　　交易性金融资产——公允价值变动　　240 000

　贷：交易性金融资产——成本　　1 000 000

　　　银行存款　　12 000

2.债务人的会计处理。

10月20日，由于甲公司股权的公允价值不能可靠计量，初始确认权益工具公允价值时应当按照所清偿债务的公允价值76万元计量，并扣除因发行权益工具支出的相关税费1.5万元。甲公司的账务处理如下：

借：应付账款　　1 000 000

　贷：实收资本　　250 000

　　　资本公积——资本溢价　　495 000

　　　银行存款　　15 000

　　　投资收益　　240 000

（3）修改其他债务条件的债务重组。这应分两种情况进行会计处理：

①债务重组采用修改其他条款方式进行的，如果修改其他条款导致债务终止确认，债务人应当按照公允价值计量重组债务，终止确认的债务账面价值与重组债务确认金额之间的差额，记入“投资收益”科目。债权人应当按照修改后的条款以公允价值初始计量重组债权，重组债权的确认金额与债权终止确认日账面价值之间的差额，记入“投资收益”科目。

②如果修改其他条款未导致债务终止确认，或者仅导致部分债务终止确认，对于未终止确认的部分债务，债务人应当根据其分类，继续以摊余成本、以公允价值计量且其变动计入当期损益或其他适当方法进行后续计量。对于以摊余成本计量的债务，债务人应当根据重新议定合同的现金流量变化情况，重新计算该重组债务的账面价值，并将相关利得或损失记入“投资收益”科目。重新计算的该重组债务的账面价值，应当根据将重新议定或修改的合同现金流量按债务的原实际利率或按《企业会计准则第24号——套期会计》第

二十三条规定的重新计算的实际利率（如适用）折现的现值确定。

对于修改或重新议定合同所产生的成本或费用，债务人应当调整修改后的重组债务的账面价值，并在修改后重组债务的剩余期限内摊销。

如果修改其他条款未导致债权终止确认，债权人应当根据其分类，继续以摊余成本、以公允价值计量且其变动计入其他综合收益或者以公允价值计量且其变动计入当期损益进行后续计量。对于以摊余成本计量的债权，债权人应当根据重新议定合同的现金流量变化情况，重新计算该重组债权的账面余额，并将相关利得或损失记入“投资收益”科目。重新计算的该重组债权的账面余额，应当根据将重新议定或修改的合同现金流量按债权原实际利率折现的现值确定；购买或源生的已发生信用减值的重组债权，应按经信用调整的实际利率折现。对于修改或重新议定合同所产生的成本或费用，债权人应当调整修改后的重组债权的账面价值，并在修改后重组债权的剩余期限内摊销。

【例 9-17】2016 年 6 月 30 日，甲公司从某银行取得年利率为 8%、两年期的贷款 100 万元，后因甲公司发生财务困难，于 2018 年 12 月 31 日进行债务重组，银行同意延长贷款到期日至 2020 年 12 月 31 日，利息按年支付，利率改为 6%，免除积欠利息 20 万元，本金降至 90 万元。但重组协议中附有一条件：债务重组后，如果甲公司自 2019 年起有盈利，则利率恢复至 8%；若无盈利，则仍为 6%。

①在债务重组日，甲公司重组债务的账面价值为 120 万元（100×（1+8%×2.5）），会计处理如下：

借：长期借款——某银行　　1 200 000

　贷：长期借款——债务重组　　900 000

　　　预计负债　　36 000

　　　投资收益——债务重组收益　　264 000

在企业所得税处理上：

甲公司债务重组所得=重组债务计税基础-重组后债务计税基础=120-90=30（万元）

因此，2018 年计税时应调增应纳税所得为 3.6 万元（30 万-26.4 万）。

②假设甲公司自 2019 年开始一直盈利，甲公司每年应按 8% 的利率支付利息 72 000 元。2019 年 12 月 31 日，会计处理如下：

借：财务费用　　54 000

　　预计负债　　18 000

　贷：银行存款　　72 000

2020 年 12 月 31 日，按 8% 的利率还本付息，会计处理如下：

借：长期借款——债务重组　　900 000

　　财务费用　　54 000

　　预计负债　　18 000

　贷：银行存款　　972 000

2019 年和 2020 年甲公司的财务费用据实扣除，不需作纳税调整。因或有支出已成为实际支出，可以据实扣除，因此，甲公司 2019 年和 2020 年应分别调减应纳税所得额 1.8 万元。

③假设甲公司一直处于亏损状态，甲公司到期按 6% 的利率支付银行利息。2019 年 12

月31日，会计处理如下：

借：财务费用 54 000

预计负债 18 000

贷：银行存款 54 000

投资收益——债务重组收益 18 000

2020年12月31日，按6%的利率还本付息，会计处理如下：

借：长期借款——债务重组 900 000

财务费用 54 000

预计负债 18 000

贷：银行存款 954 000

投资收益——债务重组收益 18 000

2019年和2020年甲公司的财务费用据实扣除，不需作纳税调整。因甲公司在债务重组日计提的预计负债没有在税前扣除，调增了应纳税所得额，故在2019年和2020年转回预计负债时，应分别调减应纳税所得额1.8万元。

（4）混合重组方式。这主要有以下五种情况：

①以现金、非现金资产两种方式的组合清偿某项债务；

②以现金、非现金资产、债务转为资本方式的组合清偿某项债务；

③以现金、债务转为资本两种方式的组合清偿某项债务；

④以非现金资产、债务转为资本两种方式的组合清偿某项债务；

⑤以现金、非现金资产、债务转为资本等方式清偿某项债务的一部分，并对该项债务的另一部分以修改其他债务条件进行债务重组。

对于混合重组方式，在会计处理上应说明两点：

第一，债务人和债权人在进行账务处理时，应依据债务清偿的顺序。一般情况下，应先考虑以现金清偿，然后是以非现金资产清偿或以债务转为资本方式清偿，最后是修改其他债务条件。债务人按照这一顺序依次冲减重组债务的账面价值，债权人也按照收到的现金、受让非现金资产的公允价值、因放弃债权而享有股权的公允价值的顺序依次冲减重组债权的账面价值，会计处理方法与单项债务重组的处理方法一致。

第二，存在以非现金资产、债务转为资本清偿债务的，债权人应考虑采用两者的公允价值相对比例确定各自的入账价值；如果非现金资产或股权不止一项，则须再按同样的方法确定各项非现金资产或股权的入账价值。如果重组协议本身已经明确规定了非现金资产或股权的清偿债务金额或比例，就按协议规定进行账务处理。

混合重组方式下的税务处理基本方法不变。混合重组方式下应按照以上顺序进行纳税处理，同时就每一类偿债资产冲减重组债务和重组债权的计税成本，再分别适用相应规定。

【例9-18】甲企业因为现金流量严重不足，不能按时支付所欠乙企业的货款400万元，与乙企业达成协议，于2020年5月31日进行债务重组。甲企业以银行存款支付20万元，以其用作固定资产的一台设备偿还80万元的债务，其余部分转为乙企业对甲企业的投资。甲企业普通股面值10元，以200 000股进行抵偿，该股票每股市价13元。该设备原值为120万元，已计提折旧50万元，公允价值为75万元，乙企业接受该设备后也作固定资产用。假定乙企业未对该项债权计提坏账准备，且不考虑双方相关交易费用。

①甲企业的会计处理如下：

借：固定资产清理　　700 000

　　累计折旧　　500 000

　贷：固定资产　　1 200 000

借：应付账款——乙企业　　4 000 000

　贷：银行存款　　200 000

　　固定资产清理　　750 000

　　实收资本　　2 000 000

　　资本公积——股本溢价　　600 000

　　投资收益——债务重组收益　　450 000

借：固定资产清理　　50 000

　贷：资产处置损益——处置固定资产利得　　50 000

在企业所得税处理上，甲企业应确认设备转让所得为5万元（75万－（120万－50万））。同时，应确认甲企业的债务重组所得为45万元（400万－（20万+75万+260万））。两者金额之和50万元计入应纳税所得额。

②乙企业的会计处理如下：

借：银行存款　　200 000

　　固定资产　　750 000

　　长期股权投资　　2 600 000

　　投资收益——债务重组损失　　450 000

　贷：应收账款——甲企业　　4 000 000

在企业所得税处理上，乙企业的债务重组损失为45万元（400万－（20万+260万+75万）），会计核算也确认了这笔债务重组损失，因此，无须调整当期的应纳税所得额。

三、非货币性资产交换的税务处理

（一）非货币性资产交换概述

非货币性资产交换，是指交易双方主要以存货、固定资产、无形资产和长期股权投资等非货币性资产进行的交换。该交换不涉及或只涉及少量的货币性资产（即补价）。非货币性资产交换主要有以下几个特点：

1.非货币性资产交换的交易对象主要是非货币性资产。非货币性资产，是指货币性资产以外的资产。所谓货币性资产，是指企业将以固定或可确定金额的货币收取的资产，包括现金、银行存款、应收账款和应收票据以及准备持有至到期的债券投资等。货币性资产以外的资产为非货币性资产。

2.非货币性资产交换是以非货币性资产进行交换的行为。非货币性资产交换是一种互惠转让，即企业以换出资产为代价换入资产。

3.非货币性资产交换有时也可能涉及少量的货币性资产。非货币性资产交换中一方有可能支付或收到一定金额的货币性资产，此时收到或支付的货币性资产称为补价。这里所称“少量的货币性资产”，是指补价占整个资产交换金额的比例必须低于25%，即支付的货币性资产占换入资产公允价值（或占换出资产公允价值与支付的货币性资产之和）的比例低于25%（不含25%）。若该比例大于或等于25%，则适用《企业会计准则第14号——收入》，按照货币性资产交换处理。

（二）非货币性资产交换的会计处理与税务处理

1.非货币性资产交换的会计处理。

（1）采用公允价值模式计量。非货币性资产交换采用公允价值模式计量必须具备两个条件：一是具有商业实质，即换入资产的未来现金流量在风险、时间和金额方面与换出资产显著不同，换入、换出资产预计未来现金流量现值不同，且其差额与换入、换出资产的公允价值相比是重大的。二是换入资产或换出资产的公允价值能够可靠计量。

在非货币性资产交换的会计处理中，最关键的是关于换入资产入账价值的确定。

①不涉及补价时，应当以换出资产的公允价值和应支付的相关税费作为换入资产的成本，除非有确凿证据表明换入资产的公允价值比换出资产公允价值更加可靠。换出资产公允价值与其账面价值之间如果有差额，计入当期损益。会计上应视换出资产的类别不同而区别处理：换出资产为存货的，视同销售处理，按公允价值确认销售收入，结转销售成本；换出资产为固定资产、无形资产的，换出资产公允价值和账面价值的差额，计入营业外收入或营业外支出；换出资产为长期股权投资、可供出售金融资产的，换出资产公允价值和账面价值的差额，计入投资收益。换入资产与换出资产涉及相关税费的，按有关税收规定计算确定。

②涉及补价时，分两种情况：

支付补价方：

换入资产入账价值=换出资产公允价值+补价+应支付的相关税费

换入资产的公允价值=换出资产公允价值+补价

换入资产入账价值与换出资产账面价值、补价以及应支付的相关税费之和的差额，计入当期损益。

收到补价方：

换入资产入账价值=换出资产公允价值-补价+应支付的相关税费

换入资产入账价值加收到的补价之和与换出资产账面价值加应支付的相关税费之和的差额，计入当期损益。

（2）采用账面价值模式计量。如果非货币性资产交换不满足采用公允价值模式计量必须具备的两个条件，则应当以换出资产账面价值加上应支付的相关税费确定换入资产的成本，无论是否支付补价，均不确认损益。

①不涉及补价时，应当以换出资产的账面价值和应支付的相关税费作为换入资产的成本。

②涉及补价时，支付补价方：

换入资产入账价值=换出资产账面价值+补价+应支付的相关税费

收到补价方：

换入资产入账价值=换出资产账面价值-补价+应支付的相关税费

（3）涉及多项非货币性资产交换。涉及多项非货币性资产交换的，企业首先应判断是否符合采用公允价值模式计量的两个条件。对于资产交换具有商业实质、换入资产和换出资产的公允价值均能够可靠计量或者换入资产、换出资产中只有一方资产的公允价值能够可靠计量的，换入资产的成本都是按照公允价值模式计量。在同时换入多项资产的情况下，应当按照各项换入资产的公允价值占换入资产公允价值总额的比例，对换入资产的总成本进行分配，确定各项换入资产的成本。当换入资产的公允价值不能可靠计量时，应按照各项换入资产的原账面价值占换入资产原账面价值总额的比例，对按照换出资产公允价值总额确定的换入资产总成本进行分配，以确定各项换入资产的成本；其他不符合公允价值计量条件的情况，按照账面价值计量。

2.非货币性资产交换的税务处理。

非货币性资产交换的税务处理，在流转税方面，随着换出资产的类别不同而各有差别。

（1）如果纳税人以自产、外购或委托加工的货物进行易货贸易或对外投资，则视同销售，按同期或最近时期同类存货的加权平均价格，如果无同期或最近时期售价，按组成计税价格，计算缴纳增值税。如果用于交换或投资的货物属于应交消费税的消费品，还需缴纳消费税，但计算消费税时，应按最高售价计税。

（2）当纳税人以使用过的机器设备等动产进行实物交换时，未抵扣进项税额的，按简易办法征收增值税；已经抵扣了进项税额的，按一般方法征收增值税。

（3）以无形资产、不动产、投资性房地产进行非货币性资产交换时，应当视同销售，计算缴纳增值税、土地增值税。

（4）增值税一般纳税人换入存货或设备，取得增值税专用发票，符合抵扣条件的，可以依法抵扣进项税额。

在所得税方面，《企业所得税法实施条例》第二十五条规定，除国务院财政、税务主管部门另有规定外，企业发生非货币性资产交换，应当视同销售货物、转让财产。第五十八条、六十二条、六十六条、七十一条和七十二条规定，以非现金资产交换方式取得的固定资产、生物资产、无形资产、投资资产和存货，以该资产的公允价值和支付的相关税费为计税基础（成本）。可以看出，非货币性资产交换按照公允价值计量时，资产转让的计税收入和换入资产入账价值的确定在税收处理和会计处理上一致。

【例9-19】甲企业是一设备生产厂家，经协商，以自己生产的一台设备换入乙企业生产的A产品一批。该设备的市场价格为20万元、生产成本为12万元。该批A产品的市场价格为24万元、生产成本为18万元。同时，甲企业向乙企业支付银行存款4万元。甲企业将换入的A产品作为存货，乙企业将换入的设备作为固定资产。假设甲企业和乙企业均未对存货计提存货跌价准备，甲、乙企业各自开具增值税专用发票。

甲企业的会计处理：

$$\frac{4}{4+20}\times 100\%=16.67\%<25\%$$

甲企业可以判定此项交易属于非货币性资产交换。

借：库存商品——A产品	240 000	
应交税费——应交增值税（进项税额）	31 200	
贷：主营业务收入——×设备		200 000
应交税费——应交增值税（销项税额）		26 000
银行存款		45 200

借：主营业务成本　　120 000

　贷：库存商品——×设备　　120 000

甲企业作会计处理时应注意，该交易无论是否开具增值税专用发票，均应计算增值税销项税额，而只有当乙企业开来增值税专用发票时，甲企业才能抵扣增值税进项税额。视同销售确认8万元的净收益计入当期应纳税所得额，无须作纳税调整。

乙企业的会计处理：

$\frac{4}{24}\times100\%=16.67\%<25\%$

对乙企业来说，此项交易也是非货币性资产交换。

借：固定资产——×设备　　200 000

　银行存款　　45 200

　应交税费——应交增值税（进项税额）　　26 000

　贷：主营业务收入——A产品　　240 000

　　应交税费——应交增值税（销项税额）　　31 200

借：主营业务成本　　180 000

　贷：库存商品——A产品　　180 000

同理，乙企业也无须作纳税调整。

四、关联企业往来业务的会计处理与税务处理

《企业会计准则第36号——关联方披露》主要是为了明确关联方关系的认定、交易类型以及相关信息披露，为会计报表使用者提供更为可靠的信息；《企业所得税法》及其实施条例在“特别纳税调整”中专门对关联方关系的认定、关联方交易的原则、纳税调整等问题进行了说明，目的是防止纳税人利用关联交易避税。

（一）关联方关系的认定

《企业会计准则第36号——关联方披露》规定，一方控制、共同控制另一方或对另一方施加重大影响，以及两方或两方以上同受一方控制、共同控制或施加重大影响的，构成关联方。关联方关系往往存在于控制或被控制、共同控制或被共同控制、施加重大影响或被施加重大影响的各方之间。在判断是否存在关联方关系时，应遵循实质重于形式的原则。

《企业所得税法实施条例》规定，关联方是指与企业有下列关联关系之一的企业、其他组织或者个人：（1）在资金、经营、购销等方面存在直接或者间接的控制关系；（2）直接或者间接地同为第三者控制；（3）在利益上具有相关联的其他关系。

税法与企业会计准则对关联方关系的认定既有相同的地方，又有不同之处。差异主要在于：（1）对“控制”的理解及认定标准不同；（2）税收意义上的“关联方”没有包括主要投资者个人（除存在控制关系的）、关键管理人员或与其关系密切的家庭成员，但是包括在经营、购销等方面存在直接或间接控制关系的企业、其他组织和个人，会计上的关联方则相反；（3）企业会计准则中的关联方关系强调“财务管理权”，而税法则从反避税的角度强调与关联方有业务往来的资金、经营、购销方面。

（二）关联方交易的确认及纳税调整

企业会计准则规定，关联方交易是指关联方之间转移资源、劳务或义务的行为，而不

论是否收取价款。关联方的交易类型主要有：购买或销售商品、购买或销售除商品以外的其他资产、提供或接受劳务、担保、提供资金、租赁、代理、研究与开发项目的转移、许可协议、代表企业或由企业代表另一方进行债务结算、关键管理人员薪酬等。

独立交易原则，是指没有关联关系的交易各方，按照公平成交价格和营业常规进行业务往来遵循的原则。企业与其关联方之间的业务往来不符合独立交易原则的，税务机关有权按照合理方法调整。合理方法包括：

1.可比非受控价格法，是指按照没有关联关系的交易各方进行相同或者类似业务往来的价格进行定价的方法。

2.再销售价格法，是指按照从关联方购进商品再销售给没有关联关系的交易方的价格，减除相同或者类似业务的销售毛利进行定价的方法。

3.成本加成法，是指按照成本加合理的费用和利润进行定价的方法。

4.交易净利润法，是指按照没有关联关系的交易各方进行相同或者类似业务往来取得的净利润水平确定利润的方法。

5.利润分割法，是指将企业与其关联方的合并利润或者亏损在各方之间采用合理标准进行分配的方法。

6.其他符合独立交易原则的方法。

税务机关在具体选择纳税调整方法时，可参考下列标准：（1）方法的运用应满足方法本身对可比性条件的要求；（2）同等信息资料条件下，没有其他更适当的方法；（3）方法的运用能够被税务机关和纳税人所接受。

此外，借鉴国际经验，《企业所得税法》增列了“预约定价安排”的内容，企业可以向税务机关提出与其关联方之间业务往来的定价原则和计算方法，税务机关与企业协商、确定后，达成预约定价安排。借鉴国际反避税立法经验，《企业所得税法》增加了成本分摊协议、一般反避税、防止资本弱化、防止避税地避税、补征税款加收利息等内容。

（三）关联方的披露

企业应在财务报表中披露所有关联方关系及交易的相关信息，包括：

1.企业无论是否发生关联方交易，均应在附注中披露与该企业之间存在控制关系的母公司和子公司有关的信息。

2.企业与关联方发生关联方交易的，应在附注中披露该关联方关系的性质、交易类型及交易要素。

3.对外提供合并财务报表的，不予披露已经包括在合并范围内各企业之间的交易。

五、取得境外所得的税务处理

国家对企业来自境外所得依法征收所得税时，允许企业将其已在境外缴纳的所得税税额从其应向本国缴纳的所得税税额中扣除，这是避免国家间对同一所得重复征税的一项重要措施。

为实施“走出去”战略，提高我国企业国际竞争力，《企业所得税法》保留了对境外所得直接负担的税收采取抵免法，规定下列境外所得实行税额抵免：（1）居民企业来源于中国境外的应税所得；（2）居民企业从其直接或间接控制的外国企业分得的来源于中国境外的股息、红利等权益性投资收益，外国企业在境外实际缴纳的所得税税额中属于该项所得负担的部分；（3）非居民企业在中国境内设立机构、场所，取得发生在中国境外但与该机构、场所有实际联系的所得。

对于来源于境外的股息、红利负担的税收，引入了间接抵免方式，规定居民企业直接持有或间接持有外国企业20%以上股份，可以实行间接抵免。从国际惯例看，实行间接抵免一般要求以居民企业对外国公司有实质性股权参与为前提。如美国、加拿大、英国、澳大利亚、墨西哥等国规定，本国公司直接或间接拥有外国公司10%以上有表决权的股票；日本、西班牙规定的比例为25%以上。

已在境外缴纳的所得税税额，可以从其当期应纳税额中抵免；超过抵免限额的部分，可以在以后5个年度内，用每年度抵免限额抵免当年应抵税额后的余额进行抵补。

抵免限额应当分国（地区）不分项计算，其计算公式为：

$$抵免限额=境内、境外所得按税法计算的应纳税总额\times\frac{来源于某外国（地区）所得}{中国境内、境外所得总额}$$

【例9-20】某外商投资企业2020年度来源于中国境内的应纳税所得为200万元，适用25%的企业所得税税率。该企业在A国设有分支机构（我国与A国已经缔结避免双重征税协定），来源于A国分支机构的应纳税所得额为60万元，A国税率为20%；来源于B国直接控股公司的股息90万元，该企业在B国公司的控股比例为25%，B国预提所得税税率为10%，企业所得税税率为30%，税后利润全部分配。计算该企业汇总在我国应缴纳的企业所得税税额。

（1）A国所得的扣除限额为15万元（60万×25%），已纳税额为12万元（60万×20%），低于扣除限额15万元，可全额扣除。

（2）对B国直接控股公司控股比例为25%，超过20%，采用间接抵免法。税后股息90万元，税前股息为100万元（90万÷（1-10%））。B国企业所得税税率为30%，税后利润全部分配，故税前利润为142.86万元（100万÷（1-30%）），在B国已纳税额为42.86万元（142.86万×30%）。

B国所得抵免限额为35.71万元（142.86万×25%），在B国缴纳的所得税为42.86万元，高于扣除限额，其超过扣除限额的部分不能扣除。

（3）应纳税额为53万元（（200万+60万+142.86万）×25%-12万-35.71万）。

六、永久性差异的税务处理

永久性差异是指企业在一定会计期间，由于会计制度和税法在计算收益、费用或损失时的口径不同，所产生的税前会计利润与应税所得之间的差异。这种差异在本期发生，并不能在以后各期转回。在现行所得税会计中，由于采用资产负债表债务法核算，只确认暂时性差异对未来纳税的影响，而没有专门提及永久性差异的会计处理。但是，税法和会计处理在某些事项的处理方面确实存在永久性差异，这种差异在未来一段期间并不能转回，而只能在当期确认。例如，某企业2020年度应付未付职工薪酬1 000万元，合理的职工薪酬为800万元，会计上在“应付职工薪酬”科目确认1 000万元，税法上可抵扣的工资、薪金为800万元，会计处理和税务处理存在200万元的差异。按照《企业会计准则第18号——所得税》的规定，“应付职工薪酬”作为一项负债，其账面价值和计税基础有200万元的差异，但是由于该差异在未来期间并不能转回，即200万元并不能在未来继续抵扣，故暂时性差异为零。事实上，这200万元的差异就是永久性差异。根据永久性差异对应纳税所得额的影响，我们将某些项目列示如下，见表9-10。

表9-10　**永久性差异对应纳税所得额的影响**

调增项目	调减项目
(1)税收滞纳金、罚款(会计:营业外支出) (2)赞助支出(会计:营业外支出) (3)商业保险费(会计:管理费用) (4)非金融企业向非金融企业的借款利息支出超标部分(会计:财务费用) (5)“三费”超标部分 (6)业务招待费超标部分 (7)公益救济性捐赠超标部分	(1)国债利息收入 (2)居民企业之间的权益性投资收益 (3)持有居民企业公开发行并上市流通的股票12个月以上取得的投资收益 (4)转让技术所有权收入 (5)研发费用

【例9-21】龙华公司（居民企业）2020年度经营成果见表9-11，适用企业所得税税率25%，该年度内未预缴企业所得税。

表9-11　**利润表**

编制单位：龙华公司　2020年度　单位：元

项目	行次	本月数	本年累计数
一、主营业务收入	1	略	8 800 000
减:主营业务成本	4		7 490 000
税金及附加	5		324 000
二、主营业务利润(亏损以“-”号填列)	10		986 000
加:其他业务利润(亏损以“-”号填列)	11		50 000
减:营业费用	14		86 000
管理费用	15		140 000
财务费用	16		90 000
三、营业利润(亏损以“-”号填列)	18		720 000
加:投资收益(亏损以“-”号填列)	19		120 000
营业外收入	22		40 000
减:营业外支出	23		80 000
四、利润总额(亏损总额以“-”号填列)	25		800 000
减:所得税(按税法计算)	27		206 812.5
五、净利润(净亏损以“-”号填列)	28		593 187.5

该公司财务人员根据《企业所得税法》的有关规定进行税务会计核算时，发现其有关财务核算的项目中包括以下核算内容：

1.管理费用项目中，列支的业务招待费用超标12 000元。

2.财务费用项目中，列支的借款利息支出超标15 000元。

3.投资收益项目中，从其他居民企业分回直接投资股息50 000元，购买国债利息收入20 000元。

4.营业外支出项目中，列支非公益、直接捐赠支出20 000元，非广告性赞助支出10 000元，缴纳税收滞纳金5 000元。

5.发生职工福利费、工会经费超标35 250元。

该公司应缴纳入库的企业所得税按税法规定计算处理如下：

1.纳税调整增加额（永久性差异）为：

12 000+15 000+20 000+10 000+5 000+35 250=97 250（元）

2.纳税调整减少额（永久性差异）为：

50 000+20 000=70 000（元）

3.应纳税所得额为：

应纳税所得额=会计利润±按税法规定调整项目金额

=800 000+97 250−70 000=827 250（元）

4.应纳所得税税额为：

应纳所得税税额=827 250×25%=206 812.5（元）

会计处理如下：

借：所得税费用	206 812.5	
贷：应交税费——应交所得税		206 812.5

转销所得税费用时：

借：本年利润	206 812.5	
贷：所得税费用		206 812.5

上交所得税时：

借：应交税费——应交所得税	206 812.5	
贷：银行存款		206 812.5

该年度该公司实现的净利润为593 187.5元（800 000−206 812.5），利润表中的所得税和净利润项目金额也作相应调整。

七、所得税调整的税务处理

（一）调整账务的意义

调整账务是指依据国家税收法规的规定和财务会计核算的基本原理，对企业财务核算影响纳税的有关账务进行必要的调整。调整账务一般有两种情况：一是由于税前会计利润与纳税所得之间存在计算标准和计算口径不同对纳税有影响；二是由于企业在财务核算处理上难免出现差错对纳税有影响。

调账的根本意义在于按照国家税收法规和财务制度的规定，真实地反映企业生产经营成果，正确履行纳税义务，为下期核算和征纳税款创造良好条件。如果企业的错账不进行必要的调整和纠正，一方面会使企业的经营成果失去真实性；另一方面以前的错账还会导致新的错账和错漏税的发生，给日后企业的财务核算和税务稽查工作增加不必要的难度和麻烦。

（二）调整账务的基本原则

调整账务应根据各企业的具体情况来进行，以保证调账的正确性、科学性和实效性。调账既要对企业财务核算错误对纳税的影响进行纠正，又要有利于加强企业财务管理。在调账过程中应遵循以下原则：

1.与税收法规相一致的原则。调账必须依据税收法规和财务制度的规定来进行，但在纳税问题上财务制度规定与税收法规不一致的，必须按照税收法规的规定来执行。

2.与会计核算原理相符合的原则。调账是对财务核算错误以及错误对纳税的影响进行调整。在作新的调整账务处理时，既要符合税收法规和财务制度的规定，又要符合财务会计核算的基本原理。会计科目的运用和会计分录的处理既要有利于真实反映企业的经营成果，又要有利于企业正确履行纳税义务，同时还要保持企业上下期之间会计核算的连续性和整体性。

3.准确性原则。准确性原则是指调账过程中要实事求是地反映和纠正企业的错账情况。直接费用调减的要反映利润的增加，直接费用调增的要反映利润的减少。间接费用的调减或调增不能直接反映利润的增加或者减少的，应当按照一定的分摊方法进行分配。

（三）调账的基本方法

由于企业处在不同的行业，执行不同的财务会计制度，再加上各企业的错误千差万别，因此，具体的调账方法也各不相同。调账结果是否正确可以进行检验，其方法是将调整的账务处理与原错误的账务处理进行合并，合并后的会计处理是各业务内容发生时的正确的账务处理，即调账正确。

根据所处的时段不同，调账的具体方法可以分为两大类：

第一类：年度内（企业未进行决算以前）的调账方法。

年度内调账也称为平时调账，由于企业核算过程中产生的错误对经营成果和纳税的影响直接涉及当期损益，不递延到以后各期，因此，年度内调账比较简单。年度内调账的主要方法有：

1.红字更正法。红字更正法是采取先用红字冲销错误的原会计分录，再重新编制正确会计分录的一种调账方法。该方法主要适用于错账所反映的会计科目的对应关系有误的会计事项。平时企业的财务主管人员和税务机关的稽查人员随时发现错误，可要求会计人员随时进行调账。调账时要说明理由，注意冲销错误会计分录与编制正确会计分录的对应衔接关系。

2.补充登记法。补充登记法是采用相同会计分录或转账会计分录直接进行补充登记纠正错账的一种调账方法。该方法主要适用于错账所涉及的会计科目之间对应关系没有错误，只是数据有误的会计事项。

【例9-22】某企业本期应摊销的无形资产费用为2 000元，摊销的会计处理只记了1 200元。账务处理如下：

借：管理费用　　　　1 200

贷：累计摊销　　1 200

当该错误账务处理被发现后，可用“补充登记法”进行调账，将原来少记费用的800元进行补充调整。会计处理如下：

借：管理费用　　800

贷：累计摊销　　800

假定原会计处理数据记为2 200元，多记费用200元，在这种情况下，将200元以红字补充登记即可。

第二类：年终（或次年）的调账方法。

年终是指当年已经结束，企业在财务会计处理上已作了决算，相关会计事项和会计实务已经作了处理。如再用平时的调账方法，将会更改决算的全部账务处理及相关的报表资料，影响相关的会计实务，实际上再按平时的调账方法处理已不可能。因此，年终或次年的调账具有特殊性。调整上年度或以往年度的错账要从实际出发，区别不同情况处理。凡具有递延性的错账都必须调整。所谓递延性错账，是指直接与下期财务核算和征税有密切联系，并影响下期核算成果和征税的错账，如原材料、在产品、产成品、待摊费用结存以及固定资产折旧等错账，都涉及下期的财务核算和征税问题。

调整上年度或以往年度的账务处理，凡直接与损益有关的错账，均通过“以前年度损益调整”科目进行调整，实际上是将属于上年度或以往年度的损益转入本年度进行核算；凡与损益没有直接关系的错账，以其相对应的科目进行调整；只与税收核算有关，而财务核算处理是正确的，直接调整应纳税所得额，不调账。

【例9-23】某市龙华公司是增值税一般纳税人，生产的甲产品增值税税率为13%，消费税税率为10%，企业所得税税率为25%。该公司已按其财务核算的结果缴纳了上年度的各种税费。本年度6月对其检查时，发现上年度有关生产经营业务处理为：

1.少计经营收入。少计经营收入是指企业有意隐瞒经营成果或少缴纳税款，将收入记入“往来”账户、“基金”账户，或直接冲减“费用”账户等。

（1）上年度10月5日，销售甲产品一批给某使用单位，开具普通发票，取得收入22 600元存入银行。该公司会计处理如下：

借：银行存款　　22 600

贷：其他应付款　　22 600

该公司将销售收入直接计入其他应付款，影响了增值税、消费税、城建税、教育费附加、经营成果及所得税，虚增了其他应付款。计算调账如下：

应补缴增值税=22 600÷（1+13%）×13%=2 600（元）

应补缴消费税=22 600÷（1+13%）×10%=2 000（元）

应补缴城建税=（2 600+2 000）×7%=322（元）

应补缴教育费附加=（2 600+2 000）×3%=138（元）

影响经营成果=22 600-2 600-2 000-322-138=17 540（元）

调账会计处理如下：

借：其他应付款　　22 600

贷：应交税费——补交增值税　　2 600

——补交消费税　　2 000

贷：应交税费——补交城建税　　322

　　——补交教育费附加　　138

以前年度损益调整　　17 540

（2）上年度11月8日，取得交通运输营业收入6 540元存入银行。该公司会计处理如下：

借：银行存款　　6 540

贷：资本公积　　6 540

该公司将营业收入直接计入资本公积，影响了增值税、城建税、教育费附加、经营成果及所得税，虚增了资本公积。计算调账如下：

应补缴增值税=6 540÷（1+9%）×9%=540（元）

应补缴城建税=540×7%=37.8（元）

应补缴教育费附加=540×3%=16.2（元）

影响经营成果=6 540−540−37.8−16.2=5 946（元）

调账会计处理如下：

借：资本公积　　6 540

贷：应交税费——补交增值税　　540

　　——补交城建税　　37.8

　　——补交教育费附加　　16.2

以前年度损益调整　　5 946

（3）上年度12月4日，取得建筑安装费收入8 720元存入银行。该公司会计处理如下：

借：银行存款　　8 720

贷：管理费用　　8 720

该公司将营业收入直接冲减管理费用，影响了增值税、城建税、教育费附加、经营成果的真实性。计算调账如下：

应补缴增值税=8 720÷（1+9%）×9%=720（元）

应补缴城建税=720×7%=50.4（元）

应补缴教育费附加=720×3%=21.6（元）

影响经营成果=720+50.4+21.6=792（元）

调账会计处理如下：

借：以前年度损益调整　　792

贷：应交税费——应交增值税　　720

　　——应交城建税　　50.4

　　——应交教育费附加　　21.6

2. 多列期间费用。

（1）上年度8月20日，该公司支付建造办公楼的借款利息费用10 000元，会计处理如下：

借：财务费用——借款利息　　10 000

贷：银行存款　　10 000

该公司将应由工程负担的利息费用计入财务费用，影响了经营成果，调账处理如下：

借：在建工程（或固定资产）　　10 000

　贷：以前年度损益调整　　10 000

（2）上年度12月25日，发生三笔支出：工会为职工购买电影票支付现金500元，以银行存款为该公司技术员支付培训费1 000元，去医院看望住院职工以现金买礼品60元。该公司会计处理如下：

借：管理费用　　1 560

　贷：银行存款　　1 000

　　库存现金　　560

“三费”金额直接记入“管理费用”科目，不会影响经营成果。

3. 多计成本费用。

（1）上年度12月15日，该公司建造职工宿舍（属于集体福利）领用甲原材料20 000元，生产车间领用乙原材料30 000元，假定材料增值税税率13%。会计处理如下：

借：生产成本　　50 000

　贷：原材料——甲材料　　20 000

　　　　　——乙材料　　30 000

经核查，建造职工宿舍领用的甲材料应从生产成本中转出；生产车间领用的乙材料多结转材料费用金额1 500元，分别由期末在产品、完工产品各负担60%、40%。因该公司多计的乙材料费用对上年度的损益无直接关系，不涉及“以前年度损益调整”科目，直接调整相对应的材料科目即可。计算调账处理如下：

在产品负担的多转乙材料费用=1 500×60%=900（元）

完工产品负担的多转乙材料费用=1 500×40%=600（元）

调账会计处理如下：

借：在建工程　　22 600

　原材料——乙材料　　1 500

　贷：生产成本　　20 900

　　应交税费——应交增值税（进项税额转出）　　2 600

　　库存商品　　600

（2）以上述（1）生产车间领用乙材料为例，多转的乙材料费用1 500元，假定由在产品负担30%、完工产品负担20%、销售产品成本负担50%。计算调账处理如下：

在产品负担的多转乙材料费用=1 500×30%=450（元）

完工产品负担的多转乙材料费用=1 500×20%=300（元）

销售产品成本负担的多转乙材料费用=1 500×50%=750（元）

销售产品成本负担的多转乙材料费用，影响上年度的经营成果及所得税。

调账会计处理如下：

借：原材料——乙材料　　1 500

　贷：生产成本　　450

　　库存商品　　300

　　以前年度损益调整　　750

4.纳税调整项目。

假定龙华公司上年度有关纳税调整项目有：

（1）全年业务招待费用支出超标20 000元。

（2）职工福利费、工会经费共计超标71 100元。

（3）“营业外支出”账户中列支有：对外直接捐赠10 000元；超过公益、救济捐赠标准的有5 000元；上缴的市场监督管理部门罚款3 000元；上缴税收滞纳金2 000元。

（4）全年取得购买国债利息收入50 000元。

以上各项目，由于税法规定与财务会计制度规定的计算标准不同，涉及税收的调整，财务会计处理本身无误。因此，不作账务调整，只调整应纳税所得额。

直接调整应纳税所得额=20 000+71 100+10 000+5 000+3 000+2 000−50 000=61 100（元）

综合检查结果：

（1）应补缴增值税=2 600+540+720+2 600=6 460（元）

（2）应补缴消费税=2 000元

（3）应补缴城建税=322+37.8+50.4=410.2（元）

（4）应补缴教育费附加=138+16.2+21.6=175.8（元）

借：应交税费——补交增值税　　6 460

　　　　——补交消费税　　2 000

　　　　——补交城建税　　410.2

　　　　——补交教育费附加　　175.8

　贷：银行存款　　9 046

5.应补缴企业所得税：

（1）以前年度损益调账增加所得额=17 540+5 946−792+10 000+750=33 444（元）

（2）纳税调整增加所得额=61 100元

（3）应补缴所得税=（33 444+61 100）×25%=23 636（元）

（4）计算应缴所得税时：

借：以前年度损益调整　　23 636

　贷：应交税费——应交所得税　　23 636

（5）上交所得税时：

借：应交税费——应交所得税　　23 636

　贷：银行存款　　23 636

（6）将“以前年度损益调整”账户的贷方余额转入“利润分配——未分配利润”账户时：

贷方余额=33 444−23 636=9 808（元）

借：以前年度损益调整　　9 808

　贷：利润分配——未分配利润　　9 808

（7）以前年度税后净收益计提10%盈余公积时：

借：利润分配——未分配利润　　980

　贷：盈余公积　　980

上述所补缴所得税，补税时间在本年度，实际税款应属于上年度。对上年度的以前年度损益调整金额，转入未分配利润后，已构成企业未分配利润总额，与检查年度的损益没有直接关系。

即测即评

第九章单选题　　第九章多选题　　第九章判断题

第十章

个人所得税的核算

学习目标

熟悉个人所得税核算的基本规定；掌握个人所得税的计算方法；掌握个人所得税会计核算和相关报表的填列方法。

思政小课堂

《中华人民共和国国民经济和社会发展第十四个五年规划和2035年远景目标纲要》称，完善个人所得税制度，推进扩大综合征收范围，优化税率结构。

2020年11月，财政部部长刘昆撰文表示，"十四五"时期将进一步完善综合与分类相结合的个人所得税制度。适时推进个人所得税改革修法，合理扩大纳入综合征税的所得范围，完善专项附加扣除项目，完善吸引境外高端人才政策体系。

多位财税专家对第一财经表示，"十四五"时期个税改革仍将是税制改革重头戏，在上一轮改革迈出综合税制第一步后，下一步综合所得范围会继续扩大，财产性所得、资本所得会逐步纳入。在此基础上，个税税率结构和级距会进一步调整，45%最高边际税率有望下调，税率和级距进一步优化，总体上降低中低收入者负担，加强对高收入者的税收调节和监管力度。

资料来源 陈益刊. "十四五"规划透露个税新方向：综合所得扩大，45%税率或优化［EB/OL］.（2021-03-19）［2020-08-30］. http://www.chinanews.com/cj/2021/03-19/9435716.shtml.

第一节 个人所得税核算的基本规定

个人所得税是以个人（含个体工商户、个人独资企业、合伙企业中的个人投资者、承租承包者个人）取得的各项应税所得为征税对象所征收的一种税。

为了维护国家的税收权益和纳税人的合法权益，第五届全国人民代表大会于1980年9月通过了《中华人民共和国个人所得税法》（以下简称《个人所得税法》），开征个人所得税，统一适用于中国公民和在我国取得收入的外籍人员。《个人所得税法》进行第七次修订后，目前适用的是2018年8月31日第十三届全国人民代表大会常务委员会第五次会议通过的《个人所得税法》，自2019年1月1日起施行。

一、纳税义务人

在中国境内有住所，或者无住所而一个纳税年度内在中国境内居住累计满183天的个人，为居民个人。在中国境内无住所又不居住，或者无住所而一个纳税年度内在中国境内居住累计不满183天的个人，为非居民个人。

需要说明的是，中国现行税法关于“中国境内”是指中国大陆地区，目前还不包括我国香港、澳门和台湾地区；一个纳税年度，是指自公历1月1日起至12月31日止。

二、征税对象

个人所得税的征税对象是个人取得的应税所得。《个人所得税法》列举的征税个人所得共有九项，《个人所得税法实施条例》及相关法规具体确定了个人各项应税所得的征税范围。

（一）工资、薪金所得

工资、薪金所得，是指个人因任职或者受雇而取得的工资、薪金、奖金、年终加薪、劳动分红、津贴、补贴以及与任职或者受雇有关的其他所得。

（二）劳务报酬所得

劳务报酬所得，是指个人从事劳务取得的所得，包括从事设计、装潢、安装、制图、化验、测试、医疗、法律、会计、咨询、讲学、翻译、审稿、书画、雕刻、影视、录音、录像、演出、表演、广告、展览、技术服务、介绍服务、经纪服务、代办服务以及其他劳务取得的所得。

（三）稿酬所得

稿酬所得，是指个人因其作品以图书、报刊等形式出版、发表而取得的所得。这里所说的作品，包括文学作品、书画作品、摄影作品，以及其他作品。作者去世后，财产继承人取得的遗作稿酬，亦按“稿酬所得”项目征收个人所得税。

（四）特许权使用费所得

特许权使用费所得，是指个人提供专利权、商标权、著作权、非专利技术以及其他特许权的使用权取得的所得；提供著作权的使用权取得的所得，不包括稿酬所得。

（五）经营所得

经营所得，是指个体工商户业主、个人独资企业投资者、合伙企业个人合伙人、承包承租经营者个人以及其他从事生产、经营活动的个人取得的经营所得。

（六）利息、股息、红利所得

利息、股息、红利所得，是指个人拥有债权、股权而取得的利息、股息、红利所得。其中，利息一般是指存款、贷款和债券的利息；股息是指个人拥有股权取得的公司、企业派息分红，按照一定的比率派发的每股息金；红利是指根据公司、企业应分配的、超过股息部分的利润，按股派发的红股。

（七）财产租赁所得

财产租赁所得，是指个人出租不动产、机器设备、车船以及其他财产取得的所得。个人取得的财产转租收入，属于“财产租赁所得”的征税范围。在确定纳税义务人时，应以产权凭证为依据。对无产权凭证的，由主管税务机关根据实际情况确定；产权所有人死亡，在未办理产权继承手续期间，该财产出租而有租金收入的，以领取租金的个人为纳税义务人。

（八）财产转让所得

财产转让所得，是指个人转让有价证券、股权、合伙企业中的财产份额、不动产、机器设备、车船以及其他财产取得的所得。

（九）偶然所得

偶然所得，是指个人得奖、中奖、中彩以及其他偶然性质的所得。其中，得奖是指参加各种有奖竞赛活动，取得名次获得的奖金；中奖、中彩是指参加各种有奖活动，如有奖销售、有奖储蓄或购买彩票，经过规定程序，抽中、摇中号码而取得的奖金。

三、税率

个人所得税区分不同个人所得项目，规定了超额累进税率和比例税率两种形式。

1.居民个人综合所得适用税率。

居民个人每一纳税年度的综合所得，适用3%～45%的七级超额累进税率，见表10-1。

表10-1　　个人所得税税率表（一）

（综合所得适用）

级数	全年应纳税所得额	税率(%)	速算扣除数
1	不超过36 000元的部分	3	0
2	超过36 000元至144 000元的部分	10	2 520
3	超过144 000元至300 000元的部分	20	16 920
4	超过300 000元至420 000元的部分	25	31 920
5	超过420 000元至660 000元的部分	30	52 920
6	超过660 000元至960 000元的部分	35	85 920
7	超过960 000元的部分	45	181 920

注：①本表所称全年应纳税所得额是指依照《个人所得税法》第六条的规定，居民个人取得综合所得以每一纳税年度收入额减除费用60 000元以及专项扣除、专项附加扣除和依法确定的其他扣除后的余额。

②非居民个人取得工资、薪金所得，劳务报酬所得，稿酬所得和特许权使用费所得，依照本表按月换算后的税率表（见表10-5）计算应纳税额。

2.经营所得适用税率。

经营所得，适用5%～35%的五级超额累进税率，见表10-2。

表10-2　　个人所得税税率表（二）

（经营所得适用）

级数	全年应纳税所得额	税率(%)	速算扣除数
1	不超过30 000元的部分	5	0
2	超过30 000元至90 000元的部分	10	1 500
3	超过90 000元至300 000元的部分	20	10 500
4	超过300 000元至500 000元的部分	30	40 500
5	超过500 000元的部分	35	65 500

注：本表所称全年应纳税所得额是指依照《个人所得税法》第六条的规定，以每一纳税年度的收入总额减除成本、费用以及损失后的余额。

3.财产租赁所得，财产转让所得，利息、股息、红利所得，偶然所得，适用20%的比例税率。

4.居民个人分月或分次取得工资、薪金所得，劳务报酬所得，稿酬所得，特许权使用费所得时，支付单位预扣预缴个人所得税的预扣率。其中，工资、薪金所得适用3%~45%的七级超额累进预扣率，见表10-3；劳务报酬所得适用20%~40%的三级超额累进预扣率，见表10-4；稿酬所得、特许权使用费所得适用20%的比例预扣率。

表10-3 **个人所得税税率表（三）**

（居民个人工资、薪金所得预扣预缴适用）

级数	累计预扣预缴应纳税所得额	预扣率(%)	速算扣除数
1	不超过36 000元的部分	3	0
2	超过36 000元至144 000元的部分	10	2 520
3	超过144 000元至300 000元的部分	20	16 920
4	超过300 000元至420 000元的部分	25	31 920
5	超过420 000元至660 000元的部分	30	52 920
6	超过660 000元至960 000元的部分	35	85 920
7	超过960 000元的部分	45	181 920

表10-4 **个人所得税税率表（四）**

（居民个人劳务报酬所得预扣预缴适用）

级数	预扣预缴应纳税所得额	预扣率(%)	速算扣除数
1	不超过20 000元的部分	20	0
2	超过20 000元至50 000元的部分	30	2 000
3	超过50 000元的部分	40	7 000

5.非居民个人取得工资、薪金所得，劳务报酬所得，稿酬所得，特许权使用费所得，分所得项目按月或按次计算个人所得税，统一适用3%~45%的七级超额累进税率，见表10-5。

表10-5 **个人所得税税率表（五）**

（非居民个人工资、薪金所得，劳务报酬所得，稿酬所得，特许权使用费所得适用）

级数	应纳税所得额	税率(%)	速算扣除数
1	不超过3 000元的部分	3	0
2	超过3 000元至12 000元的部分	10	210
3	超过12 000元至25 000元的部分	20	1 410
4	超过25 000元至35 000元的部分	25	2 660
5	超过35 000元至55 000元的部分	30	4 410
6	超过55 000元至80 000元的部分	35	7 160
7	超过80 000元的部分	45	15 160

注：相对于综合所得税率表（见表10-1），本表也称为月度税率表。

四、减免税优惠

《个人所得税法》及其实施条例以及财政部、国家税务总局等部门的若干规定，对有关个人所得项目给予了免税、减税优惠。

（一）法定免税项目

1.省级人民政府、国务院部委和中国人民解放军军以上单位，以及外国组织、国际组织颁发的科学、教育、技术、文化、卫生、体育、环境保护等方面的奖金。

2.国债和国家发行的金融债券利息。其中，国债利息，是指个人持有中华人民共和国财政部发行的债券而取得的利息所得；国家发行的金融债券利息，是指个人持有经国务院批准发行的金融债券而取得的利息所得。

3.按照国家统一规定发给的补贴、津贴。这是指按照国务院规定发给的政府特殊津贴、院士津贴，以及国务院规定免予缴纳个人所得税的其他补贴、津贴。

4.福利费、抚恤金、救济金。其中，福利费是指根据国家有关规定，从企业、事业单位、国家机关、社会团体提留的福利费或者从工会经费中支付给个人的生活补助费；救济金是指各级人民政府民政部门支付给个人的生活困难补助费。

5.保险赔款。

6.军人的转业费、复员费、退役金。

7.按照国家统一规定发给干部、职工的安家费、退职费、基本养老金或者退休费、离休费、离休生活补助费。其中，退职费是指符合《国务院关于工人退休、退职的暂行办法》规定的退职条件，并按该办法规定的退职费标准所领取的退职费。

8.依照我国有关法律规定应予免税的各国驻华使馆、领事馆的外交代表、领事官员和其他人员的所得。依照有关法律规定应予免税的各国驻华使馆、领事馆的外交代表、领事官员和其他人员的所得，是指依照《中华人民共和国外交特权与豁免条例》和《中华人民共和国领事特权与豁免条例》规定免税的所得。

9.中国政府参加的国际公约、签订的协议中规定免税的所得。

10.经国务院财政部门批准免税的所得。该类免税规定，由国务院报全国人民代表大会常务委员会备案。

（二）法定减税项目

根据《个人所得税法》的规定，有下列情形之一的，可以减征个人所得税，具体幅度和期限由省、自治区、直辖市人民政府规定，并报同级人民代表大会常务委员会备案：

1.残疾、孤老人员和烈属的所得；

2.因严重自然灾害造成重大损失的。

国务院可以规定其他减税情形，报全国人民代表大会常务委员会备案。

（三）其他减免税项目

1.外籍个人以非现金形式或实报实销形式取得的住房补贴、伙食补贴、搬迁费、洗衣费。

2.外籍个人按合理标准取得的境内、境外出差补贴。

3.外籍个人取得的探亲费、语言训练费、子女教育费等，经当地税务机关审核批准为合理的部分。

4.凡符合下列条件之一的外籍专家取得的工资、薪金所得，可免征个人所得税：

（1）根据世界银行专项贷款协议，由世界银行直接派往我国工作的外国专家。

（2）联合国组织直接派往我国工作的专家。

（3）为联合国援助项目来华工作的专家。

（4）援助国派往我国专为该国援助项目工作的专家，其取得的无论我方还是外国支付的工资、薪金和生活补贴。

(5) 根据两国政府签订的文化交流项目来华工作2年以内的文教专家，其工资、薪金所得由该国负担的。

(6) 根据我国大专院校国际交流项目来华工作2年以内的文教专家，其工资、薪金所得由该国负担的。

(7) 通过民间科研协定来华工作的专家，其工资、薪金所得由该国政府机构负担的。

5.个人举报、协查各种违法、犯罪行为而获得的奖金。

6.个人办理代扣代缴税款手续，按规定取得的扣缴手续费。

7.个人转让自用达5年以上，并且是唯一的家庭生活用房取得的所得。

8.对个人购买社会福利有奖募捐奖券、体育彩票，一次中奖收入在1万元以下（含）的暂免征收个人所得税；超过1万元的，全额征收个人所得税。

9.达到离休、退休年龄，但确因工作需要，适当延长离休、退休年龄的高级专家（指享受国家发放的政府特殊津贴的专家、学者），其在延长离休、退休期间的工资、薪金所得，视同离休费、退休费免征个人所得税。

10.对个人取得的教育储蓄存款利息所得以及国务院财政部门确定的其他专项储蓄存款或储蓄型专项基金存款的利息所得，免征个人所得税。自2008年10月9日起，对居民个人储蓄存款利息和证券市场个人投资者取得的证券交易结算资金利息所得，暂免征收个人所得税。

11.居民个人按照国家规定的范围和标准缴纳的基本养老保险、基本医疗保险、失业保险等社会保险费和住房公积金，允许在个人应纳税所得额中扣除，免征个人所得税。

12.个人实际领（支）取原提存的基本养老保险金、基本医疗保险金、失业保险金和住房公积金时，免征个人所得税。

13.生育妇女按照县级以上人民政府根据国家有关规定制定的生育保险办法，取得的生育津贴、生育医疗费或其他属于生育保险性质的津贴、补贴，免征个人所得税。

14.对工伤职工及其近亲属按照《中华人民共和国工伤保险条例》规定取得的一次性伤残保险待遇，免征个人所得税。

15.对退役士兵按照《退役士兵安置条例》的规定，取得的一次性退役金以及地方政府发放的一次性经济补助，免征个人所得税。

第二节　个人所得税应纳税额的计算

个人所得税采取分项计税的办法，每项个人收入的扣除范围和扣除标准不尽相同，应纳所得税税额的计算方法存在差异。

一、居民个人综合所得的计税方法

居民个人综合所得，是指居民个人取得的工资、薪金所得，劳务报酬所得，稿酬所得，特许权使用费所得。按现行税法规定，扣缴义务人在向居民个人支付工资、薪金所得，劳务报酬所得，稿酬所得，特许权使用费所得时，应按规定分月或分次预扣预缴个人所得税；居民个人需要办理综合所得汇算清缴的，应当在取得所得的次年3月1日至6月

30日内办理汇算清缴。居民个人综合所得个人所得税的计算方法包括预扣预缴税款的计算方法和综合所得汇算清缴的计算方法。

（一）居民个人综合所得预扣预缴税款的计算方法

扣缴义务人向居民个人支付工资、薪金所得，劳务报酬所得，稿酬所得，特许权使用费所得时，按以下方法预扣预缴个人所得税，并向主管税务机关报送个人所得税扣缴申报表：

1.居民个人工资、薪金所得预扣预缴税款计算方法。

扣缴义务人向居民个人支付工资、薪金所得时，应当按照累计预扣法计算预扣税款，并按月办理全员全额扣缴申报。

累计预扣法，是指扣缴义务人在一个纳税年度内预扣预缴税款时，以纳税人在本单位截至当前月份工资、薪金所得累计收入减除累计免税收入、累计减除费用、累计专项扣除、累计专项附加扣除和累计依法确定的其他扣除后的余额为累计预扣预缴应纳税所得额，适用个人所得税预扣率表，计算累计应预扣预缴税额，再减除累计减免税额和累计已预扣预缴税额，其余额为本期应预扣预缴税额。余额为负值时，暂不退税。纳税年度终了后余额仍为负值时，由纳税人通过办理综合所得年度汇算清缴，税款多退少补。计算公式为：

本期应预扣预缴税额＝（累计预扣预缴应纳税所得额×预扣率－速算扣除数）－累计减免税额－累计已预扣预缴税额

累计预扣预缴应纳税所得额＝累计收入－累计免税收入－累计减除费用－累计专项扣除－累计专项附加扣除－累计依法确定的其他扣除

上述公式中，累计减除费用，按照5 000元/月乘以纳税人当年截至本月在本单位的任职受雇月份数计算。累计专项扣除，按照单位任职受雇人员每月支付的“三险一金”乘以纳税人当年截至本月在本单位的任职受雇月份数计算。

专项附加扣除是指《个人所得税法》规定的子女教育、继续教育、大病医疗、住房贷款利息或者住房租金、赡养老人六项专项附加扣除。现行税法遵循公平合理、利于民生、简便易行的原则，根据教育、医疗、住房、养老等民生支出变化情况，制定了专项附加扣除范围和标准。

（1）子女教育专项附加扣除，是纳税人的子女接受全日制学历教育的相关支出，按照每个子女每月1 000元的标准定额扣除。

（2）继续教育专项附加扣除，是纳税人在中国境内接受学历（学位）继续教育的支出，在学历（学位）教育期间按照每月400元定额扣除。同一学历（学位）继续教育的扣除期限不能超过48个月。纳税人接受技能人员职业资格继续教育、专业技术人员职业资格继续教育的支出，在取得相关证书的当年，按照3 600元定额扣除。

（3）大病医疗专项附加扣除，是在一个纳税年度内，纳税人发生的与基本医保相关的医药费用支出，扣除医保报销后个人负担（指医保目录范围内的自付部分）累计超过15 000元的部分，由纳税人在办理年度汇算清缴时，在80 000元限额内据实扣除。

（4）住房贷款利息专项附加扣除，是纳税人本人或者配偶单独或者共同使用商业银行或者住房公积金个人住房贷款为本人或者其配偶购买中国境内住房，发生的首套住房贷款利息支出，在实际发生贷款利息的年度，按照每月1 000元的标准定额扣除，扣除期限最长不超过240个月。

（5）住房租金专项附加扣除，是纳税人在主要工作城市没有自有住房而发生的住房租金支出，可以按照以下标准定额扣除：

①直辖市、省会（首府）城市、计划单列市以及国务院确定的其他城市，扣除标准为每月1 500元。

②除上述①所列城市以外，市辖区户籍人口超过100万的城市，扣除标准为每月1 100元；市辖区户籍人口不超过100万的城市，扣除标准为每月800元。

（6）赡养老人专项附加扣除，是纳税人赡养一位及以上被赡养人的赡养支出，统一按照以下标准定额扣除：

①纳税人为独生子女的，按照每月2 000元的标准定额扣除。

②纳税人为非独生子女的，由其与兄弟姐妹分摊每月2 000元的扣除额度，每人分摊的额度不能超过每月1 000元，可以由赡养人均摊或者约定分摊，也可以由被赡养人指定分摊。约定或者指定分摊的须签订书面分摊协议，指定分摊优先于约定分摊。具体分摊方式和额度在一个纳税年度内不能变更。

被赡养人是指年满60岁的父母，以及子女均已去世的年满60岁的祖父母、外祖父母。

个人所得税专项附加扣除额一个纳税年度扣除不完的，不能结转以后年度扣除。

【例10-1】中国居民陈某为某公司职员，2021年1—3月每月应发工资22 000元，该公司每月按规定标准为其代扣代缴“三险一金”3 000元，从1月起享受子女教育支出专项附加扣除1 000元，没有减免收入及减免税额等情况。请分别计算赵某1—3月应预扣预缴税额。

1月应预扣预缴税额=（22 000−5 000−3 000−1 000）×3%=390（元）

2月应预扣预缴税额=（22 000×2−5 000×2−3 000×2−1 000×2）×3%−390=390（元）

3月应预扣预缴税额=（22 000×3−5 000×3−3 000×3−1 000×3）×10%−390−390=3 120（元）

2.居民个人劳务报酬所得、稿酬所得、特许权使用费所得预扣预缴税款计算方法。

扣缴义务人向居民个人支付劳务报酬所得、稿酬所得、特许权使用费所得，以每次或每月收入额为预扣预缴应纳税所得额，分别适用三级超额累进预扣率（见表10-4）和20%的比例预扣率，按次或按月计算每项所得应预扣预缴的个人所得税。计算公式为：

劳务报酬所得应预扣预缴税额=预扣预缴应纳税所得额（收入额）×预扣率−速算扣除数

稿酬所得、特许权使用费所得应预扣预缴税额=预扣预缴应纳税所得额（收入额）×20%

（1）收入额：劳务报酬所得、稿酬所得、特许权使用费所得以收入减除费用后的余额为收入额。其中，稿酬所得的收入额减按70%计算。

（2）减除费用：劳务报酬所得、稿酬所得、特许权使用费所得每次收入不超过4 000元的，减除费用按800元计算；每次收入4 000元以上的，减除费用按20%计算。

（3）预扣率：劳务报酬所得适用20%～40%的三级超额累进预扣率（见表10-4），稿酬所得、特许权使用费所得适用20%的比例预扣率。

【例10-2】中国某居民个人一次性取得劳务报酬收入3 000元（不含增值税），计算该所得应预扣预缴税额。

应纳税所得额（收入额）=3 000−800=2 200（元）

应预扣预缴税额=2 200×20%=440（元）

【例 10-3】中国某居民个人一次性取得稿酬收入 50 000 元（不含增值税），请计算该所得应预扣预缴税额。

应纳税所得额（收入额）=50 000×（1−20%）×70%=28 000（元）

应预扣预缴税额=28 000×20%=5 600（元）

（二）居民个人综合所得汇算清缴的计算方法

居民个人办理年度综合所得汇算清缴时，应当依法计算劳务报酬所得、稿酬所得、特许权使用费所得的收入额，并入年度综合所得计算应纳税款，税款多退少补。计算公式为：

$$\text{年度汇算应退或应补税额}=\left[\left(\text{综合所得收入额}-60\,000\text{元}-\text{“三险一金”等专项扣除}-\text{子女教育等专项附加扣除}-\text{依法确定的其他扣除}-\text{捐赠}\right)\times\text{适用税率}-\text{速算扣除数}\right]-\text{当年已预缴税额}$$

1.综合所得收入额的确定。

综合所得收入额的确定：①工资、薪金所得，以年度工资、薪金收入减去不征税收入、免税收入的余额为收入额。②劳务报酬所得、稿酬所得、特许权使用费所得，以各自的收入减去20%的费用后的余额为收入额。其中，稿酬所得的收入额按70%计算。个人兼有不同劳务报酬所得的，应分别扣除费用，计算缴纳个人所得税。

2.专项扣除、专项附加扣除、依法确定的其他扣除按前述规定处理。

需要注意的是：①专项扣除、专项附加扣除和依法确定的其他扣除，以居民个人一个纳税年度的应纳税所得额为限额。一个纳税年度抵扣不完的，不得结转抵扣。②居民个人取得劳务报酬所得、稿酬所得、特许权使用费所得，应当在汇算清缴时向税务机关提供有关信息，减除专项附加扣除。③居民个人填报专项附加扣除信息存在明显错误，经税务机关通知，居民个人拒不更正或者不说明情况的，税务机关可暂停纳税人享受专项附加扣除。居民个人按规定更正相关信息或者说明情况后，经税务机关确认，居民个人可继续享受专项附加扣除；以前月份未享受扣除的，可按规定追补扣除。④汇算清缴时，可依法扣除的捐赠，是当年符合条件的公益慈善事业捐赠。

3.适用税率和速算扣除数，根据年度应纳税所得额查找综合所得七级超额累进税率表（见表10-1）确定。

此外，纳税人计算并结清本年综合所得的应退或应补税款，不涉及以前或以后年度，也不涉及财产租赁等分类所得，以及纳税人按规定选择不并入综合所得计算纳税的全年一次性奖金等所得。

【例 10-4】中国居民王某在境内某企业任职，2021 年 1—12 月每月应从任职企业取得工资收入 20 000 元，无免税收入；其任职企业每月按有关规定标准为其代缴“三险一金”2 000 元，从 1 月开始享受子女教育和赡养老人专项附加扣除合计 3 000 元。另外，王某 2021 年 3 月从甲公司取得劳务报酬收入 40 000 元、6 月从乙公司取得稿酬收入 20 000 元、8 月从丁公司取得特许权使用费收入 5 000 元。上述劳务报酬、稿酬、特许权使用费收入均为不含税收入。已知当年取得四项所得时已被支付方足额预扣预缴税款合计 20 120 元，没有大病医疗专项附加扣除和减免收入及减免税额等情况。请为王某进行综合所得个人所得税的汇算清缴。

（1）$$\text{综合所得年收入额}=\text{工资、薪金收入额}+\text{劳务报酬收入额}+\text{稿酬收入额}+\text{特许权使用费收入额}$$

=20 000×12+40 000×（1-20%）+20 000×（1-20%）×70%+5 000×（1-20%）

=287 200（元）

（2）$$\text{综合所得年应纳税所得额}=\text{年收入额}-60\,000-\text{专项扣除}-\text{专项附加扣除}-\text{依法确定的其他扣除}$$

=287 200-60 000-（2 000×12）-（3 000×12）=167 200（元）

（3）综合所得应纳税额=年应纳税所得额×适用税率-速算扣除数

=167 200×20%-16 920=16 520（元）

（4）年度汇算清缴应补（退）税额=应纳税额-预扣预缴税额

=16 520-20 120=-3 600（元）

2021年年度汇算清缴时，应退王某税款3 600元。

二、非居民个人应纳税额的计税方法

（一）无住所居民个人综合所得计税方法的特殊规定

根据《财政部、税务总局关于非居民个人和无住所居民个人有关个人所得税政策的公告》（财政部、税务总局公告2019年第35号）的规定，无住所居民个人取得综合所得，年度终了后，应将年度工资、薪金收入额，劳务报酬收入额，稿酬收入额，特许权使用费收入额汇总，计算缴纳个人所得税。需要办理汇算清缴的，依法办理汇算清缴。计算公式为：

$$\text{年度综合所得应纳税额}=(\text{年度工资、薪金收入额}+\text{年度劳务报酬收入额}+\text{年度稿酬收入额}+\text{年度特许权使用费收入额}-\text{减除费用}-\text{专项扣除}-\text{专项附加扣除}-\text{依法确定的其他扣除})\times\text{适用税率}-\text{速算扣除数}$$

公式中的年度工资、薪金收入额，年度劳务报酬收入额，年度稿酬收入额，年度特许权使用费收入额，分别按年度内每月工资、薪金以及每次劳务报酬、稿酬、特许权使用费收入额合计数额计算。

1.工资、薪金收入额的确定与纳税人的身份和居住时间密切相关。

（1）无住所居民个人（非高管）在境内居住累计满183天的年度连续不满6年的情形。

在境内居住累计满183天的年度连续不满6年的无住所居民个人，符合《个人所得税法实施条例》第四条优惠条件的，其取得的全部工资、薪金所得，除归属于境外工作期间且由境外单位或者个人支付的工资、薪金所得部分外，均应计算缴纳个人所得税。工资、薪金所得收入额的计算公式如下：

$$\text{当月工资、薪金收入额}=\text{当月境内外工资、薪金总额}\times[1-\text{当月境外支付的工资、薪金数额}\div\text{当月境内外工资、薪金总额}\times\text{当月工资、薪金所属工作期间境外工作天数}\div\text{当月工资、薪金所属工作期间公历天数}]$$

（2）无住所居民个人（非高管）在境内居住累计满183天的年度连续满6年的情形。

在境内居住累计满183天的年度连续满6年后，不符合《个人所得税法实施条例》第四条优惠条件的无住所居民个人，其从境内、境外取得的全部工资、薪金所得均应并入收入额计算缴纳个人所得税。

（3）无住所居民个人为高管的情形。

高管是指在企业担任董事、监事、高层管理职务的人员。这里的高层管理职务包括企业正、副（总）经理，各职能总师、总监及其他类似公司管理层的职务。上述个人工资、薪金所得收入额，按照财政部、税务总局2019年第35号公告第二条规定计算纳税，即高管人员为居民个人的，其工资、薪金在境内应计税的收入额的计算方法与其他无住所居民个人一致。

2.专项附加扣除政策的享受。

无住所居民个人在计算综合所得收入额时，可以享受专项附加扣除。其中，无住所居民个人为外籍个人的，2022年1月1日前计算工资、薪金收入额时，可以选择享受住房补贴、子女教育费、语言训练费等八项津补贴优惠政策，也可以选择享受专项附加扣除政策，但两者不可同时享受。

（二）非居民个人四项所得的计税方法

非居民个人取得工资、薪金所得，劳务报酬所得，稿酬所得和特许权使用费所得，有扣缴义务人的，由扣缴义务人按以下方法按月或者按次代扣代缴个人所得税，不办理汇算清缴：非居民个人的工资、薪金所得，以每月收入额减除费用5 000元后的余额为应纳税所得额；劳务报酬所得、稿酬所得、特许权使用费所得，以每次收入额为应纳税所得额，适用月度税率表（见表10–5）计算应纳税额。其中，劳务报酬所得、稿酬所得、特许权使用费所得以收入减除20%的费用后的余额为收入额。稿酬所得的收入额再减按70%计算。

关于次的界定：劳务报酬所得、稿酬所得、特许权使用费所得，属于一次性收入的，以取得该项收入为一次；属于同一项目连续性收入的，以一个月内取得的收入为一次。

非居民个人在一个纳税年度内税款扣缴方法保持不变，达到居民个人条件时，应当告知扣缴义务人基础信息变化情况，年度终了后按照居民个人有关规定办理汇算清缴。

1.当月取得工资、薪金所得的计税方法。

非居民个人当月取得工资、薪金所得，以财政部、税务总局2019年第35号公告第二条规定计算的当月收入额减去税法规定的减除费用后的余额，为应纳税所得额，适用月度税率表（见表10–5）计算应纳税额。

2.一个月内取得数月奖金的计税方法。

数月奖金，是指无住所居民个人一次取得归属于数月的奖金（包括全年奖金）、年终加薪、分红等工资、薪金所得，不包括每月固定发放的奖金及一次性发放的数月工资。

非居民个人一个月内取得数月奖金，单独按照财政部、税务总局2019年第35号公告第二条计算当月收入额，不与当月其他工资、薪金合并，按6个月分摊计税，不减除费用，适用月度税率表（见表10–5）计算应纳税额。计算公式如下：

当月数月奖金应纳税额=［（数月奖金收入额÷6）×适用税率–速算扣除数］×6

需要注意的是，上述分摊计税方法，每个非居民个人每一纳税年度只能使用一次。

【例10–5】 2020年1—3月，美国某公司将其员工杰克派驻中国境内一科技公司工作，3月底杰克完成工作任务回国。4月美国公司对其境内工作绩效进行考核后，向其发放第一季度的奖金，折合人民币60 000元。已知杰克2020年在境内工作时间为60天，分析杰克该笔奖金中来源于中国境内所得的金额及对中国的纳税义务（不考虑税收协定因素）。

根据财政部、税务总局2019年第35号公告规定，纳税人停止在境内履约或者执行职务离境后收到的数月奖金，对属于境内工作期间的部分，为来源于境内的工资、薪金所得。

杰克来源于境内的奖金所得=60 000×［60÷（31+28+31）］=40 000（元）

由于杰克2020年在境内居住不超过90天，其来源于中国境内的所得中，由境外雇主支付并且不由该雇主在中国境内的机构、场所负担的部分，免予缴纳个人所得税。本例60 000元的季度奖金全部由境外单位支付，所以杰克的该笔奖金无须向中国纳税。

【例10-6】2020年中国境内某公司聘请境外科研人员卡特参与公司项目研发，2020年1—6月卡特在境内公司履职。基于研发已完成，7月境内公司拟向其分别发放2020年第一季度和第二季度的奖金70 000元和80 000元。已知卡特第一季度境内工作天数36天，第二季度境内工作天数45.5天。分析计算卡特2020年7月对中国的纳税义务（不考虑税收协定因素）。

境内某公司向卡特发放季度奖金，应按非居民个人取得数月奖金计算扣缴个人所得税。具体计算过程如下：

第一步：计算卡特7月来源于境内的奖金所得。

按照财政部、税务总局2019年第35号公告规定，无住所个人一个月内取得的境内外数月奖金包含归属于不同期间的多笔所得的，应当先分别计算不同归属期间来源于境内的所得，然后再加总计算当月来源于境内的所得总额。

70 000元中归属于境内的所得=70 000×36÷（31+28+31）=28 000（元）

80 000元中归属于境内的所得=80 000×45.5÷（30+31+30）=40 000（元）

来源于境内的奖金所得合计=28 000+40 000=68 000（元）

第二步：计算当月来源于境内的奖金中应计税的收入额。

按照财政部、税务总局2019年第35号公告规定，在一个纳税年度内，在境内累计居住不超过90天的非居民个人，仅就归属于境内工作期间并由境内雇主支付或者负担的工资、薪金所得计算缴纳个人所得税，所以，卡特数月奖金应计税的收入额为68 000元。

第三步：按6个月平均计算应纳税额。

非居民个人一个月内取得数月奖金，单独计算当月收入额，不与当月其他工资、薪金合并，按6个月分摊计税，不减除费用，适用月度税率表计算应纳税额。

当月数月奖金应扣缴个人所得税=［（数月奖金收入额÷6）×适用税率-速算扣除数］×6

=（68 000÷6×20%-1 410）×6=5 140（元）

三、经营所得的计税方法

经营所得，以每一纳税年度的收入总额减除成本、费用以及损失后的余额，为应纳税所得额。

（一）计税基本规定

个体工商户的生产经营所得，以每一纳税年度的收入总额，减除成本、费用、税金、损失、其他支出以及允许弥补的以前年度亏损后的余额，为应纳税所得额。计算公式为：

应纳税所得额=收入总额-成本-费用-税金-损失-其他支出-允许弥补的以前年度亏损

1.个体工商户从事生产经营以及与生产经营有关的活动（以下简称生产经营）取得的货币形式和非货币形式的各项收入，为收入总额，包括销售货物收入、提供劳务收入、转让财产收入、利息收入、租金收入、接受捐赠收入、其他收入。

其他收入包括个体工商户资产溢余收入、逾期一年以上的未退包装物押金收入、确实无法偿付的应付款项、已作坏账损失处理后又收回的应收款项、债务重组收入、补贴收入、违约金收入、汇兑收益等。

2.成本，是指个体工商户在生产经营活动中发生的各种直接支出和分配计入成本的间接费用，具体包括销售成本、销货成本、业务支出以及其他耗费。

3.费用，是指个体工商户在生产经营活动中发生的销售费用、管理费用和财务费用，已经计入成本的有关费用除外。

4.税金，是指个体工商户在生产经营活动中发生的除个人所得税和允许抵扣的增值税以外的各项税金及附加。

5.损失，是指个体工商户在生产经营活动中发生的固定资产和存货的盘亏、毁损、报废损失，转让财产损失，坏账损失，自然灾害等不可抗力因素造成的损失以及其他损失。

个体工商户发生的损失，减除责任人赔偿和保险赔款后的余额，参照财政部、国家税务总局有关企业资产损失税前扣除的规定扣除。

个体工商户已经作为损失处理的资产，在以后纳税年度又全部收回或者部分收回时，应当计入收回当期的收入。

6.其他支出，是指除成本、费用、税金、损失外，个体工商户在生产经营活动中发生的与生产经营活动有关的、合理的支出。

7.个体工商户发生的支出应当区分收益性支出和资本性支出。收益性支出在发生当期直接扣除；资本性支出应当分期扣除或者计入有关资产成本，不得在发生当期直接扣除。

支出，是指与取得收入直接相关的支出。除税收法律法规另有规定外，个体工商户实际发生的成本、费用、税金、损失和其他支出，不得重复扣除。

8.亏损，是指个体工商户依照规定计算的应纳税所得额小于零的数额。

（二）个体工商户不得税前扣除的支出

个体工商户不得税前扣除的支出主要有：（1）个人所得税税款；（2）税收滞纳金；（3）罚金、罚款和被没收财物的损失；（4）不符合扣除规定的捐赠支出；（5）赞助支出，是指个体工商户发生的与生产经营活动无关的各种非广告性质支出；（6）用于个人和家庭的支出；（7）与取得生产经营收入无关的其他支出；（8）国家税务总局规定不准扣除的支出。

（三）扣除项目及标准

1.个体工商户实际支付给从业人员的、合理的工资、薪金支出，准予扣除。

2.个体工商户业主费用的扣除。个体工商户业主的工资、薪金支出不得税前扣除。根据《个人所得税法实施条例》的规定，取得经营所得的个人，没有综合所得的，计算其每一纳税年度的应纳税所得额时，应当减除费用60 000元、专项扣除、专项附加扣除以及依法确定的其他扣除。其中，专项附加扣除在办理汇算清缴时减除。

个体工商户因在纳税年度中间开业、合并、注销及其他原因，导致该纳税年度的实际经营期不足一年的，其生产经营所得计算个人所得税时，以其实际经营期为一个纳税年度。投资者本人的费用扣除标准，应按照其实际经营月份数，以每月5 000元的减除标准确定。计算公式如下：

应纳税所得额=该年度收入总额-成本、费用及损失-当年投资者本人的费用扣除额

当年投资者本人的费用扣除额=月减除费用（5 000元/月）×当年实际经营月份数

应纳税额=应纳税所得额×税率-速算扣除数

3.个体工商户按照国务院有关主管部门或者省级人民政府规定的范围和标准为其业主和从业人员缴纳的基本养老保险费、基本医疗保险费、失业保险费、生育保险费、工伤保险费和住房公积金，准予扣除。

个体工商户为从业人员缴纳的补充养老保险费、补充医疗保险费，分别在不超过从业人员工资总额5%标准内的部分据实扣除；超过部分，不得扣除。

个体工商户业主本人缴纳的补充养老保险费、补充医疗保险费，以当地（地级市）上年度社会平均工资的3倍为计算基数，分别在不超过该计算基数5%标准内的部分据实扣除；超过部分，不得扣除。

4.除个体工商户依照国家有关规定为特殊工种从业人员支付的人身安全保险费和财政部、国家税务总局规定可以扣除的其他商业保险费外，个体工商户业主本人或者其为从业人员支付的商业保险费，不得扣除。

5.个体工商户在生产经营活动中发生的合理的不需要资本化的借款费用，准予扣除。

个体工商户为购置、建造固定资产、无形资产和经过12个月以上的建造才能达到预定可销售状态的存货发生借款的，在有关资产购置、建造期间发生的合理的借款费用，应当作为资本性支出计入有关资产的成本，并依照规定扣除。

6.个体工商户在生产经营活动中发生的下列利息支出，准予扣除：（1）向金融企业借款的利息支出；（2）向非金融企业和个人借款的利息支出，不超过按照金融企业同期同类贷款利率计算的数额的部分。

7.个体工商户在货币交易中，以及纳税年度终了时将人民币以外的货币性资产、负债按照期末即期人民币汇率中间价折算为人民币时产生的汇兑损失，除已经计入有关资产成本部分外，准予扣除。

8.个体工商户向当地工会组织拨缴的工会经费、实际发生的职工福利费支出、职工教育经费支出分别在工资、薪金总额的2%、14%和2.5%的标准内据实扣除。

工资、薪金总额是指允许在当期税前扣除的工资、薪金支出数额。

职工教育经费的实际发生数额超出规定比例当期不能扣除的数额，准予在以后纳税年度结转扣除。

个体工商户业主本人向当地工会组织缴纳的工会经费、实际发生的职工福利费支出、职工教育经费支出，以当地（地级市）上年度社会平均工资的3倍为计算基数，在上述规定比例内据实扣除。

9.个体工商户发生的与生产经营活动有关的业务招待费，按照实际发生额的60%扣除，但最高不得超过当年销售（营业）收入的5‰。

业主自申请营业执照之日起至开始生产经营之日止所发生的业务招待费，按照实际发生额的60%计入个体工商户的开办费。

10.个体工商户每一纳税年度发生的与其生产经营活动直接相关的广告费和业务宣传

费不超过当年销售（营业）收入15%的部分，可以据实扣除；超过部分，准予在以后纳税年度结转扣除。

（四）应纳税额的计算方法

个体工商户取得经营所得应纳税额的计算，适用五级超额累进税率（见表10-2），采取按月或按季度预缴税款，按年汇算清缴的纳税方式。具体而言，由纳税人在月度或者季度终了后15日内向税务机关报送纳税申报表预缴税款，在取得所得的次年3月31日前办理年度个人所得税汇算清缴。其计算公式为：

全年应纳税额=全年应纳税所得额×适用税率-速算扣除数

汇算清缴税额=全年应纳税额-全年累计已预缴税额

【例10-7】A市某酒店系个体工商户，账证健全。2020年1—12月累计应纳税所得额为250 000（未扣除投资者费用），1—12月累计已预缴个人所得税20 000元。除经营所得外，投资者本人没有其他应税收入，2020年全年享受一名子女教育和赡养老人的专项附加扣除，全额合计24 000元。汇算该个体工商户2020年度经营所得应缴纳的个人所得税。

全年应纳税所得额=250 000-60 000-24 000=166 000（元）

全年应缴纳个人所得税=166 000×20%-10 500=22 700（元）

全年汇算清缴应补税额=22 700-20 000=2 700（元）

四、分类所得的计税方法

分类所得是指个人取得的利息、股息、红利所得，财产租赁所得，财产转让所得和偶然所得。其计税方法各有特点，下面逐一介绍。

（一）利息、股息、红利所得的计税方法

1.应纳税所得额的确定。

利息、股息、红利所得以个人每次取得的收入额为应纳税所得额，不得从收入额中扣除任何费用。其中，每次收入额是指支付单位或个人每次支付利息、股息、红利时，个人所取得的收入。对于股份制企业在分配股息、红利时以股票形式向股东个人支付应得的股息、红利（即派发红股）的，应以派发红股的股票票面金额为收入额，计算征收个人所得税。

根据《国家税务总局关于企业为股东个人购买汽车征收个人所得税的批复》（国税函〔2005〕364号）的规定，企业购买车辆并将车辆所有权办到股东个人名下，其实质为企业对股东进行了红利性质的实物分配，应按照“利息、股息、红利所得”项目征收个人所得税。考虑到该股东个人名下的车辆同时也为企业经营使用的实际情况，在计算收入额时，允许合理减除部分所得；减除的具体数额由主管税务机关根据车辆的实际使用情况合理确定。

2.应纳税额的计算。

利息、股息、红利所得适用20%的比例税率。其应纳税额的计算公式为：

应纳税额=应纳税所得额（每次收入额）×适用税率

（二）财产租赁所得的计税方法

1.应纳税所得额的确定。

财产租赁所得一般以个人每次取得的收入，定额或定率减除规定费用后的余额为应纳税所得额。每次收入不超过4 000元的，定额减除费用800元；每次收入在4 000元以上的，定率减除20%的费用。财产租赁所得以一个月内取得的收入为一次。

在确定财产租赁的应纳税所得额时，纳税人在出租财产过程中缴纳的税费，可持完税（缴款）凭证，从其财产租赁收入中扣除。准予扣除的项目除了规定费用和有关税费外，还准予扣除能够提供有效、准确凭证，证明由纳税人负担的该出租财产实际开支的修缮费用。允许扣除的修缮费用以每次800元为限。一次扣除不完的，准予在下一次继续扣除，直到扣完为止。

个人将承租房屋转租取得的租金收入，属于个人所得税应税所得，应按“财产租赁所得”项目计算缴纳个人所得税。取得转租收入的个人向房屋出租方支付的租金，凭房屋租赁合同和合法支付凭据允许从该项转租收入中税前扣除。

个人出租财产取得的财产租赁收入，在计算缴纳个人所得税时，应依次扣除以下费用：（1）财产租赁过程中缴纳的税费；（2）向出租方支付的租金；（3）由纳税人负担的该出租财产实际开支的修缮费用；（4）税法规定的费用扣除标准。

每次（月）收入不超过4 000元，应纳税所得额的计算公式为：

应纳税所得额=每次（月）收入额-准予扣除项目-修缮费用（800元为限）-800元

每次（月）收入超过4 000元，应纳税所得额的计算公式为：

应纳税所得额=［每次（月）收入额-准予扣除项目-修缮费用（800元为限）］×（1-20%）

2.应纳税额的计算。

财产租赁所得适用20%的比例税率。对个人按市场价格出租的居民住房取得的所得，自2001年1月1日起暂减按10%的税率征收个人所得税。计算公式为：

应纳税额=应纳税所得额×适用税率

【例10-8】中国居民黄某2020年1月将其自有的5间面积为200平方米的房屋出租给张某居住，租期为一年。黄某每月取得租金收入8 000元，全年租金收入96 000元。计算黄某全年租金收入应缴纳的个人所得税（不考虑其他税费）。

每月应纳税额=8 000×（1-20%）×10%=640（元）

全年应纳税额=640×12=7 680（元）

（三）财产转让所得的计税方法

1.应纳税所得额的确定。

财产转让所得是指个人转让有价证券、股权、合伙企业中的财产份额、不动产、机器设备、车船以及其他财产取得的所得。个人转让财产，按照一次转让财产的收入额减除财产原值和合理费用后的余额，为应纳税所得额计算纳税。计算公式为：

应纳税所得额=每次收入额-财产原值-合理费用

其中，财产原值按照下列方法确定：

（1）有价证券，为买入价以及买入时按照规定交纳的有关费用。其中，转让债券，采用加权平均法确定其应予以减除的财产原值和合理费用。也就是说，以纳税人购进的同一种类债券买入价和买进过程中缴纳的税费总和，除以纳税人购进的该种类债券数量之和，乘以纳税人卖出的该种类债券数量，再加上卖出该种类债券过程中缴纳的税费。用公式表示为：

$$\frac{\text{一次卖出某一种类债券}}{\text{允许扣除的买出价和费用}}=\frac{\text{纳税人购进的该种类债券买入价和买进过程中缴纳的税费总和}}{\text{纳税人购进的该种类债券总数量}}\times\frac{\text{一次卖出的该种}}{\text{类债券的数量}}+\frac{\text{卖出该种类债券}}{\text{过程中缴纳的税费}}$$

【例10-9】中国居民蒋某2020年8月购入债券10 000份，每份买入价10元，支付买入债券的税费共计300元。9月将买入的债券一次卖出6 000份，每份卖出价13元，支付卖出债券的税费共计220元。计算蒋某本次卖出债券的财产原值和合理费用。

本次卖出债券应扣除的买价及费用=（10 000×10+300）÷10 000×6 000+220=60 400（元）

（2）建筑物，为建造费或者购进价格以及其他有关税费。

（3）土地使用权，为取得土地使用权所支付的金额、开发土地的费用以及其他有关税费。

（4）机器设备、车船，为购进价格、运输费、安装费，以及其他有关费用。

其他财产，参照以上方法确定。

如果纳税人未提供完整、准确的财产原值凭证，不能按照上述（1）至（4）的方法确定财产原值，由主管税务机关核定财产原值。

合理费用，是指卖出财产时按照规定支付的有关税费。

2.应纳税额的计算。

财产转让所得适用20%的比例税率。计算公式为：

应纳税额=应纳税所得额×适用税率

【例10-10】中国居民王某建造住房一套，造价400 000元，支付其他相关费用20 000元。2021年5月王某将该住房出售，不含税销售价格2 000 000元，卖出时按照规定支付相关税费80 000元。计算王某转让住房应缴纳的个人所得税。

住房转让应纳税所得额=2 000 000-（400 000+20 000）-80 000=1 500 000（元）

住房转让应纳个人所得税税额=1 500 000×20%=300 000（元）

第三节　个人所得税核算及申报管理

我国个人所得税采取全员全额扣缴申报纳税和自行申报纳税两种方式。

一、会计科目的设置和会计处理

（一）会计科目的设置

个人所得税设置“应交税费”一级会计科目进行核算，根据自行申报、代扣代缴和代付税款，分别设置“应交个人所得税”、“代扣代缴个人所得税”和“代付个人所得税”三个明细会计科目。该科目的贷方余额表示本期应交未交的个人所得税税额，借方余额表示已多交的个人所得税税额。

根据缴纳个人所得税的不同项目，涉及借方的主要会计科目有：单位和个人代扣工资所得个人所得税时，借记“应付职工薪酬”科目；代扣支付的利息、股息所得个人所得税时，借记“应付利息”“应付股利”“应付利润”科目；代扣劳务所得个人所得税时，借记“销售费用”“管理费用”等科目。单位和雇主为纳税人代付个人所得税时，借记“生产成本”“管理费用”“销售费用”等科目。

（二）代扣代缴个人所得税的会计处理

代扣代缴个人所得税是个人所得税缴纳的最主要方法之一。代扣代缴个人所得税的范围十分广泛，只要有纳税义务的个人取得个人所得，按规定应该缴纳个人所得税的，支付所得方均可按照税法规定进行代扣代缴。

1.代扣代缴工资、薪金个人所得税。

单位和个体雇主扣缴工资、薪金所得税时，按照规定计算应缴纳的个人所得税，借记“应付职工薪酬”科目，贷记“应交税费——代扣代缴个人所得税”科目；上缴代扣的税款时，借记“应交税费——代扣代缴个人所得税”科目，贷记“银行存款”科目。

【例 10-11】某公司发放2021年1月份工资时，有位高级工程师（为居民纳税人）的月工资为25 000元，当月可扣除“三险一金”1 800元、子女教育和赡养老人3 000元。当月该公司扣缴该工程师工资个人所得税计算处理如下：

（1）应代扣代缴个人所得税：

代扣代缴个人所得税税额=（25 000−5 000−1 800−3 000）×3%=456（元）

借：应付职工薪酬——工程师	456
贷：应交税费——代扣代缴个人所得税	456

（2）上缴代扣的个人所得税时：

借：应交税费——代扣代缴个人所得税	456
贷：银行存款	456

2.代扣代缴利息、股息个人所得税。

代扣代缴利息、股息个人所得税时，借记“应付利息”“应付股利”科目，贷记“应交税费——代扣代缴个人所得税”科目。

【例 10-12】某上市公司年终支付给本单位职工集资利息共计50 000元、支付个人股东的股息共计200 000元。该公司代扣代缴利息、股息个人所得税，税务机关按扣缴入库的税款支付扣缴义务人2%的手续费。扣缴税款计算处理如下：

（1）扣缴利息个人所得税=50 000×20%=10 000（元）

（2）扣缴股息个人所得税=200 000×20%×50%=20 000（元）

（3）代扣代缴个人所得税时：

借：应付利息	10 000	
应付股利	20 000	
贷：应交税费——代扣代缴个人所得税		30 000

（4）上缴代扣代缴个人所得税时：

借：应交税费——代扣代缴个人所得税	30 000	
贷：银行存款		30 000

（5）该公司收到代扣代缴手续费时：

应收手续费=30 000×2%=600（元）

借：银行存款（或库存现金）	600	
贷：其他业务收入（或营业外收入）——扣缴个税手续费		600

【例 10-13】某公司承租杨某个人出租的住房5间用于办公，每月租金20 000元，全年租金240 000元，按租赁合同约定每个季度付款一次，并由该公司在每次付款时代扣代缴

个人所得税。在不考虑其他税费的情况下，扣缴个人所得税计算处理如下：

（1）每次扣缴个人所得税=20 000×（1−20%）×10%×3=4 800（元）

（2）代扣代缴个人所得税时：

借：应付租金——杨某　　4 800

　贷：应交税费——代扣代缴个人所得税　　4 800

（3）上缴代扣代缴个人所得税时：

借：应交税费——代扣代缴个人所得税　　4 800

贷：银行存款　　4 800

（三）自行申报缴纳个人所得税的会计处理

个人申报缴纳个人所得税涉及面非常广，但进行账务处理的个人很少，除个体工商户和承包经营、承租经营外，一般个人缴纳个人所得税时不作账务处理。个体工商户缴纳个人所得税有其特殊性，以年度收入总额按规定扣除成本费用后的收益为应纳税所得额。在个体工商户财务核算比较健全的情况下，缴纳的个人所得税是从利润分配中支付的。计算缴纳个人所得税时，借记“利润分配”科目，贷记“应交税费——应交个人所得税”科目；上缴个人所得税时，借记“应交税费——应交个人所得税”科目，贷记“银行存款”科目。

【例10-14】某个体运输户2020年度实现运输收入共计325 000元，运输成本和费用168 000元，缴纳税金及附加12 000元，其他允许扣除的支出为50 000元。假定当年未预缴个人所得税，全年应缴纳个人所得税计算处理如下：

（1）全年应纳税所得额=325 000−168 000−12 000−50 000=95 000（元）

（2）全年应缴纳个人所得税=95 000×20%−10 500=8500（元）

（3）提取税款时：

借：利润分配——未分配利润（或所得税）　　8 500

　贷：应交税费——应交个人所得税　　8 500

（4）上缴税款时：

借：应交税费——应交个人所得税　　8 500

　贷：银行存款　　8 500

（四）代付个人所得税的会计处理

代付个人所得税有两种情况：一是个人为单位或雇主提供劳务或取得其他所得时，由支付所得方为纳税义务人负担并缴纳个人所得税；二是扣缴义务人应扣未扣、应收未收税款的，由扣缴义务人缴纳应扣未扣、应收未收税款以及相应的滞纳金和罚款。支付所得方代付个人所得税时，借记“管理费用”“固定资产”“无形资产”“营业外支出”等科目，贷记“应交税费——代付个人所得税”科目；上缴个人所得税时，借记“应交税费——代付个人所得税”科目，贷记“银行存款”科目。

【例10-15】某公司聘请一位技术人员为其安装机器设备一台，按合同规定支付给技术员个人劳务报酬4 000元，应缴纳的个人所得税由该公司负担。技术员安装任务完成，该公司按合同支付劳务报酬并负担个人所得税，计算处理如下：

（1）应纳税所得额=（4 000−800）÷（1−20%）=4 000（元）

（2）应纳个人所得税=4 000×20%=800（元）

（3）支付报酬和计算税款时的会计处理：

借：在建工程　　4 800

　贷：银行存款　　4 000

　　应交税费——代付个人所得税　　800

（4）上缴税款时：

借：应交税费——代付个人所得税　　800

　贷：银行存款　　800

如果代付税款属于其他项目，在代付税款的会计处理中，借方应以相对应的项目设立会计科目。

二、扣缴申报管理办法

个人所得税以所得人为纳税人，以支付所得的单位或者个人为扣缴义务人。扣缴义务人向个人支付应税款项时，应当依照规定预扣或者代扣税款，按时缴库，并专项记载备查。上述所称支付，包括现金支付、汇拨支付、转账支付和以有价证券、实物以及其他形式的支付。

（一）实行全员全额扣缴申报的应税所得范围

按照《个人所得税法》的规定，扣缴义务人应当按照国家规定办理全员全额扣缴申报，并向纳税人提供其个人所得和已扣缴税款等信息。

全员全额扣缴申报，是指扣缴义务人应当在代扣税款的次月15日内，向主管税务机关报送其支付所得的所有个人的有关信息、支付所得数额、扣除事项和数额、扣缴税款的具体数额和总额以及其他相关涉税信息资料。

实行个人所得税全员全额扣缴申报的应税所得包括：工资、薪金所得，劳务报酬所得，稿酬所得，特许权使用费所得，利息、股息、红利所得，财产租赁所得，财产转让所得，偶然所得。

（二）扣缴义务人的法定义务

1.扣缴义务人每月或者每次预扣、代扣的税款，应当在次月15日内缴入国库，并向税务机关报送个人所得税扣缴申报表。

2.扣缴义务人首次向纳税人支付所得时，应当按照纳税人提供的纳税人识别号等基础信息，填写个人所得税基础信息表（A表），并于次月扣缴申报时向税务机关报送。

扣缴义务人对纳税人向其报告的相关基础信息变化情况，应当于次月扣缴申报时向税务机关报送。

3.扣缴义务人向居民个人支付工资、薪金所得时，应当按照累计预扣法计算预扣税款，并按月办理扣缴申报。

4.居民个人向扣缴义务人提供有关信息并依法要求办理专项附加扣除的，扣缴义务人应当按照规定在工资、薪金所得按月预扣预缴税款时予以扣除，不得拒绝。

5.扣缴义务人向居民个人支付劳务报酬所得、稿酬所得、特许权使用费所得时，应当按照有关方法按次或者按月预扣预缴税款。

6.扣缴义务人向非居民个人支付工资、薪金所得，劳务报酬所得，稿酬所得和特许权使用费所得时，应当按照有关方法按月或者按次代扣代缴税款。

7. 扣缴义务人支付利息、股息、红利所得，财产租赁所得，财产转让所得或者偶然所得时，应当依法按次或者按月代扣代缴税款。

8. 纳税人需要享受税收协定待遇的，应当在取得应税所得时主动向扣缴义务人提出，并提交相关信息、资料，扣缴义务人代扣代缴税款时按照享受税收协定待遇有关办法办理。

9. 支付工资、薪金所得的扣缴义务人应当于年度终了后两个月内，向纳税人提供其个人所得和已扣缴税款等信息。纳税人年度中间需要提供上述信息的，扣缴义务人应当提供。

10. 纳税人取得除工资、薪金所得以外的其他所得，扣缴义务人应当在扣缴税款后，及时向纳税人提供其个人所得和已扣缴税款等信息。

11. 扣缴义务人应当按照纳税人提供的信息计算税款、办理扣缴申报，不得擅自更改纳税人提供的信息。

扣缴义务人发现纳税人提供的信息与实际情况不符的，可以要求纳税人修改。纳税人拒绝修改的，扣缴义务人应当报告税务机关，税务机关应当及时处理。

纳税人发现扣缴义务人提供或者扣缴申报的个人信息、支付所得、扣缴税款等信息与实际情况不符的，有权要求扣缴义务人修改。扣缴义务人拒绝修改的，纳税人应当报告税务机关，税务机关应当及时处理。

12. 扣缴义务人对纳税人提供的个人所得税专项附加扣除信息表，应当按照规定妥善保存备查。

13. 扣缴义务人应当依法对纳税人报送的专项附加扣除等相关涉税信息和资料保密。

14. 扣缴义务人依法履行代扣代缴义务，纳税人不得拒绝。纳税人拒绝的，扣缴义务人应当及时报告税务机关。

15. 扣缴义务人有未按照规定向税务机关报送资料和信息、未按照纳税人提供信息虚报虚扣专项附加扣除、应扣未扣税款、不缴或少缴已扣税款、借用或冒用他人身份等行为的，依照《税收征收管理法》等相关法律、行政法规处理。

（三）代扣代缴税款的手续费

税务机关对扣缴义务人按照规定扣缴的税款（不包括税务机关、司法机关等查补或者责令补扣的税款），按年付给2%的手续费，扣缴义务人领取的扣缴手续费可用于提升办税能力、奖励办税人员。

（四）个人所得税扣缴申报表填列方法

自2019年1月1日起，个人所得税实施新规定，个人所得税扣缴申报表见表10-6。

1. 适用范围。

表10-6适用于扣缴义务人向居民个人支付工资、薪金所得，劳务报酬所得，稿酬所得和特许权使用费所得的个人所得税全员全额预扣预缴申报；向非居民个人支付工资、薪金所得，劳务报酬所得，稿酬所得和特许权使用费所得的个人所得税全员全额扣缴申报；以及向纳税人（居民个人和非居民个人）支付利息、股息、红利所得，财产租赁所得，财产转让所得和偶然所得的个人所得税全员全额扣缴申报。

2. 申报期限。

扣缴义务人应当在每月或者每次预扣、代扣税款的次月15日内，将已扣税款缴入国库，并向税务机关报送表10-6。

表 10-6

个人所得税扣缴申报表

税款所属期：　　年　月　日至　　年　月　日

扣缴义务人名称：

扣缴义务人纳税人识别号：（统一社会信用代码）□□□□□□□□□□□□□□□□□□□□□□□□

金额单位：人民币元（列至角分）

							本月(次)情况														累计情况											税额计算							
							收入额计算				专项扣除				其他扣除									累计专项附加扣除															
序号	姓名	身份证件类型	身份证件号码	纳税人识别号	是否为非居民个人	所得项目	收入	费用	免税收入	减除费用	基本养老保险费	基本医疗保险费	失业保险费	住房公积金	年金	商业健康保险	税延养老保险	财产原值	允许扣除的税费	其他	累计收入额	累计减除费用	累计专项扣除	子女教育	赡养老人	住房贷款利息	住房租金	继续教育	累计其他扣除	减按计税比例	准予扣除的捐赠额	应纳税所得额	税率/预扣率	速算扣除数	应纳税额	减免税额	已缴税额	应补/退税额	备注
1	2	3	4	5	6	7	8	9	10	11	12	13	14	15	16	17	18	19	20	21	22	23	24	25	26	27	28	29	30	31	32	33	34	35	36	37	38	39	40
合计																																							

谨声明：本表是根据国家税收法律法规及相关规定填报的，是真实的、可靠的、完整的。

扣缴义务人(签章)

经办人签字： 经办人身份证件号码： 代理机构签章： 代理机构统一社会信用代码：	受理人： 受理税务机关(章)： 受理日期：　年　月　日

各栏次填写说明

（一）表头项目

1. 税款所属期：填写扣缴义务人预扣、代扣税款当月的第1日至最后1日。如2019年3月20日发放工资时代扣的税款，税款所属期填写“2019年3月1日至2019年3月31日”。

2. 扣缴义务人名称：填写扣缴义务人的法定名称全称。

3. 扣缴义务人纳税人识别号（统一社会信用代码）：填写扣缴义务人的纳税人识别号或者统一社会信用代码。

（二）表内各栏

1. 第2列“姓名”：填写纳税人姓名。

2. 第3列“身份证件类型”：填写纳税人有效的身份证件名称。中国公民有中华人民共和国居民身份证的，填写居民身份证；没有居民身份证的，填写中华人民共和国护照、港澳居民来往内地通行证或者港澳居民居住证、台湾居民通行证或者台湾居民居住证、外国人永久居留身份证、外国人工作许可证或者护照等。

3. 第4列“身份证件号码”：填写纳税人有效身份证件上载明的证件号码。

4. 第5列“纳税人识别号”：有中国公民身份号码的，填写中华人民共和国居民身份证上载明的“公民身份号码”；没有中国公民身份号码的，填写税务机关赋予的纳税人识别号。

5. 第6列“是否为非居民个人”：纳税人为居民个人的填“否”。为非居民个人的，根据合同、任职期限、预期工作时间等不同情况，填写“是，且不超过90天”或者“是，且超过90天不超过183天”。不填默认为“否”。

其中，纳税人为非居民个人的，填写“是，且不超过90天”的，当年在境内实际居住超过90天的次月15日内，填写“是，且超过90天不超过183天”。

6. 第7列“所得项目”：填写纳税人取得的《个人所得税法》第二条规定的应税所得项目名称。同一纳税人取得多项或者多次所得的，应分行填写。

7. 第8～21列“本月（次）情况”：填写扣缴义务人当月（次）支付给纳税人的所得，以及按规定各所得项目当月（次）可扣除的减除费用、专项扣除、其他扣除等。其中，工资、薪金所得预扣预缴个人所得税时扣除的专项附加扣除，按照纳税年度内纳税人在该任职受雇单位截至当月可享受的各专项附加扣除项目的扣除总额，填写至“累计情况”中第25～29列相应栏，本月情况中则无须填写。

（1）“收入额计算”：包含“收入”“费用”“免税收入”。收入额=第8列−第9列−第10列。

①第8列“收入”：填写当月（次）扣缴义务人支付给纳税人所得的总额。

②第9列“费用”：取得劳务报酬所得、稿酬所得、特许权使用费所得时填写，取得其他各项所得时无须填写本列。居民个人取得上述所得，每次收入不超过4 000元的，费用填写“800”元；每次收入4 000元以上的，费用按收入的20%填写。非居民个人取得劳务报酬所得、稿酬所得、特许权使用费所得，费用按收入的20%填写。

③第10列“免税收入”：填写纳税人各所得项目收入总额中，包含的税法规定的免税收入金额。其中，税法规定“稿酬所得的收入额减按70%计算”，对稿酬所得的收入额减计的30%部分，填入本列。

（2）第11列“减除费用”：按税法规定的减除费用标准填写。如2019年纳税人取得工资、薪金所得按月申报时，填写5 000元。纳税人取得财产租赁所得，每次收入不超过

4 000元的，填写800元；每次收入4 000元以上的，按收入的20%填写。

（3）第12～15列“专项扣除”：分别填写按规定允许扣除的基本养老保险费、基本医疗保险费、失业保险费、住房公积金（以下简称“三险一金”）的金额。

（4）第16～21列“其他扣除”：分别填写按规定允许扣除的项目金额。

8. 第22～30列“累计情况”：本栏适用于居民个人取得工资、薪金所得，保险营销员、证券经纪人取得佣金收入等按规定采取累计预扣法预扣预缴税款时填报。

（1）第22列“累计收入额”：填写本纳税年度截至当前月份，扣缴义务人支付给纳税人的工资、薪金所得，或者支付给保险营销员、证券经纪人的劳务报酬所得的累计收入额。

（2）第23列“累计减除费用”：按照5 000元/月乘以纳税人当年在本单位的任职受雇或者从业的月份数计算。

（3）第24列“累计专项扣除”：填写本年度截至当前月份，按规定允许扣除的“三险一金”的累计金额。

（4）第25～29列“累计专项附加扣除”：分别填写截至当前月份，纳税人按规定可享受的子女教育、赡养老人、住房贷款利息或者住房租金、继续教育扣除的累计金额。大病医疗扣除由纳税人在年度汇算清缴时办理，此处无须填报。

（5）第30列“累计其他扣除”：填写本年度截至当前月份，按规定允许扣除的年金（包括企业年金、职业年金）、商业健康保险、税延养老保险及其他扣除项目的累计金额。

9. 第31列“减按计税比例”：填写按规定实行应纳税所得额减计税收优惠的减计比例。无减计规定的，可不填，系统默认为100%。如某项税收政策实行减按60%计入应纳税所得额，则本列填60%。

10. 第32列“准予扣除的捐赠额”：是指按照税法及相关法规、政策规定，可以在税前扣除的捐赠额。

11. 第33～39列“税额计算”：填写扣缴义务人当月扣缴个人所得税税款的计算情况。

（1）第33列“应纳税所得额”：根据相关列次计算填报。

①居民个人取得工资、薪金所得，填写累计收入额减除累计减除费用、累计专项扣除、累计专项附加扣除、累计其他扣除后的余额。

②非居民个人取得工资、薪金所得，填写收入额减去减除费用后的余额。

③居民个人或者非居民个人取得劳务报酬所得、稿酬所得、特许权使用费所得，填写本月（次）收入额减除其他扣除后的余额。

保险营销员、证券经纪人取得的佣金收入，填写累计收入额减除累计减除费用、累计其他扣除后的余额。

④居民个人或者非居民个人取得利息、股息、红利所得和偶然所得，填写本月（次）收入额。

⑤居民个人或者非居民个人取得财产租赁所得，填写本月（次）收入额减去减除费用、其他扣除后的余额。

⑥居民个人或者非居民个人取得财产转让所得，填写本月（次）收入额减除财产原值、允许扣除的税费后的余额。

其中，适用“减按计税比例”的所得项目，其应纳税所得额按上述方法计算后乘以减按计税比例的金额填报。

按照税法及相关法规、政策规定，可以在税前扣除的捐赠额，可以按上述方法计算后从应纳税所得额中扣除。

(2) 第34～35列“税率/预扣率”“速算扣除数”：填写各所得项目按规定适用的税率（或预扣率）和速算扣除数。没有速算扣除数的，则不填。

(3) 第36列“应纳税额”：根据相关列次计算填报。第36列=第33列×第34列-第35列。

(4) 第37列“减免税额”：填写符合税法规定可减免的税额，并附报个人所得税减免税事项报告表。居民个人工资、薪金所得，以及保险营销员、证券经纪人取得佣金收入，填写本年度累计减免税额；居民个人取得工资、薪金以外的所得或非居民个人取得各项所得，填写本月（次）减免税额。

(5) 第38列“已缴税额”：填写本年或本月（次）纳税人同一所得项目，已由扣缴义务人实际扣缴的税款金额。

(6) 第39列“应补/退税额”：根据相关列次计算填报。第39列=第36列-第37列-第38列。

（三）其他事项说明

以纸质方式报送本表的，应当一式两份，扣缴义务人、税务机关各留存一份。

三、自行纳税申报管理

自行申报纳税，是指在税法规定的纳税期限内，由纳税人自行向税务机关申报取得的应税所得项目和数额，如实填写个人所得税纳税申报表，并按税法规定计算应纳税额，据此缴纳个人所得税的一种纳税方法。

（一）应办理申报纳税的情形

有下列情形之一的，纳税人应当依法办理纳税申报：(1) 取得综合所得需要办理汇算清缴；(2) 取得应税所得没有扣缴义务人；(3) 取得应税所得，扣缴义务人未扣缴税款；(4) 取得境外所得；(5) 因移居境外注销中国户籍；(6) 非居民个人在中国境内从两处以上取得工资、薪金所得；(7) 国务院规定的其他情形。

（二）取得综合所得需要办理年度汇算的纳税申报

取得综合所得且符合下列情形之一的纳税人，应当依法办理汇算清缴：(1) 从两处以上取得综合所得，且综合所得年收入额减除专项扣除后的余额超过60 000元；(2) 取得劳务报酬所得、稿酬所得、特许权使用费所得中一项或者多项所得，且综合所得年收入额减除专项扣除的余额超过60 000元；(3) 纳税年度内预缴税额低于应纳税额；(4) 纳税人申请退税。

需要办理汇算清缴的纳税人，应当在取得所得的次年3月1日至6月30日内，向任职、受雇单位所在地主管税务机关办理纳税申报，并报送个人所得税年度自行纳税申报表。纳税人有两处以上任职、受雇单位的，选择向其中一处任职、受雇单位所在地主管税务机关办理纳税申报；纳税人没有任职、受雇单位的，向户籍所在地或经常居住地主管税务机关办理纳税申报。

纳税人办理综合所得汇算清缴，应当准备与收入、专项扣除、专项附加扣除、依法确定的其他扣除、捐赠、享受税收优惠等相关的资料，并按规定留存备查或报送。

（三）取得经营所得的纳税申报

个体工商户业主、个人独资企业投资者、合伙企业个人合伙人、承包承租经营者个人，以及其他从事生产经营活动的个人取得经营所得，按年计算个人所得税，由纳税人在月度或季度终了后15日内，向经营管理所在地主管税务机关办理预缴纳税申报，并报送个人所得税经营所得纳税申报表（A表），见表10-7。在取得所得的次年3月31日前，向经营管理所在地主管税务机关办理汇算清缴，并报送个人所得税经营所得纳税申报表（B表），见表10-8；从两处以上取得经营所得的，选择向其中一处经营管理所在地主管税务机关办理年度汇总申报，并报送个人所得税经营所得纳税申报表（C表），见表10-9。

表10-7　　　　　　　　**个人所得税经营所得纳税申报表（A表）**

税款所属期：　年　月　日至　年　月　日

纳税人姓名：

纳税人识别号：□□□□□□□□□□□□□□□□□□□□□□□□□　　金额单位：人民币元（列至角分）

被投资单位信息		
名称		
纳税人识别号(统一社会信用代码)	□□□□□□□□□□□□□□□□□□□□□□□□□	
征收方式(单选)		
□查账征收(据实预缴)　□查账征收(按上年应纳税所得额预缴)　□核定应税所得率征收 □核定应纳税所得额征收　□税务机关认可的其他方式____		
个人所得税计算		
项目	行次	金额/比例
一、收入总额	1	
二、成本费用	2	
三、利润总额(第3行=第1行-第2行)	3	
四、弥补以前年度亏损	4	
五、应税所得率(%)	5	
六、合伙企业个人合伙人分配比例(%)	6	
七、允许扣除的个人费用及其他扣除(第7行=第8行+第9行+第14行)	7	
(一)投资者减除费用	8	
(二)专项扣除(第9行=第10行+第11行+第12行+第13行)	9	
1.基本养老保险费	10	
2.基本医疗保险费	11	
3.失业保险费	12	
4.住房公积金	13	
(三)依法确定的其他扣除(第14行=第15行+第16行+第17行)	14	
1.	15	
2.	16	
3.	17	
八、准予扣除的捐赠额(附报个人所得税公益慈善事业捐赠扣除明细表)	18	
九、应纳税所得额	19	
十、税率(%)	20	
十一、速算扣除数	21	
十二、应纳税额(第22行=第19行×第20行-第21行)	22	
十三、减免税额(附报个人所得税减免税事项报告表)	23	
十四、已缴税额	24	
十五、应补/退税额(第25行=第22行-第23行-第24行)	25	
备注		
谨声明：本表是根据国家税收法律法规及相关规定填报的，本人对填报内容(附带资料)的真实性、可靠性、完整性负责。 纳税人签字：　年　月　日		
经办人签字： 经办人身份证件类型： 经办人身份证件号码： 代理机构签章： 代理机构统一社会信用代码：	受理人： 受理税务机关(章)： 受理日期：　年　月　日	

个人所得税经营所得纳税申报表（A表）填表说明

一、适用范围

本表适用于查账征收和核定征收的个体工商户业主、个人独资企业投资人、合伙企业个人合伙人、承包承租经营者个人以及其他从事生产经营活动的个人在中国境内取得经营所得，办理个人所得税预缴纳税申报时，向税务机关报送。

合伙企业有两个或者两个以上个人合伙人的，应分别填报本表。

二、报送期限

纳税人取得经营所得，应当在月度或者季度终了后15日内，向税务机关办理预缴纳税申报。

三、本表各栏填写

（一）表头项目

1.税款所属期：填写纳税人取得经营所得应纳个人所得税税款的所属期间，应填写具体的起止年月日。

2.纳税人姓名：填写自然人纳税人姓名。

3.纳税人识别号：有中国公民身份号码的，填写中华人民共和国居民身份证上载明的“公民身份号码”；没有中国公民身份号码的，填写税务机关赋予的纳税人识别号。

（二）被投资单位信息

1.名称：填写被投资单位法定名称的全称。

2.纳税人识别号（统一社会信用代码）：填写被投资单位的纳税人识别号或者统一社会信用代码。

（三）征收方式

根据税务机关核定的征收方式，在对应框内打“√”。采用税务机关认可的其他方式的，应在下划线填写具体征收方式。

（四）个人所得税计算

1.第1行“收入总额”：填写本年度开始经营月份起截至本期从事经营以及与经营有关的活动取得的货币形式和非货币形式的各项收入总额，包括销售货物收入、提供劳务收入、转让财产收入、利息收入、租金收入、接受捐赠收入、其他收入。

2.第2行“成本费用”：填写本年度开始经营月份起截至本期实际发生的成本、费用、税金、损失及其他支出的总额。

3.第3行“利润总额”：填写本年度开始经营月份起截至本期的利润总额。

4.第4行“弥补以前年度亏损”：填写可在税前弥补的以前年度尚未弥补的亏损额。

5.第5行“应税所得率”：按核定应税所得率方式纳税的纳税人，填写税务机关确定的核定征收应税所得率。按其他方式纳税的纳税人不填本行。

6.第6行“合伙企业个人合伙人分配比例”：纳税人为合伙企业个人合伙人的，填写本行；其他则不填。分配比例按照合伙协议约定的比例填写；合伙协议未约定或不明确的，按合伙人协商决定的比例填写；协商不成的，按合伙人实缴出资比例填写；无法确定出资比例的，按合伙人平均分配。

7. 第7～17行“允许扣除的个人费用及其他扣除”:

(1) 第8行“投资者减除费用”: 填写根据本年实际经营月份数计算的可在税前扣除的投资者本人每月5 000元减除费用的合计金额。

(2) 第9～13行“专项扣除”: 填写按规定允许扣除的基本养老保险费、基本医疗保险费、失业保险费、住房公积金的金额。

(3) 第14～17行“依法确定的其他扣除”: 填写商业健康保险、税延养老保险以及其他按规定允许扣除项目的金额。

8. 第18行“准予扣除的捐赠额”: 填写按照税法及相关法规、政策规定,可以在税前扣除的捐赠额,并按规定附报个人所得税公益慈善事业捐赠扣除明细表。

9. 第19行“应纳税所得额”: 根据相关行次计算填报。

(1) 查账征收(据实预缴): 第19行=(第3行–第4行)×第6行–第7行–第18行。

(2) 查账征收(按上年应纳税所得额预缴): 第19行=上年度应纳税所得额÷12×月份数。

(3) 核定应税所得率征收(能准确核算收入总额的): 第19行=第1行×第5行×第6行。

(4) 核定应税所得率征收(能准确核算成本费用的): 第19行=第2行÷(1–第5行)×第5行×第6行。

(5) 核定应纳税所得额征收: 直接填写应纳税所得额。

(6) 税务机关认可的其他方式: 直接填写应纳税所得额。

10. 第20～21行“税率”和“速算扣除数”: 填写按规定适用的税率和速算扣除数。

11. 第22行“应纳税额”: 根据相关行次计算填报。第22行=第19行×第20行–第21行。

12. 第23行“减免税额”: 填写符合税法规定可以减免的税额,并附报个人所得税减免税事项报告表。

13. 第24行“已缴税额”: 填写本年度在月(季)度申报中累计已预缴的经营所得个人所得税的金额。

14. 第25行“应补/退税额”: 根据相关行次计算填报。第25行=第22行–第23行–第24行。

(五) 备注

填写个人认为需要特别说明的或者税务机关要求说明的事项。

四、其他事项说明

以纸质方式报送本表的,建议通过计算机填写打印,一式两份,纳税人、税务机关各留存一份。

表10-8　　　　　　　　个人所得税经营所得纳税申报表（B表）

税款所属期：　　年　月　日至　　年　月　日

纳税人姓名：

纳税人识别号：□□□□□□□□□□□□□□□□□□□□□□□□□　　　　金额单位：人民币元（列至角分）

被投资单位信息	名称		纳税人识别号（统一社会信用代码）		
项　目				行次	金额/比例
一、收入总额				1	
其中：国债利息收入				2	
二、成本费用（3=4+5+6+7+8+9+10）				3	
（一）营业成本				4	
（二）营业费用				5	
（三）管理费用				6	
（四）财务费用				7	
（五）税金				8	
（六）损失				9	
（七）其他支出				10	
三、利润总额（11=1-2-3）				11	
四、纳税调整增加额（12=13+27）				12	
（一）超过规定标准的扣除项目金额（13=14+15+16+17+18+19+20+21+22+23+24+25+26）				13	
1.职工福利费				14	
2.职工教育经费				15	
3.工会经费				16	
4.利息支出				17	
5.业务招待费				18	
6.广告费和业务宣传费				19	
7.教育和公益事业捐赠				20	
8.住房公积金				21	
9.社会保险费				22	
10.折旧费用				23	
11.无形资产摊销				24	
12.资产损失				25	
13.其他				26	
（二）不允许扣除的项目金额（27=28+29+30+31+32+33+34+35+36）				27	
1.个人所得税税款				28	
2.税收滞纳金				29	
3.罚金、罚款和被没收财物的损失				30	
4.不符合扣除规定的捐赠支出				31	
5.赞助支出				32	
6.用于个人和家庭的支出				33	
7.与取得生产经营收入无关的其他支出				34	

续表

项　目	行次	金额/比例
8.投资者工资、薪金支出	35	
9.其他不允许扣除的支出	36	
五、纳税调整减少额	37	
六、纳税调整后所得(38=11+12-37)	38	
七、弥补以前年度亏损	39	
八、合伙企业个人合伙人分配比例(%)	40	
九、允许扣除的个人费用及其他扣除(41=42+43+48+55)	41	
(一)投资者减除费用	42	
(二)专项扣除(43=44+45+46+47)	43	
1.基本养老保险费	44	
2.基本医疗保险费	45	
3.失业保险费	46	
4.住房公积金	47	
(三)专项附加扣除(48=49+50+51+52+53+54)	48	
1.子女教育	49	
2.继续教育	50	
3.大病医疗	51	
4.住房贷款利息	52	
5.住房租金	53	
6.赡养老人	54	
(四)依法确定的其他扣除(55=56+57+58+59)	55	
1.商业健康保险	56	
2.税延养老保险	57	
3.	58	
4.	59	
十、投资抵扣	60	
十一、准予扣除的个人捐赠支出	61	
十二、应纳税所得额(62=38-39-41-60-61)或[62=(38-39)×40-41-60-61]	62	
十三、税率(%)	63	
十四、速算扣除数	64	
十五、应纳税额(65=62×63-64)	65	
十六、减免税额(附报个人所得税减免税事项报告表)	66	
十七、已缴税额	67	
十八、应补/退税额(68=65-66-67)	68	

谨声明：本表是根据国家税收法律法规及相关规定填报的，是真实的、可靠的、完整的。

纳税人签字：　　年　月　日

经办人： 经办人身份证件号码： 代理机构签章： 代理机构统一社会信用代码：	受理人：受理税务机关(章)： 受理日期：　　年　月　日

个人所得税经营所得纳税申报表（B表）填表说明

一、适用范围

本表适用于个体工商户业主、个人独资企业投资人、合伙企业个人合伙人、承包承租经营者个人以及其他从事生产经营活动的个人在中国境内取得经营所得，且实行查账征收的，在办理个人所得税汇算清缴纳税申报时，向税务机关报送。

合伙企业有两个或者两个以上个人合伙人的，应分别填报本表。

二、报送期限

纳税人在取得经营所得的次年3月31日前，向税务机关办理汇算清缴。

三、本表各栏填写

（一）表头项目

1.税款所属期：填写纳税人取得经营所得应纳个人所得税税款的所属期间，应填写具体的起止年月日。

2.纳税人姓名：填写自然人纳税人姓名。

3.纳税人识别号：有中国公民身份号码的，填写中华人民共和国居民身份证上载明的“公民身份号码”；没有中国公民身份号码的，填写税务机关赋予的纳税人识别号。

（二）被投资单位信息

1.名称：填写被投资单位法定名称的全称。

2.纳税人识别号（统一社会信用代码）：填写被投资单位的纳税人识别号或统一社会信用代码。

（三）表内各行填写

1.第1行“收入总额”：填写本年度从事生产经营以及与生产经营有关的活动取得的货币形式和非货币形式的各项收入总金额，包括销售货物收入、提供劳务收入、转让财产收入、利息收入、租金收入、接受捐赠收入、其他收入。

2.第2行“国债利息收入”：填写本年度已计入收入的因购买国债而取得的应予免税的利息金额。

3.第3～10行“成本费用”：填写本年度实际发生的成本、费用、税金、损失及其他支出的总额。

（1）第4行“营业成本”：填写在生产经营活动中发生的销售成本、销货成本、业务支出以及其他耗费的金额。

（2）第5行“营业费用”：填写在销售商品和材料、提供劳务的过程中发生的各种费用。

（3）第6行“管理费用”：填写为组织和管理企业生产经营发生的管理费用。

（4）第7行“财务费用”：填写为筹集生产经营所需资金等发生的筹资费用。

（5）第8行“税金”：填写在生产经营活动中发生的除个人所得税和允许抵扣的增值税以外的各项税金及附加。

（6）第9行“损失”：填写生产经营活动中发生的固定资产和存货的盘亏、毁损、报废损失，转让财产损失，坏账损失，自然灾害等不可抗力因素造成的损失以及其他损失。

（7）第10行“其他支出”：填写除成本、费用、税金、损失外，生产经营活动中发生的与之有关的、合理的支出。

4. 第11行“利润总额”：根据相关行次计算填报。第11行=第1行–第2行–第3行。

5. 第12行“纳税调整增加额”：根据相关行次计算填报。第12行=第13行+第27行。

6. 第13行“超过规定标准的扣除项目金额”：填写扣除的成本、费用和损失中，超过税法规定的扣除标准应予调增的应纳税所得额。

7. 第27行“不允许扣除的项目金额”：填写按规定不允许扣除但被投资单位已将其扣除的各项成本、费用和损失，应予调增应纳税所得额的部分。

8. 第37行“纳税调整减少额”：填写在计算利润总额时已计入收入或未列入成本、费用，但在计算应纳税所得额时应予扣除的项目金额。

9. 第38行“纳税调整后所得”：根据相关行次计算填报。第38行=第11行+第12行–第37行。

10. 第39行“弥补以前年度亏损”：填写本年度可在税前弥补的以前年度亏损额。

11. 第40行“合伙企业个人合伙人分配比例”：纳税人为合伙企业个人合伙人的，填写本栏；其他则不填。分配比例按照合伙协议约定的比例填写；合伙协议未约定或不明确的，按合伙人协商决定的比例填写；协商不成的，按合伙人实缴出资比例填写；无法确定出资比例的，按合伙人平均分配。

12. 第41行“允许扣除的个人费用及其他扣除”：填写按税法规定可以税前扣除的各项费用、支出，包括：

（1）第42行“投资者减除费用”：填写按税法规定的减除费用金额。

（2）第43～47行“专项扣除”：分别填写本年度按规定允许扣除的基本养老保险费、基本医疗保险费、失业保险费、住房公积金的合计金额。

（3）第48～54行“专项附加扣除”：分别填写本年度纳税人按规定可享受的子女教育、继续教育、大病医疗、住房贷款利息、住房租金、赡养老人等专项附加扣除的合计金额。

（4）第55～59行“依法确定的其他扣除”：分别填写按规定允许扣除的商业健康保险、税延养老保险，以及国务院规定其他可以扣除项目的合计金额。

13. 第60行“投资抵扣”：填写按照税法规定可以税前抵扣的投资金额。

14. 第61行“准予扣除的个人捐赠支出”：填写本年度按照税法及相关法规、政策规定，可以在税前扣除的个人捐赠合计额。

15. 第62行“应纳税所得额”：根据相关行次计算填报。

（1）纳税人为非合伙企业个人合伙人的：第62行=第38行–第39行–第41行–第60行–第61行。

（2）纳税人为合伙企业个人合伙人的：第62行=（第38行–第39行）×第40行–第41行–第60行–第61行。

16. 第63～64行“税率”“速算扣除数”：填写按规定适用的税率和速算扣除数。

17. 第65行“应纳税额”：根据相关行次计算填报。第65行=第62行×第63行–第64行。

18. 第66行“减免税额”：填写符合税法规定可以减免的税额，并附报个人所得税减免税事项报告表。

19. 第67行“已缴税额”：填写本年度累计已预缴的经营所得个人所得税金额。

20. 第68行“应补/退税额”：根据相关行次计算填报。第68行=第65行–第66行–第67行。

四、其他事项说明

以纸质方式报送本表的，应当一式两份，纳税人、税务机关各留存一份。

表10-9　**个人所得税经营所得纳税申报表（C表）**

税款所属期：　　年　月　日至　　年　月　日

纳税人姓名：

纳税人识别号：□□□□□□□□□□□□□□□□□□□□　　金额单位：人民币元（列至角分）

<table>
<tr><td rowspan="8">被投资单位信息</td><td colspan="3">单位名称</td><td>纳税人识别号(统一社会信用代码)</td><td>投资者应纳税所得额</td></tr>
<tr><td colspan="2">汇总地</td><td></td><td></td><td></td></tr>
<tr><td rowspan="5">非汇总地</td><td>1</td><td></td><td></td><td></td></tr>
<tr><td>2</td><td></td><td></td><td></td></tr>
<tr><td>3</td><td></td><td></td><td></td></tr>
<tr><td>4</td><td></td><td></td><td></td></tr>
<tr><td>5</td><td></td><td></td><td></td></tr>
</table>

项目	行次	金额/比例
一、投资者应纳税所得额合计	1	
二、应调整的个人费用及其他扣除(2=3+4+5+6)	2	
(一)投资者减除费用	3	
(二)专项扣除	4	
(三)专项附加扣除	5	
(四)依法确定的其他扣除	6	
三、应调整的其他项目	7	
四、调整后应纳税所得额(8=1+2+7)	8	
五、税率(%)	9	
六、速算扣除数	10	
七、应纳税额(11=8×9–10)	11	
八、减免税额(附报个人所得税减免税事项报告表)	12	
九、已缴税额	13	
十、应补/退税额(14=11–12–13)	14	

谨声明：本表是根据国家税收法律法规及相关规定填报的，是真实的、可靠的、完整的。

纳税人签字：　　年　月　日

经办人： 经办人身份证件号码： 代理机构签章： 代理机构统一社会信用代码：	受理人： 受理税务机关(章)： 受理日期：　年　月　日

个人所得税经营所得纳税申报表（C表）填表说明

一、适用范围

本表适用于个体工商户业主、个人独资企业投资人、合伙企业个人合伙人、承包承租经营者个人以及其他从事生产经营活动的个人在中国境内两处以上取得经营所得，办理合并计算个人所得税的年度汇总纳税申报时，向税务机关报送。

二、报送期限

纳税人从两处以上取得经营所得，应当于取得所得的次年3月31日前办理年度汇总纳税申报。

三、本表各栏填写

（一）表头项目

1.税款所属期：填写纳税人取得经营所得应纳个人所得税税款的所属期间，应填写具体的起止年月日。

2.纳税人姓名：填写自然人纳税人姓名。

3.纳税人识别号：有中国公民身份号码的，填写中华人民共和国居民身份证上载明的"公民身份号码"；没有中国公民身份号码的，填写税务机关赋予的纳税人识别号。

（二）被投资单位信息

1.单位名称：填写被投资单位法定名称的全称。

2.纳税人识别号（统一社会信用代码）：填写被投资单位的纳税人识别号或者统一社会信用代码。

3.投资者应纳税所得额：填写投资者从其各投资单位取得的年度应纳税所得额。

（三）表内各行填写

1.第1行"投资者应纳税所得额合计"：填写投资者从其各投资单位取得的年度应纳税所得额的合计金额。

2.第2～6行"应调整的个人费用及其他扣除"：填写按规定需调整增加或者减少应纳税所得额的项目金额。调整减少应纳税所得额的，用负数表示。

（1）第3行"投资者减除费用"：填写需调整增加或者减少应纳税所得额的投资者减除费用的金额。

（2）第4行"专项扣除"：填写需调整增加或者减少应纳税所得额的"三险一金"（基本养老保险费、基本医疗保险费、失业保险费、住房公积金）的合计金额。

（3）第5行"专项附加扣除"：填写需调整增加或者减少应纳税所得额的专项附加扣除（子女教育、继续教育、大病医疗、住房贷款利息、住房租金、赡养老人）的合计金额。

（4）第6行"依法确定的其他扣除"：填写需调整增加或者减少应纳税所得额的商业健康保险、税延养老保险以及国务院规定其他可以扣除项目的合计金额。

3.第7行"应调整的其他项目"：填写按规定应予调整的其他项目的合计金额。调整减少应纳税所得额的，用负数表示。

4.第8行"调整后应纳税所得额"：根据相关行次计算填报。第8行=第1行+第2行+第7行。

5.第9～10行"税率""速算扣除数"：填写按规定适用的税率和速算扣除数。

6.第11行"应纳税额"：根据相关行次计算填报。第11行=第8行×第9行－第10行。

7.第12行"减免税额"：填写符合税法规定可以减免的税额，并附报个人所得税减免税事项报告表。

8.第13行“已缴税额”：填写纳税人本年度累计已缴纳的经营所得个人所得税的金额。

9.第14行“应补/退税额”：按相关行次计算填报。第14行=第11行-第12行-第13行。

四、其他事项说明

以纸质方式报送本表的，应当一式两份，纳税人、税务机关各留存一份。

（四）取得应税所得，扣缴义务人未扣缴税款的纳税申报

纳税人取得应税所得，扣缴义务人未扣缴税款的，应当区别以下情形办理纳税申报：

1.居民个人取得综合所得的，按照取得综合所得需要办理汇算清缴的纳税申报的相关规定办理。

2.非居民个人取得工资、薪金所得，劳务报酬所得，稿酬所得，特许权使用费所得的，应当在取得所得的次年6月30日前，向扣缴义务人所在地主管税务机关办理纳税申报，并报送个人所得税自行纳税申报表（A表）。有两个以上扣缴义务人均未扣缴税款的，选择向其中一处扣缴义务人所在地主管税务机关办理纳税申报。

非居民个人在次年6月30日前离境（临时离境除外）的，应当在离境前办理纳税申报。

3.纳税人取得利息、股息、红利所得，财产租赁所得，财产转让所得和偶然所得的，应当在取得所得的次年6月30日前，按相关规定向主管税务机关办理纳税申报，并报送个人所得税自行纳税申报表（A表）。

税务机关通知限期缴纳的，纳税人应当按照期限缴纳税款。

（五）取得境外所得的纳税申报

居民个人从中国境外取得所得的，应当在取得所得的次年3月1日至6月30日内，向中国境内任职、受雇单位所在地主管税务机关办理纳税申报；在中国境内没有任职、受雇单位的，向户籍所在地或中国境内经常居住地主管税务机关办理纳税申报；户籍所在地与中国境内经常居住地不一致的，选择其中一地主管税务机关办理纳税申报；在中国境内没有户籍的，向中国境内经常居住地主管税务机关办理纳税申报。

纳税人取得境外所得办理纳税申报的具体规定，另行公告。

（六）因移居境外注销中国户籍的纳税申报

纳税人因移居境外注销中国户籍的，应当在申请注销中国户籍前，向户籍所在地主管税务机关办理纳税申报，进行税款清算。

1.纳税人在注销户籍年度取得综合所得的，应当在注销户籍前，办理当年综合所得的汇算清缴，并报送个人所得税年度自行纳税申报表。尚未办理上一年度综合所得汇算清缴的，应当在办理注销户籍纳税申报时一并办理。

2.纳税人在注销户籍年度取得经营所得的，应当在注销户籍前，办理当年经营所得的汇算清缴，并报送个人所得税经营所得纳税申报表（B表）。从两处以上取得经营所得的，还应当一并报送个人所得税经营所得纳税申报表（C表）。尚未办理上一年度经营所得汇算清缴的，应当在办理注销户籍纳税申报时一并办理。

3.纳税人在注销户籍当年取得利息、股息、红利所得，财产租赁所得，财产转让所得和偶然所得的，应当在注销户籍前，申报当年上述所得的完税情况，并报送个人所得税自行纳税申报表（A表）。

4.纳税人有未缴或者少缴税款的，应当在注销户籍前，结清欠缴或未缴的税款。纳税

人存在分期缴税且未缴纳完毕的，应当在注销户籍前，结清尚未缴纳的税款。

5.纳税人办理注销户籍纳税申报时，需要办理专项附加扣除、依法确定的其他扣除的，应当向税务机关报送个人所得税专项附加扣除信息表、商业健康保险税前扣除情况明细表、个人税收递延型商业养老保险税前扣除情况明细表等。

（七）非居民个人在中国境内从两处以上取得工资、薪金所得的纳税申报

非居民个人在中国境内从两处以上取得工资、薪金所得的，应当在取得所得的次月15日内，向其中一处任职、受雇单位所在地主管税务机关办理纳税申报，并报送个人所得税自行纳税申报表（A表）。

（八）申报纳税方式

纳税人可以采用远程办税端、邮寄等方式申报，也可以直接到主管税务机关申报。

（九）其他有关问题

1.纳税人办理自行纳税申报时，应当一并报送税务机关要求报送的其他有关资料。首次申报或者个人基础信息发生变化的，还应报送个人所得税基础信息表（B表）。

2.纳税人在办理纳税申报时需要享受税收协定待遇的，按照享受税收协定待遇有关办法办理。

四、专项附加扣除操作办法

为了规范个人所得税专项附加扣除行为，切实维护纳税人合法权益，根据《个人所得税法》及其实施条例、《税收征收管理法》及其实施细则、《个人所得税专项附加扣除暂行办法》（国发〔2018〕41号）的规定，国家税务总局制定了《个人所得税专项附加扣除操作办法（试行）》（国家税务总局公告2018年第60号），自2019年1月1日起执行。纳税人享受子女教育、继续教育、大病医疗、住房贷款利息或者住房租金、赡养老人专项附加扣除的，依照《个人所得税专项附加扣除操作办法（试行）》的规定办理。

（一）享受扣除及时间安排

1.纳税人享受符合规定的专项附加扣除的计算时间。

（1）子女教育。学前教育阶段，为子女年满3周岁当月至小学入学前一月。学历教育，为子女接受全日制学历教育入学的当月至全日制学历教育结束的当月。

（2）继续教育。学历（学位）继续教育，为在中国境内接受学历（学位）继续教育入学的当月至学历（学位）继续教育结束的当月，同一学历（学位）继续教育的扣除期限最长不得超过48个月。技能人员职业资格继续教育、专业技术人员职业资格继续教育，为取得相关证书的当年。

（3）大病医疗。为医疗保障信息系统记录的医药费用实际支出的当年。

（4）住房贷款利息。为贷款合同约定开始还款的当月至贷款全部归还或贷款合同终止的当月，扣除期限最长不得超过240个月。

（5）住房租金。为租赁合同（协议）约定的房屋租赁期开始的当月至租赁期结束的当月。提前终止合同（协议）的，以实际租赁期限为准。

（6）赡养老人。为被赡养人年满60周岁的当月至赡养义务终止的年末。

学历教育和学历（学位）继续教育的期间，包含因病或其他非主观原因休学但学籍继续保留的休学期间，以及施教机构按规定组织实施的寒暑假等假期。

2.享受子女教育、继续教育、住房贷款利息或者住房租金、赡养老人专项附加扣除的纳税人，自符合条件开始，可以向支付工资、薪金所得的扣缴义务人提供上述专项附加扣除有关信息，由扣缴义务人在预扣预缴税款时，按其在本单位本年可享受的累计扣除额办理扣除；也可以在次年3月1日至6月30日内，向汇缴地主管税务机关办理汇算清缴申报时扣除。

纳税人同时从两处以上取得工资、薪金所得，并由扣缴义务人办理上述专项附加扣除的，对同一专项附加扣除项目，一个纳税年度内，纳税人只能选择从其中一处扣除。

享受大病医疗专项附加扣除的纳税人，由其在次年3月1日至6月30日内，自行向汇缴地主管税务机关办理汇算清缴申报时扣除。

3.扣缴义务人办理工资、薪金所得预扣预缴税款时，应当根据纳税人报送的个人所得税专项附加扣除信息表为纳税人办理专项附加扣除。

纳税人年度中间更换工作单位的，在原单位任职、受雇期间已享受的专项附加扣除金额，不得在新任职、受雇单位扣除。原扣缴义务人应当自纳税人离职不再发放工资、薪金所得的当月起，停止为其办理专项附加扣除。

4.纳税人未取得工资、薪金所得，仅取得劳务报酬所得、稿酬所得、特许权使用费所得需要享受专项附加扣除的，应当在次年3月1日至6月30日内，自行向汇缴地主管税务机关报送个人所得税专项附加扣除信息表，并在办理汇算清缴申报时扣除。

5.一个纳税年度内，纳税人在扣缴义务人预扣预缴税款环节未享受或未足额享受专项附加扣除的，可以在当年内向支付工资、薪金的扣缴义务人申请在剩余月份发放工资、薪金时补充扣除，也可以在次年3月1日至6月30日内，向汇缴地主管税务机关办理汇算清缴时申报扣除。

（二）报送信息及留存备查资料

1.纳税人选择在扣缴义务人发放工资、薪金所得时享受专项附加扣除的，首次享受时应当填写并向扣缴义务人报送个人所得税专项附加扣除信息表；纳税年度中间相关信息发生变化的，纳税人应当更新个人所得税专项附加扣除信息表相应栏次，并及时报送给扣缴义务人。

更换工作单位的纳税人，需要由新任职、受雇扣缴义务人办理专项附加扣除的，应当在入职的当月，填写并向扣缴义务人报送个人所得税专项附加扣除信息表。

2.纳税人次年需要由扣缴义务人继续办理专项附加扣除的，应当于每年12月对次年享受专项附加扣除的内容进行确认，并报送至扣缴义务人。纳税人未及时确认的，扣缴义务人于次年1月起暂停扣除，待纳税人确认后再行办理专项附加扣除。

扣缴义务人应当将纳税人报送的专项附加扣除信息，在次月办理扣缴申报时一并报送至主管税务机关。

3.纳税人选择在汇算清缴申报时享受专项附加扣除的，应当填写并向汇缴地主管税务机关报送个人所得税专项附加扣除信息表。

4.纳税人将需要享受的专项附加扣除项目信息填报至个人所得税专项附加扣除信息表相应栏次。填报要素完整的，扣缴义务人或者主管税务机关应当受理；填报要素不完整的，扣缴义务人或者主管税务机关应当及时告知纳税人补正或重新填报。纳税人未补正或重新填报的，暂不办理相关专项附加扣除，待纳税人补正或重新填报后再行办理。

5.纳税人享受子女教育专项附加扣除，应当填报配偶及子女的姓名、身份证件类型及号码、子女当前受教育阶段及起止时间、子女就读学校以及本人与配偶之间扣除分配比例等信息。

纳税人需要留存备查资料包括：子女在境外接受教育的，应当留存境外学校录取通知书、留学签证等境外教育佐证资料。

6.纳税人享受继续教育专项附加扣除，接受学历（学位）继续教育的，应当填报教育起止时间、教育阶段等信息；接受技能人员或者专业技术人员职业资格继续教育的，应当填报证书名称、证书编号、发证机关、发证（批准）时间等信息。

纳税人需要留存备查资料包括：纳税人接受技能人员职业资格继续教育、专业技术人员职业资格继续教育的，应当留存职业资格相关证书等资料。

7.纳税人享受住房贷款利息专项附加扣除，应当填报住房权属信息、住房坐落地址、贷款方式、贷款银行、贷款合同编号、贷款期限、首次还款日期等信息；纳税人有配偶的，填写配偶姓名、身份证件类型及号码。

纳税人需要留存备查资料包括：住房贷款合同、贷款还款支出凭证等资料。

8.纳税人享受住房租金专项附加扣除，应当填报主要工作城市、租赁住房坐落地址、出租人姓名及身份证件类型和号码或者出租方单位名称及纳税人识别号（社会统一信用代码）、租赁起止时间等信息；纳税人有配偶的，填写配偶姓名、身份证件类型及号码。

纳税人需要留存备查资料包括：住房租赁合同或协议等资料。

9.纳税人享受赡养老人专项附加扣除，应当填报纳税人是否为独生子女、月扣除金额、被赡养人姓名及身份证件类型和号码、与纳税人关系；有共同赡养人的，需填报分摊方式、共同赡养人姓名及身份证件类型和号码等信息。

纳税人需要留存备查资料包括：约定或指定分摊的书面分摊协议等资料。

10.纳税人享受大病医疗专项附加扣除，应当填报患者姓名、身份证件类型及号码、与纳税人关系、与基本医保相关的医药费用总金额、医保目录范围内个人负担的自付金额等信息。

纳税人需要留存备查资料包括：大病患者医药服务收费及医保报销相关票据原件或复印件，或者医疗保障部门出具的纳税年度医药费用清单等资料。

11.纳税人应当对报送的专项附加扣除信息的真实性、准确性、完整性负责。

（三）信息报送方式

1.纳税人可以通过远程办税端、电子或者纸质报表等方式，向扣缴义务人或者主管税务机关报送个人专项附加扣除信息。

2.纳税人选择纳税年度内由扣缴义务人办理专项附加扣除的，按下列规定办理：

（1）纳税人通过远程办税端选择扣缴义务人并报送专项附加扣除信息的，扣缴义务人根据接收的扣除信息办理扣除。

（2）纳税人通过填写电子或者纸质个人所得税专项附加扣除信息表直接报送扣缴义务人的，扣缴义务人将相关信息导入或者录入扣缴端软件，并在次月办理扣缴申报时提交给主管税务机关。个人所得税专项附加扣除信息表应当一式两份，纳税人和扣缴义务人签字（章）后分别留存备查。

3.纳税人选择年度终了后办理汇算清缴申报时享受专项附加扣除的，既可以通过远程办税端报送专项附加扣除信息，也可以将电子或者纸质个人所得税专项附加扣除信息表（一式两份）报送给汇缴地主管税务机关。

报送电子个人所得税专项附加扣除信息表的，主管税务机关受理打印，交由纳税人签字后，一份由纳税人留存备查，一份由税务机关留存；报送纸质个人所得税专项附加扣除信息表的，纳税人签字确认、主管税务机关受理签章后，一份退还纳税人留存备查，一份由税务机关留存。

4.扣缴义务人和税务机关应当告知纳税人办理专项附加扣除的方式和渠道，鼓励并引导纳税人采用远程办税端报送信息。

（四）后续管理

1.纳税人应当将个人所得税专项附加扣除信息表及相关留存备查资料，自法定汇算清缴期结束后保存5年。

纳税人报送给扣缴义务人的个人所得税专项附加扣除信息表，扣缴义务人应当自预扣预缴年度的次年起留存5年。

2.纳税人向扣缴义务人提供专项附加扣除信息的，扣缴义务人应当按照规定予以扣除，不得拒绝。扣缴义务人应当为纳税人报送的专项附加扣除信息保密。

3.扣缴义务人应当及时按照纳税人提供的信息计算办理扣缴申报，不得擅自更改纳税人提供的相关信息。

扣缴义务人发现纳税人提供的信息与实际情况不符，可以要求纳税人修改。纳税人拒绝修改的，扣缴义务人应当向主管税务机关报告，税务机关应当及时处理。

除纳税人另有要求外，扣缴义务人应当于年度终了后两个月内，向纳税人提供已办理的专项附加扣除项目及金额等信息。

4.税务机关定期对纳税人提供的专项附加扣除信息开展抽查。

5.税务机关核查时，纳税人无法提供留存备查资料，或者留存备查资料不能支持相关情况的，税务机关可以要求纳税人提供其他佐证；不能提供其他佐证材料，或者佐证材料仍不足以支持的，不得享受相关专项附加扣除。

6.税务机关核查专项附加扣除情况时，可以提请有关单位和个人协助核查，相关单位和个人应当协助。

7.纳税人有下列情形之一的，主管税务机关应当责令其改正；情形严重的，应当纳入有关信用信息系统，并按照国家有关规定实施联合惩戒；涉及违反《税收征收管理法》等法律法规的，税务机关依法进行处理：（1）报送虚假专项附加扣除信息；（2）重复享受专项附加扣除；（3）超范围或标准享受专项附加扣除；（4）拒不提供留存备查资料；（5）国家税务总局规定的其他情形。

纳税人在任职、受雇单位报送虚假扣除信息的，税务机关责令改正的同时，通知扣缴义务人。

此外，纳税人发现扣缴义务人提供或者扣缴申报的个人信息、支付所得、扣缴税款等信息与实际情况不符的，有权要求扣缴义务人修改。扣缴义务人拒绝修改的，纳税人应当报告税务机关，税务机关应当及时处理。

扣缴义务人对纳税人提供的个人所得税专项附加扣除信息表，应当按照规定妥善保存备查。

扣缴义务人应当依法对纳税人报送的专项附加扣除等相关涉税信息和资料保密。

五、综合所得汇算清缴管理办法

为切实维护纳税人合法权益，合理有序建立个人所得税综合所得汇算清缴制度，根据《个人所得税法》及其实施条例、《税收征收管理法》及其实施细则有关规定，国家税务总局制定了《关于办理年度个人所得税综合所得汇算清缴事项的公告》（国家税务总局公告2021年第2号），明确了居民个人年度综合所得年度汇算清缴管理办法。

（一）年度汇算的内容

年度终了后，居民个人（以下称“纳税人”）需要汇总当年1月1日至12月31日取得的工资、薪金，劳务报酬，稿酬，特许权使用费等四项所得（即综合所得）的收入额，减除费用6万元以及专项扣除、专项附加扣除、依法确定的其他扣除和符合条件的公益慈善事业捐赠（以下简称“捐赠”）后，适用综合所得个人所得税税率并减去速算扣除数，计算本年度最终应纳税额，再减去当年度已预缴税额，得出应退或应补税额，向税务机关申报并办理退税或补税。具体计算公式如下：

$$\begin{array}{c}\text{应退或}\\\text{应补税额}\end{array}=\left[\left(\begin{array}{c}\text{综合所得}\\\text{收入额}\end{array}-60\ 000\text{元}-\begin{array}{c}\text{“三险一金”等}\\\text{专项扣除}\end{array}-\begin{array}{c}\text{子女教育等}\\\text{专项附加扣除}\end{array}-\begin{array}{c}\text{依法确定的}\\\text{其他扣除}\end{array}-\text{捐赠}\right)\times\begin{array}{c}\text{适用}\\\text{税率}\end{array}-\begin{array}{c}\text{速算}\\\text{扣除数}\end{array}\right]-\begin{array}{c}\text{当年已}\\\text{预缴税额}\end{array}$$

（二）个人所得税综合所得年度汇算申报

个人所得税综合所得年度汇算申报表见表10-10。

表10-10　　个人所得税综合所得年度汇算申报表

1.适用条件:纳税人在纳税年度内无境外收入时填写;			
2.若纳税人有境外收入,需由纳税人本人到税务大厅自行申报含境外所得的年度申报。			
不符合上述条件者请勿填写本页;否则可能导致政策适用错误,影响个人纳税信用甚至违反税收法律。			
基本信息:			
申报年度		纳税人姓名	
纳税人身份证件类型		纳税人身份证件号码	
国籍		手机号码	
无住所个人附报信息:			
纳税年度内在中国境内居住天数		已在中国境内居住年数	
代理人信息:			
代理机构(人)		代理机构(人)纳税人识别号	
经办人		经办人身份证件类型	
经办人身份证件号码			

综合所得个人所得税计算 项　目	行次	金　额
一、境内收入合计(1=2+3+4+5)	1	
(一)工资、薪金	2	
(二)劳务报酬	3	
(三)稿酬	4	
(四)特许权使用费	5	
二、费用合计(6=3×20%+4×20%+5×20%)	6	
三、免税收入合计(7=8+9)	7	
(一)稿酬所得免税部分［8=4×(1-20%)×30%］	8	
(二)其他免税收入(附报个人所得税减免税事项报告表)	9	
四、减除费用	10	
五、专项扣除合计(11=12+13+14+15)	11	
(一)基本养老保险费	12	
(二)基本医疗保险费	13	
(三)失业保险费	14	
(四)住房公积金	15	
六、专项附加扣除合计(16=17+18+19+20+21+22)(附报个人所得税专项附加扣除信息表)	16	
(一)子女教育	17	

续表

（二）继续教育	18	
（三）大病医疗	19	
（四）住房贷款利息	20	
（五）住房租金	21	
（六）赡养老人	22	
七、其他扣除合计（23=24+25+26+27+28）	23	
（一）年金	24	
（二）商业健康保险（附报商业健康保险税前扣除情况明细表）	25	
（三）税延养老保险（附报个人税收递延型商业养老保险税前扣除情况明细表）	26	
（四）允许扣除的税费	27	
（五）其他	28	
八、准予扣除的捐赠额（附报个人所得税公益慈善事业捐赠扣除明细表）	29	
九、应纳税所得额（30=1-6-7-10-11-16-23-29）	30	
十、税率	31	
十一、速算扣除数	32	
十二、应纳税额（33=30×31-32）	33	
全年一次性奖金个人所得税计算（无住所居民个人预判为非居民个人取得的数月奖金，选择按全年一次奖金计税的填写本部分）		
项　目	行次	金额
一、全年一次性奖金收入	34	
二、准予扣除的捐赠额（附报个人所得税公益慈善事业捐赠扣除明细表）	35	
三、税率	36	
四、速算扣除数	37	
五、应纳税额［38=（34-35）×36-37）］	38	
税额调整		
项　目	行次	金额
一、综合所得收入调整额（需在“综合所得调整情况说明”栏说明调整具体原因、计算方法等）	39	
二、应纳税额调整额	40	
应补/退个人所得税计算		
项　目	行次	金额
一、应纳税额合计（41=33+38+40）	41	
二、减免税额（附报个人所得税减免税事项报告表）	42	
三、已缴税额	43	
四、应补/退税额（44=41-42-43）	44	
综合所得调整情况说明		
免申报申请（年收入不超过12万元或应补税额不超过400元的填写本部分）		
是否享受免申报		
退税申请（应补/退税额小于0的填写本栏；大于或等于0的不填本栏）		
是否对已缴税款申请退税		
开户银行省份		
开户银行名称		
银行账号		
备注：		

（三）无须办理年度汇算的情形

经国务院批准，依据财政部、国家税务总局2019年第94号公告有关规定，纳税人在当年度已依法预缴个人所得税且符合下列情形之一的，无须办理年度汇算：

1.年度汇算需补税但综合所得收入全年不超过12万元的；

2.年度汇算需补税金额不超过400元的；

3.已预缴税额与年度应纳税额一致或者不申请退税的。

（四）需要办理年度汇算的情形

1.已预缴税额大于年度应纳税额且申请退税的。实践中有一些比较典型的情形，将产生或者可能产生退税，主要如下：

（1）当年度综合所得年收入额不足60 000元，但平时已预缴过个人所得税的；

（2）当年度有符合享受条件的专项附加扣除，但预缴税款时没有申报扣除的；

（3）因年中就业、退职或者部分月份没有收入等原因，减除费用60 000元、“三险一金”等专项扣除、子女教育等专项附加扣除、企业（职业）年金以及商业健康保险、税收递延型养老保险等扣除不充分的；

（4）没有任职、受雇单位，仅取得劳务报酬、稿酬、特许权使用费所得，需要通过年度汇算办理各种税前扣除的；

（5）纳税人取得劳务报酬、稿酬、特许权使用费所得，年度中间适用的预扣预缴率高于综合所得年适用税率；

（6）预缴税款时，未申报享受或未足额享受综合所得税收优惠的，如残疾人减征个人所得税优惠等；

（7）有符合条件的公益慈善事业捐赠支出，但预缴税款时未办理扣除的。

2.综合所得收入全年超过12万元且需要补税金额超过400元的。实践中有一些常见情形，将导致年度汇算时需要或可能需要补税，主要如下：

（1）在两个以上单位任职受雇并领取工资、薪金，预缴税款时重复扣除了减除费用（5 000元/月）；

（2）除工资、薪金外，纳税人还有劳务报酬、稿酬、特许权使用费所得，各项综合所得的收入加总后，导致适用综合所得年税率高于预扣预缴率。

（五）可享受的税前扣除

下列在当年度发生且未申报扣除或未足额扣除的税前扣除项目，纳税人可在年度汇算期间办理扣除或补充扣除：

1.纳税人及其配偶、未成年子女符合条件的大病医疗支出；

2.纳税人符合条件的子女教育、继续教育、住房贷款利息或住房租金、赡养老人专项附加扣除，以及减除费用、专项扣除、依法确定的其他扣除；

3.纳税人符合条件的捐赠支出。

（六）年度汇算办理时间

年度汇算的时间为次年3月1日至6月30日。在中国境内无住所的纳税人在次年3月1日前离境的，可以在离境前办理年度汇算。

（七）年度汇算办理方式

纳税人可自主选择下列办理方式：

1.自行办理年度汇算。

2.通过任职、受雇单位（含按累计预扣法预扣预缴其劳务报酬所得个人所得税的单位，以下简称单位）代为办理。纳税人提出代办要求的，单位应当代为办理，或者培训、辅导纳税人通过网上税务局（包括手机个人所得税APP）完成年度汇算申报和退（补）税。由单位代为办理的，纳税人应在次年4月30日前与单位以书面或者电子等方式进行确认，补充提供其当年度在本单位以外取得的综合所得收入、相关扣除、享受税收优惠等信息资料，并对所提交信息的真实性、准确性、完整性负责。纳税人未与单位确认请其代为办理年度汇算的，单位不得代办。

3.委托涉税专业服务机构或其他单位及个人（以下称受托人）办理，受托人需与纳税人签订授权书。

单位或受托人为纳税人办理年度汇算后，应当及时将办理情况告知纳税人。纳税人发现申报信息存在错误的，可以要求单位或受托人办理更正申报，也可自行办理更正申报。

（八）年度汇算办理渠道

为便利纳税人，税务机关为纳税人提供高效、快捷的网络办税渠道。纳税人可优先通过网上税务局办理年度汇算，税务机关将按规定为纳税人提供申报表预填服务；不方便通过上述方式办理的，也可以通过邮寄方式或到办税服务厅办理。

选择邮寄申报的，纳税人需将申报表寄送至按国家税务总局公告2021年第2号第九条确定的主管税务机关所在省、自治区、直辖市和计划单列市税务局公告的地址。

（九）申报信息及资料留存

纳税人办理年度汇算时，除向税务机关报送个人所得税年度自行纳税申报表外，如需修改本人相关基础信息，新增享受扣除或者税收优惠的，还应按规定一并填报相关信息。填报的信息，纳税人需仔细核对，确保真实、准确、完整。

纳税人、代办年度汇算的单位，需各自将年度汇算申报表以及与纳税人综合所得收入、扣除、已缴税额或税收优惠等相关资料，自年度汇算期结束之日起留存5年。

（十）年度汇算办理税务机关

按照方便就近原则，纳税人自行办理或受托人为纳税人代为办理年度汇算的，向纳税人任职、受雇单位的主管税务机关申报；有两处及以上任职、受雇单位的，可自主选择向其中一处申报。纳税人没有任职、受雇单位的，向其户籍所在地、经常居住地或者主要收入来源地的主管税务机关申报。主要收入来源地，是指纳税人纳税年度内取得的劳务报酬、稿酬及特许权使用费三项所得累计收入最大的扣缴义务人所在地。

单位为纳税人办理年度汇算的，向单位的主管税务机关申报。

（十一）年度汇算的退税、补税

1.办理退税。

纳税人申请年度汇算退税，应当提供其在中国境内开设的符合条件的银行账户。税务机关按规定审核后，按照国库管理有关规定，在国家税务总局公告2021年第2号第九条确定的接受年度汇算申报的税务机关所在地（即汇算清缴地）就地办理税款退库。纳税人未提供本人有效银行账户，或者提供的信息资料有误的，税务机关将通知纳税人更正，纳税人按要求更正后依法办理退税。

为方便纳税人获取退税，综合所得全年收入额不超过60 000元且已预缴个人所得税的，税务机关在网上税务局提供便捷退税功能，纳税人可以在次年3月1日至5月31日期间，通过简易申报表办理年度汇算退税。

申请当年度汇算退税的纳税人，如存在应当办理前一年度汇算补税但未办理，或者经税务机关通知前一年度汇算申报存在疑点但拒不更正或说明情况的，需在办理前一年度汇算申报补税、更正申报或者说明有关情况后依法申请退税。

2.办理补税。

纳税人办理年度汇算补税的，可以通过网上银行、办税服务厅POS机刷卡、银行柜台、非银行支付机构等方式缴纳。邮寄申报并补税的，纳税人需通过网上税务局或者主管税务机关办税服务厅及时关注申报进度并缴纳税款。

纳税人因申报信息填写错误造成年度汇算多退或少缴税款的，纳税人主动或经税务机关提醒后及时改正的，税务机关可以按照“首违不罚”原则免予处罚。

六、无住所个人所得税征管相关规定

（一）无住所个人预计境内居住时间的规定

无住所个人在一个纳税年度内首次申报时，应当根据合同约定等情况预计一个纳税年度内境内居住天数以及在税收协定规定的期间内境内停留天数，按照预计情况计算缴纳税款。实际情况与预计情况不符的，分别按照以下规定处理：

1.无住所个人预先判定为非居民个人，因延长居住天数达到居民个人条件的，一个纳税年度内税款扣缴方法保持不变，年度终了后按照居民个人有关规定办理汇算清缴，但该个人在当年离境且预计年度内不再入境的，可以选择在离境之前办理汇算清缴。

2.无住所个人预先判定为居民个人，因缩短居住天数不能达到居民个人条件的，在不能达到居民个人条件之日起至年度终了15天内，应当向主管税务机关报告，按照非居民个人重新计算应纳税额，申报补缴税款，不加收税收滞纳金。需要退税的，按照规定办理。

3.无住所个人预计一个纳税年度境内居住天数累计不超过90天，但实际累计居住天数超过90天的，或者对方税收居民个人预计在税收协定规定的期间内境内停留天数不超过183天，但实际停留天数超过183天的，待达到90天或者183天的月度终了后15天内，应当向主管税务机关报告，就以前月份工资、薪金所得重新计算应纳税额，并补缴税款，不加收税收滞纳金。

（二）境内雇主报告无住所个人境外关联方支付工资、薪金所得的规定

无住所个人在境内任职、受雇取得来源于境内的工资、薪金所得，凡境内雇主与境外单位或者个人存在关联关系，将本应由境内雇主支付的工资、薪金所得，部分或者全部由境外关联方支付的，无住所个人可以自行申报缴纳税款，也可以委托境内雇主代为缴纳税款。无住所个人未委托境内雇主代为缴纳税款的，境内雇主应当在相关所得支付当月终了后15天内向主管税务机关报告相关信息，包括境内雇主与境外关联方对无住所个人的工作安排、境外支付情况以及无住所个人的联系方式等信息。

即测即评

第十章单选题　　第十章多选题　　第十章判断题